热管理系统与冷却液

银增辉　危红媛　李欣欣
万书晓　易如娟　朱　磊　编著

中国石化出版社
·北京·

内 容 提 要

本书围绕机动车热管理系统与冷却液，系统介绍了冷却液的成分组成、技术演进和标准升级，特别聚焦于新能源汽车时代的热管理需求，涵盖内燃机、混合动力、纯电动及氢燃料电池等多种能源形式。书中详述了不同类型冷却液在全球范围内的发展历程及性能对比，深入剖析了热管理技术在节能减排和提高车辆使用寿命中的关键作用。同时，结合大量国内外标准与实际工况数据，如高热流密度发动机和新能源电池热管理系统的应用案例，为技术研发和实践提供了科学依据。

全书内容翔实，兼顾前瞻性与实用性，适合热管理领域的研发人员、工程师及高校师生参考使用。

图书在版编目(CIP)数据

热管理系统与冷却液 / 银增辉等编著. -- 北京 : 中国石化出版社，2025. 4. -- ISBN 978-7-5114-7895-5

Ⅰ. U473. 7

中国国家版本馆 CIP 数据核字第 202556HQ48 号

中国石化出版社出版发行

地址:北京市东城区安定门外大街 58 号
邮编:100011　电话:(010)57512500
发行部电话:(010)57512575
http://www. sinopec-press. com
E-mail:press@ sinopec. com
北京艾普海德印刷有限公司印刷
全国各地新华书店经销

*

710 毫米×1000 毫米 16 开本 20. 75 印张 2 彩插 410 千字
2025 年 4 月第 1 版　2025 年 4 月第 1 次印刷
定价:88. 00 元

序 foreword

随着电动汽车、混合动力汽车的迅猛发展，热管理系统与冷却液技术在汽车产业中的重要性日益显现。融合科学研究、车辆工程技术和满足绿色发展要求的机动车热管理系统与冷却液技术因为关乎车辆性能和使用寿命，正在成为机动车节能减排、产业转型中的重要技术。

2024 年全球电动和混合动力汽车销量达到 1823.6 万辆，同比增长 24.4%。这一增长趋势使热管理系统和冷却液技术面临全新的技术需求。内燃机时代以散热和防腐为主要功能的冷却液，如今需要同时满足电池热管理、电驱动系统散热和新材料保护等多重任务。

《热管理系统与冷却液》一书，全面介绍了机动车热管理系统的演变历史，冷却液的组成与技术演进，深入探讨了电驱动力系统技术背景下热管理系统的需求及技术解决方案，对多种驱动形式(内燃机、混合动力、纯电动以及氢燃料电池)的热管理技术进行了详尽分析，解读了美国、欧洲和日本的最新技术、标准和测试方法，对国内同行极具参考价值。

近几年在“双碳”目标的引领下，我国大力支持电动汽车产业快速发展。2024 年，中国纯电动汽车、插电式及增程式混合动力汽车合计销量达到 1286.6 万辆，占汽车新车总销量的 40.9%，较 2023 年提高了 9.3 个百分点。在这种背景下，热管理系统的技术升级尤为紧迫。冷却液需要解决传统腐蚀抑制剂在高温环境中的失效问题，同时还要满足长寿命、低成本和环保要求。

本书系统梳理了从传统 NAP(含亚硝酸盐、铵盐、磷酸盐)型冷却液到 OAT(有机酸技术)以及 SOAT(硅烷改性有机酸技术)冷却液的技术演进过程，为冷却液的迭代升级提供了思路。本书还详细介绍了复杂工况下的试验数据，如高热流密度内燃机和电氢驱动车辆电池热管理系统的换热效率对比，内燃机与电驱动系统散热需求的差异性，揭示了热管理技术的核心挑战。

本书不同于以往只关注冷却液单一功能的研究成果，将热管理系统与冷却液的发展与技术创新放置于节能减少碳排放的大背景下，以翔实的数据和案例，展现了技术进步与行业发展的联动关系。无论是传统内燃机汽车，还是日益普及的电动及混合动力汽车、有发展潜力的燃料电池汽车，书中都介绍了热管理系统和冷却液的技术方案，提出了发展建议。

机动车热管理系统与冷却液技术涉及多个学科，演进发展的历史是协同创新的见证。本书在基础研究与应用实践之间架起了桥梁，既有技术发展过程和实际应用的描述，也有面向未来的建议。对我国热管理系统与冷却液技术从跟跑、并跑向领跑发展有重要的参考价值。

我是石油化工领域的从业人员，有幸担任过全国石油产品和润滑剂标准化技术委员会主任委员，主持制定了国二到国六的车用汽柴油标准，促使我向汽车行业的专家学习，并通过书刊杂志去了解车用内燃机动力系统，也使我对与动力系统有关联的热管理系统和冷却液技术有一些粗浅的了解；我从业的中国石化既有团队在研究冷却液，也有企业在生产销售冷却液，现在他们正在为冷却液迭代升级而努力。对我而言，本书是深入学习和了解机动车热管理系统与冷却液技术的好书。我也希望机动车领域的科技工作者，尤其是从事热管理与冷却液技术研究开发与应用的科技工作者喜欢本书。

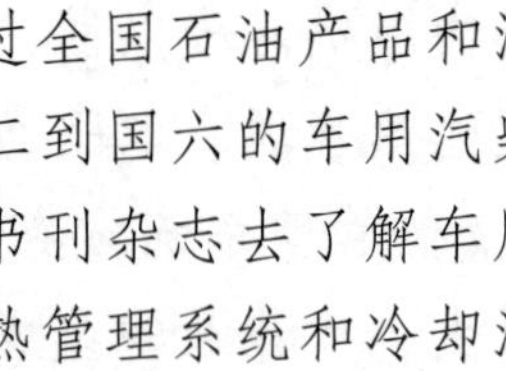

中国工程院院士

前言 preface

热管理系统与冷却液的技术关联性涉及多个领域，包括电子、机械、热能、能源、化工、化学及材料等。本书在这些交叉学科的基础上，系统研究了热管理系统与冷却液的相互作用，为传统热机、新能源动力机械及化学储能等行业提供了实用的选型与使用指导。

作为作者两部重要著作——中国石化出版社出版的《机动车发动机冷却液》(2014 年 8 月)与《机动车发动机冷却液》(第二版，2018 年 5 月)的进一步扩展和完善，本书结合“双碳”目标，重点聚焦热管理系统技术的进步及其对冷却液标准升级和质量变化的影响，为行业技术升级提供了全新的视角。

在“双碳”政策及节能减排的大背景下，本书从热管理系统技术的发展入手，深入探讨其在冷却液技术升级中的关键作用，并从理论到实践提出了科学的实施方案。这些研究为科研人员、生产企业以及应用工程师提供了涵盖政策、标准与技术实践的全面参考。

全书结构紧凑、内容翔实，不仅梳理了机动车冷却液的技术现状，还聚焦于内燃机冷却液、混动车辆及纯电动车辆冷却液的腐蚀试验常见问题、关键测试技术及最新研发趋势，同时详细解读了美国与欧洲的测试方法和标准，结合国内外行车试验数据，帮助读者全面了解冷却液的实际性能表现。

本书还引用了大量国内外权威标准，如 ASTM、SAE、JISK、SH、GB 等标准及 VW、MAN、GM、Chrysler 等 OEM 规范，并在遵守知识产权的前提下，以系统性阐释和技术分析的方式，帮助读者深入理解标准体系的核心内容，正确选择、使用和维护冷却液产品。

在新能源技术领域，本书对氢能、光能、风能等新兴能源技术在热管理系统中的应用进行了深度探讨，涵盖民用与军用电子设备、动力与能源储存设备的冷却液技术，为新能源热管理与冷却液技术的研发和实际应用提供了具有前瞻性和实践意义的指导思路。通过对热管理系统与冷却液技术的全面分析，本书不仅填补了国内研究中的空白，也为行业未来的技术升级和标准改进指明了方向。希望本书能够为广大读者在技术研究、生产实践及产品应用中提供启发与帮助。

本书得以顺利出版，有幸获得“惠·鹏飞”英才计划支持，荣幸由曹湘洪院士亲笔作序，并得到行业知名企业的助力，在此，谨向所有关心与支持本书出版的单位和个人致以诚挚谢意。

编者水平有限，如有不当之处，敬请批评指正。

目录 contents

第 1 章　机动车热管理系统与冷却液

1.1　机动车热管理系统

1.1.1　机动车热管理

机动车热管理定义：从系统集成和整车角度出发，综合管理整车热量与环境热量的传递，采用多种手段控制和优化热量传递，保持各部件工作在最佳温度范围，改善汽车各方面性能，以保障汽车的功能安全和使用寿命。

1.1.2　机动车热管理系统的历史演变

机动车热管理系统的发展历经多个阶段，如图 1-1 所示，早期仅针对发动机本身的散热需求，随后逐步扩展到整车空调系统和电子元器件的热管理。近年来，随着新能源汽车技术和自动驾驶技术兴起，电池热管理系统、燃料电池热管理系统等新模块不断涌现，系统复杂性和重要性进一步提升，为汽车的安全、舒适性和智能化提供了有力保障。

1.1.3　机动车热管理系统的组成

机动车热管理系统的组成和结构随车辆动力形式的不同而显著变化，传统燃油车和新能源汽车在热管理对象、控制方法和技术要求上存在显著差异。燃油车热管理系统主要包括发动机和变速箱的冷却以及空调系统热管理；新能源汽车热管理系统则涵盖电机电控系统、电池系统和乘员舱空调系统的热管理。图 1-2 所示为传统燃油车与新能源汽车动力组件的差异，与传统燃油车热管理的对象(内燃机、变速箱和空调系统)相比，新能源汽车新增了对动力电池、电驱动系统、电控组件的热管理需求。

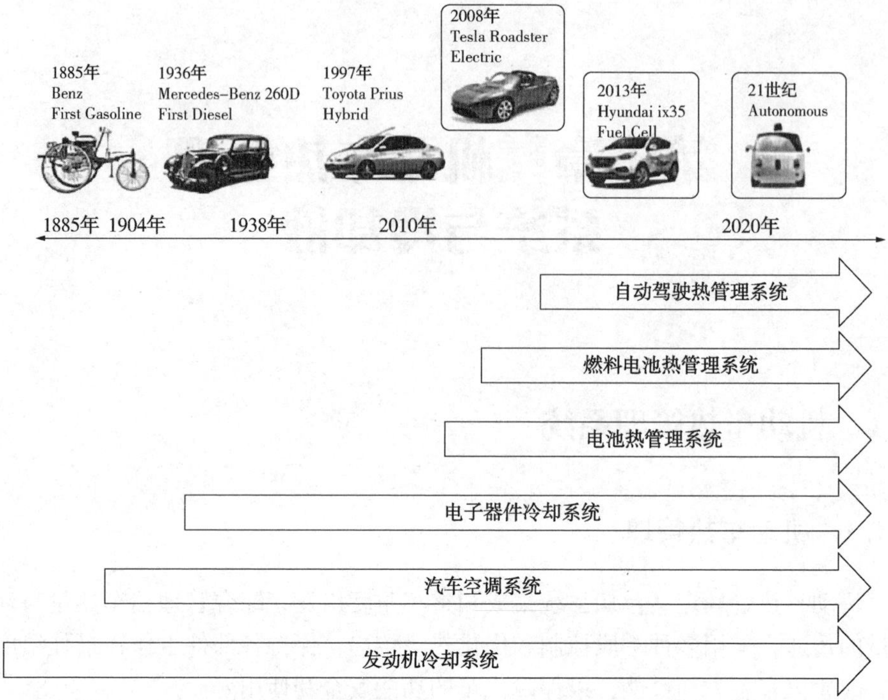

图 1-1　机动车热管理系统历史演变

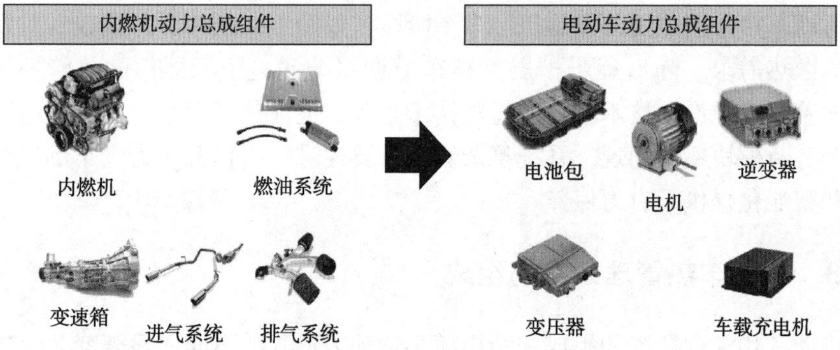

图 1-2　传统燃油车与新能源汽车动力组件的差异

1.1.3.1　燃油车热管理系统

1）燃油车热管理系统的构成

如图 1-3 所示，燃油车热管理系统主要包括发动机热管理系统、变速箱冷却系统、乘员舱空调系统。主要零部件包括冷却风扇、机油冷却器、机械式空调压缩机、膨胀阀、蒸发器、冷凝器，以及发动机暖风系统等。

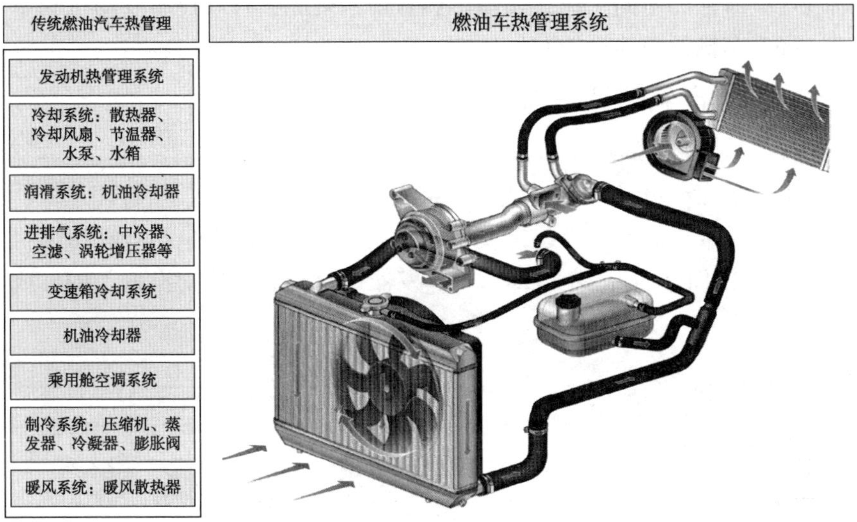

图 1-3　燃油车热管理系统

各个零部件的名称和功能如下：

① 散热器：冷却发动机冷却液，将发动机产生的多余热量散发到空气中。

② 水泵：将冷却液循环至发动机内部和散热器，确保冷却液在整个系统中流动。

③ 节温器：根据发动机温度调节冷却液的流动路径，确保发动机在最佳温度范围内工作。

④ 冷却风扇：在低速或静止时提供额外的气流，通过散热器帮助散热。

⑤ 冷却液：传递热量，防止发动机过热和冷却系统结冰。

⑥ 机油冷却器：通过冷却液降低机油温度，从而降低发动机内部零部件的工作温度。

⑦ 压缩机：空调系统的核心部件，压缩制冷剂并进行冷却循环。

⑧ 冷凝器：将压缩后的制冷剂冷却并液化。

⑨ 蒸发器：使制冷剂蒸发并吸收车内空气的热量，实现制冷。

⑩ 暖风散热器：将热冷却液的热量传递给车内空气，为车内供暖。

2）燃油车热管理系统的原理

热管理系统通过冷却液和空气的循环来管理车辆的热量。冷却液由水泵推动，从发动机流向散热器，经散热器冷却后返回发动机。在这一过程中，风扇辅助散热器进行散热，保持冷却液的温度在适当范围内。同时，冷却液也通过暖风机为车内供暖，或者通过空调系统提供冷空气。发动机控制单元(ECU)实时监测并调节各部件的运行，确保整个系统的高效运行。

通过这些组件的协同工作，燃油车热管理系统能够有效控制发动机和车舱内的温度，提升车辆的整体性能和舒适性。

1.1.3.2 新能源汽车热管理系统

1）新能源汽车热管理系统的构成

如图 1-4 所示，新能源汽车热管理系统主要包括电机电控热管理系统、电池热管理系统以及乘员舱空调系统等模块或总成。主要零部件包括电动压缩机、电子水泵、电子膨胀阀、Chiller 冷却箱、蒸发器、冷凝器、热交换器、PTC 或者热泵空调等。

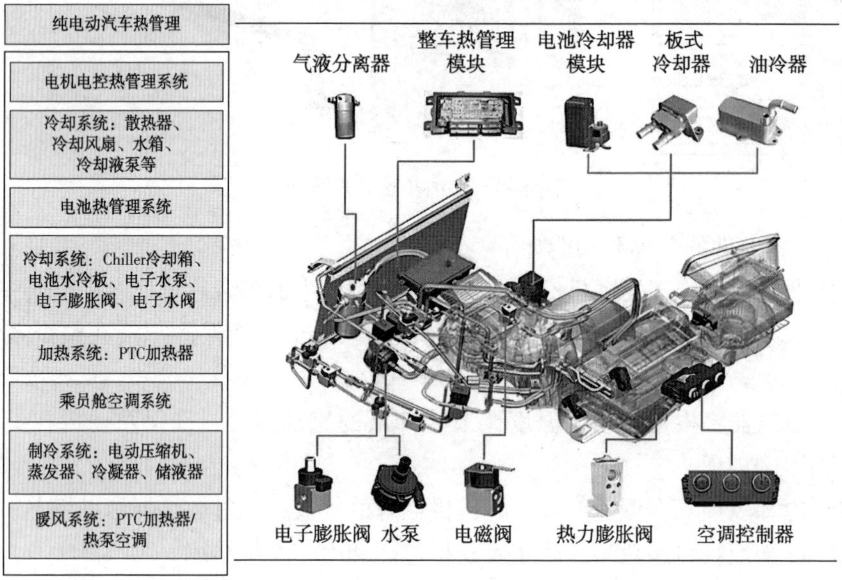

图 1-4 新能源汽车热管理系统

由于新能源汽车热管理系统的覆盖范围和实现方式相较于传统燃油汽车发生了较大改变，其热管理系统零件更复杂，对于节能性、安全性等方面的要求也更高。图 1-5 所示为各个零部件的所在系统及名称和主要功能。

2）新能源汽车热管理系统的功能

新能源汽车热管理系统由电池热管理系统、乘员舱热管理系统和电机电控组件冷却热管理系统组成，以下为各个系统的功能介绍：

① 电池热管理系统。电池作为核心部件，其温度对安全及性能至关重要（最佳工况温度在 20~35℃），过高或过低（低于 0℃）对电池的使用寿命造成负面影响。温度过低可能造成电池容量和功率急剧衰减并增加短路风险；温度过高则可能造成电池分解、腐蚀、起火，甚至爆炸。电池热管理系统的作用是维持电池在最佳温度范围，主要包括散热和加热两个方面。

系统	品名	图例	作用
电池、电机、电子设备等热管理系统	电子/电磁膨胀阀		调节系统流量
	冷却板		内充冷却液，用于电池冷却
	电池冷却器		电池系统换热
	电子水泵、水阀		用于电池及电子设备水冷却
减速器冷却系统	油冷器、油泵		电机和减速器冷却系统
空调系统	电动压缩机		产生高压气体
	PTC加热器/热泵		通过加热或热交换产生热量
	膨胀阀	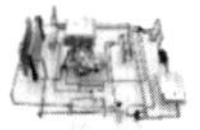 	控制制冷剂流量
	储液器		储存制冷剂、过滤杂质与吸收水分
	冷凝器		将冷却剂从气态变成液态，将热量释放至周围空气中
	蒸发器		让低温低压制冷剂吸收空气中的热量

图 1-5　新能源汽车各零部件名称和功能

散热主要有风冷散热、液冷散热、相变材料（Phase Change Material，PCM）散热、热管散热、直冷散热。加热方式有正温度系数（Positive Temperature Coefficient，PTC）加热、热泵加热。

② 新能源汽车乘员舱热管理系统。新能源汽车乘员舱热管理是确保车内舒适度、提升车辆能源效率和延长续航里程的关键技术。新能源汽车与燃油车的区别在于：

制冷：燃油车使用发动机驱动压缩机，而新能源汽车使用电动压缩机；此外，新能源汽车的电池和空调冷却系统通常是连接的。

制热：燃油车空调系统通过发动机余热加热，新能源汽车则通过 PTC 加热器和热泵空调系统来加热。PTC 加热器能迅速为车内提供热量，但其效率较低，且直接消耗电池电量，可能影响续航。热泵空调系统通过逆卡诺循环回收废热，提供高效加热，尤其在冬季取暖中表现优越。

③ 电机与电控组件冷却热管理系统。电机与电控组件在运行过程中会产生大量热量，过高的温度不仅会降低系统性能，还可能引发安全隐患。为确保电动汽车长期稳定运行、延长部件使用寿命并提高能效，纯电动车电机与电控热管理系统通过风冷系统、液冷系统、热管技术来实现散热。此外，部分系统还会对电机和电控系统的余热进行回收利用。

3）新能源汽车热管理系统的重要性

电动汽车在冬季续航里程变短是目前实际应用中面临的主要问题，尤其是在北方寒冷地区，当气温低于零度时，续航里程大幅降低，直接影响车辆的使用。这是因为低温环境会显著降低蓄电池的充放电能力，从而导致续航里程缩短。通过对蓄电池加热，确保其在最佳工作温度区间，可以有效提升车辆续航里程。

影响续航里程变化量的主要因素是行驶车速和环境温度。当车辆行驶速度超过 60km/h 时，速度越高能耗越高；当环境温度处于零度以下时，温度越低能耗越高。例如，当气温在−10℃时，续航里程相较于气温 22℃时会降低近一半，其中很大一部分原因是车内加热系统消耗了大量电能。因此，现代纯电动汽车的热管理系统非常重要。很多车企都十分重视冬季热管理系统，优秀的热管理系统可在寒冷天气中提高 15%～18%的续航里程。

4）新能源汽车热管理系统发展阶段

新能源汽车热管理系统发展基本上分为以下三个阶段，现阶段主要处于分散式热管理和集成式热管理的过渡阶段。大部分新能源汽车的电池、电驱动和座舱系统仍然是独立的，但少部分车企已经开始实现通过核心部件整合电池、电驱动和座舱，推进整车智能一体化热管理。

① 第 1 阶段：分散式热管理。电池、电机电控和空调系统回路相互独立，各自拥有完整的温控和管路系统。尽管系统简单，但能量利用率低，管路复杂，零部件多，制造和维护时间较长。

② 第 2 阶段：集成式热管理。电动汽车的热管理系统由众多零部件组成，例如电子膨胀阀（EXV）、电磁阀（SOV）、动力电池冷却的换热部件（Chiller）、水泵、气液分离器、水壶等。为了优化管路连接、减少换热损失、降低装配难度，热管理系统逐步向集成化设计发展。根据集成程度的不同可分为局部集成、区域集成和系统集成。

局部集成是将功能相近的零部件如 EXV 和 SOV 或位置相近的零部件如 Chiller 和 EXV 进行集成。通过将大量的零部件转变为小的集成模块，在不改变系统总体布局的前提下，能有效减少零部件的装配时间。图 1-6 是将 Chiller、EXV 和板式换热器（PHX）三个零部件集成一体的模型图。

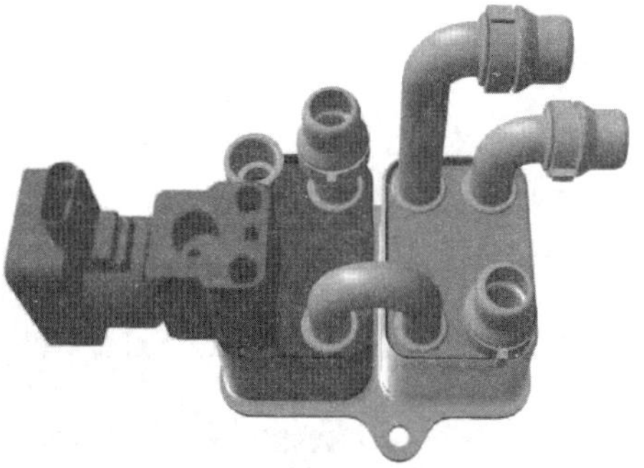

图 1-6　Chiller+EXV+PHX 模型图

区域集成是将某一区域特定功能的零部件进行集成设计，例如将制冷剂回路中的 EXV、SOV、气液分离器等零部件集成，或将载冷剂回路的水泵、水阀、水壶等进行集成。区域集成可以减少管路的数量和缩短管路的长度，简化系统，显著减少零部件数量，缩短系统装配时间，降低成本并提高可靠性。图 1-7 展示了载冷剂回路流量调节模块、制冷剂流量调节模块、换热组件模块和安装支架模块集成一体的热管理区域集成示意图。

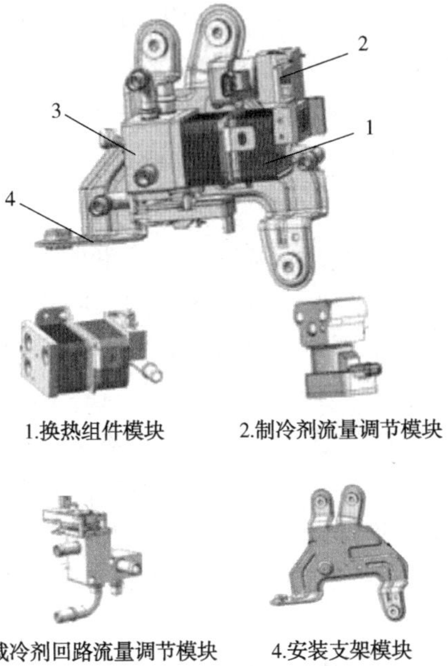

图 1-7　热管理集成模块

系统集成：从整车布置角度来看，电动汽车热管理系统包括前端换热组件（如散热器、风扇等）、机舱热量分配组件（如压缩机及制冷剂回路，PTC 及载冷剂回路等）以及乘员舱风量分配组件（如空调箱体、风道等）。系统集成通过设计将多个热量分配组件整合成一个模块，最大限度地将板式换热器、EXV、SOV、传感器、多通阀、水泵、水壶等零部件集成在一起。通过复杂的内部流道设计和精准的流量控制可以实现不同模式的切换。系统集成不仅可以缩短装配的时间，还能有效减轻整车重量、缩小所占空间，提高了系统效率。图 1-8 所示是比亚迪热管理集成模块，该集成模块通过创新的装配方式和制造工艺，将 SOV、EXV、单向阀、压力温度传感器、板式换热器、气液分离器等进行高度集成，从而减少布置空间、提升系统效能、降低系统成本。

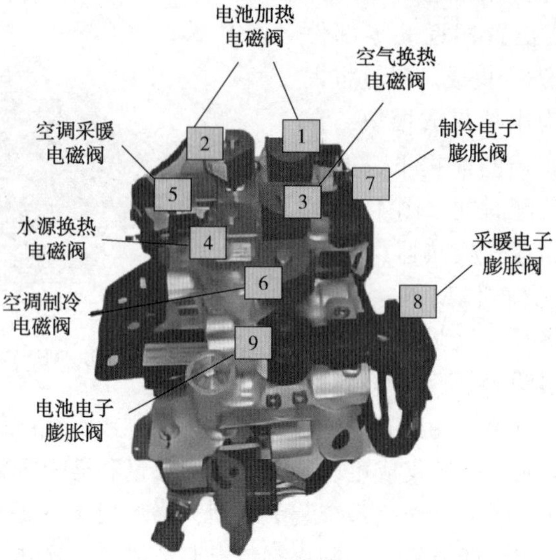

图 1-8　比亚迪热管理集成模块

③ 第 3 阶段：智能化热管理。随着系统需求的日益复杂和零部件的高度集成，热管理系统必须通过更加智能化的控制来保障系统安全和稳定运行。智能化热管理不仅能够实现功能一体化、结构模块化、控制智能化，还能够通过优化控制策略，达到最低能耗和最优能量分配，从而实现整车性能的最大化。

5）当前主流的热管理系统介绍

特斯拉 Model Y 车型热管理系统如图 1-9 所示，该系统实现了电池、动力系统与座舱的整车热管理集成化。在冬季低温条件下，该系统通过回收三电系统的废热并将其引入热泵系统，从而为电池和乘员舱提供加热服务。相比 Model 3，Model Y 的能量利用效率提高了 10%。其创新之处在于，在-10℃以下常规热泵工作效率较低时，系统通过八通阀控制优化工作流程。在第一个制冷剂循环中，压缩机对制冷剂做功，制冷剂进入冷凝器为驾驶舱加热，随后进入蒸发器吸收冷凝器的部分热量并继续循环。此时，整个驾驶舱的加热热量可视为压缩机的功耗，相当于将压缩机作为高压 PTC 使用，从而优化工作流程，节省零件成本。

大众 ID. 3 车型热管理系统如图 1-10 所示，采用了类似特斯拉八通阀的超级阀体，替代了传统的多个独立模块和复杂的管路连接，从而实现了更紧凑且高效的热管理解决方案。热泵空调总成的设计高度模块化，并采用了 R744(二氧化碳制冷剂)，这使得系统在节能和环保方面表现更为突出。系统的三大关键零部件包括位于制冷剂回路的高压电动空调、高压加热组件，以及冷却液回路的 PTC

加热器组件。此外，电池组外壳预留了冷却液管路连接器，并将冷却液管路与电池模块底部的散热器连接。热管理系统通过冷却液管路将不同组件连接，并根据各组件的温度需求设置了 6 种工况，以保持动力电池处于最佳工作温度范围。这种精细化的热管理设计不仅提升了系统的工作效率，还优化了电池的性能，延长了使用寿命。

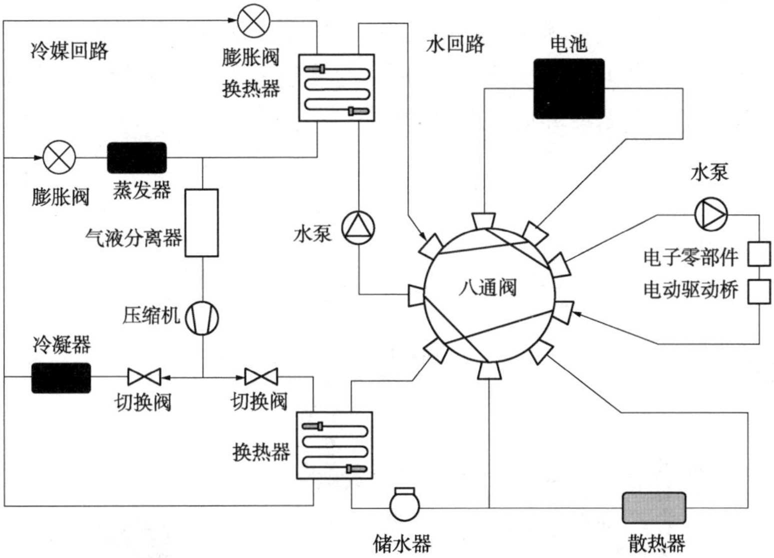

图 1-9　特斯拉 Model Y 车型热管理系统

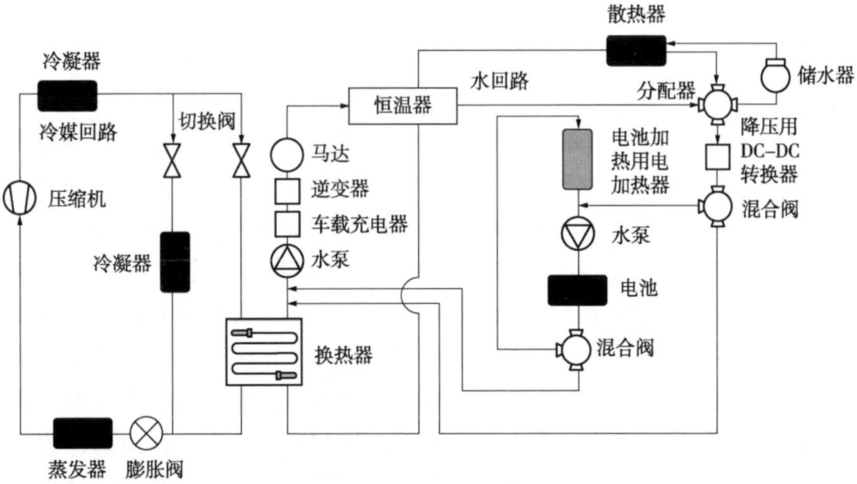

图 1-10　大众 ID. 3 车型热管理系统

丰田 bZ4X 车型热管理系统如图 1-11 所示，该系统配备了热泵系统，并通过控制冷却水的五通阀实现“高温水回路”“低温水回路”和“制冷循环”之间的热协同。该系统优化了行车除霜功能，通过利用行驶过程中产生的余热和暖风热量来进行除霜，从而提高了冬季结霜环境下的费效比。系统集成了水回路的功能，简化了整体结构，同时提升了冷却性能，减少了制冷循环中的零部件数量，提高了系统在应对不同需求的可扩展性。另外，bZ4X 车型热管理系统还配备了辐射加热器，专门为驾驶员身体周围提供热量。与热泵系统配合使用时，辐射加热器可以显著降低空调能耗，帮助延长取暖时的续航里程。这种设计不仅提高了能效，还提升了车主在寒冷环境下的舒适度。

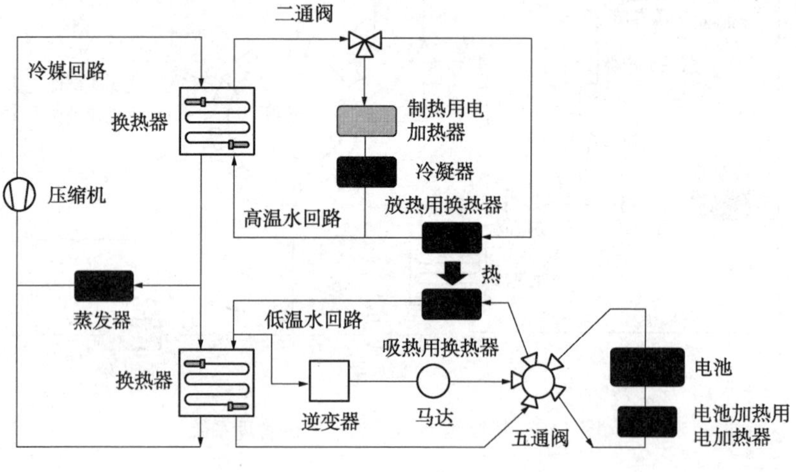

图 1-11　丰田 bZ4X 车型热管理系统

比亚迪海豹车型热管理系统如图 1-12 所示，该系统借鉴了特斯拉集成方案的设计思路，实现了冷媒回路的高度集成。该系统将制冷剂回路中的大部分控制组件整合至电动压缩机、前端模块、热管理集成模块以及车内冷凝器和蒸发器这三大模块中，并结合电驱动系统的软件控制策略进行优化运行。系统中的刀片电池采用了直冷直热技术，通过使用冷媒替代常规冷却液，直接对电池进行冷却和加热。同时，预留了薄膜加热功能，以应对低温环境下的电池预热需求，旨在提高整体换热效率，从而减少不必要的热量损耗。为了解决直冷直热技术的一些技术难题，比亚迪在冷板设计方面进行了改进，增大了换热面积，以应对大功率充电场景下的高效冷却需求。此外，系统采取减小容积、增加多区并联的方式来缓解冷板内部可能产生的较大压降和温差问题。控制系统方面，比亚迪提出了基于不同压力协同调节的方法，以处理双蒸发器和双冷凝器之间的复合平衡控制，同时满足乘员舱和电池的热管理要求。

此外，国内新兴品牌如几何汽车和小鹏汽车也在其产品中采用了类似的集成热管理策略，各品牌均致力于通过智能控制系统来精确调节压缩机功率、风机转速、阀门开度等。通过动态调整热量分布，达到最佳的热平衡状态，从而有效节约能源，延长车辆续航里程，并提高驾乘人员的舒适体验。

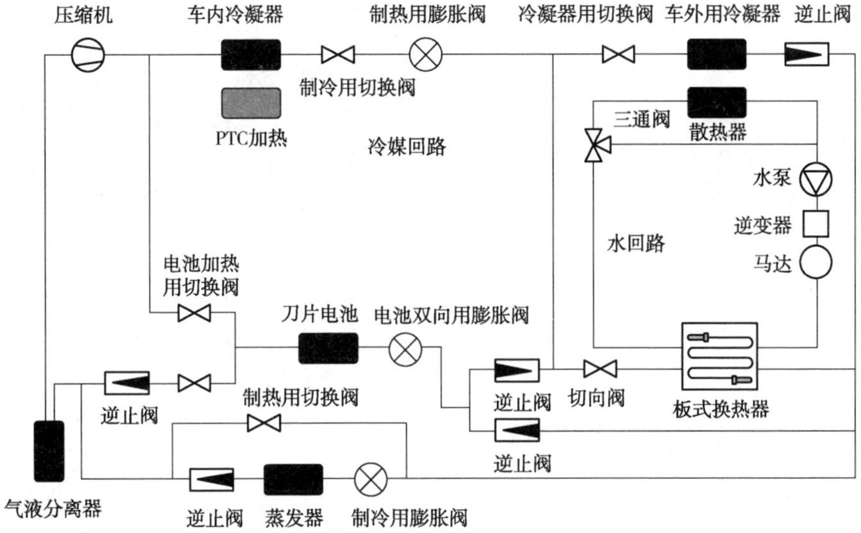

图 1-12　比亚迪海豹车型热管理系统

1.2　发动机冷却液

1.2.1　发动机与冷却

将内能转化为动能的机械称为发动机，汽车发动机通常以内燃机为主，主要通过气缸和活塞实现能量转换。根据燃料以及点火形式的不同，发动机可分为汽油机和柴油机，还有以氢气、天然气、石油气为燃料的发动机，其燃烧形式与汽油机差异较小；根据工作循环与活塞冲程特性划分，又可分为两冲程与四冲程发动机。

发动机工作时，气缸内的气体温度可高达 1727～2527℃，若不及时冷却，发动机零部件温度将过高，尤其是直接与高温气体接触的零件，会因受热膨胀影响正常的配合间隙，导致运动件受阻甚至卡死。此外，高温还会造成发动机零部件的机械强度下降，使润滑油失去润滑作用，进一步加剧磨损和故障风险。

发动机的热效率一般不超过 50%，即燃料的热能不到一半能够转化为机械能，如图1-13所示，大部分燃料热能被冷却系统、排气系统和制动系统带走。冷却系统将受热零件吸收的部分热量及时散发出去，保障发动机在最适宜的温度状态下工作。

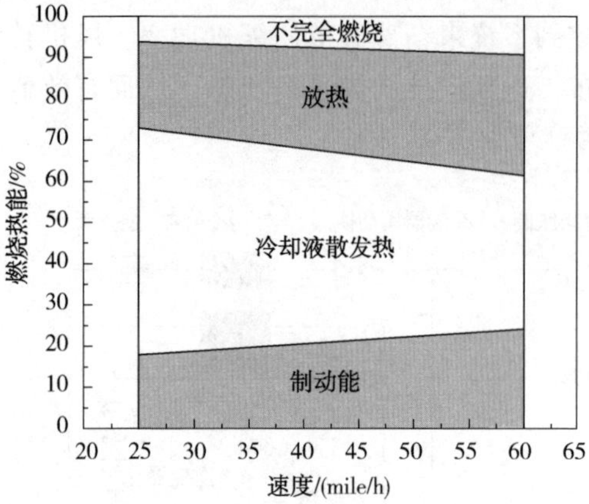

图1-13 发动机燃烧热分布

注：1mile=1609m，下同。

冷却系统按照冷却介质不同，可以分为风冷和水冷。把发动机中高温零件的热量直接散入大气而进行冷却的装置称为风冷系统；把这些热量先传给冷却水，然后再散入大气而进行冷却的装置称为水冷系统。由于水冷系统冷却均匀，效果好，而且发动机运转噪声小，目前汽车发动机广泛采用水冷系统。

1.2.2 水冷式发动机冷却系统

冷却系统的主要作用是将受热零件吸收的部分热量及时散发出去，保证发动机在最适宜的温度状态下运行。水冷式发动机冷却系统使用冷却液作为冷却介质，将受热零件的热量传给冷却液，然后通过散热器散入大气。水冷式发动机冷却系统的工作过程是：利用水泵强制循环冷却液，使其从气缸壁吸收热量，向气缸盖流动，接着进入散热器进行空气冷却，然后重新泵入水套(见图1-14)。通过调节气流和水流，可以有效控制冷却强度。

水冷式发动机冷却系统组成包括：水泵、散热器、冷却风扇、节温器、补偿水桶、发动机机体和气缸盖中的水套，以及其他附加装置等。

水冷式发动机冷却系统的功能不仅在于防止发动机过热，还在于避免发动机过冷。发动机正常工作时，冷却水的温度应保持在80~90℃。此时，气缸壁温度一般为200~300℃，气缸盖、活塞顶部的温度为300~400℃，润滑油的温度则保持在70~90℃。

冷却水温度过高或过低都会给发动机带来危害。

过高：冷却不足会导致充气量减少，燃烧不正常，功率下降，润滑效果变差，加剧磨损。

过低：冷却过度导致热量损失过多，热效率下降，燃油蒸气在汽缸壁上凝结，冲洗油膜，导致机油稀释，最终影响润滑性能。

发动机的冷却是由冷却液的循环来实现的，强制冷却液循环的部件是水泵。水泵由曲轴皮带带动，水泵叶轮推动冷却液在整个系统内循环。这些冷却液对发动机的冷却和循环会根据发动机的工作情况随时进行调节。如图 1–15 所示，当发动机温度低时，冷却液在发动机内部进行小循环，当发动机温度高时，冷却液在发动机和散热器之间进行大循环。实现冷却液做不同循环的控制部件是节温器。节温器本质上是一个温控阀门，其原理是利用可随温度伸缩的材料（如石蜡或乙醚等）来控制阀门的开关，当水温较高时，材料膨胀顶开阀门，冷却液进行大循环；当水温低时材料收缩关闭阀门，冷却液进行小循环。

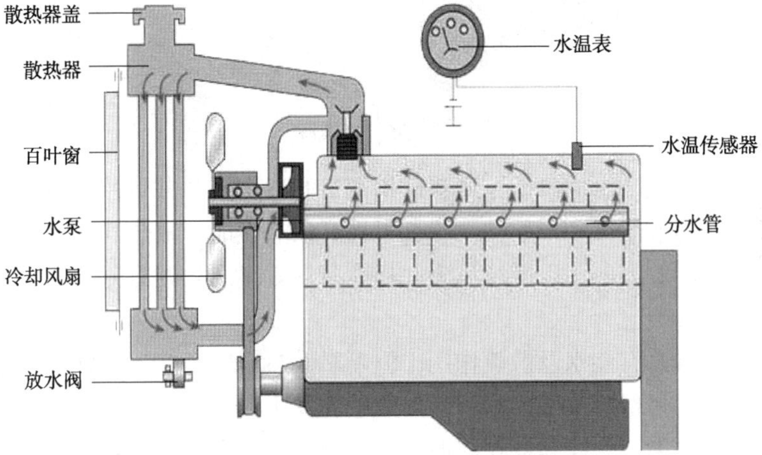

图 1–14　水冷式发动机冷却系统

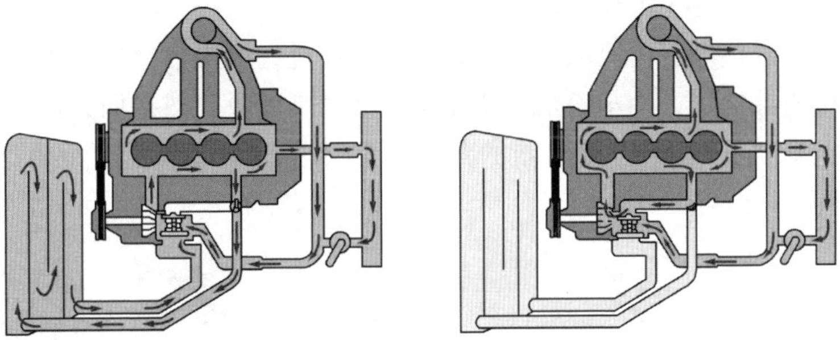

图 1–15　水冷式发动机冷却系统循环示意图

1.2.2.1　散热器

散热器又称为水箱，由进水室、出水室、散热器芯、散热器盖等组成，如图 1–16所示。其主要功能是增大散热面积，提升冷却液的冷却效率。根据冷却液在散热器芯中的流动方向，散热器分为纵流式和横流式两种类型。轿车多采用横流式，这样可以缩小发动机罩的外廓尺寸。此外，散热器兼有储水及散热作用。

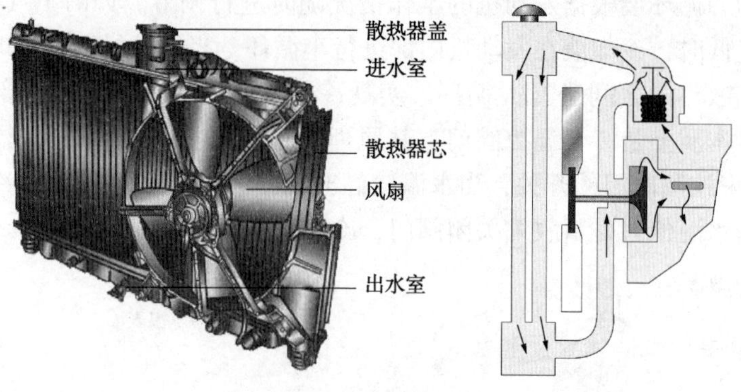

图 1-16 散热器

散热器负责循环水的冷却，通常采用铝材制造水管和散热片。铝制水管被做成扁平形状，而散热片则采用波纹状，以提高散热性能。散热器的安装方向通常垂直于空气流动的方向，以减少风阻并提高冷却效率。空调冷凝器通常与散热器装在一起。

虽然散热器兼有储水及散热作用，但单靠散热器仍存在三个缺点：第一，水泵吸水一侧因压力低容易发生沸腾，导致叶轮发生穴蚀；第二，气水分离不充分容易引起气阻；第三，冷却液在高温下容易沸腾并逸走。为了解决这些问题，通常在散热器上加装膨胀水箱。膨胀水箱的上下两根水管分别与散热器上部和水泵进水口连接，有效避免上述问题的产生。

冷却液在散热器芯内流动，空气则在芯外通过，形成热交换过程。热的冷却液将热量传递给空气，冷却液因此变冷，而空气则因吸收热量而升温。因此，散热器实际上充当了一个热交换器的角色。散热器盖及散热器芯的结构形式如图 1-17所示。

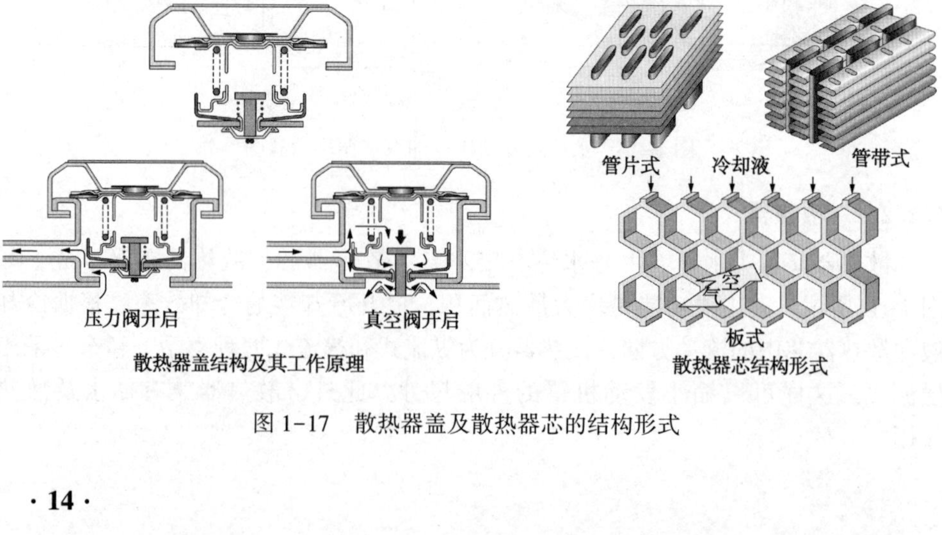

图 1-17 散热器盖及散热器芯的结构形式

散热器芯常见的类型有以下几种：

管片式：具有较大的散热面积、较小的气流阻力、良好的结构刚度以及较强的承压能力，是常见且可靠的形式。

管带式：相比管片式，具有更强的散热能力、制造工艺更简单、质量轻且成本低。然而，管带式散热器的结构刚度较差，可能在高压力或强冲击下较为脆弱。

板式：散热效果好，制造简单，但焊缝多不坚固，容易沉积水垢且不易维修。

管片式散热器芯由冷却管和带孔的散热片组成。冷却管的断面通常为扁圆形，这样不仅增加了散热面积，而且在冷却液结冰膨胀时，扁圆形的横截面可以变形，从而避免破裂。散热片的使用，不仅可以有效增加散热面积，还能增强散热器的刚度和强度。

管带式散热器芯采用冷却管和波形散热带沿纵向间隔排列的方式，散热带上的小孔能够破坏空气流在散热带上形成的附面层，使散热能力提高。这种散热器芯散热能力强，制造工艺简单，成本低，但结构刚度不如管片式，一般多为轿车发动机所采用。

散热器盖设有自动阀门，如图 1-18 所示。发动机正常工作时，阀门关闭，将冷却系统与大气隔开，构成闭式水冷系统，使系统内压力提高到 98~196kPa，冷却液沸点相应提高到 120℃左右，从而加大了散热器与周围空气的温差，提高冷却效率，同时还可减少冷却液外溢和蒸发损失。当系统压力超过设定值时，压力阀会自动开启，避免散热器因过高的压力而胀裂。发动机停机后，若系统压力降到大气压力以下，真空阀开启，避免散热器被大气压力压坏。

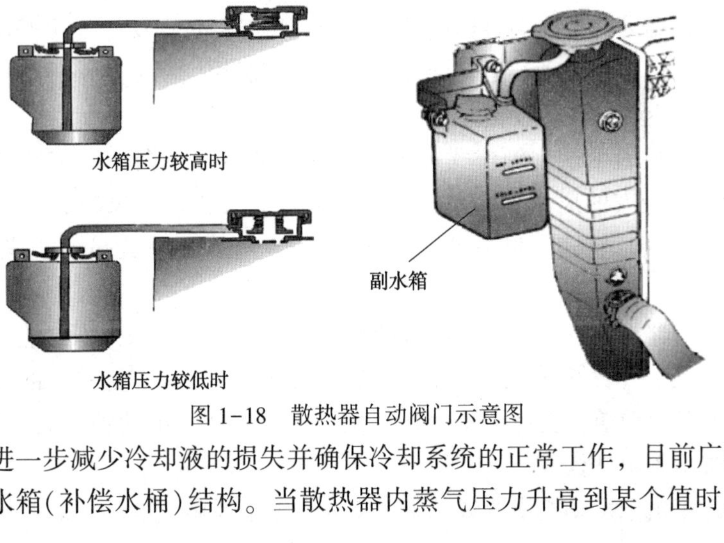

图 1-18　散热器自动阀门示意图

为了进一步减少冷却液的损失并确保冷却系统的正常工作，目前广泛采用散热器加副水箱(补偿水桶)结构。当散热器内蒸气压力升高到某个值时，压力阀会开启，冷却液通过溢流管进入贮水箱；温度下降时，冷却液又通过真空阀流回散热器内部。

1.2.2.2 冷却风扇

为了提高散热器的冷却能力，通常会在散热器后面安装风扇来强制通风（见图 1-19）。风扇的主要作用是提高通过散热器芯的空气流速，从而增强散热效果，加速冷却液的降温过程。风扇一般设置在散热器的后部，并与水泵同轴。当风扇旋转时，对空气产生吸力，使空气沿轴向流动，经过散热器芯，帮助冷却液更快降温。

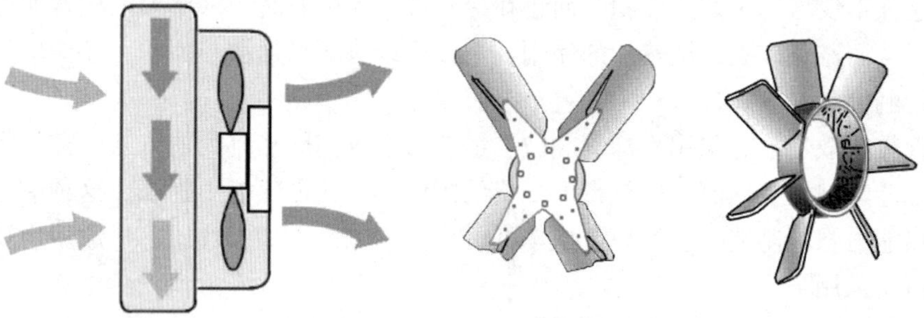

图 1-19 风扇示意图

传统的轿车散热器风扇通常由曲轴皮带直接驱动，发动机启动时风扇就开始转动，无法根据发动机温度变化进行调节，为了调节散热器的冷却力，早期的车辆会在散热器上装上活动百叶窗以控制进入的风量。现代轿车普遍使用风扇电磁离合器或电子风扇。当水温比较低时，离合器与转轴分离，风扇停止旋转；而当水温较高时，温度传感器会接通电源，使离合器与转轴连接，风扇开始工作。电子风扇由电动机直接驱动，运转同样受温度传感器的控制。这两种形式的散热器电扇运转实际上都依赖温度传感器进行精确调节。

车用发动机通常使用轴流式风扇，所产生的风流方向与风扇轴平行，具有较高的效率、较大的风量、简单的结构和良好的布置性。风扇的风量与噪声主要受到风扇直径、转速、叶片形状、叶片安装角、叶片数目及夹角等因素的影响。

风扇离合器根据发动机的温度自动控制风扇的工作状态，不仅能够减少发动机的功率损失、节省燃油，还能降低发动机的噪声。目前广泛采用的是硅油风扇离合器，通常由前盖、壳体、主动板、从动板、阀片、主动轴、双金属感温器、阀片轴、轴承等组件构成。

一些轿车由于发动机横置或后置，多采用电动风扇。电动机的开启和关闭由散热器水温开关控制，并设有高低速两个档位。低速档主要用于发动机水温在沸点以下时使用，而高速档则在水温超过沸点时自动切换，确保发动机得到有效冷却。这种设计的优势在于，在正常行驶条件下，电动风扇几乎不转动，从而减少了功率消耗和油耗。而在低速行驶或大负荷情况下，电动风扇能够提供充分的冷却，确保发动机的工作温度保持在适当范围内，防止过热问题的发生。

1.2.2.3 水泵

水泵的主要功能是对冷却水加压，从而加快其在冷却系统中的循环流动速度，确保发动机的冷却效果。车用发动机上多采用离心式水泵，具有结构简单、尺寸小、排水量大、维修方便等优点。

离心式水泵的主要组成部分包括泵体、叶轮和水泵轴。叶轮一般是径向或向后弯曲的设计，由 6~9 片叶片组成(如图 1-20 所示)。当叶轮转动时，冷却水被带动旋转，并通过离心力被甩向叶轮的边缘，然后经过切线方向的出水口送出；与此同时，叶轮中心处压力降低，产生吸力，帮助吸入冷却水。如果水泵因故停止工作，冷却水仍然能从叶轮叶片之间流过，维持热流循环，避免发动机快速过热。

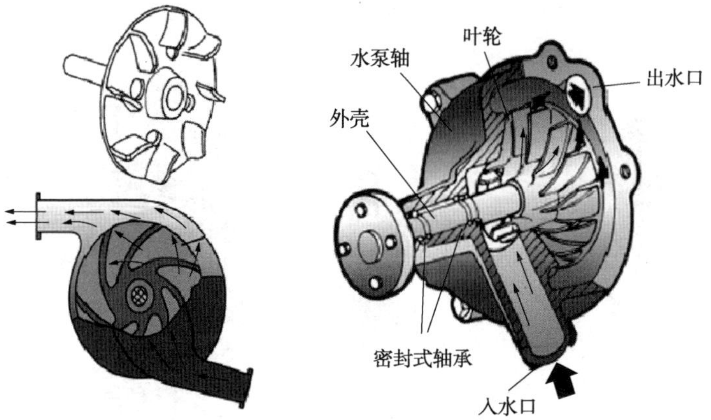

图 1-20　离心式水泵

货车的水泵、风扇和发动机由曲轴通过三角皮带带动(如图 1-21 所示)。若皮带过松，皮带轮会发生打滑，导致风扇和水泵的转速下降，进而减少冷却水的流动量和扇风量，可能引起发动机过热；而如果皮带过紧，将增加轴承和皮带的磨损，影响系统的长期运行稳定性。

1.2.2.4 节温器

发动机温度较低时，冷却液在发动机内部进行小循环；当发动机温度升高，冷却液则在发动机和散热器之间进行大循环。控制冷却液循环模式的关键部件是节温器，如图 1-22 所示。节温器通常安装在冷却水循环的通路中，根据发动机负荷和水温的变化，自动调整冷却液的循环流动路线，从而调节冷却系统的冷却强度。目前多数发动机采用蜡式节温器，通常在水温达到 76℃时，主阀门开始打开，副阀门开始关闭；当水温升高到 86℃时，主阀门完全打开，副阀门完全关闭。

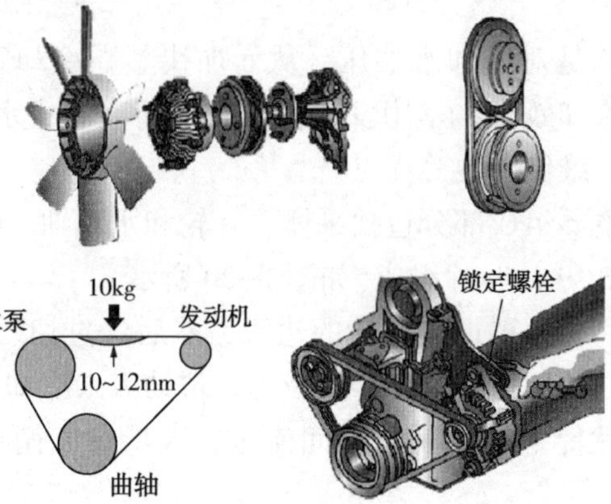

图 1-21　水泵与发动机连接示意

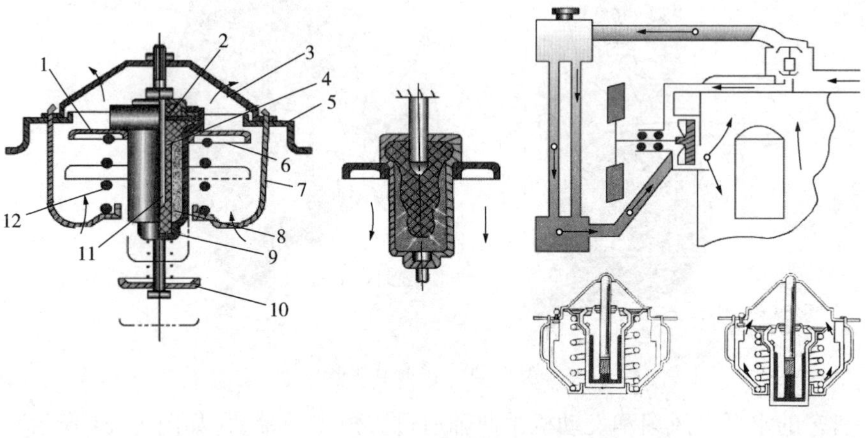

图 1-22　节温器

1—主阀门；2—盖和密封垫；3—上支架；4—胶管；5—阀座；6—通气孔；7—下支架；8—石蜡；9—感应体；10—旁通阀；11—中心杆；12—弹簧

目前，汽车发动机冷却系统广泛采用传统蜡式节温器来控制冷却液流经散热器的流量，实现冷却强度的调节。然而，传统节温器的响应速度较慢，无法根据发动机温度的变化及时调整冷却液的流量。这种滞后性导致冷却强度未能随发动机工作温度的变化而及时调整，影响了发动机的工作效率。传统蜡式节温器控制精度不高，误差大，这可能导致发动机温度不稳定，造成高温或低温的问题。这种不稳定的工作状态会增加发动机传热损失和磨损，加剧燃油消耗和尾气排放，影响汽车的整体性能和环境友好性。

为了解决这一问题，电控节温器应运而生。电控节温器根据存储在 ECU 内的特性曲线，使发动机在各种功率和负荷状态下，冷却状态均能符合发动机的工作需要。与传统节温器相比，电控节温器能够根据发动机的不同功率和负荷状态进行精确调节，有效提高部分负荷范围内的冷却液温度。这不仅能降低燃油消耗（温度每提高 10℃，燃油消耗可降低约 1%），还可减少尾气排放，提高发动机的燃烧效率。

电控节温器的基本结构与传统节温器类似，但在膨胀元件（通常是蜡制元件）内集成了加热元件，与节温器盖构成一个完整的单元。加热元件并不直接加热冷却液，而是加热节温器本身，使其提前打开大循环。这使得即便在冷却液温度较低时，电控节温器也能及时启动大循环，确保发动机处于最佳温控状态。与传统节温器相比，电控节温器的调节范围更广（80～103℃），能够提供更精准的控制，减少温度波动，提高系统的效率、延长发动机的使用寿命。

图 1–23 是大众电控节温器的示意图，展示了与传统节温器相比的优化设计。冷却液分配器壳体内的膨胀式节温器浸在冷却液中，充蜡元件在不加热的情况下调节温度，原理与传统节温器相似，但设计上根据不同温度范围进行优化。随着冷却液温度的升高，蜡熔化并膨胀，膨胀推动升程销，调节冷却液流量。这一过程通常在发动机出水口温度达到 110℃时启动，确保冷却系统能够根据实际温度进行精准调节。

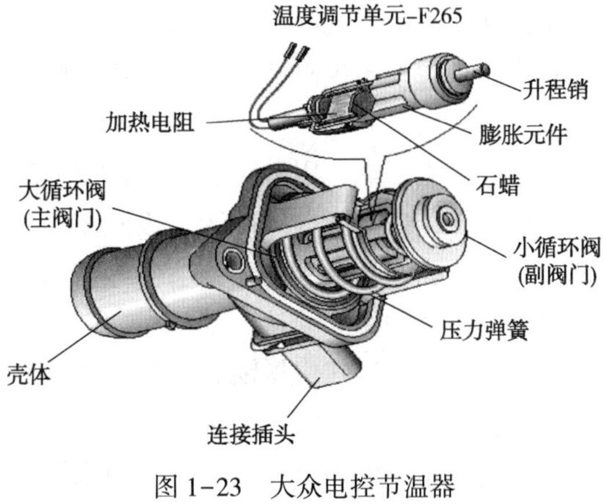

图 1–23　大众电控节温器

如图 1–24 所示，对于电控节温器调节的冷却系统来说，部分负荷状态时，冷却液温度为 95～110℃；全负荷时冷却液温度为 85～95℃。

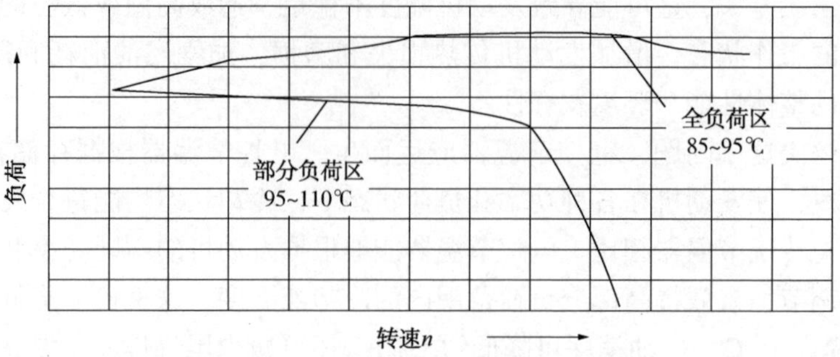

图 1-24　特性曲线调节时冷却液的温度

1.2.3　发动机的冷却液

虽然常称为水冷系统，但现代汽车发动机所使用的冷却介质并非纯水，而是以水、防冻剂（如乙二醇或丙二醇）和腐蚀抑制剂组成的混合冷却液，以适应发动机在更宽温度范围内的使用需求。

在国内很多地区，发动机冷却液被称为防冻液，这源于最初使用水作为发动机冷却液水是一种优良的冷却介质，但其冰点为 0℃，沸点为 100℃，无法充分满足发动机在低温和高温环境下的使用需求。因此，具有降低冰点功能的高性能冷却液得到广泛使用。在南方冬天不结冰的区域，发动机冷却液通常被称为水箱宝或防锈水。

将发动机冷却液称为防冻液或者水箱宝、防锈水并不全面，容易产生歧义。比如南方地区的人们可能认为天气不冷，因此车辆不需要使用发动机冷却液。实际上，即使在南方，含有降冰点的二元醇基冷却液依然非常重要。它不仅能降低冰点，同时因其较高的沸点，有助于提高冷却液的防锈蚀能力，从而防止发动机发生“开锅”现象。

从发动机冷却液的防冻性能考虑，甲醇和乙醇曾被用作防冻剂，但由于甲醇和乙醇的低沸点、易燃性以及甲醇的毒性等问题，逐渐被沸点较高、不易挥发且低毒的乙二醇或者丙二醇型防冻剂替代。现在，乙二醇型和丙二醇型发动机冷却液是国际上通用的发动机冷却液种类。

汽车冷却液在汽车发动机正常运转中扮演着至关重要的角色，它直接影响发动机的工作性能和使用寿命。乙二醇和丙二醇水溶液在发动机高温工作时，容易氧化生成有机酸，这些强酸性物质可能腐蚀发动机冷却系统。此外，发动机排放的酸性废气也会被冷却液吸收，以及司机在行车途中补加的冷却水中的氯离子、硫酸根离子会与发动机冷却系统的金属发生反应，进一步加剧冷却液的酸性，进而腐蚀发动机金属。发动机的冷却液中必须添加腐蚀抑制剂、碱保持剂（缓冲剂)、抗泡剂等，来保护汽车冷却系统不被侵蚀。

随着节能环保要求的不断提高，汽车制造商不断地减少汽车重量、提高燃油效率并降低排放，导致轻金属例如铝、镁等合金和功能塑料在发动机中被大量采用。OEM 厂商为了满足车辆冷却系统的保护要求，持续升级发动机冷却液的规格，对发动机冷却液的功能不断提出新的要求，大大推动了发动机冷却液的技术发展。

1.2.3.1 发动机冷却液的发展

从出现到现在，发动机冷却液使用的防冰剂发生了很大变化，见图 1-25。发动机冷却液的发展经历了三个阶段：早期以无机盐和低沸点醇类为主，但因安全性不足逐渐被淘汰；随后中期阶段转为普遍使用乙二醇和丙二醇，具有优异的热性能和安全性；近年来则逐步向纳米材料和离子液体等高性能方向发展，以满足现代发动机日益严格的热管理需求。

无机盐能够明显降低冰点，提升沸点，例如氯化钙、三氯化铁、氯化镁、氯化钠等，但氯离子对金属腐蚀严重，很少在发动机冷却液中使用。

有机低碳醇，尤其是甲醇和乙醇降低冰点效果最好，但由于甲醇毒性大，而且甲醇与乙醇的沸点低、易挥发，闪点低、易着火，带来不安全因素，在车用冷却液中使用越来越少。

乙二醇、丙二醇的沸点高，黏度适中，毒性低，热稳定性高，在发动机冷却液中使用最为普遍。近年来，由于环保意识的加强，北欧一些国家要求进一步降低冷却液的毒性，丙二醇型冷却液的使用在逐步增加。

甘油(丙三醇)作为生物柴油的副产物，也有很好的降低冰点的效果，虽然黏度大，受热易分解，产生酸性物质，但是基本无毒，属于一种相对安全的化学物质。在欧美，生物柴油产量大，产生了较多的副产物甘油，因此在欧洲冷却液中，甘油被强制要求加入。在一些国家标准和汽车 OEM 规格中，也特别制定了含甘油的冷却液规格，浓缩液中甘油的加入量在 20%以内。美国 ASTM 对于甘油的使用，也有相应的标准，例如 ASTM D3306-11 就增加了第Ⅴ和Ⅵ类冷却液，为乙二醇基含甘油的冷却液。对使用的乙二醇和甘油的质量要求满足 ASTM E1177。美国康明斯冷却液体系中就有专用甘油的产品。中国生物柴油的实际产量不大，但是也有冷却液企业使用生物柴油副产物甘油，由于甘油的精制程度不同，国内使用生物柴油副产物甘油的冷却液有一定的腐蚀问题。更令人担忧的是，一些国内企业使用这种甘油与甲醇生产劣质防冻液，这不仅无法有效保护冷却系统，反而对发动机造成更严重的损坏。近些年，由于发动机高热效率的要求，为了提高换热效率，开发了新型冷却液，包括纳米冷却液和离子流体冷却液等。

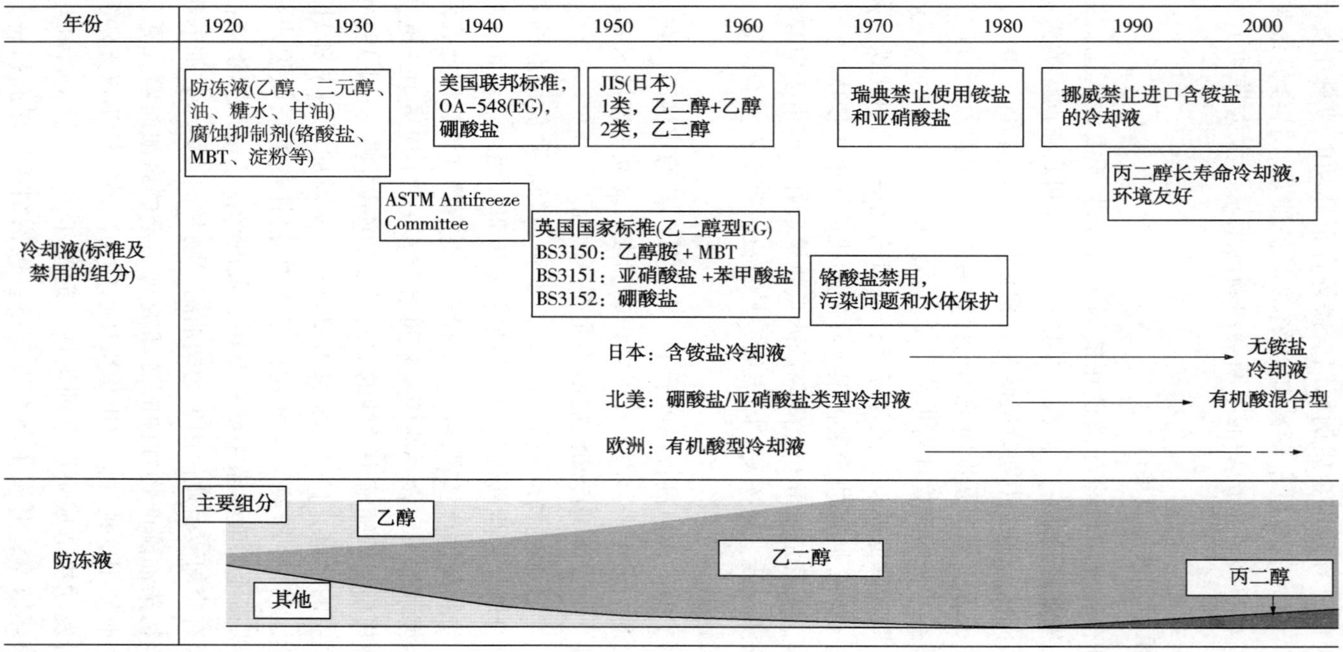

图1-25　全球发动机冷却液的发展

发动机冷却液的标准发展，是发动机制造商在环保和节能要求驱动下，随着发动机材质和使用条件的快速变化，带来的限制或者禁止某些使用化学品的发展历程。1970 年禁止使用铬酸盐，防止污染和水体保护；1977 年瑞典禁止使用亚硝酸盐和铵盐；1987 年挪威禁止进口和销售含有铵盐的冷却液；20 世纪 90 年代，大众要求使用长寿命冷却液等。这些标准是发动机冷却液发展历程中最为重要的限定性标准，推动了冷却液技术的飞跃式发展。

1.2.3.2 冷却液缓蚀剂技术的变化

冷却液缓蚀剂技术的发展在欧洲、日本和美国一直独立进行。日本汽车发动机在很久以前就开始大量使用铝合金，而美国汽车发动机主要使用铸铁或者含铁材质，铝合金用量在逐步增加；欧洲发动机制造商也大量使用了铝合金，但其使用量没有日本发动机的高。

铝轻金属合金和铸铁对冷却液腐蚀抑制的性能要求差别很大，导致了抑制剂配方的巨大差异。就冷却液的 pH 值而言，铝合金腐蚀抑制最佳效果的 pH 值范围是 7. 8~8. 3，而铸铁的最佳效果 pH 值在 10. 5 以上。

为了有效保护铝合金发动机，日本冷却液采用了混合有机酸技术（HOAT），并且不使用硅酸盐，主要是担心硅酸盐会磨损冷却水泵密封。此外，日本也拒绝使用硼酸盐，原因在于硼酸盐的润滑性不如磷酸盐，可能导致水泵密封磨损。因此，日本冷却液采用了乙醇胺和磷酸盐，这两种成分对铝合金的保护更好。

北美发动机主要采用铁金属，虽然也有使用铝合金的例子，比如别克在 1961 年生产了一款 V8 铝合金发动机，但由于铝制换热器与冷却液不匹配导致堵塞。该款发动机在 1963 年停产，随后将其技术出售给了路虎。北美的冷却液配方工程师认为，通过在原本为铁质发动机设计的冷却液配方中加入硅酸盐，可以有效规避铝的腐蚀问题，至于硅酸盐可能带来的磨损问题，他们认为可以通过定期更换密封件和连接件来解决。

欧洲发动机技术与日本相似，很早就使用了大量的铝合金，因此欧洲发动机冷却液的配方与日本比较接近，早期配方中使用了苯甲酸，配合硅酸盐和硼酸盐开发了 HOAT 配方。由于欧洲自来水硬度高，曾因使用含磷配方发生过事故，同时含磷的废冷却液排放对环境带来负面影响，因此，欧洲冷却液配方不再使用磷酸盐。

自 1970 年后，世界发动机冷却液缓蚀剂的发展趋势见图 1-26。

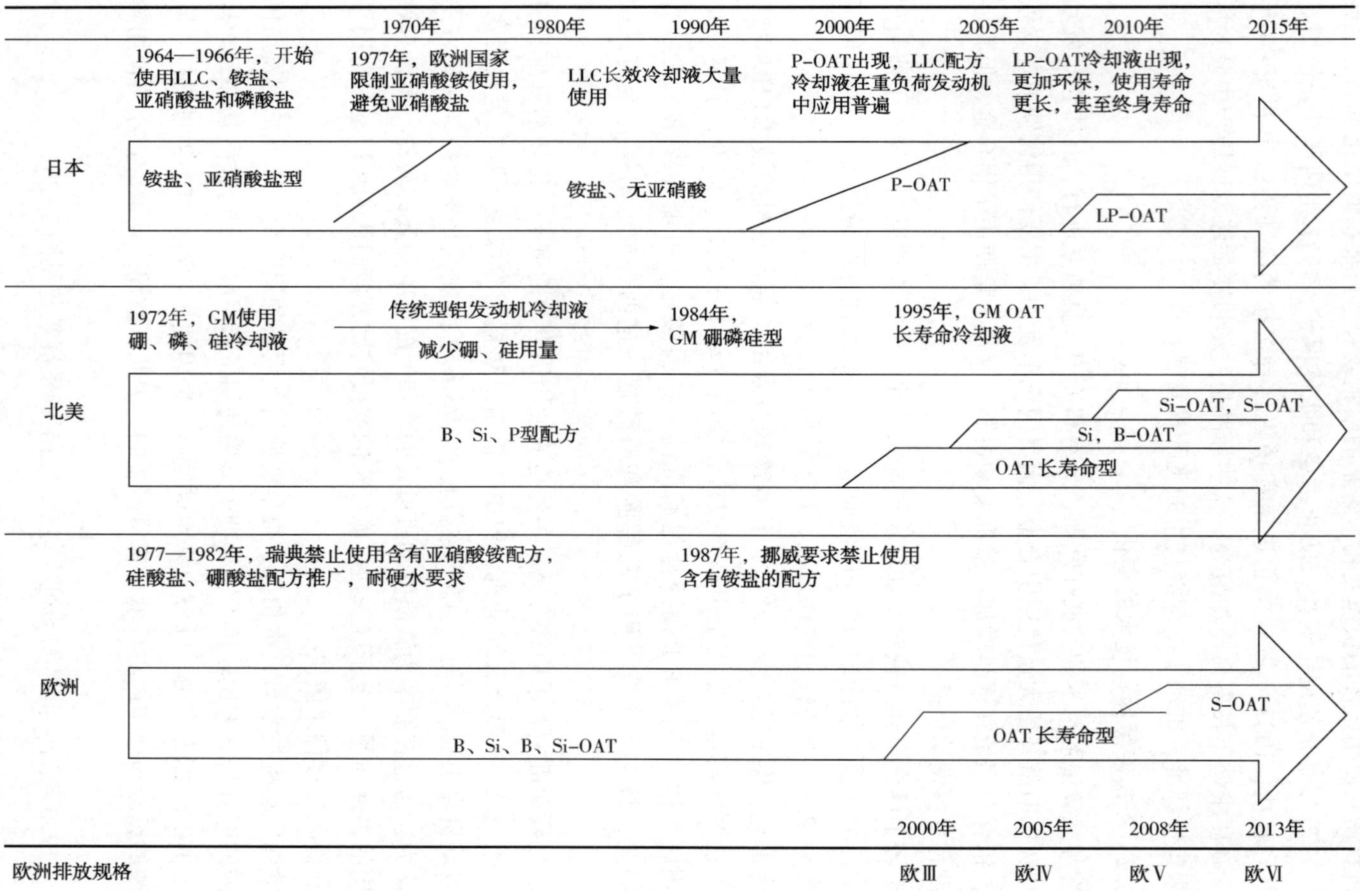

图1-26　世界发动机冷却液缓蚀剂的发展

可以看出，冷却液的技术发展时间点与环保升级有一定的相关性。因此，我们也可以认为，每一次环保升级推动发动机技术升级，从而引发了冷却液的技术升级，从非环保型缓蚀剂到环保长效型、再到有机长寿命型，最后发展到SOAT或LP-OAT(低磷酸盐有机酸技术)终身寿命型。随着环保排放标准的不断提高，现代发动机对冷却液的热稳性、使用寿命以及对铝、镁等轻金属合金的保护提出了更高要求，这促使冷却液技术不断创新，以满足发动机在冷却和腐蚀防护方面的严苛需求。然而，高灰分和高 pH 值的冷却液无法满足新排放标准下发动机在冷却和腐蚀抑制方面的要求，容易导致冷却系统堵塞、过热和腐蚀，进而缩短发动机的使用寿命，甚至导致发动机事故。因此，发动机冷却液的技术升级亟须引起足够的重视。

1）非环保 NAP 型配方

一直到 20 世纪 70 年代中期，国际上通用的发动机冷却液配方是含有亚硝酸盐(Nitrite)、铵盐(Amine)和磷酸盐(Phosphate)的配方(简称 NAP 配方)，优点是原料易得，成本低廉，对铁、钢、铜和焊锡等的腐蚀抑制效果好。

NAP 配方的缺点也非常突出：亚硝酸盐与胺类物质在高温环境下反应形成亚硝胺类化合物，具有强致癌性，对人体健康构成严重威胁。

2）环保型 NAP-free 配方

随着发动机 OEM 厂商对 NAP 配方缺点的认识加深，以及铸铝缸盖、铝质水箱和水泵的大量应用，很多 OEM 厂商开始要求发动机冷却液采用不含亚硝酸盐、铵盐和磷酸盐的 NAP-Free 配方。因此，发动机冷却液生产厂开始选择新型的腐蚀抑制剂。硼酸盐对铁、钢等金属具有良好的腐蚀抑制效果，而硅酸盐则是非常有效的铝腐蚀抑制剂。在 20 世纪的 70 年代到 90 年代，欧洲较多使用硅硼类型的发动机冷却液配方。以德国大众公司为例，其 TL 774-C 标准对应 G48 冷却液，这种含硼和低硅含量的发动机冷却液，属于 HOAT 配方。

美国和日本的水硬度没有欧洲大，因而磷酸盐的使用没有受到太多限制。尤其是日本的汽车制造商，由于担心维护不当可能导致硅酸盐的消耗、结胶析出以及冷却液酸值的增加，从而无法有效控制硼酸盐的腐蚀性，因此选择了大量使用磷酸盐而非硅酸盐，以避免硼酸盐引发的腐蚀问题。

传统的硅硼类型发动机冷却液的优点：

① 对铸铝的腐蚀抑制效果好；

② 成本低廉，几乎和 NAP 配方相当；

③ 环保、对人身安全，硬水稳定性好。

传统的硅硼类型发动机冷却液的缺点：

① 需要不断消耗腐蚀抑制剂，在金属表面形成保护膜，这缩短了发动机冷

却液的使用寿命；

② 硅酸盐容易结成大分子并结胶，降低腐蚀抑制效果，并可能堵塞冷却系统，导致发动机事故；

③ 硼酸盐对铝的腐蚀性强，一旦铝腐蚀抑制剂消耗到不足以形成有效保护膜，就容易形成铸铝的传热腐蚀和气穴腐蚀。

使用硅酸盐稳定剂，可以很好地解决硅的结胶析出问题，但通常这会增加冷却液的制造成本。传统的含有硅酸盐稳定剂的硅硼类型发动机冷却液，一般可以使用 2 年或者 10 万公里里程，称为长效冷却液，到期需及时更换。不含硅酸盐稳定剂的硅硼类型冷却液，一般可以使用 1 年或者 5 万公里。

3）HOAT 冷却液

在 OAT 配方中加入硅酸盐、磷酸盐、亚硝酸盐等无机盐腐蚀抑制剂，结合两类腐蚀抑制剂的优点，为金属提供更好的保护，这类配方统称为 HOAT 配方，属于 NAP-free 配方的优化改进型。

对于重负荷发动机冷却液，加入亚硝酸盐的 OAT 配方，被称为 N-OAT，比较典型的如卡特彼勒 ELC 型冷却液。

对于含有硅酸盐的 OAT 配方，一般称为 Si-OAT，含有硼酸盐和硅酸盐的 OAT，称为 B-Si-OAT，在美国应用较多；含有磷酸盐的配方，称为 P-OAT，在日本应用较多。

Si-OAT、B-Si-OAT、N-OAT、P-OAT 统称为 HOAT，Si-OAT、B-Si-OAT 也属于低硅冷却液。低硅冷却液在欧洲售后服务市场使用较多，例如 BASF 公司的 G48 就是低硅冷却液。日本含磷 HOAT 配方与欧洲低硅冷却液配方是同一时期的技术，使用周期或里程也相当，为 2 年或者 5 万公里。

4）OAT 配方

进入 20 世纪 90 年代中叶，发动机 OEM 厂商大量使用轻质金属合金，例如铝锰合金、铝镁硅合金等，发动机轻质合金的比例从 70 年代的 30%不到，提高到 80%以上，有些甚至采用全轻质合金技术，以求最大限度地减少车身重量，减少能耗。

随着发动机功率和压缩比的不断提高，发动机的温度进一步提高。改善热效率和减少排放进一步提高了发动机对冷却液的传热效率和热稳定性的要求。

在 20 世纪 90 年代中期，北美冷却液制造商认识到了日本的 HOAT 冷却液对铝合金的保护能力好过美国冷却液。为此，美国德士古（Texaco）开发了纯有机酸冷却液配方 Dexcool，专门针对铝合金的腐蚀抑制缓蚀。Dexcool 冷却液的 pH 值较低，使用寿命远超传统美国冷却液以及欧洲和日本 HOAT 冷却液。1996 年，通用汽车公司开始采用这种纯有机酸冷却液。

在欧洲，发动机 OEM 厂商对润滑油和发动机冷却液的使用周期提出了更高的要求，进而出现“长寿命”的概念，即没有系统损坏情况下，发动机出厂时装入的冷却液，要使用 5 年以上或者 16 万公里以上。针对这些新的市场需求，发动机冷却液制造商开发了 OAT 有机酸腐蚀抑制剂技术。与传统的无机腐蚀抑制剂依靠氧化或物理沉积形成保护膜不同，有机酸腐蚀抑制剂通过激发金属表面形成一层稳定的氧化物保护膜，这种金属自膜保护技术使得腐蚀抑制剂的消耗极小，从而实现了长周期的保护效果。

OAT 发动机冷却液的优点比较明显：

① 腐蚀抑制剂消耗少；

② 使用里程超长，25 万~50 万公里；

③ 对各种轻质合金都有很好的保护，适合铝质缸盖和换热器的车辆；

④ 热稳定性好；

⑤ 生物降解性好。

使用 OAT 技术的有 Havoline® XLC、GM's Dex-Cool®、VW TL 774-D/F 规格对应的 G30。

OAT 发动机冷却液对铸铁和钢同样具有优异的保护能力，因此被广泛应用于重负荷车辆。但是对铜、黄铜和焊锡的保护效果较差，因此需要和铜腐蚀抑制剂共同使用，以确保全面的腐蚀防护。

5) 终身寿命 OAT 冷却液

自 2010 年以后，大众 TDI 柴油轿车发动机和宝马 BMW 镁合金直列六缸发动机成为新式发动机技术的代表，丰田、奔驰、标志和福特等也都在积极开发类似发动机技术。这类发动机对发动机冷却液提出了新的要求：

① 冷却系统尺寸缩小，工作温度提升，要求发动机冷却液具有更好的热稳定性；

② 必须具有强大的镁合金保护能力；

③ 实现终身使用寿命。

为应对这些新需求，发动机冷却液正朝两个方向发展，其中一个发展方向如 6)SOAT 配方所述，另一个发展方向是通过下列方式优化 OAT，提高配方的储备碱度和热稳定性：

① 提高有机酸的含量，将储备碱度从 5mL 提高到 10mL 以上；

② 选用特种有机酸以改善热稳定性；

③ 优选多种有机酸，以扩大对合金的保护种类。

例如 Glysantin G33 符合 PSA 715 000 的配方标准，其储备碱度大于 10mL。

6) SOAT 配方

2010 年以后，BASF 与德国大众、意大利 Tecnofluid 等都推出了最新一代的冷却液技术：在 OAT 基础上加入硅酸盐与有机硅烷/硅酮的聚合物，结合 OAT 技术和硅氧化合物腐蚀抑制剂的优点，为金属提供更强的保护。例如大众的纯硅烷化 OAT 技术，满足 VW TL 774-G 规格的要求。这种技术的优点在于强化了对铝和轻金属合金的保护，同时改善了与含硅酸盐配方的相容性。图 1-27 展示了硅烷化聚合物在铝表面提供腐蚀抑制保护作用。

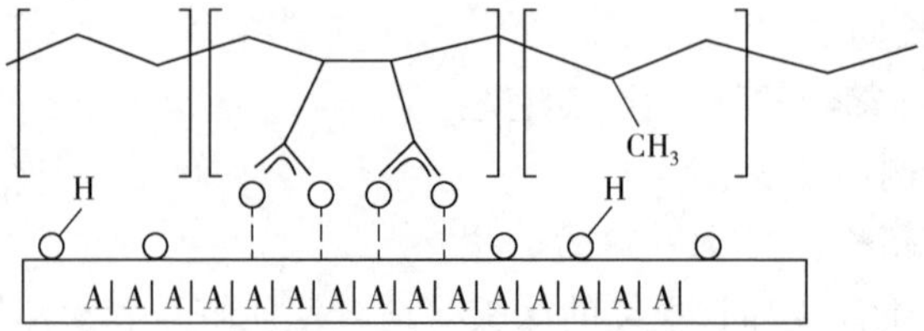

图 1-27　硅烷化聚合物与铝表面的反应

由图 1-27 可以看到，在铝合金金属表面形成初生态后，硅会首先吸附过来形成保护，之后在有机酸的催化作用下，进一步形成氧化保护膜层，同时硅还会继续吸附在氧化保护膜层外部，形成二次保护。这种腐蚀抑制效果更加有效，而且由于不生成沉积保护膜或者氧化保护膜层，因此保持了铝合金优异的传热性能。

实际试验发现，热铸铝表面形成一层光滑的保护膜，这种膜实际上是 Si-O-Al 化合形成的大分子保护膜，而非物理吸附或沉淀吸附的难溶性沉淀保护膜。

1.2.3.3　日本机动车发动机冷却液技术发展

根据日本冷却液标准 JIS K2234—2006，发动机冷却液分为两类：AF(仅在冬季使用)和 LLC(全年使用)。在 20 世纪 70 年代，欧美地区广泛使用硅酸盐冷却液以保护日益增多的铝合金系统，而日本则避免使用硅酸盐，认为硅酸盐可能导致水泵机械密封问题和凝胶析出，从而影响冷却液的稳定性。磷酸盐和铵盐成为日本冷却液的主要腐蚀抑制剂，这导致了欧美和日本的发动机冷却液技术的不同发展方向。

20 世纪 70 年代后期，受到瑞典(北欧)对亚硝酸铵的使用限制，日本停止使用含有亚硝酸盐的冷却液，并开发了 P-OAT 配方，使用期可达 5 年以上，适用于轿车和卡车。90 年代，欧美开发 OAT 配方冷却液，进一步延长了冷却液使用期限，日本也积极推进 OAT 技术配方。然而，由于 2-异辛酸被发现与发动机密封垫中的某些材料发生反应，影响密封垫使用寿命，因此它被禁止使用于日本冷却液配方中。为避免这个问题，一些无机盐(如磷酸盐)被加入有机酸配方中，以快速形成腐蚀抑制防护层。

2000 年后，日本主流的冷却液是 LP-OAT 长寿命冷却液。2006 年后，日本标准 JIS K2234—2006 规定停止使用胺型冷却液。

日本冷却液技术发展，得益于日本冷却液供应商、汽车制造商和零配件供应商间的紧密合作。推动冷却液技术进步的动力因素包括：

① 发动机技术革新，特别是新材料的使用；

② 发动机小型化；

③ 快速热机技术，发动机启动后迅速达到工作温度；

④ 更低的油耗；

⑤ 更少的排放。

1）P-OAT

受 20 世纪 90 年代无胺化配方要求的影响，更重要的推动力来自重负荷卡车制造商对于延长使用周期的需求。使用有机酸盐和磷酸盐配方使得无胺配方的长周期使用成为可能。随着发动机部件和换热器部件中铝合金成分的增加，发动机冷却液配方不断改进，以提升其在更高温度下对铝合金的有效保护。

本田（Honda）和丰田（Toyota）采用的 OAT 发动机冷却液一般含有 2-异辛酸、癸二酸及其他有机酸，不含硅酸盐和磷酸盐。然而，本田有一款墨绿色的长寿命 OAT 发动机冷却液不含 2-异辛酸，而另一款粉色的发动机冷却液则含有磷酸盐。

2）LP-OAT

2000 年后，冷却液技术的发展使得以磷酸盐为主的腐蚀抑制剂体系逐渐转变为以有机酸盐为腐蚀抑制剂主体、磷酸盐为辅助抑制剂的 LP-OAT 配方体系。市场使用证明，这种配方体系可以充分满足 5 年以上的长寿命使用要求。

丰田采用了添加磷酸盐的 HTC（Hybrid Technology Coolant）配方。这种类型的发动机冷却液的优点：

① 具有 OAT 冷却液的热稳定性和长效性；

② 能够快速对铝表面提供保护；

③ 能够修复水泵气穴腐蚀的表面。

日本冷却液通常采用 CCI（Chemical Company of Japan）生产的原厂冷却液，在北美，Intec Inc. 公司则是主要的冷却液供应商。对于不同车厂的冷却液要求，可以总结出以下几个要点。

冷却液类型：日本车厂提供两种类型的冷却液：一种是长寿命的 HOAT 冷却液，另一种是不含 2-异辛酸的超长寿命冷却液。两者都有很好的热稳定性和对铝合金的保护能力。

冷却液的兼容性：根据不同车厂给出的材料安全说明书（MSDS），同一类型的冷却液在不同车厂之间可以互相替换使用。比如，本田、丰田、日产和马自达的长寿命 HOAT 冷却液是可以互换使用的，且不会引发问题。但必须确保在更换前将冷却系统中的残留液体完全排放干净，避免旧冷却液的成分影响新冷却液的性能。

这种设计思路不仅确保了不同车厂之间的冷却液配方的兼容性，也保证了车辆的冷却系统能够在长时间使用中维持良好的性能。

1.2.3.4 韩国机动车发动机冷却液技术发展

韩国结合欧美日各国的汽车技术，有日本技术的P-OAT、OAT，也有欧美的硅硼冷却液技术。

1.2.3.5 东南亚地区机动车发动机冷却液技术发展

贯穿20世纪80—90年代，由于东南亚地区的气候温暖，发动机常用纯水基防锈液和冷却液。然而，纯防锈液的防腐蚀性能不如发动机冷却液，腐蚀问题突出。到了20世纪90年代，由于发动机铝合金换热器的使用日益增加，当地逐渐由防锈液过渡到冷却液，以提供对铝合金更好的腐蚀保护。在此期间，欧美和日本的发动机冷却液也开始广泛进入这一地区市场。为了满足发动机厂商对冷却液稀释比例和稀释用水质量的要求，市场上预稀释冷却液的销售量显著增加。

1.2.3.6 中国机动车发动机冷却液技术发展

与韩国类似，中国汽车制造商涵盖欧美和日本独资及合资企业，因此冷却液配方冗杂了欧美日各个体系。20世纪90年代中期，中国的发动机冷却液存在两个行业标准，即交通行业标准JT 225—1996《汽车发动机冷却液安全使用技术条件》(现已废止)和石油化工行业标准SH/T 0521—1999《汽车及轻负荷发动机用乙二醇型冷却液》(现已废止)。

SH/T 0521—1999基本等效采用美国ASTM D3306-94标准，全面规定了乙二醇型发动机冷却液产品的质量指标，涵盖了浓缩液和-25号、-30号、-35号、-40号、-45号及-50号六个冷却液产品。该标准于2010年进行了修订，参照了ASTM D3306-09和ASTM D6210-08，增加了重负荷冷却液及丙二醇型冷却液的相关规定。

JT 225—1996是基于汽车运输行业对汽车安全运行的要求而制定的强制性标准，它从发动机冷却液如何保证汽车安全运行的角度出发，提出了关键性的技术要求，是冷却液生产企业应达到的最低要求，此标准将发动机冷却液分为-25号、-35号和-45号三个牌号。

2006年，国家质量监督检验检疫总局将发动机冷却液产品纳入工业产品生产许可证管理，要求依据国家强制性标准进行检验，标准涵盖了对各种类别、各种型号的发动机冷却液的评价检验。2013年9月18日，发布了新的国家标准GB 29743—2013，并于2014年5月1日开始执行。

在私家车保有量不断提升以及车辆养护知识的普及，尤其是发动机润滑油质量不断提升的背景下，发动机冷却液的质量也越来越受到重视。目前，中国的大型企业如中国石油、中国石化，以及众多中小规模调和商，正在根据新国标要求区分轻负荷与重负荷冷却液，并依照市场需求推出 OAT 和更高档的 SOAT、LP-OAT 配方，以及低毒的丙二醇冷却液和无水冷却液。未来，中国的冷却液技术将会与国际先进技术保持同步。

1.2.3.7 发动机冷却液最新发展

1）极地地区冷却液

纯二甲基亚砜的冰点是 18.45℃，含水 40%的二甲基亚砜的冰点可低至-60℃，而且二甲基亚砜与水、雪混合时会释放热量。因此，二甲基亚砜被广泛应用于汽车发动机冷却液、刹车油、液压液等领域。相比之下，乙二醇发动机冷却液在低于-40℃时已不适用，而且它的沸点较低，具有毒性且容易产生气阻。

二甲基亚砜发动机冷却液在北方寒冷地区的汽车和战车中得到了广泛应用，能够在极寒条件下提供可靠的冷却性能，并且可使用雪代替水进行补充，特别适用于严寒地区的恶劣环境。

2）无水冷却液

目前市面上的无水冷却液主要是基于丙二醇的冷却液，也有使用醇醚混合型的冷却液。以丙二醇为基础液的无水冷却液，其低冰点（约-60℃）和高沸点（约185℃）使其在极端温度下都能保持稳定性，并且蒸发率低，这对发动机冷却系统的长期使用非常有利。

目前，对于无水冷却液的评定尚无相应标准，因此国外在开发无水冷却液时，通常基于传统含水冷却液的测试方法进行试验，包括：玻璃器皿腐蚀试验、铸铝传热腐蚀试验、模拟腐蚀试验、测功机试验、台架试验（模拟发动机负荷和温度变化，如 ASTM D7583 约翰迪尔发动机台架试验）以及实际行车试验等。

行车试验结果表明，纯丙二醇冷却液可以在发动机冷却系统中使用。重负荷冷却系统在使用无水冷却液后，湿式气缸衬里点蚀、铝泵气穴腐蚀等问题完全消除，因此，无水冷却液被认为更适用于重负荷发动机。

无水冷却液在未来的汽车冷却液市场，尤其在高性能和重负荷发动机的应用中，可能会成为一个重要的选择。

3）纳米流冷却液

1995 年，美国阿贡（Argonne）国家实验室的 Choi 在国际上首次提出“纳米流体”的概念，即以一定的方式和比例在液体中添加纳米粒子而形成的一种均匀、稳定、高导热系数的新型换热介质。纳米流体由纳米尺度的固体颗粒和基液组成，其悬浮的金属或非金属纳米颗粒显著改变了基液的传输性质和导热性能。

试验研究表明，在常规传热介质(如水、乙二醇、机油)中加入纳米尺寸的金属或氧化物颗粒，可以显著提升传热效率。例如，向水中加入5%的纳米氧化铜，传热性能提高了60%；在传统冷却液中加入0.3%的纳米铜粒子，传热效率提高40%。这种提升归因于固体的导热系数远高于液体，纳米粒子赋予了液体更高的导热能力。在室温下，银、铜、铝和石墨的导热系数分别是水的数百倍。

纳米流体的潜在应用非常广泛。在发动机冷却液中添加纳米颗粒，不仅可以提高冷却效率，还能减少散热器体积和重量，降低风阻和燃油消耗，从而改善车辆的整体性能。研究人员也在尝试将纳米流体应用于航天器热控系统、微通道散热器和热管等领域。2003 年，Maiga 等人将氧化铝-水纳米流体引入热管；2005 年，李强、宣益民等将铜-水纳米流体用于航天器热控系统；2006 年，Lee 将氧化铝-水纳米流体应用于微通道散热器。这些研究表明，纳米流体的强化传热性能得到了验证，并具有推动微通道和紧凑轻便型换热器发展的潜力。

尽管纳米流体目前主要停留在实验室阶段，但随着纳米材料技术的进步，其在工业领域的实际应用前景令人期待。未来的研究将聚焦于如何提高纳米颗粒的稳定性，优化传热性能表征，并开发经济高效的大规模制备工艺。可以预见，随着纳米技术的发展，具备卓越传热性能的新型冷却液终将问世。

4) *离子液体冷却液*

离子液体(Ionic Liquid，IL)是一种液态的离子化合物。所有可熔融而不分解或气化的盐类都可作离子液体，例如高温下的氯化钠，其中包含钠离子和氯离子。通常，离子液体在冷却时会形成离子性固体，可能呈现结晶或无定形结构。

由于离子键的强度远高于普通液体中的分子间范德华力，所以常见盐类的熔点大多比其他类型固体要高。然而，目前研究更关注的是室温或低温条件下的离子液体。

离子液体因其独特的物理化学特性，拥有广泛的应用。例如，它们可以用作溶剂、电导液、近室温电池材料，以及密封材料等。特别是在发动机冷却系统中的应用，导热和传热效率将是最好的。但是，由于离子液体的特殊性质，发动机冷却系统需要做较大的结构改动，才能适应离子液体作为冷却液使用。

1.3 发动机冷却系统和机动车热管理系统的金属腐蚀与测试方法

对于很多人来说，发动机冷却液只是水和二元醇溶液中加了一些化学添加剂的简单混合物，但实际上，发动机冷却液与发动机润滑油一样，都是发动机正常运转所必需的，润滑与冷却系统任何一个发生故障，都将导致发动机严重故障。

发动机冷却系统中的腐蚀种类繁多，因此对冷却液的腐蚀性能的评价涉及多个评估项目。而且，随着新型发动机冷却系统对腐蚀抑制性能要求的不断提高，新的评价方法和设备也在持续开发，以满足更高的技术标准。

1.3.1 冷却系统腐蚀的主要因素

发动机冷却液在冷却系统中要满足很多方面的要求，如图 1-28 所示，必须具备的性能包括：

① 有效防止金属表面出现各种类型的腐蚀，如热表面腐蚀、气穴腐蚀、点蚀、隙间腐蚀、冲蚀等；

② 与各种密封材料、橡胶管、塑胶管等高分子材料具有良好的配伍性；

③ 能够中和酸性燃烧气体以及冷却液中组分受热或氧化降解生成的酸性物质；

④ 保持分散系统的稳定，防止沉积物、污染物积聚，并维持金属表面的导热性能。

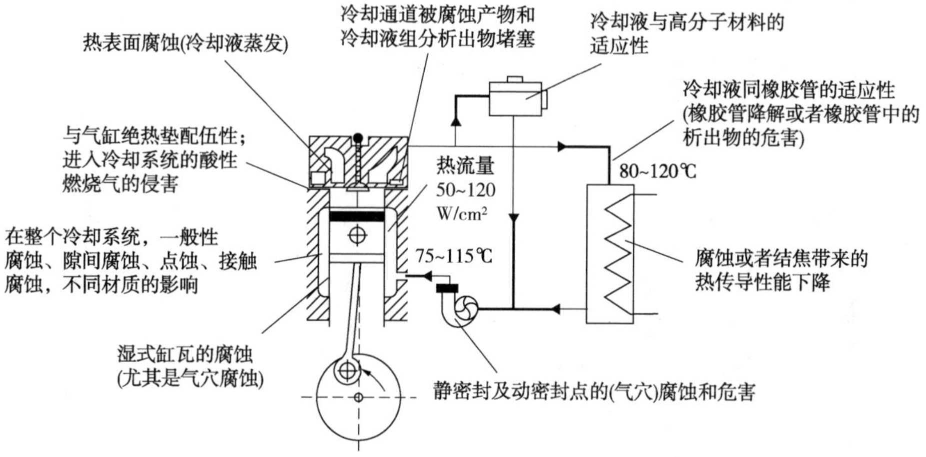

图 1-28 发动机冷却液的主要性能要求

其中，防止金属腐蚀的性能尤为重要。为此，发动机冷却液配方需要进行优化设计，以确保能够有效控制并应对以下主要因素和变量的综合作用(Σ)：

Σ＝接触腐蚀+热/传热表面腐蚀+气穴腐蚀+点蚀/隙间腐蚀+冲蚀+结垢/结焦的作用* +热/氧化/催化降解*(＊这里主要关注由此产生的腐蚀作用以及对腐蚀抑制的影响)。

为了应对不同的腐蚀影响因素，国际上主要标准制定者，包括 ASTM、CEC 等以及一些重要 OEM 制造商，已开发并制定了一系列标准测试方法，以下将一一进行介绍。

图 1-29 展示了各个国家标准所指定的主要腐蚀试验项目，主要是：

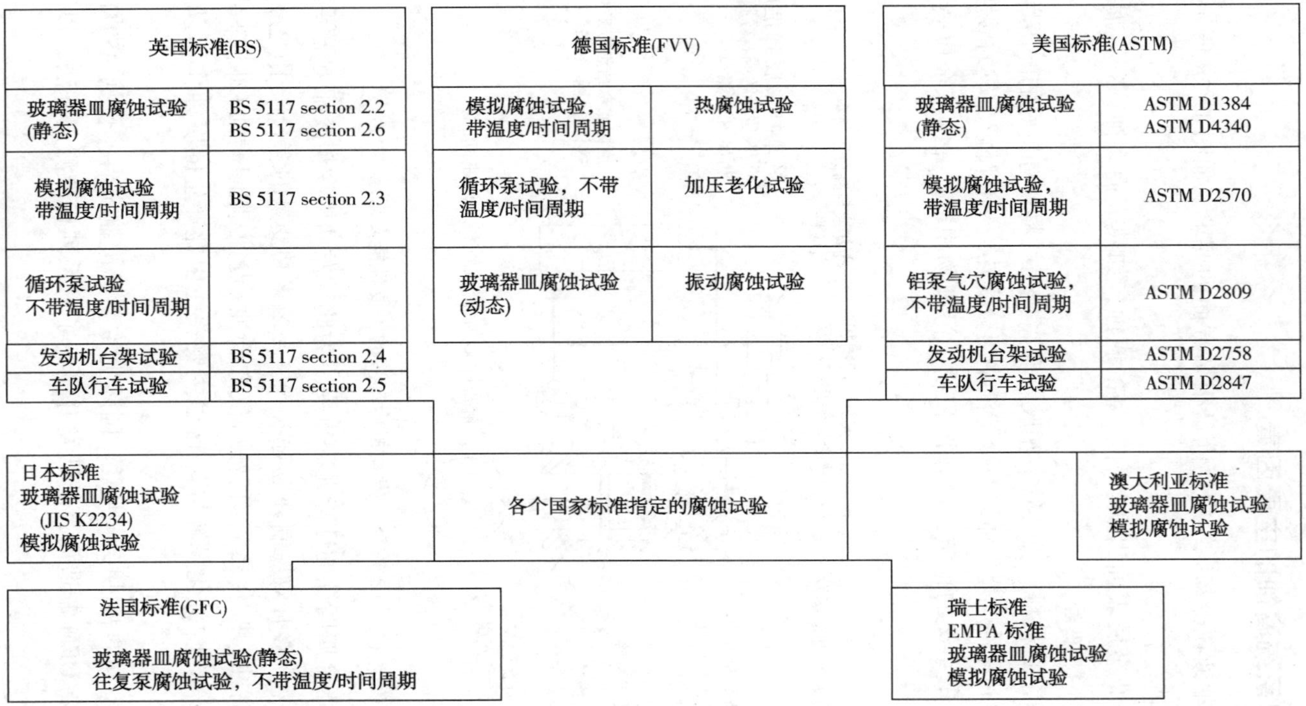

图1-29　各个国家标准指定的主要腐蚀试验项目

① 玻璃器皿腐蚀试验；
② 模拟腐蚀试验-循环泵试验，带有温度和时间周期；
③ 铸铝传热试验；
④ 铝泵气穴腐蚀试验；
⑤ EMPA 试验；
⑥ 发动机台架试验；
⑦ 车队行车试验。

1.3.2 接触腐蚀

1.3.2.1 一般概念

接触腐蚀又称电偶腐蚀，是指两种不同金属在电解质中相互接触时产生的电化学腐蚀。由于两种金属构成了一个自发电池，较活泼的金属会作为阳极发生腐蚀。例如，用铁铆钉连接的铜板暴露在潮湿的空气中时，铁作为阳极会发生溶解被腐蚀，而铜则保持相对完好。

1.3.2.2 ASTM D1384 发动机冷却液玻璃器皿腐蚀试验

ASTM D1384 发动机冷却液玻璃器皿腐蚀试验通常作为冷却液的基本试验方法。测试中使用的黄铜、紫铜、焊锡、钢、铸铁、铝金属试片代表了冷却系统中的典型金属，试片完全浸入充气的标准腐蚀液中进行为期 336h、温度 88℃ 的试验。通过测量试片的质量变化来评估冷却液的腐蚀抑制性能。试验设备和金属试片架见图 1-30 和图 1-31。

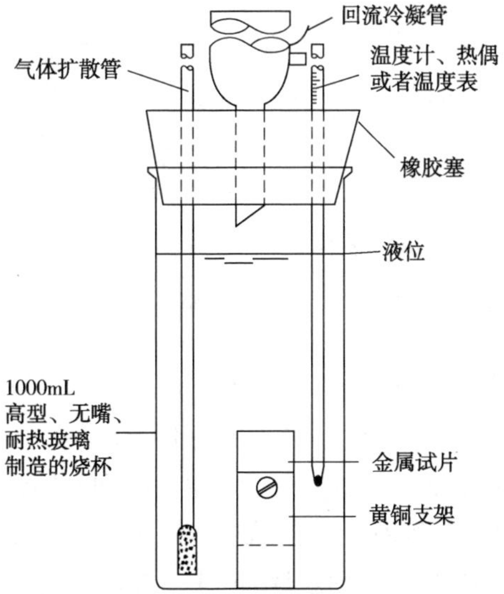

图 1-30 玻璃器皿腐蚀试验仪

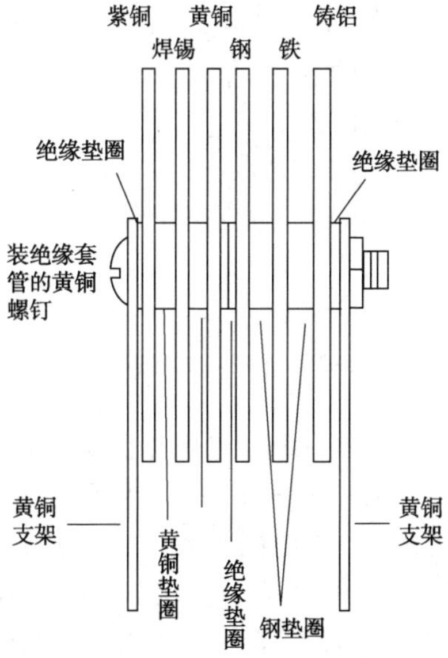

图 1-31 金属试片架

不同标准对玻璃器皿腐蚀试验的测试条件存在差异，具体包括以下几个方面：

① 金属样品：一些公司要求使用 ASTM D1384 标准规定的金属材料，例如通用汽车(General Motors)、欧宝(Opel)和福特欧洲(Ford Europe)。然而，其他 OEM 厂商会使用不同的金属，甚至增加了金属合金，尤其是铝合金，例如，大众(VW)、奥迪(Audi)和纳苏(NSU)使用包括 AlMn、AlSi12 与 AlSi6Cu4 在内的全套 8 金属片；戴姆勒-奔驰(Daimler Benz)、宝马(BMW)、曼(MAN)、菲亚特(Fiat)及其他制造商不同种类的铝合金试片，且一些制造商使用高铅含量的焊锡(例如 95%含量的铅，而非 ASTM 规定的 65%的铅含量)。

② 温度：BS 6580 标准规定采用热和冷两种条件进行测试，部分标准要求更高的试验温度，如 96℃、110℃等。

③ 试验时间：一些日本 OEM 厂商规定测试时间超过 1000h，甚至达到 4000h。如马自达(Mazda)和丰田(Toyota)冷却液规格要求长时间冷却液测试。

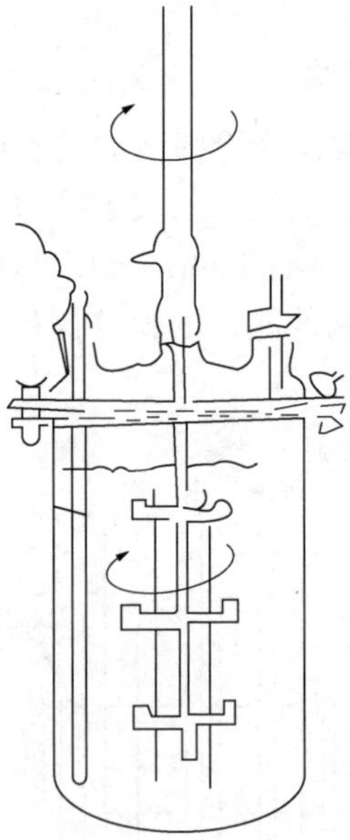

图 1-32　EMPA 试验仪

1.3.2.3　EMPA 测试

考虑到硬水对腐蚀的影响，采用 EMPA 的测试方法。试验设备见图 1-32。此方法采用 180ppm 硬水，而不是 ASTM 规定用水。试验在高温下进行 8h，在室温下进行 16h，金属试片挂在旋转轴上充当搅拌桨。在试验过程中空气不再通入水中，热/冷循环保证了体系中空气连续饱和充盈。

Tecnofluid 认为，EMPA 试验很好地模拟了循环系统的温度条件，并且该测试方法引入了一个动态因素，进一步提高了试验的真实性和适用性。

1.3.2.4　Tafel 极化法

Tafel 极化和线性极化测试仪如图 1-33 所示。

Tafel 极化和线性极化测试均在三电极系统中进行。工作电极采用环氧树脂封装，工作面积为 $1cm^2$；辅助电极为铂电极；参比电极为饱和甘汞电极，并通过盐桥与工作电极连接。工作电极经砂纸逐步打磨至金相，使用丙酮和酒精擦洗后，置入 50mL 含有一定浓度缓蚀剂或复合缓蚀剂配方溶液中。缓蚀剂配方溶液采用发动机冷却液腐蚀水配制，腐蚀水组成为：Na_2SO_4 148mg/L、NaCl 165mg/L、$NaHCO_3$ 138mg/L，溶液采用一次蒸馏水配制。

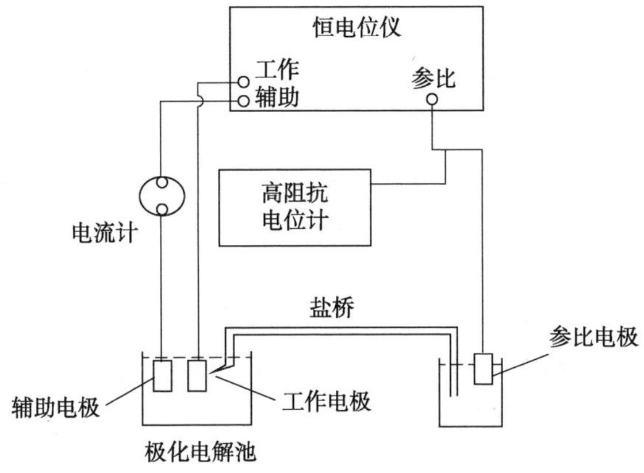

图 1-33　Tafel 极化和线性极化测试仪

Tafel 极化的电位扫描区间为-500～+500mV，扫描速度为 1mV/s。通过测量电流密度(i_{corr})和极化曲线，评估缓蚀效果的优劣，按下式计算缓蚀效率(η)：

$$\eta=\frac{i_{corr}-i'_{corr}}{i_{corr}}\times100\%$$

式中　i_{corr}——未加缓蚀剂的溶液中 Tafel 拟合得到的腐蚀电流密度；

i'_{corr}——加缓蚀剂的溶液中 Tafel 拟合得到的腐蚀电流密度。

线性极化电阻法极化区间为-10～+10mV，扫描速度为 0.2mV/s。通过线性拟合得到极化电阻(R_p)值来判断缓蚀效果的优劣，按下式计算缓蚀效率(η)：

$$\eta=\frac{R'_p-R_p}{R'_p}\times100\%$$

式中　R_p——未加缓蚀剂的溶液中线性区拟合得到的极化电阻值；

R'_p——加缓蚀剂的溶液中线性区拟合得到的极化电阻值。

1.3.3　温度

1.3.3.1　一般概念

在 ASTM D1384 或 EMPA 试验中，测试的热环境代表了冷却系统中部分金属所经历的温度，但对于缸盖而言，所经历的热源和温度是完全不同的。缸盖的热量来自气缸中的燃烧过程，并传递到冷却液界面。铝缸盖的温度会达到或者超过 135℃，导致金属表面发生的腐蚀现象要比 ASTM D1384 试验中所模拟的情况更加严重。

1.3.3.2 非压力下铝的导热性(福特)

在评定冷却液对铝缸盖腐蚀抑制效果的各种试验中，非压力下铝的导热性试验就是其中之一。非压力下铝的导热性(福特)测试试验仪见图 1-34。试验使用的金属试片是铝合金 AA355.2，通常用于缸盖。试片准备过程包括使用 600 目砂纸冲砂抛光，然后用水和乙酮清洗。试片被置于加热板上加热，并保持在(135±2)℃，时间持续 168h。通过插入冷却液中的热电偶来监控温度，试片距离冷却液表面约 2mm，冷却液浓度为 25%。由于测试过程中没有加压，因此冷却液始终处于沸腾状态。铝腐蚀的评定采用与 ASTM D1384 试验相同的清洗处理程序，通过称量试片的失重来评定腐蚀效果。

1.3.3.3 ASTM D4340 发动机冷却液铸铝传热腐蚀试验

试验在 135℃和 193kPa 下，装满 25%浓度的冷却液的腐蚀箱中进行，试验仪见图 1-35。温度通过插入试片中的热电偶控制，铝试片的一端与冷却液接触，另一端与电加热器接触。试验时间持续一周，通过评定试片失重来判定腐蚀率，单位为 $mg/(cm^2 \cdot 7d)$。

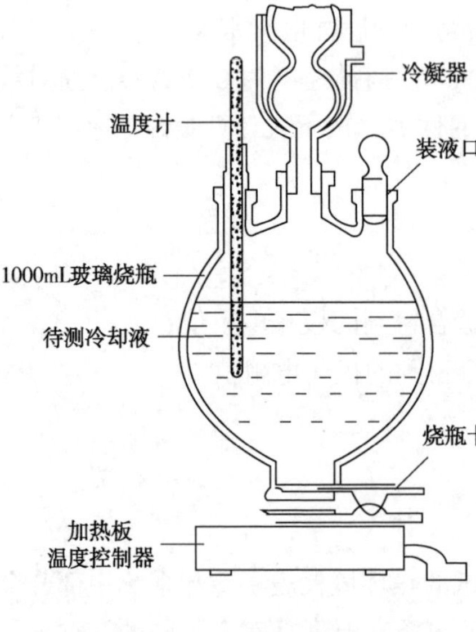

图 1-34 非压力下铝的导热性(福特)测试试验仪

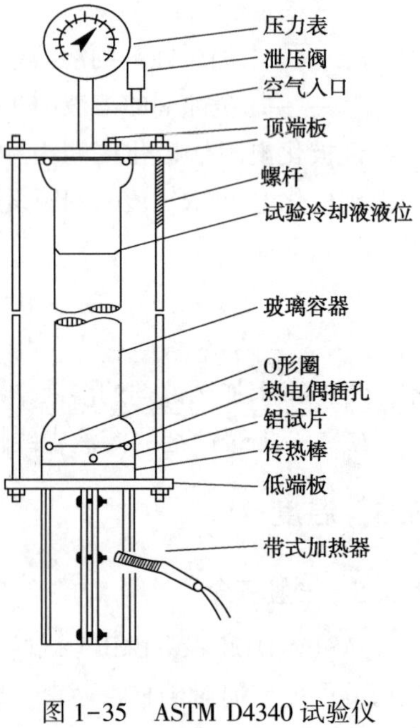

图 1-35 ASTM D4340 试验仪

1.3.4 高温稳定性

1.3.4.1 一般概念

冷却管道不仅会被腐蚀产物堵塞，也会被腐蚀抑制剂的析出物堵塞。如果有腐蚀抑制剂析出物析出，冷却液中有效抑制剂含量会减少，pH 值降低，最终可能导致腐蚀加剧。几年前，稳定性的问题主要与硅酸盐的析出有关，但随着有机酸腐蚀抑制剂含量的增加以及配方优化的需求，这一问题变得更加突出。随着有机酸发动机冷却液储备碱度的升高(从不小于 5 提升到 14 以上)，要求不断增加有机酸抑制剂的含量，这对冷却液的高温稳定性提出了更高的要求。

1.3.4.2 CEC FI-21-A-02 发动机冷却液高温稳定性测试

试验仪见图 1-36。

条件：温度≥165℃，正压力；

时间：未指定(N. E.)；

pH 变化：最大±1.0mL HCl；

沉淀量：最大 3mL。

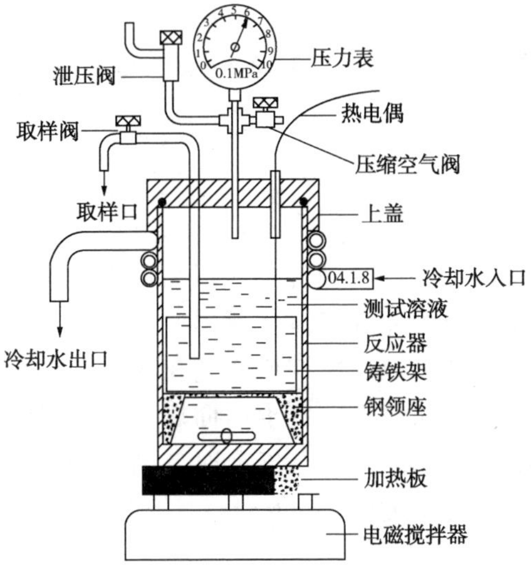

图 1-36 CEC FI-21-A-02 发动机冷却液高温稳定性测试仪

1.3.4.3 ASTM D7820-12 使用旋转压力容器测定加速热和氧化的发动机冷却液的腐蚀抑制性

试验仪见图 1-37。试验条件：

氧气或空气压力：620kPa；

温度：150℃(氧气)/115℃(空气)；
时间：7d；
测定内容：金属试片的失重，以及试验后冷却液的物理和化学性质。

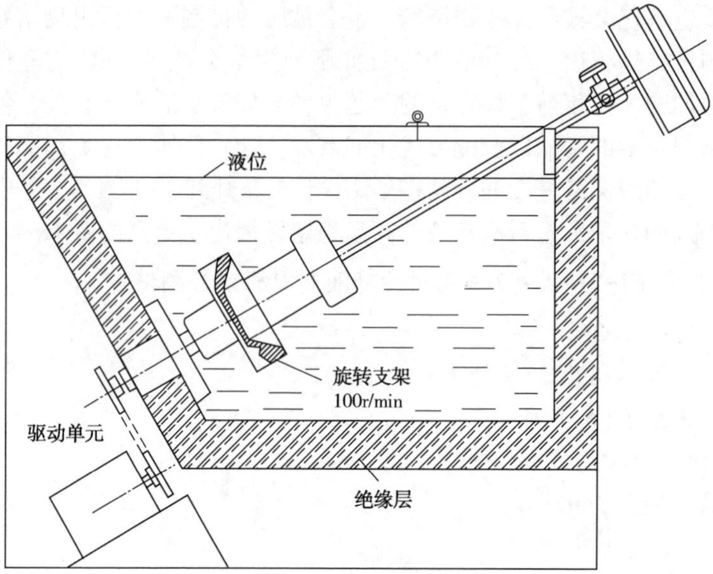

图 1-37 ASTM D7820-12 热和氧化稳定性试验仪

1.3.5 气穴腐蚀

1.3.5.1 气穴腐蚀的一般概念

缸瓦和(或)曲轴的振动会导致冷却液压力的波动。在压力下降时，冷却液蒸气或溶解在冷却液中的部分气体会逸出，直到压力下降到临界点后，蒸气或气体会形成气泡。当气泡的压缩比率变化时，气泡就会破裂。在液体中气泡破裂后，理论上会在同心方向发生内向爆炸，从而产生压力波。当液体被邻近的金属表面阻挡，无法回流至气泡时，内爆会不对称地发生，导致液体喷射，这种现象被称为微迸射(Microjets)，它们喷向金属表面，如图 1-38 所示。

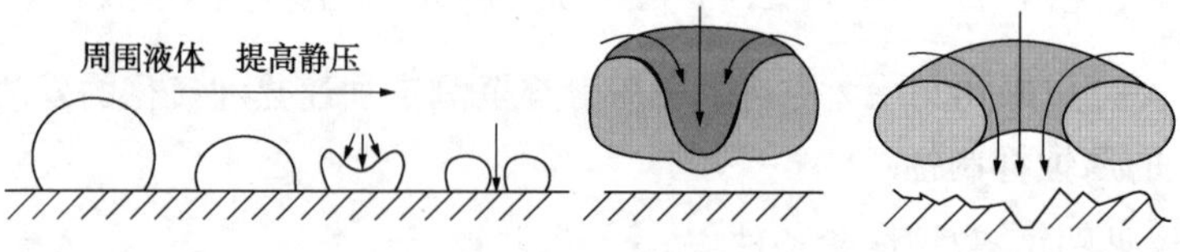

图 1-38 气穴腐蚀机理

压力波和微迸射都能造成金属表面破裂和破坏。由于冷却系统中应力不仅来自机械因素，还受水性环境的影响，这种现象引发的腐蚀称为气穴腐蚀。冷却系统中经常暴露在这种腐蚀状态下的部件包括湿式缸瓦（如 HD 发动机）和冷却水泵。

1.3.5.2 ASTM D2966 超声波法测定发动机冷却液气穴腐蚀性能

在某些频率范围内，超声波在金属表面的作用与气穴腐蚀非常相似。尽管 ASTM D2966 已经被淘汰，但它仍旧是有效的筛选试验方法，菲亚特汽车至今仍在其规格 Fiat 9.55523 中使用该方法。

试验中，铝制试片全浸在 15%浓度的冷却液中 20h，温度保持在(82±2)℃，并使用超声波槽进行测试，见图 1-39。通过比较在超声波测试溶液中平均失重量与在参比发动机冷却液中的试片失重量，可以评定冷却液的抗气穴腐蚀性能。每次试验使用三片铝试片，通过平均失重量来计算铝的气穴腐蚀，评级范围从 1 到 10。

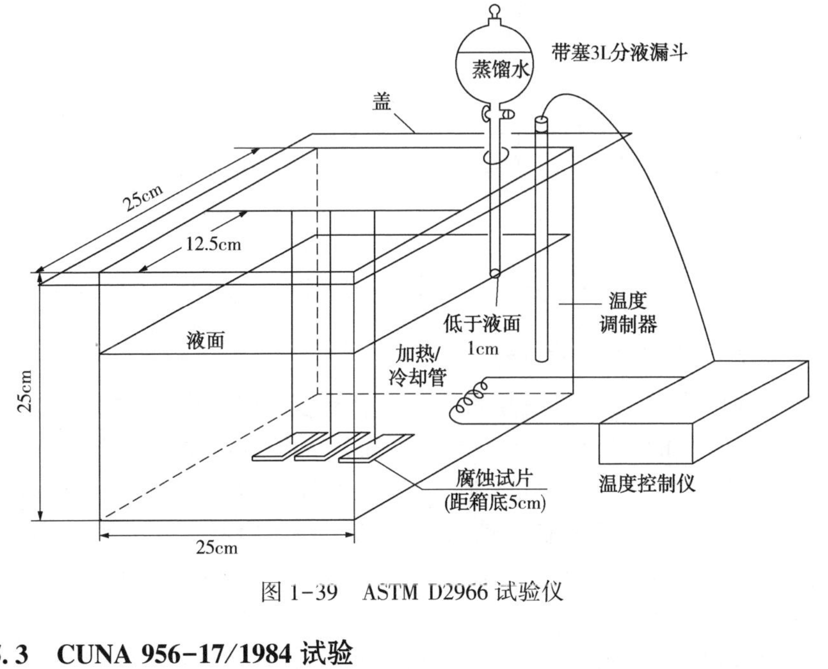

图 1-39　ASTM D2966 试验仪

1.3.5.3 CUNA 956-17/1984 试验

联合碳化物公司最早开发的试验方法用于对冷却液的内部评价。CUNA 956-17/1984 是欧洲标准化组织采用的第一个非 ASTM 试验方法，用于评定柴油发动机和奥托循环发动机冷却液，涵盖了动态/气穴腐蚀以及绝热试验。由于测试中温度变化大，使用了大面积的紫铜作为腐蚀催化剂，试验条件异常苛刻。

CUNA 956-17/1984 试验仪包括一个集水箱和 4 个 Type AA355.2 铝气缸（见

图 1-40)，每个气缸内装有一个 1000W 电加热器。液体温度保持在(90±2)℃，液体总量为 4.3L，流量为 1.680cm^3/min。温度通过一个紫铜热交换器控制，内外温差为 25~35℃。使用符合 ASTM D1384 标准的金属试片，但铸铁试片面积较大，所有试片均在集水箱中组装。冷却液首先循环 5d，每天 16h，然后连续循环 48h，重复前述循环一次。评定项目包括与 ASTM D1384 相同的金属失重，另外包括铝气缸的失重。试验还需检查换热器，确保没有可见的沉积物，外表没有损伤或脱色，并且在加热和冷却系统中没有沉积物生成。

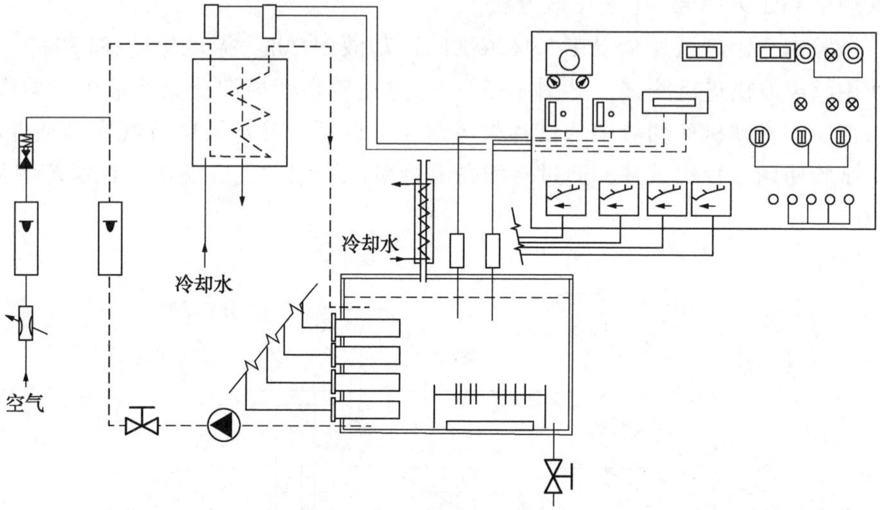

图 1-40　CUNA 956-17/1984 试验仪

1.3.5.4　GM-OPEL 热手指试验

GM-OPEL 热手指试验装置见图 1-41。传热表面试验装置包括一个玻璃压力釜和两个电子加热的热手指，材质是 AlSi6Cu4、AlSi10Mg 或 CG 26。加热后的热手指表面温度保持在 170~190℃，液体温度则控制在 100~120℃。液体由旋转泵驱动，携带铝砂循环。两个带金属试片的容器，每个容器中包括 2 套 ASTM 试片和两套由六种不同铝合金(AlSi6Cu4、AlSi7Mg、AlSi12、Al99.5、AlMn 和 AlCuMg2)组成的试片。

铝砂用来模拟粗糙的铝表面，类似散热器和马达中的部分表面。然后液体通过表面温度达到 250℃的铝管表面，以模拟发动机中的极限高温，特别是发动机缸盖的温度。最后液体在水冷却的换热器中冷却到 70~90℃，然后回流到玻璃压力釜中。

评价项目包括因腐蚀和气穴腐蚀造成的失重，目测破坏程度、变色现象以及加热和冷却系统生成的沉积物。

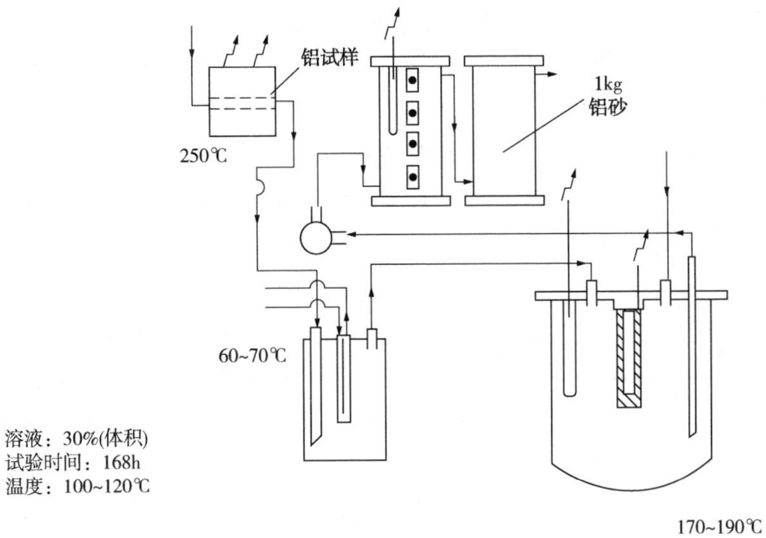

图 1-41　GM-OPEL 热手指试验装置

1.3.5.5　MTU 试验

MTU 腐蚀和气穴腐蚀循环试验仪基本上由三个金属罐、一个玻璃槽、一台泵和气穴腐蚀室组成，见图 1-42。

试验中使用的弹跳杆被凸轮顶开，再由弹簧拉回试验板，形成频率约 4kHz 的振动，冲击振幅为 2μm。试验介质位于试验板之间，如图 1-43 所示。如果试验冷却液的抗气穴腐蚀能力不足，两个试验板都会被破坏。

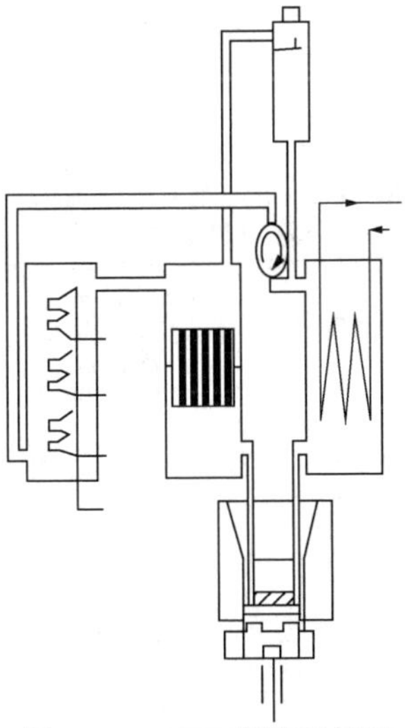

图 1-42　MTU 腐蚀和气穴腐蚀循环试验仪

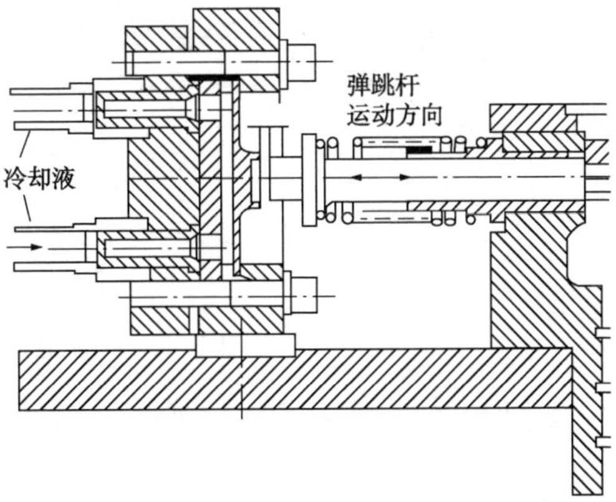

图 1-43　弹跳杆区域放大示意图

气穴腐蚀的强度通过所使用的弹簧进行控制，如果冷却液的抗气穴腐蚀能力足够，测试的材料表面不会显示任何破坏痕迹。测试中使用的材料与实际发动机中的材料相同。评价项目包括因腐蚀或者气穴腐蚀引起的失重、目测受损表面外观、变色现象以及加热或者冷却系统生成的沉积物等。

1.3.5.6 ASTM G32/GB/T 6383 振动穴蚀试验

振动穴蚀试验法用于测定各种材料在振动穴蚀条件下的累计穴蚀量和穴蚀速率与时间的关系。穴蚀是指材料在穴泡和腐蚀作用下发生的损伤过程。试验原理是通过超声发生器使试样在溶液中产生轴向振动，超声发生器采用 20kHz 的超声波传感器或速度传感器，装置安装在变幅杆上，试样则固定在变幅杆的端部。具体装置结构如图 1-44 所示。

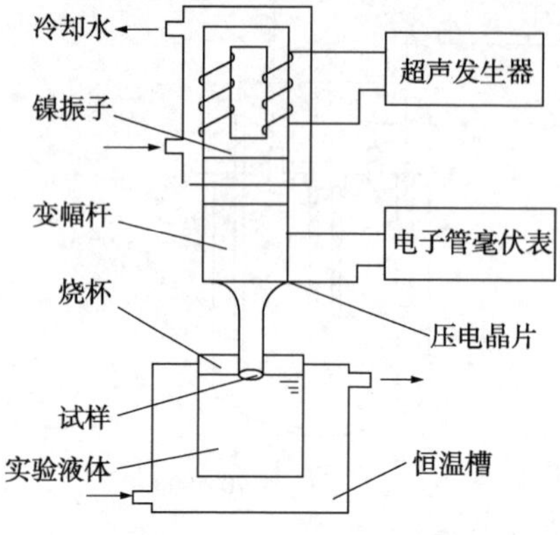

图 1-44　振动穴蚀试验装置

1.3.5.7 FVV R443—1986 腐蚀及气穴腐蚀试验

FVV 在 2005 年停止采用这一测试，但是德国的一些 OEM 规格仍保留该测试。试验分三个阶段：

① 加压老化试验：冷却液在 115~130℃老化 120h，试验仪见图 1-45。

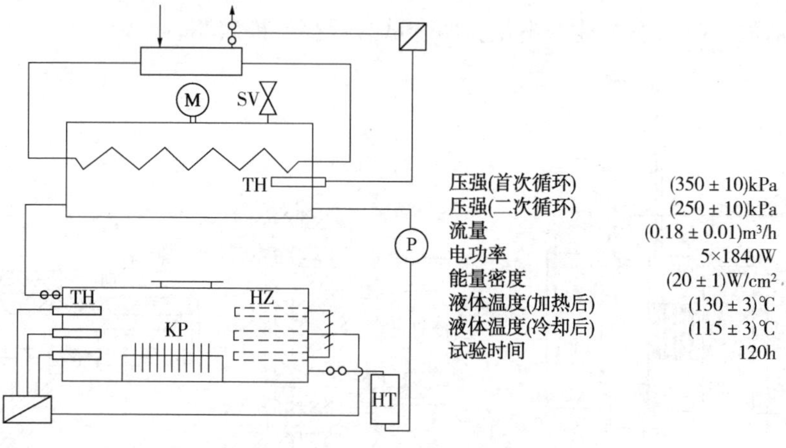

图 1-45　加压老化试验仪

② 振动试验：测试冷却液对铸铝和铸铁的抗气穴腐蚀能力，试验仪见图 1-46。

③ 热试验：模拟通过热缸壁的热传导，评估铝和铸铁的防腐蚀性能，并测试冷却液的传热性能，试验仪见图 1-47。

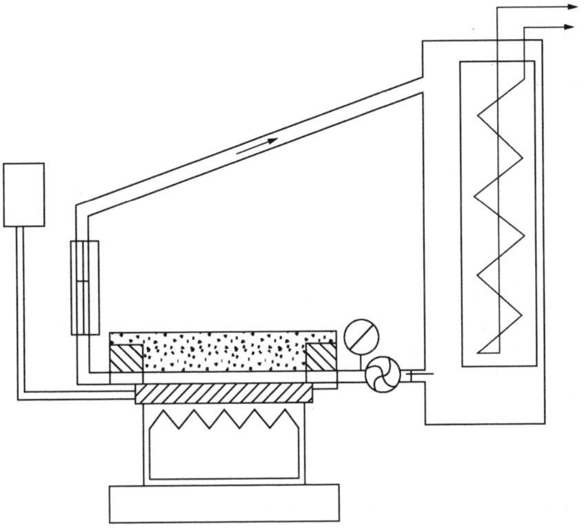

扫描面积	$30cm^2$
电功率	1500W
负面能量密度	$50W/cm^2$
溶液(体积)	(2.3 ± 0.1) %
腐蚀箱进口温度	(80 ± 1)℃
流量	$(0.26 \pm 0.02)m^3/h$
系统压力	(150 ± 10)kPa
试验时间	30h

图 1-46　气穴腐蚀试验仪

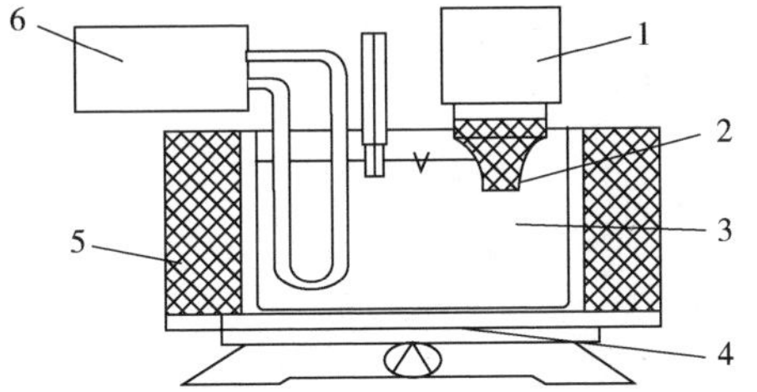

频率		(20 ± 1)kHz
振幅		(0.020 ± 0.001)mm
温度		(80 ± 1)℃
压力		常压
充气		无
流体容积		3.5~40L
试验时间	10×30min(铸铁)	8×10min(铝)

图 1-47　热试验仪

1—超声波设备；2—试片；3—冷却液；4—加热器；5—绝热层；6—换热器

在进行热试验和气穴腐蚀测试时，使用加压老化后的冷却液与测试冷却液的混合物，体积比为 40%和 20%去离子水以及硬度为 10°dGH 的硬水。

1.3.5.8　FVV R530—2005 腐蚀及气穴腐蚀试验

虽然规格保留了气穴腐蚀试验，但将老化试验和热试验合并为一个试验程序。这一变化得益于新型耐高温模块结构和惰性合成材料的应用，能够有效控制系统中样品的腐蚀过程，使得腐蚀抑制具有可比性。模块结构的优势在于，即使移动模块，依然可以进行参数影响的研究。因此，试验设备不仅可以用于标准试验和认证过程，还可以用于冷却液添加剂的研究与开发。

表 1-1 展示了 FVV R443 和 FVV R530 的试验条件差异。可以看出 FVV R530 的试验条件比 FVV R443 要苛刻很多。

FVV R530 的试验设备示意图如图 1-48 所示，每个模块都有一个特定功能，使用透明的惰性 PFA 管，有效地简化了清洗工艺，避免了钢管带来的不良影响。根据 IFW 的研究，合成材料的应用提升了测试结果的统计可靠性。

表 1-1　FVV R443 和 FVV R530 试验条件比较

项目	FVV R443	FVV R530
自由扫描区材质/cm^2	30(G-AlSi10Mgwa)	2×30(GG25；GK-AlSi6Cu4)
电功率/W	1500	5000
表面能量密度/(W/cm^2)	50	2×70
装入体积/L	3	1
检测室入口温度/℃	80±0.5	115±0.5(出口 130)
流量/(L/min)	4.3±0.05	4.3±0.05
系统压力/kPa	150±0.05	free
试验时间/h	30	72

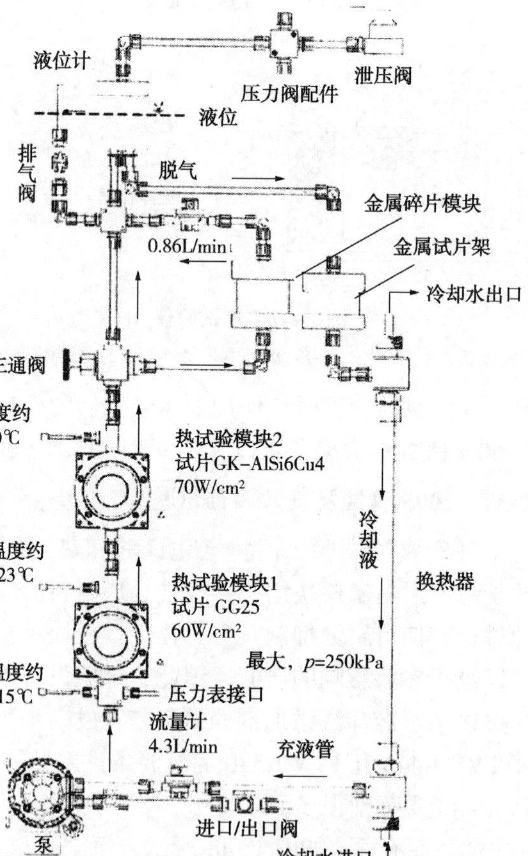

图 1-48　FVV R530—2005 腐蚀及气穴腐蚀试验仪

设备设计类似于 CEC 的双室试验，包含两个热试验模块，每个模块中放置一个圆形试样，模块在系统中相互独立。由 PEEK 制成的合成材料室内，试样表面产生 70W/cm^2 的表面能量密度，此能量密度值在试验开始时可调，但试验过程中保持不变。

冷却液的性能通过以下项目流程来评定：

① 热测试：冷却液加热到 115℃后进入第一个检测室，室中有两个喷射器和铸铁试片，出口经过三个喷射器后进入二级检测室，室中有铸铝试片，温度提升至约 130℃。调整后的能量密度和温度模拟现代发动机实际工况。

② 合并模块测试：随后冷却液进入第二个热试验模块——合并的试验模块。该模块包括两个试验，使用试验材质包括 GK-AlSi6Cu4、AlCuMg2、AlMn、E-Cu57、L-PbSn15Sb、CuZn37 和 GG25，新的试验设备整合了加压老化试验（参照 FVV R443—1986）。

③ 金属碎片模块：为了营造真实的发动机所具有的冷却液和金属材料表面比例，由奔驰公司开发的金属碎片试验模块被合并进来，300g 铸铁碎片和 300g 铝碎片分开放置，三分之一的冷却液流过该模块，金属试验碎片仅用一次，试验产生的气体通过除气模块收集并分析。

此外，设备配置了模拟的管式换热器，可调整铝表面积及沉积物条件，模拟热冷却液接触与冷壁上接触时的积垢现象，与实际车辆散热器情况相同。通过此设计，可以检测到冷却液腐蚀抑制剂的效果、添加剂与冷却系统胶管的相互作用，以及硫黄熟化胶管产生的黏滑的沉积物对热传导效率的影响。而过氧化氢熟化胶管不存在此问题。

每次试验后，所有冷却液胶管和铝管需更换。设备由一套可编程逻辑控制系统（PLC）控制，记录整个试验过程。设备规格为约 2m 长、1m 宽，安装在移动箱内，置于空调房间，PLC 系统与箱体分离。通过增加表面能量密度、提高冷却液温度或延长试验时间，可以进一步强化试验条件。

方法 FVV R530—2005 正在讨论中，计划成为正式的 CEC 试验方法（FVV 是 CEC 成员之一）。

1.3.5.9 CEC C23 动态腐蚀/气穴腐蚀试验

这里介绍了 Coordinating European Committee（CEC）开发的动态腐蚀/气穴腐蚀试验，编号为 CEC C23，试验仪见图 1-49。该试验未被纳入认证程序，原因是其成员无法认可试验的稳定性和再现性。该试验设备配置双腐蚀室，可以评定铸铁和铸铝的气穴腐蚀情况。

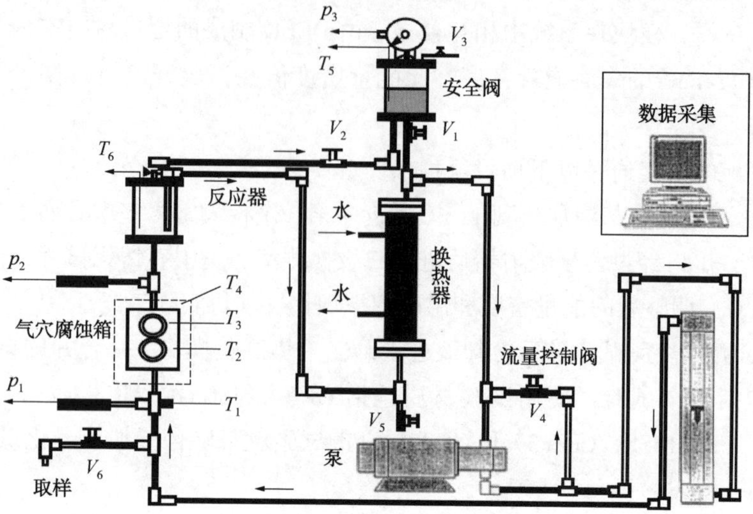

图 1-49　CEC C23 动态腐蚀/气穴腐蚀试验仪

1.3.5.10　ASTM D7583-09 约翰迪尔冷却液气穴腐蚀测试法

ASTM D7583-09 采用一台柴油发动机（John Deere 6101H 发动机，6 缸，10.1L 排量，涡轮增压、中冷），通过台架评定发动机冷却液对缸瓦气穴腐蚀保护能力。

试验程序：

清洗冷却液系统，装上新的缸瓦和垫片。

19min 发动机走合；

20h 的冷却液系统走合；

230h 5 工况循环运转，其中，5 工况如下：

① 低怠速：1.5min；

② 峰值扭矩：1min；

③ 全载荷：4min；

④ 超速：1min；

⑤ 高怠速：0.5min。

在试验过程中，监控发动机转速、冷却液进出口温度、燃料流量、进气歧管温度、扭矩、冷却系统压力等参数。使用显微镜，计算所有缸瓦上的所有点蚀面积，并将其作为冷却液抗穴蚀性能的评价结果。

ASTM D7583 是唯一通过发动机台架试验验证冷却液一项性能的标准，尽管成本较高，但相较于大规模行车试验，仍具备成本优势。由于该方法直到 2010

年才被 ASTM D6210 采纳作为气穴腐蚀保护的评价方法，目前在国际上还不流行，获得业界普遍接受还需时日。

1.3.6 点蚀/隙间裂蚀

1.3.6.1 一般概念

点蚀(针尖腐蚀)是指局部强烈腐蚀导致金属表面形成小孔。其驱动力源于小面积金属外表钝化失败形成阳极电位，而其他大面积金属表面可能形成阴极电位，从而引发局部化学腐蚀，腐蚀洞穿金属体，但不会扩散至金属内部，如图 1-50 所示。

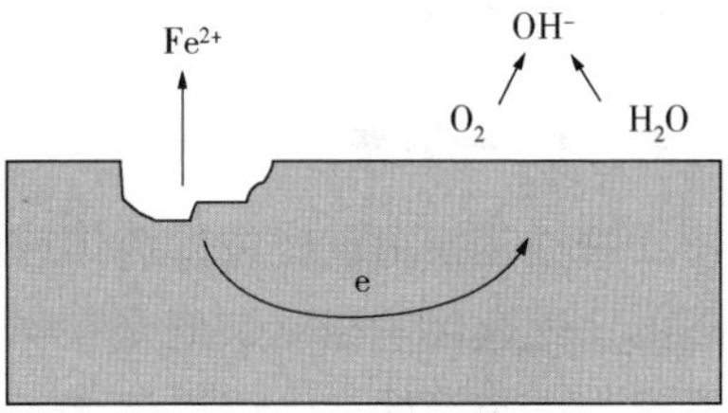

图 1-50 点蚀机理

隙间裂蚀的机理与点蚀相似，不同之处在于其空间上的表现与工作液体行为有关，环境的影响较小。这个空间被称为“间隙”，如部件之间的缝隙、接触点、垫圈或密封圈边缘、裂隙中，以及沉积物或污物中的空隙。

1.3.6.2 NFR 156029、FORD BL5-1、GFC-CEC-FL-31-A-05 和 ASTM D6208-07

首个评价发动机冷却液再钝化能力的官方规格是 AFNOR 15601(FR)，其测试方法为 NFR 156029。最近，基于该方法的修改版被认证为 CEC 方法 GFC-CEC-FL-31-A-05，用于评定发动机冷却液腐蚀抑制性能(该方法仅适用于含有矿物腐蚀抑制剂的冷却液极化测量法)。随后，FORD 制定了 BL5-1 方法，用于快速预测冷却液对铝制换热器的腐蚀抑制能力，原理与前述方法相似。

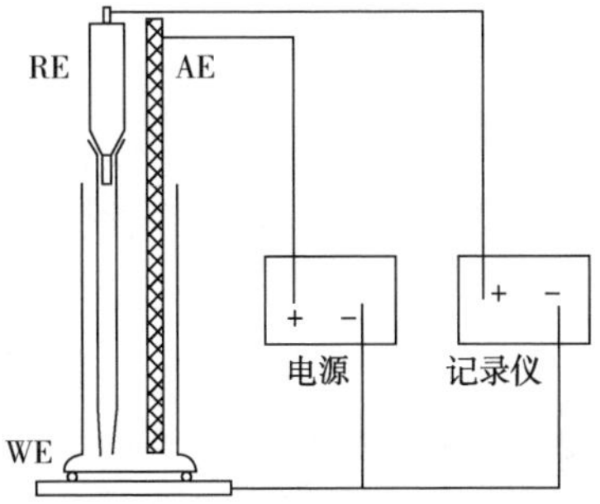

图 1-51 ASTM D6208-07 恒电流法测量铝及合金的再钝化性能试验仪

2007 年，美国 ASTM D-15 基于 FORD BL5-1 方法，发布了 ASTM D6208-07 标准，采用恒电流法测量铝及合金的再钝化性能。该方法用于快速评估腐蚀抑制剂对铝及其合金，尤其是 A3003-H14 铝合金点蚀的抑制效果，具有良好的再现性，试验仪见图 1-51。

在该试验中，铝样品在固定电流密度下，于冷却液溶液和含氯腐蚀水中极化

20min，直至最大电势完成初始极化。EB 电势表征铝氧化膜的击穿电位，更高的电势对点蚀初始点敏感，而对所用的抑制剂不敏感。EG 为最小电势，紧随其后，可测量腐蚀抑制剂持续防止点蚀的能力，电势越高，保护效果越好。

通过目测样品的外观，可以获得关于点蚀及点蚀防护机理的信息，记录点蚀数量、腐蚀点深度、沉积物数量，表面变色情况等，这些有助于评价腐蚀抑制剂的效果。

1.3.7 冲蚀

1.3.7.1 一般概念

冲蚀是指由于腐蚀性流体或者粗糙流体与金属表面之间的相对运动，加速金属的腐蚀速度。在复杂的交互作用模式下，冲蚀现象经常与气穴腐蚀同时发生。系统中内表面的点蚀引发湍流，从而加快冲蚀速度，最终导致渗漏。冲蚀和腐蚀相互作用时还会加速点蚀的形成。

与冲蚀伴生的现象是流体流动去除金属表面的保护膜，从而加速电化学和化学腐蚀的速度。对于特定的材料来说，当流体速度超过临界值时，由于冲击流体带来的机械损伤，金属表面和保护层可能会受到破坏，形成剪切应力和压力波动。这些效应在颗粒物(固体颗粒或气泡)和密集的多相流体作用下尤为显著，从而进一步加剧冲蚀作用。冲蚀形成表面形态可能是点状凹槽、马蹄形凹槽或其他局部下切的形状，这些形状通常沿流体流动方向形成。流体的作用仍未完全明晰，但无论在上游还是下游，下切作用都能发生。如图 1-52 所示，湍流漩涡可能会导致局部保护膜的破裂，进而形成下切损伤。

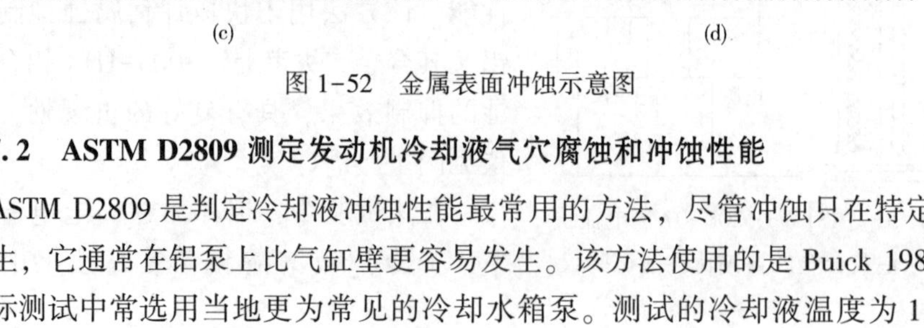

图 1-52　金属表面冲蚀示意图

1.3.7.2 ASTM D2809 测定发动机冷却液气穴腐蚀和冲蚀性能

ASTM D2809 是判定冷却液冲蚀性能最常用的方法，尽管冲蚀只在特定条件下发生，它通常在铝泵上比气缸壁更容易发生。该方法使用的是 Buick 1984 泵，但实际测试中常选用当地更为常见的冷却水箱泵。测试的冷却液温度为 113℃，压力103kPa，流经模拟的发动机冷却系统。铝泵转速4600r/min，运转100h后对外观做1~10评级(见图1-53)。

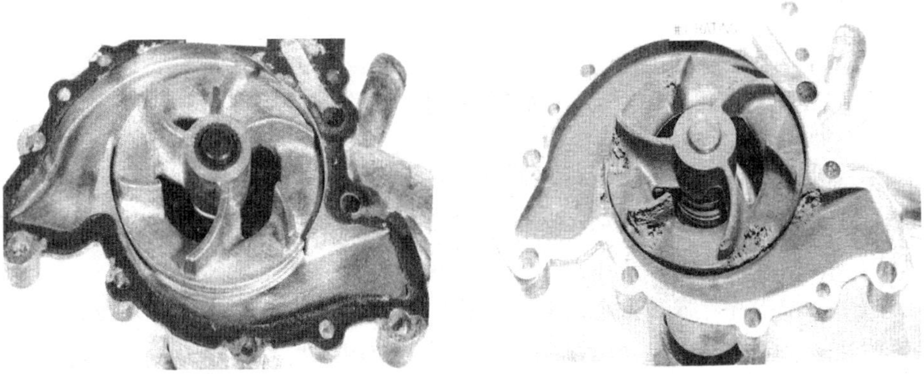

图1-53　ASTM D2809铝泵腐蚀试验评级为1(左)和10(右)的照片

试验泵为美国通用汽车公司生产的Buick泵(GM 25527536号)，发动机前盖为GM 25515465号。

铝泵气穴腐蚀试验方法的重复性和再现性曾受到广泛质疑。如图1-54所示，同样的GM 6038冷却液在福特公司安排的多个不同实验室进行铝泵气穴腐蚀试验。尽管使用了同一批次的铝泵并采用完全统一的试验程序，但是结果存在较大差异，评级范围从1~9级不等。更有一些行车实用性很好的新型冷却液未能通过铝泵试验。

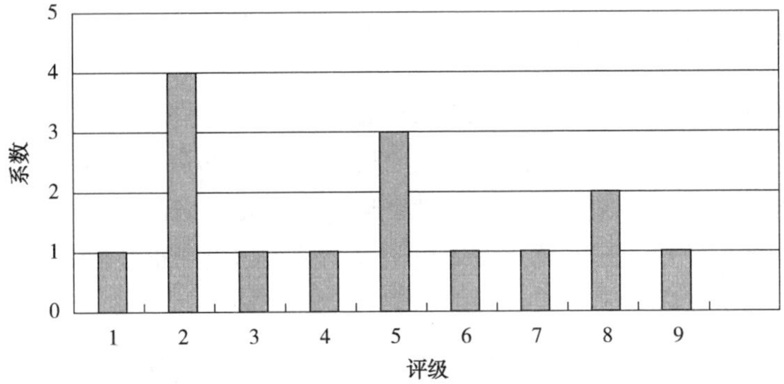

图1-54　福特公司的铝泵气穴腐蚀试验的重复性和再现性

Amalgatech实验室的Edward R. Eaton等人研究了铝泵气穴腐蚀测定法的重复性和再现性问题，并提出了以下建议确保结果的再现性和重复性：

确保使用的是GM原厂泵，而且是指定编号的铝泵；

在试验期间保持主流量稳定；

每个试验重复三次，取平均值作为最终报告值；

改变清洗工艺，加入硫酸清洗流程，以确保每次试验的铝泵没有氧化层残留。

1.3.8 ASTM D2570 发动机冷却液模拟腐蚀试验

前面介绍的腐蚀试验主要考察冷却液在特定条件下的性能，随着试验方法的发展，已经有了能够更好模拟实际工况条件的试验方法，旨在提高结果的真实性。

通过大幅提高金属表面与冷却液体积，并使用发动机零部件、大表面积的铸铁罐或铝罐，来模拟发动机内部的实际条件。使用这些大尺寸部件，并增加冷却液用量，直至与实际发动机冷却系统相当。同时，冷却液的流速模拟车辆以96km/h 速度行驶的状态，试验时间延长至 7 周。

尽管试验温度仍未能达到实际工况的高温，但做了一些尝试，如每周冷却系统温度降到室温两次。为了提高与实际工况的仿真度，做了大量努力，然而仍无法完全重现导致腐蚀的确切条件。不同实验室的测试结果显示，焊锡和铝合金试验的再现性较差，尽管试验方法有所改进，但仍未达到令人满意的水平。

实际行驶状态下产生的腐蚀，未能在 ASTM D2570 试验中得到模拟，原因在于车辆的操作条件无法在实验室中重现。

1.3.9 测功机试验和发动机台架试验

发动机测功机的试验条件可以调整，能够有效模拟车辆发动机的行驶状态，如图 1-55 所示。在试验台上，试验发动机在没有上路的情况下进行开停循环，满足试验要求。与公路试验相比，发动机试验不需要太多的维护，且具有较高的经济性，因此广泛应用于非路式发动机试验。试验结果的重复性和再现性通常优于简单的测试方法。

然而，测功机试验也存在一定的缺点。尽管试验操作时间具有可比性，但试验时间较实际工况短，因此试验结果不能完全表征车辆的长寿命应用。此外，发动机试验条件的变化不能重复实际行驶条件下的多样性。

发动机台架试验采用与车辆行驶相同的条件，即相同的发动机型号、金属比例、金属传热情况等。因此，试验结果的真实性预期优于其他类型的试验，但是依旧是实验室数据，且试验条件受限，甚至是加严的试验条件。试验中检测的是

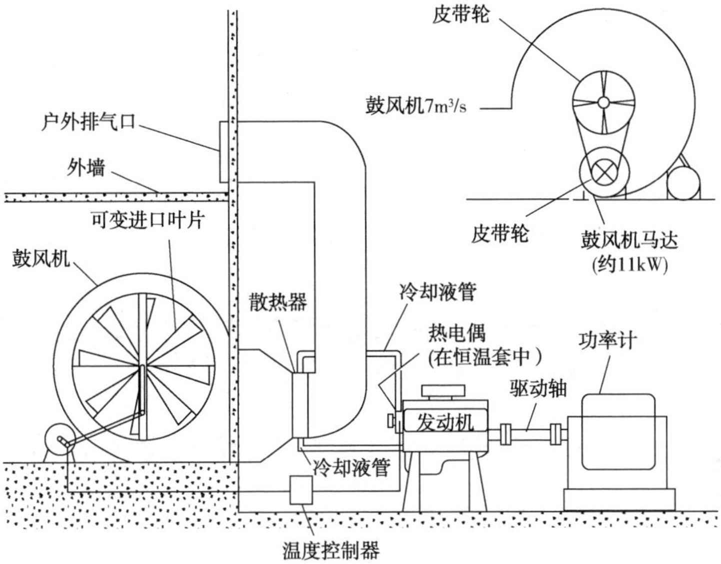

图 1-55　测功机法模拟腐蚀试验机

发动机零部件，结果基于冷却系统的腐蚀试片。

除 ASTM D7583 John Deere 发动机气穴腐蚀测试台架试验外，由于缺乏统一标准试验方法且费用较高，一些发动机和车辆 OEM 厂商仅把发动机台架试验作为内部测试手段。

1.3.10　ASTM D2847 车辆及机械发动机冷却液道路测试方法

对于材质腐蚀的最终评价，通常是在实际应用条件下进行测试，例如 ASTM D2847 方法和发动机冷却液道路测试法。这些方法通过将金属试件集成在冷却系统中，确定腐蚀速度，或通过评估试验后零部件状态来得出结论。大多数情况下，会在试验前后分析冷却液以判定变化，试验中的调整因素与车辆实际工况相关，通常可以分为以下三种类型。

1）试验场测试

发动机在特定、可控条件下运行，例如在试验场或者指定路线和模式下，发动机持续运行以加速腐蚀过程。

2）车队试验

特定一组车辆在一些重复性的条件下运行，例如警车、出租车或者市政车辆。在这种条件下，某些因素或腐蚀类型变得更加苛刻，例如，出租车的长周期运转和大量怠速导致的高温条件，或者警车的迅速加速和高速行驶造成的金属气穴腐蚀。

3）分组试验

与车队试验相似，但行驶条件可能更不可控或未知。所选车辆包括公司职员用车、销售车辆以及出租车辆。如果所选车辆数量足够大，试验可以较好地代表实际行驶工况。然而，由于车辆工况类型、养护状态、行驶里程等变化，数据的可信度可能会受到影响，如果试片用于评判腐蚀速度，发生在高温表面的腐蚀结果可能不具有代表性。但这种腐蚀仍可以通过测定金属表面或冷却液中的不溶物来表征。

车辆行驶试验费用较高，但如果做好合理的抽样统计分析，依然是获得可靠发动机冷却系统材质性能数据和发现潜在问题的最佳途径。

1.4 美洲、欧洲、亚洲汽车 OEM 发动机冷却液标准和规格

世界各国的发动机冷却液标准和规格都由专门的法规委员会来负责制定、修订和核查。表 1-2 给出了常见的发动机冷却液的国际或者国家标准管理机构。

表 1-2 世界各国冷却液的标准管理机构

名称	缩写	国家
British Standards	BS	英国
Forschungsvereinigung Verbrennungskraftmaschinen e. V.，Frankfurt	FVV	德国
Deutsche Industrie Norm(en)	DIN	德国
Osterreichisches Normungsinstitut	ONORM	奥地利
Eidgenossische Materialprufungs-und Forschungsanstalt	EMPA	瑞士
Groupement Francaise de Coordination	GFC	法国
Association Francaise de Normalisation	AFNOR	法国
Commissione Tecnica di Unificazione nell' Autoveicolo	CUNA	意大利
Una Norma Espanola	UNE	西班牙
Polski Komiter Normalizacyjny	PN	波兰
Magyar Szabvany	MSZ	匈牙利
Ceskoslovenska Statni Norma	CSN	斯洛伐克
Jugoslovenski Standard	JUS	波黑
Standard Association of Australia(Australian Standard)	AS	澳大利亚
Japanese Industrial Standard	JIS	日本

续表

名称	缩写	国家
Socitety of Automotive Engineers	SAE	美国
Engine Manufacturers Association	EMA	美国
Truck Maintenance Council	TMC	美国
American Society for Testing and Materials	ASTM	美国

1.4.1 美国发动机冷却液标准

从表1-2可以看出，美国负责发动机冷却液标准的机构有四个：

① SAE(美国汽车工程师协会)；

② EMA(发动机制造商协会)；

③ TMC(卡车维修委员会)；

④ ASTM(美国测试和材料协会)。

目前，由ASTM制定的发动机冷却液标准主要包括：

ASTM D3306《汽车及轻型设备用乙二醇基发动机冷却液标准》；

ASTM D6210《全配方乙二醇基重负荷发动机冷却液标准》；

ASTM D4985《需要预先补充添加剂(SCA)的低硅酸盐乙二醇基重负荷发动机冷却液标准》。

这些标准不仅在美国执行，还被很多国家作为参考标准。

此外，SAE J814《内燃机冷却液》是美国冷却液的国家标准，由冷却液标准委员会制定。

1.4.1.1 ASTM D3306—2021Reapproval

ASTM D3306是国际上广泛接受的标准，规定了乙二醇或者丙二醇基的冷却液，主要用于车辆，尤其是轻负荷车辆的冷却液。该标准推荐使用的冷却液浓度范围为40%~70%。在2011版标准中，按照防冻剂和浓度不同，发动机冷却液产品分为六类：

① 乙二醇基浓缩液(MEG)；

② 丙二醇基浓缩液(PEG)；

③ 乙二醇基预稀释液(50%体积)；

④ 丙二醇基预稀释液(50%体积)；

⑤ 含甘油的乙二醇基浓缩液；

⑥ 含甘油的乙二醇基预稀释液(50%体积)。

ASTM D3306—2021规定，标准冷却液所使用的二元醇必须满足ASTM E1177

要求。Ⅴ型和Ⅵ型冷却液分别适用于采用乙二醇为基础并添加精制甘油的发动机冷却液，且甘油质量必须满足 ASTM D7640 规格。

使用不符合 ASTM E1177 要求的再生二元醇或者二次处理工业二元醇的冷却液浓缩液和稀释液，分别适用 ASTM D6471 和 D6472 规格。

1）浓缩液物理化学性质

ASTM D3306 发动机冷却液浓缩液的物理化学性质见表 1-3。

表 1-3　ASTM D3306 发动机冷却液浓缩液的物理化学性质

性质	Ⅰ型	Ⅱ型	Ⅴ型	ASTM 试验方法
相对密度(15.5/15.5)/℃	1.110~1.145	1.030~1.065	1.110~1.160①	D1122，D5931
冰点②③(50%去离子水溶液)/℃	-36.4(max)	-31.0(max)	-36.4(max)	D1177，D6660
沸点②④(50%去离子水溶液)/℃	108(min)	104(min)	108(min)	D1120
灰分/%	5(max)	5(max)	5(max)	D1119
pH(50%去离子水溶液)	7.5~11	7.5~11	7.5~11	D1287
氯离子/ppm	25(max)	25(max)	25(max)	D3634，D5827E
水/%	5(max)	5(max)	5(max)	D1123
储备碱度/mL	报告⑤	报告⑤	报告⑤	D1121
对汽车涂料的影响(热固性涂料，聚氨酯或者丙烯酸聚氨酯涂料)	无	无	无	D1882G

① Ⅴ型冷却液为含有甘油的乙二醇基冷却液，乙二醇需符合 ASTM E1177 标准，丙三醇(甘油)要符合 ASTM D7640 标准。

② 标准读数的最后一位应进行四舍五入，确定试验数据是否符合规范。

③ 二元醇和甘油的混合物应符合 ASTM E1177 和 ASTM D6660 标准，现场测试使用的分光光度计和密度的仪器和方法目前仍在开发中。

④ 试验结束后产生沉淀不应视为拒收的理由。

⑤ 如有争议，ASTM D3634 将作为仲裁方法。

2）预稀释液的物理化学性质

预稀释液的物理化学性质见表 1-4。

表 1-4　预稀释液的物理化学性质

性质	Ⅲ型	Ⅳ型	Ⅵ型	ASTM 试验方法
相对密度(15.5/15.5)/℃	1.065(min)	1.025(min)	1.065(min)①	D1122，D5931
冰点②③(无稀释)/℃	-36.4(max)	-31.0(max)	-36.4(max)	D1177，D6660

续表

性质	Ⅲ型	Ⅳ型	Ⅵ型	ASTM 试验方法
沸点②④(无稀释)/℃	108(226)(min)	104(219)(min)	108(226)(min)	D1120
灰分/%	2.5(max)	2.5(max)	2.5(max)	D1119
pH(无稀释)	7.5~11	7.5~11	7.5~11	D1287
氯离子/ppm	25(max)	25(max)	25(max)	D3634，D5827⑤
水/%	—	—	—	D1123
储备碱度/mL	报告⑥	报告⑥	报告⑥	D1121
对汽车涂料的影响(热固性涂料、聚氨酯或者丙烯酸聚氨酯涂料)	无	无	无	D1882G

① Ⅴ型冷却液是含有甘油的乙二醇基冷却液，不能满足 ASTM E1177 车辆冷却液用乙二醇标准和 ASTM D7640 发动机冷却液用丙三醇标准的其他原料不得使用。

② 为确保满足本标准，这里的读数的最后一位应该四舍五入，确定试验数据是否符合规范。

③ 二元醇和甘油的混合物应符合 ASTM E1177 和 ASTM D6660 标准，现场测试的分光光度计和密度的仪器和方法仍在开发中。

④ 试验结束后会有沉淀产生，这不成为拒收的理由。

⑤ 如有争议，以 ASTM D3634 为仲裁方法。

⑥ 供需双方确定接受的指标。

3）发动机冷却液性能要求

发动机冷却液性能要求见表 1-5。

表 1-5　发动机冷却液性能要求

性质	要求	ASTM 试验方法	试验溶液浓度/%(体积)
玻璃器皿腐蚀试验，失重/(mg/试片)		D1384①	33
铜	10(max)		
焊锡	30(max)		
黄铜	10(max)		
钢	10(max)		
铸铁	10(max)		
铝	30(max)		
模拟腐蚀试验，失重/(mg/试片)		D2570②	44
铜	20(max)		
焊锡	60(max)		

续表

性质	要求	ASTM 试验方法	试验溶液浓度/%(体积)
黄铜	20(max)	D2570②	44
钢	20(max)		
铸铁	20(max)		
铝	60(max)		
铸铝传热腐蚀试验/[mg/(cm^2·7d)]	1.0(max)	D4340③	25
抗泡性		D1881④	33
体积/mL	150(max)		
消泡时间/s	5(max)		
穴蚀-冲蚀	8min	D2809⑤	17

注：发动机冷却液浓缩液的试验溶液应按照试验方法中规定的配制要求配制；对于预稀释液，则根据表1-6中的指导配制试验溶液。

①~⑤预稀释液的试验溶液配方见表1-6。

表1-6 性能试验腐蚀水要求

试验项目	配制比例，二元醇/%(体积)	腐蚀水配方(每升试验溶液中)/mg
玻璃器皿腐蚀	33	$Na_2SO_4=99$ $NaCl=110$ $NaHCO_3=92$
模拟使用腐蚀	44	$Na_2SO_4=83$ $NaCl=92$ $NaHCO_3=77$
泡沫倾向	33	—
铸铝合金传热腐蚀	25	$NaCl=165$
铝泵气穴腐蚀	17	$Na_2SO_4=123$ $NaCl=137$ $NaHCO_3=115$

4) 杂二元醇的定义及含量要求

对乙二醇基冷却液，其他二元醇是指：二乙二醇、三乙二醇、四乙二醇、丙二醇、二丙二醇、三丙二醇和1,3-丙二醇。

含量要求：浓缩液中其他二元醇含量不大于15%，50%预稀释液不大于 7.5%。

对丙二醇基冷却液，其他二元醇是指：乙二醇、二乙二醇、三乙二醇、四乙二醇、二丙二醇、三丙二醇和 1,3-丙二醇。

含量要求：浓缩液中其他二元醇的含量不大于 1%，50%预稀释液不大于 0.5%。

1.4.1.2 ASTM D6210

ASTM D6210 是乙二醇和丙二醇重负荷发动机冷却液的标准。该标准推荐的二元醇浓度为 40%~60%，或者使用 50%(体积)的预稀释液，预稀释液无须进一步稀释。冷却液适用于冬夏季，提供防冻、防沸、防腐蚀和防气穴腐蚀性能。该标准适用于使用新产的乙二醇或丙二醇调制的冷却液，但不包括使用以下原料调制的冷却液：

① 二元醇釜底物；

② 聚酯厂废液；

③ 机翼或者道路除冰剂；

④ 医疗废液。

近年来，已有报道指出使用此类回收或者二次加工二元醇调制的冷却液可能会导致严重事故。

ASTM D6210 把重负荷冷却液产品分为四类，均是全配方冷却液，不需要加 SCAs(补充化学添加剂)：

① 乙二醇基浓缩液；

② 丙二醇基浓缩液；

③ 乙二醇基预稀释液；

④ 丙二醇基预稀释液。

1) ASTM D6210 引用的其他 ASTM 标准

D1126 水中硬度的标准实验方法；

D1293 水 pH 值的标准测试方法；

D3306 汽车及轻型设备用乙二醇基发动机冷却液标准；

D4327 用化学抑制离子色谱法测定水中阴离子含量的标准试验方法；

D5828 SCAs 化学补充添加剂与发动机冷却液浓缩液相容性试验法；

D7583 约翰迪尔冷却液气穴腐蚀测定法。

2) ASTM D6210 对冷却液的一般性能要求

冷却液应满足 ASTM D3306 的所有理化要求和性能要求。冷却液浓缩液与水混合后，或使用预稀释液时，若采用 SCAs 进行养护，需按照厂家推荐浓度或 SCA 产品标签上的规定浓度。在正常养护的冷却系统中，冷却液的使用周期应不少于2年。

3) 气穴腐蚀保护的要求

气穴腐蚀保护选项见表1-7。

表1-7 气穴腐蚀保护选项

选项	预稀释液或浓缩液	标准
行车试验	依照约定	发动机制造商与冷却液供应商约定试验标准
台架试验	按照测试配方	最多200个穴触点，方法采用ASTM D7583
化学组分		
亚硝酸盐配方	预稀释液	NO_2^- 不少于1200ppm
	浓缩液	NO_2^- 不少于2400ppm
亚硝酸盐和钼酸盐配方	预稀释液	NO_2^- 和 MoO_4^- 合计不少于780ppm；每种离子含量不少于300ppm
	浓缩液	NO_2^- 和 MoO_4^- 合计不少于1560ppm；每种离子含量不少于600ppm

这些选项都是基于现有的条件进行的：行车试验表明，对于重负荷发动机的气穴腐蚀，使用化学组分亚硝酸盐、亚硝酸盐与钼酸组合或者不使用化学组分而采用经过检验的配方，都可以获得有效保护。因此，使用方和供货方协议约定的配方、通过ASTM D7583台架验证的配方，以及根据经验加有化学组分的配方，都可以作为重负荷发动机冷却液的有效配方。这种约定为新开发的、市场上已被证明有效的配方提供了推广机会，尤其是不含化学组分的配方，例如纯有机酸配方和混合有机酸配方。

4) 防垢性能的要求

无论浓缩液还是预稀释液，都必须含有减少传热表面结垢的添加剂。某些添加剂(聚丙烯酸盐)能够减少钙镁离子在传热表面的结垢。虽然目前标准中尚未设定阻止结垢或减少传热表面结垢或者沉积物的化学物要求，但相关试验方法正在开发中，一旦开发成功，就会编入标准。

5) 关于冷却液的维护要求

水质对添加剂性能有显著影响。未处理的水因固溶物含量高、腐蚀性强，不适合用于冷却液。用于稀释冷却液的水质应达到表1-8中所列要求，建议咨询当地自来水公司或水务部门了解水质，或送样品到相关检测中心检测。

表 1-8 现场用水性能要求

项目	指标	项目	指标
总固溶物/10^{-6}	340	硫酸根离子/10^{-6}	100
总硬度/10^{-6}	170	pH 值	5.5~9.0
氯离子含量/10^{-6}	40		

6）对于 SCAs 补充化学添加剂的规定

SCAs 补充化学添加剂可弥补冷却液应用中添加剂的消耗，但不改善冷却液的防冻性能。重负荷冷却液用户经验表明，不满足穴蚀保护要求的冷却液，无法有效防止缸瓦点蚀。在冷却液中加入 SCAs 或全配方冷却液中的亚硝酸盐，尤其能够有效防止气穴腐蚀。其他化学品也可提供有效的防气穴腐蚀能力，这些化学品的性能可以由供需双方基于 ASTM D7583 试验结果确定。

1.4.1.3 ASTM D4985

ASTM D4985 标准规定，冷却液必须满足三个条件：

① 乙二醇作为防冻剂，且乙二醇必须符合 ASTM E1177 的规定；

② 使用时需要先加入 SCAs(补充化学添加剂)；

③ 浓缩液中硅含量不得高于 250×10^{-6}，50%预稀释液中硅含量不得超过 125×10^{-6}。

该标准适用于重负荷发动机，包括汽油和柴油内燃机，工况接近发动机设计能力，长周期运转。主要应用于非公路车辆，如农业机械、矿山机械、建筑机械等，以及高速公路车辆，如公交汽车、大卡车、商务车辆等；还包括高功率固定式发动机、铁路机车和船用发动机等。

ASTM D4985 对于冷却液的性能要求与 ASTM D3306 相当，且在 SCAs 使用和冷却液维护方面的规定与 ASTM D6210 一致。

1.4.1.4 GM 6277M、GM 1899M 和 GM 1825M

GM 6277M 为长寿命的有机酸冷却液规格，要求更换周期在 5 年或者 24 万公里。该规格要求进行铸铝传热试验，试验时间为 300h。

GM 1899M 为低硅酸盐配方规格，储备碱度要求大于 10mL。该规格不能用于铝制缸盖，因此不做铸铝传热试验。

GM 1825M 为高硅酸盐配方规格，储备碱度要大于 10mL。规格要求进行铝泵气穴腐蚀试验，试验时间要求为 300h。

1.4.1.5 克莱斯勒 MS-9769

克莱斯勒 MS-9769 是有机酸配方冷却液规格，储备碱度要求大于 5mL。除符合 ASTM D3306 标准要求外，还增加了 ASTM D6208 恒电流点蚀测定，要求电位不小于-400mV。该规格通过 ASTM D2809 穴蚀和冲蚀试验，以及改进版的 ASTM D2809 试验，试验泵为 5.9L 发动机的铝泵，方法采用 SAE 1999-01-0136。此外，还包括 MS-EA-122 内部试验、软管相容性试验和行车试验，行车试验方法参照 ASTM D2847。

1.4.2 欧洲发动机冷却液标准

欧洲发动机冷却液标准受到美国 ASTM 标准的较大影响，大多数国家标准采纳了 ASTM D1384 玻璃器皿腐蚀试验。然而，德国和瑞士采用不同的测试方法。见表 1-9。

表 1-9 欧洲主要国家发动机冷却液标准

国家	冷却液标准
英国	BS 6580 和 BS 5117，试验要求和测试方法与 ASTM 相似
德国	DIN 没有冷却液的标准，只有私立的研究机构和 FVV 共同订立的 FVV R443 动态腐蚀试验方法，在德国被广泛认可，FVV 标准中不包括静态的玻璃器皿腐蚀试验和理化性能试验要求
法国	同时存在 GFC 和 AFNOR R15/601，GFC 与 AFNOR 部分内容一致：理化性质、电化学腐蚀试验和玻璃器皿腐蚀试验要求相同，理化性能试验参照 ASTM 要求，静态玻璃腐蚀试验与 ASTM D1384 和 ASTM D4340 相似，条件更加苛刻。GFC 增加了模拟腐蚀试验和高温稳定性试验(氧弹试验)
意大利	CUNA NC956-16，与 ASTM 的理化性能、玻璃器皿和模拟腐蚀试验要求相当，增加了超声波穴蚀试验要求
瑞士	动态玻璃器皿腐蚀试验 EMPA，与 ASTM D1384 没有可比性
奥地利	ONORM V5123，基于梅赛德斯奔驰的标准 DBL 7700，理化性能要求参考了 ASTM 标准，推荐采用 ASTM D1384 作为腐蚀试验标准
西班牙	UNE 26361，理化性能要求与 ASTM 和 BS 标准要求相当，采纳了 ASTM D1384 和 ASTM D2570 腐蚀试验标准
波兰	WT-ITS/3/94/ZLG，理化性能要求与 ASTM 标准要求相当，采纳了 ASTM D1384 和 ASTM D2570 腐蚀试验标准
匈牙利	MSZ 924，与俄罗斯标准相似，理化性能同 ASTM 标准，采纳了静态玻璃器皿腐蚀试验标准

注：丹麦、比利时、挪威、荷兰等没有冷却液标准。

CEC 负责制定相关方法，其下属的 ECTC 发动机冷却液测试分会设立了四个主要的冷却液测试方法：PC10、PC20、PC30、PC40，涵盖不同的测试内容。

PC10 指物理化学性质测试项目，测试方法见表 1-10。

表 1-10　ECTC 冷却液物理化学性质测试项目

项目	方法	备注
黏度	ASTM D445-96	采用 ASTM 方法，不使用 CEC 方法
pH 值	ASTM D1287-91	采用 ASTM 方法，AFNOR、ISO、DIN 方法相似
冰点	ASTM D1177-94	不使用 CEC 方法
密度	ASTM D4052-96	不使用 CEC 方法
水含量	ASTM D1123-93(DIN 51777)	两种方法相似，不使用 CEC 方法
储备酸度	DN 505343(标志法)	不必用欧洲方法
储备碱度	ASTM D1121-93	滴定终点 pH=5.5
泡沫倾向	GFC Pr-L-113-02 ELF	转用 CEC C-10-X-97
沸点	ASTM D1120 或者 GFC-L-104-A-90	不使用 CEC 方法
折射率	GFC-L-102-A-90 或者 DIN 51423	不使用 CEC 方法
硬水相容性	GFC-L-106-A-90 或者 BS 5117	转用 CEC C-06-X-95
灰分	GFC-L-103-A	转用 CEC C-02-X-95

PC20 包括静态玻璃器皿腐蚀试验和动态玻璃器皿腐蚀试验。静态玻璃器皿腐蚀试验基于 ASTM D1384 和 ASTM D4340，而欧洲玻璃器皿腐蚀试验方法与 ASTM D1384 的主要区别是试验温度，欧洲试验温度是(100±1)℃。

美国和欧洲玻璃器皿腐蚀试验比较见表 1-11。

表 1-11　美国和欧洲玻璃器皿腐蚀试验比较

项目	ASTM D1384(美国)	CEC C-03-X-97(欧洲)	备注
设备			相同
空气流通	(100±10)mL/min	(100±8)mL/min	
温度	(88±2)℃	(100±1)℃	
时间			相同
浓度			相同
水			相同

各国玻璃器皿腐蚀试验采用的金属试片标准见表1-12。

表1-12 各国玻璃器皿腐蚀试验采用的金属试片标准

金属	红铜	焊锡	黄铜	铜	铸铁	铝
标准（CEC C-03-T-97）	UNS C11000 或 UNS C11300	ASTM B 32 Alloy Grade 30A 或 30B	UNS C26000	UNS G10200	NF A 32-101FGL 200	NF A 57-702-Feb 81 A-S5U3 Y30
德国标准	DIN E-Cu57 2. 0060	DIN L-PbSn30	DIN CuSn30 2. 0265	DIN C15 1. 0401	DIN GG20 0. 6020	DIN AlSi4Cu4 3. 2151
法国标准	NF Cu-al	NF	NF CuZn30	NF XC 12	NF FGL 200	NF A-S5 U3
英国标准	BS C101	BS	BS Cz 106	BS 080 M15	BS Grade 220	BS LM21
意大利标准	UNI Cu-ETP	UNI	UNI P-Cu Zn 30	UNI C 15 （CK 15）	UNI G 20	UNI 3052
西班牙标准	UNE Cu-EPT C1110	UNE	UNE CuZn30 C6130	UNE F 15 M （CK 15）	UNE FG 20	UNE L-2620
美国标准	UNS C11000	UNS Alloy Grade 30B	UNS C26000	UNS G10200	UNS Class 30B	UNS AA 319. 0
国际 NAL 标准	ISO Cu-ETP	ISO Pb70Su30	ISO CuZn30	ISO C15 E4 （CK 15）	ISO Grade 200	ISO Al-Si6Cu4

动态玻璃器皿腐蚀试验主要指的是德国 FVV 和瑞士的 EMPA 试验方法。

ECTC 的 PC30 部分主要涉及电化学试验方法。针对 OAT 冷却液技术的极化阻抗试验和点电位试验方法，目前尚未成为标准化方法。

PC40 部分则是调查委员会，指出目前推荐的穴蚀-冲蚀试验不能满足试验要求，因此需要修订 FVV R443 和 MTU 试验方法，并建立 FVV R530 试验方法。

总体来讲，除英国等少数欧洲国家，都较少制定独立的国家冷却液标准，更多的是参照 ASTM 标准和汽车企业的内部标准。

1.4.2.1 大众汽车公司 VW TL 774 标准

大众集团(Volkswagen Group)包括以下品牌：大众汽车(Volkswagen)、奥迪(Audi)、NSU、西亚特(Seat)、斯柯达(SKODA)、宾利(Bentley)、布加迪(Bugatti)、兰博基尼(Lamborghini)、保时捷(Porsche)。本节将主要介绍该标准的内容。

1）应用领域

该标准规定了基于乙二醇和乙二醇/甘油的冷却液添加剂的材料要求。

2）名称

符合 TL 774-J 规格的冷却液要染成紫罗兰色。

3）要求

(1) 基本要求：

根据大众 01155 批准初始交付和修改。

根据大众 91101 避免污染物。

根据大众 50156 进行取样、放行和交付。

根据 VW 52000 进行材料取样。

对于评估，大众材料技术的制造商必须提供 60L 的消耗品。在交付样品之前，供应商应以电子形式向大众材料技术公司(GQL-B/5)提供与交付冷却液相关的冷却剂混合物最重要物理特性(例如比热容或电导率，黏度或蒸汽压特性，冰点和凝点)的所有图表。这些数据/信息应存储在内部工作簿“生产性材料”中。

(2) 混溶性：每种规格的冷却液添加剂必须与同一规格的所有冷却液以任何比例互溶，而不影响其性能。供应商应提供适当的证据。

(3) 保质期：在未开封的原始包装中，在-25~50℃下的保质期应大于等于3年。

(4) 规格：

① TL 774-C：[G11]适用于所有发动机，包括轻金属发动机。颜色为蓝绿色(不得再用于集团车辆的初始填充)。

② TL 774-F：[G12+]适用于所有发动机，包括全铝发动机。颜色为紫罗兰色(不得再用于集团车辆的初始填充)。

③ TL 774-G：[G12++]适用于所有发动机，包括全铝发动机。颜色为紫罗

兰色。

④ TL 774-H：[G12++DI]适用于所有发动机，包括全铝发动机。着色无色或有色(染料红色和荧光素)。

⑤ TL 774-J：[G13]适用于所有发动机，包括全铝发动机。颜色为紫罗兰色。

⑥ TL 774-K：[G16]适用于所有发动机，包括全铝发动机。颜色为黄色。

⑦ TL 774-L：[G12EVO]适用于所有发动机，包括全铝发动机。颜色为紫罗兰色。

⑧ TL 774-M：[G15a]不导电的冷却液(如用于燃料电池电动汽车，无色)。

[G15b]边际导电冷却液[如，用于插电式混合动力电动汽车(PHEV)，无色]。

(5) 标准件编号见表1-13。

表1-13　标准件编号

TL 774-C，蓝绿色	N 052 774 C0
TL 774-F，紫罗兰色	N 052 774 F0 N 052 774 F1(仅适用于保时捷①) 由于消泡剂组分不同，不得用于大众集团其他车辆①
TL 774-G，紫罗兰色	N 052 774 G0 N 052 774 G1[(40%N 052 774 G0和60%水(根据TL 52541)的混合物)]，仅用于初始填充 N 052 774 G5[50%N 052 774 G0和50%水(根据TL 52541)的混合物] N 052 774 GA(G12++，浓缩版) N 052 774 GB[40%N 052 774 GA和60%水(根据TL 52541)的混合物] N 052 774 GC[50%N 052 774 GA和50%水(根据TL 52541)的混合物] N 052 774 GD(G12++，浓缩版) N 052 774 GE[40%N 052 774 GD和60%的水(根据TL 52541)的混合物] N 052 774 GF[50%N 052 774 GD和50%水(根据TL 52541)的混合物] N 052 774 GG(G12++，浓缩版) N 052 774 GH[40%N 052 774 GG和60%水(根据TL 52541)的混合物] N 052 774 GJ[50%N 052 774 GG和50%水(根据TL 52541)的混合物]
TL 774-H，无色	N 052 774 H0 N 052 774 H4[(40%N 052 774 H0和60%水(根据TL 52541)的混合物]

续表

TL 774-H，染色	N 052 774 H1 N 052 774 H5[40%N 052 774 H1 和 60%水(根据 TL 52541)的混合物]
TL 774-J，紫罗兰色	N 052 774 J0(G13，浓缩版) N 052 774 J1(G13，浓缩版，仅适用于热电厂②) N 052 774 J2(40%N 052 774 J1 和 60%水的混合物)，仅适用于热电厂② N 052 774 J3(20%N 052 774 J1 和 80%水的混合物)，无色，仅适用于热电厂② N 052 774 J4[40%N 052 774 J0 和 60%水(根据 TL 52541)的混合物]，仅用于初始填充 N 052 774 J5[50%N 052 774 J0 和 50%水(根据 TL 52541)的混合物] N 052 774 JA(G13，浓缩版) N 052 774 JB[40%N 052 774 JA 和 60%水(根据 TL 52541)的混合物] N 052 774 JC[50%N 052 774 JA 和 50%水(根据 TL 52541)的混合物] N 052 774 JD(G13，浓缩版) N 052 774 JE[40%N 052 774 JD 和 60%水(根据 TL 52541)的混合物] N 052 774 JF[50%N 052 774 JD 和 50%水(根据 TL 52541)的混合物] N 052 774 JG(G13，浓缩版) N 052 774 JH[40%N 052 774 JG 和 60%水(根据 TL 52541)的混合物] N 052 774 JJ[50%N 052 774 JG 和 50%水(根据 TL 52541)的混合物] N 052 774 JK(G13，浓缩版) N 052 774 JL[40%N 052 774 JK 和 60%水(根据 TL 52541)的混合物] N 052 774 JM[50%N 052 774 JK 和 50%水(根据 TL 52541)的混合物] N 052 774 JN(G13，浓缩版) N 052 774 JP[40%N 052 774 JN 和 60%水(根据 TL 52541)的混合物] N 052 774 JQ[50%N 052 774 JN 和 50%水(根据 TL 52541)的混合物]
TL 774-K，黄色	N 052 774 K0(G16，浓缩版) N 052 774 K1(G16，即用型冷却液；防冻：-27℃) N 052 774 K2(G16，即用型冷却液；防冻：-37℃) N 052 774 KA(G16，浓缩版) N 052 774 KB(G16，即用型冷却液；防冻：-27℃) N 052 774 KC(G16，即用型冷却液；防冻：-37℃) N 052 774 KD(G16，浓缩版) N 052 774 KE(G16，即用型冷却液；防冻：-27℃) N 052 774 KF(G16，即用型冷却液；防冻：-37℃) N 052 774 KG(G16，浓缩版) N 052 774 KH(G16，即用型冷却液；防冻：-27℃) N 052 774 KJ(G16，即用型冷却液；防冻：-37℃)

TL 774-L，紫罗兰色	N 052 774 L0(G12EVO，浓缩版) N 052 774 L4[40%N 052 774 L0 和 60%水(根据 TL 52541)的混合物]，仅用于初始填充 N 052 774 L5[50%N 052 774 L0 和 50%水(根据 TL 52541)的混合物] N 052 774 LA(G12EVO，浓缩版) N 052 774 LB[40%N 052 774 LA 和 60%水(根据 TL 52541)的混合物] N 052 774 LC[50%N 052 774 LA 和 50%水(根据 TL 52541)的混合物] N 052 774 LD(G12EVO，浓缩版) N 052 774 LE[40%N 052 774 LD 和 60%水(根据 TL 52541)的混合物] N 052 774 LF[50%N 052 774 LD 和 50%水(根据 TL 52541)的混合物] N 052 774 LG(G12EVO，浓缩版) N 052 774 LH[40%N 052 774 LG 和 60%水(根据 TL 52541)的混合物] N 052 774 LJ[50%N 052 774 LG 和 50%水(根据 TL 52541)的混合物] N 052 774 LK(G12EVO，浓缩版) N 052 774 LL[40%N 052 774 LK 和 60%水(根据 TL 52541)的混合物] N 052 774 LM[50%N 052 774 LK 和 50%水(根据 TL 52541)的混合物] N 052 774 LN(G12EVO，浓缩版) N 052 774 LP[40%N 052 774 LN 和 60%水(根据 TL 52541)的混合物] N 052 774 LQ[50%N 052 774 LN 和 50%水(根据 TL 52541)的混合物]
TL 774-M，无色	N 052 774 MA(G15，即用型冷却液) N 052 774 MB(G15，即用型冷却液) N 052 774 MC(G15，即用型冷却液) N 052 774 MD(G15，即用型冷却液) N 052 774 ME(G15，即用型冷却液)

注：表中混合比(%)表示体积百分比。

①由于防起泡部件不同，不得用于大众集团的其他车辆。

②由于染料含量过高，不得用于大众汽车集团的车辆。

(6) 形式认证(BMG)：冷却液添加剂需要形式认证。

4) 成分和颜色

成分和颜色具体要求见表 1-14。

表 1-14　成分和颜色要求

序号	项目	单位	要求					
			TL 774-C [G11]	TL 774-F [G12+]	TL 774-G [G12++]	TL 774-H [G12++DI]	TL 774-J [G13]	TL 774-L [G12EVO]
1	乙二醇(1,2-乙二醇)	%	其他					
2	甘油(1,2,3-丙三醇)	%	不允许				10~40(根据样品)	不允许
3	缓蚀剂总量	%	≥5	3.5~5			3.5~7.5	
			不允许使用硼砂作为唯一的缓蚀剂					
			重金属(如钒酸盐)也不允许作为抑制剂					
4	水含量	%	≤3				≤5	
5	硅酸盐通过电感耦合等离子体发射光谱法或原子吸收光谱法测定	mg/L	500~680 以 SiO_2 计算，包括含有约10%硅的稳定剂	不允许	400~500		400~500	430~550
6	硼砂		—	不允许				
7	胺		不允许					
8	咪唑		—	不允许				
9	磷酸盐	%	不允许					≤0.30
10	亚硝酸盐①		不允许					
11	苦味物质苯甲酸地那托尼	ppm	25			没有	25~75	
12	颜色		蓝绿色	紫罗兰	紫罗兰	可选	紫罗兰	
13	染料②		可选	根据样品				
14	气相抑制剂		—			需要混合	—	

① 硝基芳香族化合物也是不允许的。

② 所使用的染料必须是温度稳定的，并且不能使防腐性能恶化。

5）更多参数

更多功能见表 1-15。

表 1-15　TL 774 冷却液的更多参数

序号	项目	单位	要求					
			TL 774-C [G11]	TL 774-F [G12+]	TL 774-G [G12++]	TL 774-H [G12++DI]	TL 774-J [G13]	TL 774-L [G12EVO]
1	密度 根据 DIN 51757	g/cm^3	1. 11~1. 14				1. 11~1. 16	1. 11~1. 14
2	闪点根据 DIN EN ISO 2719	℃	≥110					
3	折射率根据 DIN 51423-1		1. 425~1. 438				1. 425~1. 445	1. 425~1. 438
4	电导率 根据 ASTM D1125	μS	根据样品					
5	沸点根据 ASTM D1120，未稀释	℃	≥170					
6	根据 ASTM D1121 的储备碱度（0. 1mol/L）	mL	≥11. 0	≥5. 0				≥8. 0
7	pH 值							
7. 1	33%(体积)的蒸馏水		7. 7~8. 5					
7. 2	50%(体积)蒸馏水		≥7. 5	—				≥7. 5
8	根据 ASTM D1384 和该标准第 9. 2 节的腐蚀防护							
8. 1	重金属							
8. 1. 1	质量变化	g/m^2	≤4	≤3	≤2			8. 1. 1
8. 1. 2	用水洗净后质量变化	g/m^2	不适用	≤1	≤2			8. 1. 2
8. 2	铝合金，见该标准第 9. 3 节							
8. 2. 1	质量变化	g/m^2	≤2					
8. 2. 2	用水洗净后质量变化	g/m^2	不适用	≤2				
9	根据 PV 1432 防止缝隙腐蚀		最大特征值 2					
9. 1	磨削试验表面		允许开始变色					
9. 2	铣削试验面		允许变色和发黑					
10	起泡，见该标准第 9. 4 节							

续表

序号	项目	单位	要求					
			TL 774-C［G11］	TL 774-F［G12+］	TL 774-G［G12++］	TL 774-H［G12++DI］	TL 774-J［G13］	TL 774-L［G12EVO］
11	根据 ASTM D1882 的漆相容性		无不可逆污渍					
12	根据 ASTM D4340 的硅酸盐稳定性(另见该标准第 9.5 节)和 PV 1426		没有絮凝	不适用	没有絮凝			
13	根据 ASTM D4340 的抑制剂稳定性(另见该标准第 9.5 节)		不适用	没有絮凝				
14	根据 ASTM D4340 的长期稳定性(见该标准第 9.5 节)		不适用				物理性质无明显变化	
15	根据 PV 1426 的硬水稳定性		没有絮凝					
16	根据 PV 1474 的泡沫恢复能力(见该标准第 9.4 节)	s	≤4					
17	腐蚀程度根据 DIN 51360-2 浓度							
17.1	20%(体积)	指标	≤3	≤4				≤3
17.2	40%(体积)	指标	≤1	≤2				≤1
18	动态热测试系统中 30h 以上的温度曲线(见该标准第 9.6 节)	℃	—	≤20				
19	高压釜老化后的氧化强度(见该标准第 9.7 节)							
20	根据 ASTM D4340 老化后的氧化强度(见该标准第 9.8 节)							
21	蒸发行为，残留物形成和残留物溶解度(见该标准第 9.9 节)							
22	定义的助焊剂输入后的性能($Kalf_4$)(见该标准第 9.10 节)							

（1）腐蚀和空化行为。对于体积浓度分别为20%和40%的冷却液添加剂，根据 FVV R530 进行振动试验，性能要求见表 1-16。

表 1-16 振动试验性能要求

金属	试验介质	归一化质量损失/(mg/试件)					
		TL 774-C	TL 774-F	TL 774-G	TL 774-H	TL 774-J	TL 774-L
铝	试验原液	≤1.2	≤2.0				
灰铸铁	试验原液	≤0.10	≤0.15				
标准化减重=在测试介质中的质量损失/在 10°dH 的水中的质量损失							

（2）动态腐蚀试验（大众高温试验系统）中的性能以及根据 FVV 指南 R530 进行的目视评估。

① C 型。作为铝合金，至少应测试以下材料：

EN AC-AlSi10Mg(Cu)

EN AC-AlSi6Cu4

作为灰铸铁材料，应测试以下材料：

EN GJL-250

不同浓度添加剂的动态腐蚀试验性能要求见表 1-17。

表 1-17 动态腐蚀试验性能要求（C 型）

项目		20%	40%
金属	试验介质	质量损失/(mg/试件)	
铝	去离子水，试验原液	≤50	≤20
	10°dH 硬水，试验原液	≤50	≤20
灰铸铁	去离子水，试验原液	≤40	≤20
	10°dH 硬水，试验原液	≤40	≤20

注：只允许表面腐蚀，不允许点蚀。

② F、G、H、J 和 L 型。作为铝合金，至少应测试以下材料：

EN AC-AlSi10Mg(Cu)。

EN AC-AlSi6Cu4。

作为灰铸铁材料，应测试以下材料：

EN GJL-250。

不同浓度添加剂的动态腐蚀试验性能要求见表 1-18。

表 1-18　动态腐蚀试验性能要求（F、G、H、J 和 L 型）

冷却液添加剂的体积分数		20%	40%
金属	试验介质	质量损失/(mg/试件)	
铝	去离子水，试验原液	≤100	≤40
	10°dH 硬水，试验原液	≤80	≤30
灰铸铁	去离子水，试验原液	≤80	≤40
	10°dH 硬水，试验原液	≤60	≤30

注：1. 质量损失适用于加热和未加热的试样。
2. 只允许表面腐蚀，不允许点蚀。

（3）水净化后动态腐蚀试验（大众高温试验系统）中的性能。

F、G、H、J 和 L 型。作为铝合金，至少应测试以下材料：

EN AC-AlSi10Mg(Cu)。

EN AC-AlSi6Cu4。

作为灰铸铁材料，应测试以下材料：

EN GJL-250。

不同浓度添加剂在水净化后动态腐蚀试验（大众高温试验系统）中的性能要求见表 1-19。

表 1-19　水净化后动态腐蚀试验（大众高温试验系统）中的性能要求

冷却液添加剂的体积分数		20%	40%
金属	试验介质	质量损失/(mg/试件)	
铝	去离子水，试验原液	≤50	≤20
	10°dH 硬水，试验原液	≤40	≤15
灰铸铁	去离子水，试验原液	≤40	≤20
	10°dH 硬水，试验原液	≤30	≤15

注：1. 质量损失的分别适用于加热和未加热的样品。
2. 只允许表面腐蚀，不允许点蚀。

（4）“中央冷却通道”圆形试验对象在动态腐蚀试验（大众高温试验系统）中的性能和视觉评估。

根据 FVV R530：

加热能力：60W/cm^2。

体积流量：4L/min。

冷却液流量温度：90℃。

作为铝合金，至少应测试以下材料：

EN AC-AlSi10Mg(Cu)。

EN AC-AlSi6Cu4。

FVV 高温试验的“中央冷却通道”试验对象，见图 1-56。

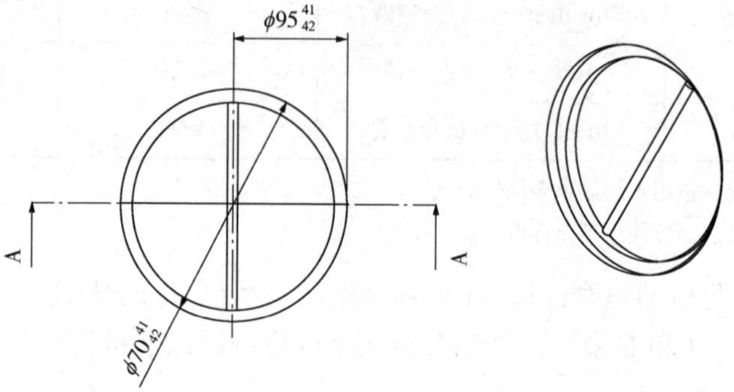

图 1-56　FVV 高温试验的“中央冷却通道”试验对象(单位：mm)
(尺寸和更多信息来自买方)

水净化后动态腐蚀试验的要求见表 1-20。

表 1-20　水净化后动态腐蚀试验的要求

冷却液添加剂的体积分数		20%	40%
金属	试验介质	质量损失/(mg/试件)	
铝合金(加热样品)	去离子水，试验原液	依照样品	≤100
	10°dH 硬水，试验原液		≤150
铝合金(未加热样品)	去离子水，试验原液		≤80
	10°dH 硬水，试验原液		≤130

注：1. 质量损失的规格分别适用于加热和未加热的样品。
2. 只允许表面腐蚀，不允许点蚀。
3. 在 30h 的试验时间，试样温度的变化不得超过 20K。

(5) 重复动态腐蚀试验后的残留硅含量(大众汽车高温试验机)，仅适用于 C、G、H、J 和 L 型。

冷却液添加剂的体积浓度为 40%。

同一液体中重复 FVV 高温试验，要换用新的铝合金试片，重复测试时，铝合金试片的失重不再测定，试验液体中的硅含量是主要评定标准。

(6) 根据 FVV R530，空化室(爆震室)中的性能。

在空化室中测试以下材料：

静止样品：EN AC-AlSi10Mg(Cu)。

静止样品：EN GJL-250。

振动样品：MMN 380.3，见表 1-21。

表 1-21　振动样品 MMN 380.3 要求

样品	浓度/%（体积）	质量损失/(mg/样品)					
		TL 774-C	TL 774-F	TL 774-G	TL 774-H	TL 774-J	TL 774-L
空化室样品	20	依照样品					
样品包的样品							
空化室样品	40	依照样品					
样品包的样品							

(7) 在热传递腐蚀试验中的性能(FVV 热试验，MHTA)。

① 根据 FVV R5304，使用去离子水进行测试。

对于铝合金，至少应测试以下材料：

EN AC-AlSi10Mg(Cu)。

EN AC-AlSi6Cu4。

对于灰铸铁材料，应测试以下材料：

EN GJL-250。

按照 ASTM D1384 标准使用测试对象包。

使用去离子水进行热传递腐蚀试验的性能要求见表 1-22。

表 1-22　在热传递腐蚀试验(去离子水)中的性能要求

样品	浓度/%（体积）	质量损失/(mg/样品)					
		TL 774-C	TL 774-F	TL 774-G	TL 774-H	TL 774-J	TL 774-L
热室样品	40	依照样品					
样品包的样品							

② 根据 FVV R5305，用合成硬水进行测试。

对于铝合金，至少应测试以下材料：

EN AC-AlSi10Mg(Cu)。

EN AC-AlSi6Cu4。

对于灰铸铁材料，应测试以下材料：

EN GJL-250。

使用合成硬水进行热传递腐蚀试验的性能要求见表 1-23。

表 1-23　在热传递腐蚀试验(合成硬水)中的性能要求

项目	浓度/%(体积)	质量损失/(mg/样品)					
		TL 774-C	TL 774-F	TL 774-G	TL 774-H	TL 774-J	TL 774-L
热室样品	40	依照样品					
样品包的样品							

按照 ASTM D1384 使用测试对象包。

(8) 仅在 L 规格中，依照 FVV 限定温度Ⅱ的所谓改进测试循环的高温冷却液测试系统。

应选择以下参数设置作为试验条件：

冷却液浓度：20%(体积)(剩余去离子水)。

冷却液供给温度：115℃。

系统压力：2. 5bar。

流量：20L/min。

加热能力：约 3000W。

持续时间：96h。

冷却液体积：3. 5L。

所用样品材料为 EN AC-AlSi10Mg(Cu)。

应提供试验条件和结果的完整文件。

性能要求见表 1-24。

表 1-24　高温冷却剂测试系统的性能要求

序号	属性	单位	要求
1	质量分析(质量变化)	mg	<1000
2	含水部件表面的光学评估		不允许点蚀
3	在试验期间增加元件温度(温度曲线)	℃	<25
4	试验结束后冷却液全分析结果	%或 ppm	依照样品

(9) 材料相容性要求：供应商必须通过兼容性测试，确保在发动机工作条件下与聚合物和弹性体材料的兼容性，并在测试报告中记录相关结果。

聚合物：

A66-GF30，符合 TL 52682 标准。

PPA。

SPS。

PPS。

PP/PE，符合 VW 44045 标准。

弹性体：

EPDM/HNBR/FKM，符合 TL 52316 标准。

三元乙丙橡胶，符合 TL 52361 标准。

FKM。

如果需要，可向相应的材料工程部重新索取指定材料类别的发布材料及其确切的测试程序。

6）初始填充和即用冷却液的混合水要求

用于添加剂冷却液的混合水必须符合饮用水的质量要求（人类饮用的水和其他特殊卫生用途的水），见表 1-25。不允许只使用脱盐水。

表 1-25　初始填充和即用冷却液的混合水要求

序号	属性	单位	要求
1	pH 值		6. 0~8. 0
2	水硬度	°dH	<20
3	电导率	μS/cm	100~400
4	钙	mg/L	<60
5	铜	mg/L	<0. 1
6	硫酸盐	mg/L	<50
7	氯化物	mg/L	<40
8	铁	mg/L	<0. 2
9	氟化物	mg/L	<50
10	纯度等级符合 ISO 4406		≤15/14/9

根据表 1-25 中规定的值，允许饮用水和脱盐水混合使用。另见 TL 52541。

7）甘油质量要求

G13 备品备件冷却液中使用的甘油必须始终通过蒸馏进行预清洁，并来自以下来源：回收（如食用脂肪加工）、动植物油做生物柴油提炼丙二醇（使用可再生资源）。冷却液供应商必须遵守表 1-26 中规定的对所用甘油的要求，并定期记录相关信息。

表 1-26　G13 备品备件冷却液用甘油质量要求

序号	属性	单位	要求
1	甘油含量[根据 DIN 51405(GC)]	%	>99.5
2	密度(根据 DIN 51757)	kg/m^3	>1.26
3	水含量(根据 DIN 51777)	%	<0.5
4	pH 值(根据 ASTM D1287)		
4.1	50%(体积)蒸馏水		5.5~8
5	醛	ppm	<10
6	有机卤素	ppm	<30
7	铜	ppm	<0.1
8	氯化物	ppm	<10
9	铁	ppm	<0.2
10	重金属	ppm	<5

8)“即用型”冷却液的要求

原则上，“即用型”冷却液只能由符合 TL 52541 标准的 BMG 和混合水质的批准冷却液添加剂生产。抑制剂(有机和无机添加剂)必须至少占规定冷却液浓缩液的一半。“即用型”冷却液需要由燃料、冷却液、液体和润滑剂部门单独发放。其他要求见表 1-27。

表 1-27　“即用型”冷却液要求

序号	属性	单位	要求		
			TL 774-G (N 052 774 G5)	TL 774-J (N 052 774 J5)	TL 774-L (N 052 774 L5)
1	水含量 (见该标准 9.1 节)	%	46~50		
2	密度 d_{20} (根据 DIN 51757)	kg/m^3	1.065~1.080	1.075~1.085	1.065~1.080
3	闪点 (根据 DIN EN ISO 2719)	℃	≥110		
4	折射率 n_D (根据 DIN 51423-1)		1.385~1.392		

续表

序号	属性	单位	要求		
			TL 774-G (N 052 774 G5)	TL 774-J (N 052 774 J5)	TL 774-L (N 052 774 L5)
5	沸点（根据 ASTM D1120）	℃	106~111		
6	凝点（根据 ASTM D1177，在交货状态）	℃	≤-35		
7	pH 值		8.1~8.5		
8	抑制剂稳定性（根据 ASTM D4340）		没有絮凝		
9	混合水稳定性偏差（根据 PV1426，在启动状态下）		没有絮凝		

1.4.2.2 MAN 公司冷却液

MAN 曼商用车股份公司是世界著名的重型卡车制造商之一，也是欧洲第三大卡车和客车生产商，同时是 MAN 集团中最大的企业。重卡产品品牌包括 MAN、STEYR、OAF、ERF 和 STAR，在公交车领域 MAN 是重要品牌，而 NEOPLAN(尼奥普兰)则是在旅游车领域的知名品牌。

根据 MAN 公司冷却液标准 MAN 239 要求，冷却液必须通过纽伦堡工厂 TUC-N 处进行材料初次试验、材料交付使用以及解答相关问询。只有获得许可的冷却液才能交付使用，并作为维修推荐冷却液，适用于在线清单中的载货车辆、安装设备和有轨车辆。冷却液不得含有 VDA 法规 232-101 禁止的物质。禁用物质的名称和数量由 VDA 法规规定。

冷却液型号：

① N 型：含有亚硝酸盐和硅酸盐。

② N/Arctic 型：同 N 型，但可用于-65℃环境。

③ NF 型：不含亚硝酸盐，但含有硅酸盐。

④ SNF 型：不含硅酸盐和亚硝酸盐(有机酸工艺 OAT)。

MAN 冷却液一般不允许含有磷酸盐、胺和亚硝酸盐。所有冷却液均按照 BWB TL 6850-0038，遵照德国联邦国防军 SY 7025 标准，并要求在与水混合后，确保不会产生任何副作用。

1) 化学与物理性能

MAN 冷却液物理化学性质见表 1-28。

表 1-28　MAN 冷却液物理化学性质

性质	要求	试验方法
外观	清澈透明	—
在 20℃时的密度/(g/mL)	1.11~1.14	DIN 51757
折射率 n_0^{20}	1.430~1.437	DIN 51423-2
沸点/℃	最低 150	ASTM D1120
闪点/℃	最低 110	DIN EN 22719
灰分	报告	ASTM D1119
水分/%	最高 5	DIN 51777-1
储备碱度(0.1mol/HCl)/mL	最低 10	ASTM D1121
硅酸盐/(mg/kg)	最高 600	DIN 51390-4
pH 值 [浓缩液，在 33.3%(体积)水中]	6.5~8.5， 7.5~9.0	ASTM D1287
泡沫状态[在 33.3%(体积)水中] 泡沫体积/mL 泡沫稳定性/s	 最高 150 最高 5	ASTM D1881
低温状态(冰絮凝点) 在 33.3%(体积)水中/℃ 在 50.0%(体积)水中/℃	 低于-18 低于-36	ASTM D1177
浓缩物的储存稳定性(在 80℃保持 10 天)沉淀量/(mg/100g)	最高 10	TUC 07.207
在硬水中的混合性能(在 80℃保持 10 天)沉淀量/(mg/100g)	最高 10	TUC 07.207

MAN 冷却液的储备碱度要求大于 10mL，无论是有机还是无机配方。33.3%稀释液的 pH 值应在 7.5~9.0。储存稳定性采用了 80℃保持 10 天的方法，沉淀量不得超过 10mg/100g 浓缩液。相同方法也用于测定耐硬水性能。

2）橡胶适应性

① EPDM 橡胶，按照 DIN 53521 进行试验：

试验材料：EPDM 过氧化的网状交联，按 CONTI IKGE 6390 进行。

试验物体(试样)：按照 DIN 53504，取 3 个标准试棒，厚度为(2±0.2)mm。

试验液容积：将冷却液按 50%(体积)溶于 VE-水中，试验液的容积应该为试样容积的 150~180 倍。

试验条件：在 125℃的压热锅中加热 168h。

要求：需要确定临界值。

② FPM 橡胶，按照 DIN 53521 进行试验：

试验材料：AK 6-材料(弗罗依登贝格)。

试验物体(试样)：按照 DIN 53504，取 3 个标准试棒，厚度为(2±0.2)mm。

试验液容积：将冷却液按 50%(体积)溶于 VE-水中，试验液的容积应该为试样容积的 150~180 倍。

试验条件：在 125℃的压热锅中加热 168h。

要求：需要确定临界值。

3）ASTM D1384 腐蚀试验

试验液体：33.3%(体积)的冷却液+腐蚀性的水(冰点：-18℃)。

试样：

灰铸铁：GG15，DIN 1691。

钢：C15，DIN 17210。

铝-铸造合金：G-AlSi6Cu3，DIN 1725-2。

锡焊料：L-PbSn 30Sb，DIN 1707。

黄铜：CuZn37，DIN 17660。

E-铜：E-Cu57，DIN 1708。

经过 336h 后质量损失：铸铝合金最高 $1mg/cm^2$(13mg/片)，其余金属最高 $2mg/cm^2$(26mg/片)。

4）TUC 07.203 试验规程修改的 EMPA-试验

试验液体：15%(体积)的冷却液+非碳酸盐硬度为 100 的水(冰絮凝点：-7℃)。

试样：

灰铸铁：GG25，DIN 1691。

钢：St 1405，DIN 1623-1。

铝-铸造合金：G-AlSi6Cu3，DIN 1745。

铝-塑性合金：AlCuMg2，DIN1707。

锡焊料：L-PbSn30Sb，DIN 1707。

黄铜：CuZn37，DIN 17 660。

E-铜：E-Cu57，DIN 1708。

经过 28 天后的质量损失：灰铸铁和铝合金最高 $5mg/cm^2$(65mg/片)，其他金属最高 $2mg/cm^2$(26mg/片)。

5) FVV R443—1986 腐蚀和穴蚀试验

必须得到完整的 FVV 试验报告；

试验液体：20%~40%(体积)的冷却液+非碳酸盐硬度(dGH)为 100°的水；

振动试验：性能要求见表 1-29。

表 1-29 FVV R443—1986 振动试验性能要求

项目	温度/℃	浓度/%(体积)	腐蚀(剥蚀)速度/(mg/h)	
			灰铸铁	AlCuMg2
新配制的试验液	80 80	20 40	最高 5 最高 5	最高 9 最高 9
使用过 120h 的旧试验液	80	40	最高 5	最高 9
去离子水+重铬酸钾盐	80	3g/L	3.4~4.6	6.6~7.8
非碳酸盐硬度(dGH)为 100°的水	80	—	41.5~57.0	6.3~9.9

- 冷却液的浓度：40%(体积)。
- 在结束清洗后的质量损失：最大 2mg/cm^2。

6) MAN 公司冷却液台架试验

试验液体：按照 ASTM D1384 在 25%(体积)的冷却液水溶液中。

试验时间：1000h。

空气流量：约 400L/min。

温度：93~94℃。

空气含量：3%~4%(体积)。

系统预压力：0。

对发动机部件的评定：曲轴箱、油缸轴套、油冷却器外壳的腐蚀和沉积物，合成橡胶零件如 O 形环、轴套密封、水泵风箱、损害的角形密封环、水泵箱密封的沉积物形成和泄漏。

7) MAN 公司水泵腐蚀试验

试验液体：按照 ASTM D1384 在 50%(体积)的冷却液的水溶液中。

试验时间：1000h。

流量：约 400L/min。

温度：93~94℃。

空气含量：0%(体积)。

系统预压力：0。

对水泵箱密封沉积物形成和泄漏的评定。

1.4.3 日本冷却液标准

日本发动机冷却液的发展历史很长且独具特色。JIS K2234 冷却液标准作为其国家标准，各大汽车 OEM 厂商也建立了自己的标准体系。

1.4.3.1 JIS K2234—2018

日本 JIS K2234 冷却液标准规定 LLC(长寿命冷却液)可全年使用。

JIS K2234 冷却液的性质要求见表 1-30。

表 1-30 JIS K2234 冷却液的性质要求

项目	技术要求
	LLC
密度(20.0℃)/(g/cm^3)	不小于 1.112
冰点/℃	
50%水溶液(体积)	不高于-34.0
30%水溶液(体积)	不高于-14.5
pH 值，30%水溶液(体积)/s	7.0~11.0
水分/%	不大于 5.0
泡沫性能，30%水溶液(体积)/s	不大于 4.0

日本冷却液的稀释液通常采用30%体积浓度，而不像美国试验常用的33%体积浓度。30%体积浓度的 pH 值范围规定为 7.0~11.0。另外，日本冷却液的泡沫试验方法独特，试验方法号为 JIS R3535。在 100mL 量筒中加入 50mL 30%体积浓度的冷却液，拇指堵住量筒口，反转 100 次，放置 10s 后读取泡沫体积。

JIS K2234 冷却液的使用性能要求见表 1-31。

表 1-31 JIS K2234 冷却液的使用性能要求

项目			技术要求
			LLC
玻璃器皿腐蚀 30%体积浓度 [(88±2)℃，(336±2)h]	质量变化/(mg/cm^2) 不大于	紫铜	0.15
		黄铜	0.15
		钢	0.15
		铸铁	0.15
		焊锡	0.3
		铸铝	0.3

续表

项目			技术要求
			LLC
玻璃器皿腐蚀 30%体积浓度 [(88±2)℃, (336±2)h]	试片外观		允许变色，除垫圈与试片接触的部分外， 无肉眼可见的明显腐蚀
	试验中泡沫		不应从冷却器中溢出
	试验后冷却液性质	pH 值	6.5~11.0
		pH 值变化	±1.0
		液体外观	颜色无明显变化，无凝胶、 分层等显著变化
		沉淀量/%(体积)	不大于 0.5
模拟使用腐蚀 [(88±3)℃，30% 体积浓度 AF， (336±2)h LLC，(1064±2)h]	质量变化/ (mg/cm^2)	紫铜	0.30
		黄铜	0.30
		钢	0.30
		铸铁	0.30
		焊锡	0.60
		铸铝	0.60
	试片外观		允许变色，除垫圈与试片接触的部分外， 无肉眼可见的明显腐蚀
	试验后冷却液性质	pH 值	6.5~11
		pH 值变化	±1.0
		液体外观	颜色无明显变化，无凝胶、 分层等显著变化
	配件状态	泵密封部位	没有杂音、漏液、运转不良等问题
		泵壳内表面及泵叶轮	无明显腐蚀现象
铸铝合金传热腐蚀 [(135±1)℃, (168±2)h, 25%体积浓度]	质量变化/(mg/cm^2)		±1.0
	外观		允许变色，无肉眼可见的明显腐蚀

JIS K2234 标准对于应用性能要求中没有铝泵穴蚀和冲蚀腐蚀试验要求。对于玻璃器皿腐蚀试验和模拟腐蚀试验，溶液的体积浓度都是 30%。标准对试验后的 pH 值及其变化范围，以及试片的外观做出了规定。对于铸铝合金传热腐蚀，试片失重的允许范围为 ASTM D3306 标准的两倍。

1.4.3.2 日本 OEM 规格

为了保证冷却液的终身寿命要求，Toyota TSK 2601G-8 和 MAZDA MES121C-F22 规格规定了玻璃器皿腐蚀试验和铸铝传热试验时间加长，要求在 1000h 和 4000h 腐蚀试验后，试片失重仍旧在范围内。

1.5 中国发动机冷却液市场情况及产品标准

冷却液是机动车安全运行必不可少的传热介质。通过在机动车冷却系统内循环，冷却液能够实现散热、防冻及防腐等功能，从而保证机动车核心动力部件的正常运作。我国冷却液市场得益于高速增长的汽车保有量以及冷却液普及宣传，产品需求量持续攀升，截至 2019 年底，全国汽车保有量已达 2.6 亿辆，估算冷却液产量超过 90 万 t/a，产值超过 150 亿元，是全球最大的冷却液消费市场。

我国第一个强制性冷却液标准 JT 225—1996《汽车发动机冷却液安全使用技术条件》，是根据汽车运输行业对汽车安全运行的需求制定的。该标准从车辆安全角度出发，提出了冷却液的关键性技术要求，为用户提供了正确选择冷却液的指南，为生产厂家提供了确保产品质量的最低要求，为对市场上流通的冷却液进行质量控制提供了依据。2013 年，GB 29743—2013《机动车发动机冷却液》(已作废)标准颁布，成为国家对冷却液行业产品质量的抽测技术依据，也作为冷却液的用户选用产品时详细了解产品技术水平的指南。

随着国内汽车行业技术的发展，冷却液行业也面临新的挑战。节能环保法规日益严格，发动机技术不断革新，如双涡轮增压、缸内直喷、缸盖及排气歧管一体化设计等，要求冷却液在冷却散热能力、耐久稳定性和腐蚀离子组分控制等方面具备更高的技术要求。引导燃油汽车发动机冷却液行业向环保趋势发展。此外，随着环保意识的提升，国外冷却液配方逐渐注重产品的环保性。如美国已经突破了传统的二元醇型冷却液(如乙二醇等)，转而使用甘油等更环保的原料，并形成相应的 ASTM 系列标准；北欧国家则主要使用丙二醇型冷却液，这种液体毒性更小，且环境降解速度较快，对亚硝酸盐、铵盐等添加剂的使用有严格限制。目前，GB 29743—2013 中的环保要求尚不完善，国内冷却液产品多为成本低廉且环境危害较大的无机型产品，综合环保性能与国外有一定差距。

为了适应新能源汽车的发展，GB 29743 标准的名称已更改为《机动车冷却液》，并形成了一系列国家标准，包括第 1 部分燃油汽车发动机冷却液、第 2 部分电动汽车冷却液、第 3 部分燃料电池汽车冷却液等。标准补充了重负荷冷却液产品的评价方法，因此适用范围不仅限于含有亚硝酸盐、钼酸盐等化学成分的重负荷冷却液产品，并删除了针对化学成分的限定范围。试验方法引用文件增加了

JT/T 1230《机动车发动机冷却液无机阴离子测定法　离子色谱法》、JT/T 1304《发动机冷却液气穴腐蚀特性试验用铝制离心泵技术条件》、SH/T 0604《原油和石油产品密度测定法(U形振动管法)》、ASTM D7583《约翰迪尔冷却液气穴腐蚀试验法》等。冷却液试验用金属件的技术要求也引用了相关标准中的材料牌号。

冷却液的合理分类对于汽车冷却系统的实际应用至关重要，同时也是确定不同类型产品关键技术指标的前提，方便用户选择合适产品。冷却液产品分类主要根据使用发动机负荷大小、防冻剂类型及防冻剂浓度(冰点)等因素进行分类，具体包括轻负荷发动机用冷却液和重负荷发动机用冷却液。

1.5.1　防冻剂类型(增加1,3-丙二醇型冷却液)

防冻剂在冷却液中主要起到降低冰点和提高沸点的作用，当前应用广泛且技术成熟的防冻剂包括乙二醇、丙二醇和甘油等。由于这些防冻剂在冷却液中比例较大且成本较高，常作为冷却液分类的主要依据。不同国家的冷却液标准规范中，涉及的防冻剂类型及特性如表1-32～表1-34所示。美国ASTM规范的防冻剂类型最全面，日本JIS K2234规范则主要使用乙二醇型，而欧洲地区基本为乙二醇型和丙二醇型。

1,3-丙二醇(简称PD，1,3-propanediol)在ASTM D7517和ASTM D7518标准中被称为PDO。基于此，使用1,3-丙二醇作为防冻剂的冷却液，其英文简称为PDC(Propanediol Coolant)。

表1-32　各地区冷却液规范涉及的防冻剂

地区	防冻剂类型
美国	乙二醇型、丙二醇型、含甘油的乙二醇型、1,3-丙二醇型，甘油型，非水基型
欧洲	乙二醇型、丙二醇型、含甘油的乙二醇型
日本	乙二醇型
中国	乙二醇型、丙二醇型、其他类型(高冰点)

表1-33　不同类型防冻剂的毒性及环境特性

种类	LD_{50}(大鼠经口)/(g/kg)	代谢产物	对人体影响	生物降解率/%
乙二醇	低毒，5.9 (乙醇为7.1)	羟基乙酸、草酸	破坏酸碱平衡和肾功能	36
丙二醇	低毒，32.5	乳酸、丙酮酸	正常代谢物	69

表 1-34 GB 29743—2022 冷却液类型设置

类型	英文	简称
乙二醇型发动机冷却液	ethylene glycol base engine coolant	EC
1,2-丙二醇型发动机冷却液	1,2-propylene glycol base engine coolant	PC
1,3-丙二醇型发动机冷却液	1,3-propanediol base engine coolant	PDC
其他类型发动机冷却液	other bases engine coolant	OC

1.5.2 防冻剂浓度

冷却液按照防冻剂浓度大小分为浓缩液和稀释液。根据 GB 29743—2022，稀释液按照冰点可分为-25 号、-30 号、-35 号、-40 号、-45 号和-50 号 6 个型号。对于高冰点冷却液，标准未对其理化性能(如冰点、沸点、密度等)做出严格要求，而是更加关注其防腐性能，特别是在腐蚀指标以及腐蚀试验方法方面提出了严格要求。

1.5.3 其他类型冷却液(增加重负荷分类、细化代号及型号)

考虑到我国冷却液行业实际需求，其他类型冷却液在重负荷应用场合下也有广泛应用，其浓缩液代号规定为 HOC。其他类型冷却液均为稀释液，具体型号的命名规则为 LOC/HOC-Ⅱ-(冰点标注值)。

1.5.4 主要技术内容

燃油汽车发动机冷却液技术要求包括四个部分：通用要求、理化性能要求、使用性能要求及重负荷冷却液特殊要求。

① 通用要求包括三项：外观、颜色、气味。

② 理化性能要求包括十项：密度、冰点、沸点、灰分、pH 值、氯含量、硫酸盐含量、水分、储备碱度以及对汽车有机涂料的影响。

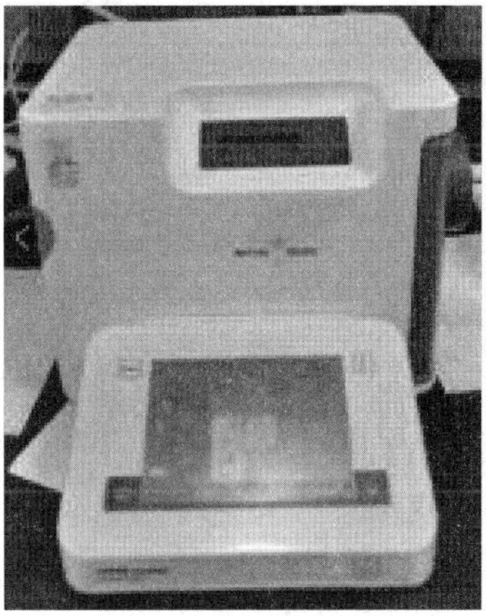

图 1-57 U 形管振荡法密度测量仪器

在此，密度试验方法有所更新。SH/T 0068 方法采用传统的比重计测量密度，该方法虽然可靠，但样品用量较大，且试验时间较长，不利于快速测试。SH/T 0604 方法采用 U 形管振荡法(见图 1-57)，广泛应用于石油化工行业的绝大多数液体产品密度测试，测试精度和准确度与 SH/T 0068 相当，且响应时间较短，非常适合冷却液稀释液的密度测量。此方法的适用范围为不大于 1.100g/cm³，若有异议，以 SH/T 0068 为准。

1.5.4.1　1,2-丙二醇型冷却液理化性能及试验方法

1,2-丙二醇型冷却液理化性能要求规定了该型冷却液的物理化学性质，共十项指标：密度、冰点、沸点、灰分、pH 值、氯含量、硫酸盐含量、水分、储备碱度、对汽车有机涂料的影响。相关指标采用或参照了 ASTM D3306 中Ⅱ型和Ⅳ型。

1.5.4.2　1,3-丙二醇型冷却液理化性能要求及试验方法

1,3-丙二醇型冷却液理化性能要求同样规定了该型冷却液的十项物理化学指标，分别是密度、冰点、沸点、灰分、pH 值、氯含量、硫酸盐含量、水分、储备碱度、对汽车有机涂料的影响。项目指标部分采用或参照了 ASTM D7518《汽车及轻负荷发动机用 1,3-丙二醇型发动机冷却液标准》。

冰点指标确定：对于 1,3-丙二醇型浓缩液，按照行业惯例，将其稀释至 50%再测试冰点，要求参照 ASTM D7518，即 50%稀释液冰点不高于-27.8℃。对于 LPDC-Ⅱ稀释液冰点，按照型号划分，要求不高于对应型号标注的冰点值。

密度指标确定：在 ASTM D7518 中，对 1,3-丙二醇型冷却液的密度有所规定，表 1-35 列出了不同型号的密度，其中 TypeⅠ为浓缩液，TypeⅡ为 50%稀释液。通过换算可得出两个型号产品在 15.5℃下的密度值。

表 1-35　1,3-丙二醇型冷却液相对密度和密度(15.5℃)

类型	Type Ⅰ	Type Ⅱ	1,3-丙二醇	水(15.5℃)
相对密度(15.5/15.5℃)	1.050~1.065	1.025min	1.055(20.0℃)	0.999002
密度(15.5℃)/(g/cm³)	1.051~1.066	1.026min		

对于 1,3-丙二醇型冷却液的稀释液各型号，密度指标以 50%稀释液的密度为基准。根据不同型号冷却液的浓度，通过换算得出相应的密度值。具体以密度为 1.048 的 1,3-丙二醇型冷却液浓缩液按照下表浓度换算。换算后的指标限值见表 1-36。

表 1-36　1,3-丙二醇型冷却液稀释液密度指标限值(20.0℃)

项目	LPDC-Ⅱ-25	Type Ⅱ	LPDC-Ⅱ-30	LPDC-Ⅱ-35	LPDC-Ⅱ-40	LPDC-Ⅱ-45	LPDC-Ⅱ-50
浓度/%	48	50	52	56	60	64	66
密度/(g/cm³)	1.022	1.023	1.024	1.026	1.028	1.030	1.031

对于 LPDC-Ⅱ稀释液，沸点参照 50%稀释液的限值进行划分，具体限值见表 1-37。

表 1-37　1,3-丙二醇型冷却液稀释液沸点指标限值

项目	LPDC-Ⅱ-25	Type Ⅱ	LPDC-Ⅱ-30	LPDC-Ⅱ-35	LPDC-Ⅱ 40	LPDC-Ⅱ-45	LPDC-Ⅱ-50
沸点/℃	101.0	102.0	102.0	103.0	104.0	105.0	106.0

1.5.4.3　其他类型冷却液理化性能要求及试验方法

其他类型冷却液的理化性能要求规定了该型冷却液在物理化学方面的九项性能指标，分别为密度、冰点、沸点、灰分、pH 值、氯含量、硫酸盐含量、储备碱度和对汽车有机涂料的影响。

增加密度技术要求：要求冷却液的密度不小于水的密度（$1.000g/cm^3$），以避免使用甲醇、乙醇等低分子醇作为防冻剂。

修改沸点技术要求：沸点要求不低于水的沸点（100℃）。对于热带地区使用的水箱宝防冻液，通常采用水与缓蚀剂调配的方式。由于不含防冻剂，其沸点仅相当于水的沸点，限制了低分子醇作为冷却液使用。

冰点标注值：在冷却液的产品分类代号中进一步明确了冰点标注值。

1.5.5　使用性能要求

1.5.5.1　增加铸铝合金传热腐蚀外观评价项目

铸铝合金传热腐蚀这一试验通常在高温加压条件下进行（温度 135℃、压力 0.2MPa），是目前冷却液评价中要求温度最高的项目之一。

1.5.5.2　增加稳定性评价项目

冷却液稳定性考察包括两方面：储存稳定性和耐硬水稳定性，试验方法参考 ASTM D7437-08。

冷却液储存稳定性与生产原料（如防冻剂、缓蚀剂、染色剂等）的质量以及添加剂配伍性密切相关。如果储存稳定性差，可能导致防冻剂酸化降解、缓蚀剂沉淀析出、颜色褪失等现象，这些都会影响冷却液的性能。此外，沉淀析出物还可能导致散热器内部管路堵塞，影响发动机的正常散热。

冷却液耐硬水稳定性这一试验在欧洲普遍使用，特别适用于水质硬度较高的地区，如欧洲以及我国长江以北地区。钙镁离子等硬水成分容易形成水垢，沉积在发动机水套内部，影响水套表面的热交换效率，且很难清除。水垢的积累不仅会阻碍热传导，还可能引发腐蚀问题，是冷却液技术长期面临的两大难题之一。

通过对冷却液稳定性进行评价，可以有效筛查冷却液的生产质量，确保其在实际使用过程中不会因配方失效而导致性能下降，尤其是缓蚀添加剂的选择与硬水的相互作用。相关技术要求和试验方法参照 ASTM D7437-08，并已转化为规范性附录。

1.5.5.3　增加冷却液试验用金属件技术要求

冷却液腐蚀性能的评价使用的金属件是关键的试验参考材料，其质量水平直接影响冷却液防腐抑制性能的评价结果。不同的金属件具有不同的耐腐蚀性能，通过对这些金属件的测试，可以全面评估冷却液的防腐效果。

冷却液试验金属件包括：6 种金属片(紫铜、黄铜、钢、铸铁、焊锡、铸铝)、玻璃器皿腐蚀试验用金属件、模拟使用腐蚀试验用金属件、铸铝试块(用于铸铝合金传热腐蚀试验)和铝泵(用于气穴腐蚀试验)等。这些金属件是根据不同试验的需要选择的，每种金属材料都能够模拟不同的工作环境和腐蚀情况，确保对冷却液腐蚀性能的全面评估。

冷却液试验金属件具体技术要求(材质、尺寸等)在相应的试验方法标准中都有明确规定。然而，由于世界各国对金属材料定义牌号的标准不完全一致，在溯源 ASTM 标准时，所使用的金属件材质通常是美国通用的材料牌号。与此同时，我国在采用 ASTM 标准时，对于金属件技术要求也完全等同采用了 ASTM 标准，导致在国内实际应用中可能出现与我国金属行业常用牌号不匹配的情况。

此外，严格按照 ASTM 标准要求所指定的金属件较难在国内市场上获取，这给冷却液性能评价带来诸多不便。因此，为了适应我国的实际使用情况，冷却液标准的修订需要从国情出发，对各类金属件技术要求进行细化，并列为规范性附录《冷却液试验用金属件技术要求》。这将有助于更好地符合我国冷却液试验的实际需求，确保冷却液性能评价的准确性和可操作性(见表 1-38)。

以上提到的 6 种金属(紫铜、黄铜、钢、铸铁、焊锡、铸铝)在冷却液试验中采用的是国内对应的牌号或代号。尽管 SH/T 0085—1991 规定的材料尺寸与 ASTM 标准不同，但这些材料在国内应用多年，且具有成熟的实践经验，因此继续沿用该标准。

铸铝试块：

铸铝试块用于冷却液的铸铝合金传热腐蚀试验。根据 ASTM D4340 标准，铸铝应符合 UNS A03190 规格，具体化学组成为：硅 5.5%～6.5%、铜 3.0%～4.0%、铁$<$1.0%、锰$<$0.5%、镁$<$0.1%、镍$<$0.35%、锌$<$1.0%、钛$<$0.25%、

铝余量。我国 SH/T 0620—1995 标准要求铸铝化学组成则为：硅 5.5%~6.5%、铜 3.0%~4.0%、铁<1.2%、锰<0.8%、镁 0.1%~0.5%、镍<0.5%、锌<1.0%、钛<0.25%、铝余量。从国内对应的牌号来看，仍然是 GB/T 1173—2013 铝硅合金 ZL107 代号最为适用。此外，铸铝试块尺寸在 SH/T 0620—1995 标准中已有准确描述，故继续沿用该标准。

表 1-38　金属试片国内外化学成分及标准中对应的牌号

ASTM 牌号	ASTM 化学成分	SH/T 0085—1991 化学成分	国内标准及牌号
铜 UNS C11000(SAE CA110)或 UNS C11300(SAE CA113)	铜≥99.9%	铜≥99.90%、不含磷、银、锌、氧	GB/T 5231—2012(已作废)纯铜 T2 牌号
黄铜 UNS C26000(SAE CA260)	铜 68.5%~71.5%、锌余量	铜 68.5%~71.5%、铁≤0.10%、铅≤0.03%、锌余量，杂质总和≤0.3%	GB/T 5231—2012(已作废)普通黄铜 H70 牌号
钢 UNS G10200(SAE 1020)	碳 0.17%~0.23%、锰 0.30%~0.60%、磷≤0.040%、硫≤0.050%	碳 0.17%~0.23%、锰 0.35%~0.65%、磷≤0.035%、硫≤0.030%	GB/T 711—2017 钢 20 号
铸铁 UNS F10007(SAE G3500)	SAE J431 规范中铸造等级为 G11H20 牌号，对应 ISO 185 中 250 等级，附录 A.2 提及典型的成分：碳 3.25%~3.50%、硅 1.90%~2.20%、锰 0.60%~0.90%、硫≤0.12%、磷≤0.10%	抗拉强度 250~350MPa，布氏硬度 HBW180~250，珠光体。对化学组分未做明确要求，因为金相结构中的石墨形态和大小决定灰铸铁的力学性能	GB/T 9439—2010(已作废)(修改采用 ISO 185)灰铸铁 HT250 牌号
焊料[黄铜涂覆或实心焊料 30A(SAE 3A)]	实心焊料为 ASTM B32 中 30A。GB/T 8012—2013 标准 30A 与 ASTM B32 中 Sn30A 对应	化学组成为锡 29.5%~30.5%、铅余量、锑≤0.05%	SH/T 0085—1991 涂覆焊料 GB/T 8012—2013 锡铅焊料 30A 代号

续表

ASTM 牌号	ASTM 化学成分	SH/T 0085—1991 化学成分	国内标准及牌号
铸铝 UNS A23190 (SAE 329)	根据 SAE J452 化学组成硅 5.5%~6.5%、铜 3.0%~4.0%、铁<1.2%、锰<0.8%、镁 0.1%~0.5%、镍<0.5%、锌<1.0%、钛<0.25%、铝余量	根据 GB/T 1173 化学组成硅 6.5%~7.5%、铜 3.5%~4.5%、铝余量、铁<0.5%、镁<0.1%、锌<0.3%、锰<0.5%	GB/T 1173—2013 铝硅合金 ZL107 代号

铝泵：

机动车冷却系统中的水泵一般采用铝合金材料，是冷却系统正常循环运转的核心。冷却液应对铝泵具有一定的防腐保护功能，劣质防冻液易造成水泵的气穴穿孔腐蚀，从而引发防冻液泄漏，导致冷却系统功能丧失，影响行车安全。因此，评估冷却液对铝泵的防腐保护能力非常重要，这一评估被称为“铝泵气穴腐蚀试验”。

在冷却液产品标准中，ASTM D2809-09 以及我国 SH/T 0087—1991《发动机冷却液铝泵气穴腐蚀特性试验法》(已作废)均对铝泵气穴腐蚀试验进行了明确要求，且两者基本一致。气穴腐蚀试验使用标准的别克泵(Buick Pump)作为试验对象，并通过气穴腐蚀的程度来评估冷却液的抗腐蚀能力。

然而，别克泵单价贵(约 12000 元)，且为一次性使用产品，因此检测费用较高。值得注意的是，别克泵在国外已停产，市场上仅剩少量库存。目前除了 SH/T 0087列出的试验泵外，符合 JT/T 1304 要求的铝泵也可用于铝泵气穴腐蚀试验。ASTM D2809-09 对标准铝制汽车水泵也进行了修改说明，特别注明，如果没有别克泵 GM 25527536，可以用 AC Delco 12307821 或 Master CP1018 泵代替。

1.5.5.4 修订冷却液使用性能试验溶液配制方法部分内容

1,3-丙二醇型冷却液的使用性能试验包括多个项目，其中每项的试验比例为：玻璃器皿腐蚀(33%)、泡沫倾向(33%)、模拟使用腐蚀(44%)、铝泵气穴腐蚀(17%)、铸铝合金传热腐蚀(25%)。对于防冻剂浓度未达到配制要求的冷却液产品，以及其他类型冷却液产品，要求对 100%样品进行试验。对于不含防冻剂或防冻剂含量较低的冷却液样品，要求其常压沸点不低于 100℃。因此做玻璃器皿腐蚀(88℃)、泡沫倾向(88℃)、模拟使用腐蚀(88℃)等试验不会存在问题。

1.5.5.5 增加玻璃器皿腐蚀和模拟使用腐蚀试验后溶液性能要求

对腐蚀试验后的溶液性能的评价，特别是对试验后溶液的 pH 值及其变化值的监测，是评估冷却液防冻剂质量稳定性和添加剂缓蚀性能降解情况的重要手段。通过这一过程，可以更全面地了解冷却液的保护性能，为冷却液的使用寿命评判提供一定依据。

1.5.5.6 重负荷冷却液特殊要求

重负荷发动机，特别是采用湿式缸套的柴油发动机，工作强度远高于轻负荷发动机，因此冷却系统面临的挑战也更为复杂，如缸套穴蚀、热表面结垢、添加剂析出等问题。当前，解决重负荷冷却液中的缸套穴蚀仍是核心难题。缸套穴蚀的形成是一个复杂的过程，涉及机体与冷却水道的设计、曲轴与连杆机构的制造精度和动平衡问题、缸套结构与材质的合理性、缸套与机体的装配精度以及冷却水的水质与温度等多个因素。

就缸套穴蚀的成因普遍认为主要有两种：空穴腐蚀和电化学腐蚀，其中空穴腐蚀占主导地位。为了有效防止穴蚀的发生，必须在冷却液中添加一定浓度的强氧化型腐蚀抑制剂，如钼酸盐、亚硝酸盐等。这些添加剂能在保护层经冲击剥落后迅速在新鲜金属表面形成保护膜，从而有效阻止进一步腐蚀。这一成膜过程将在重负荷发动机的长期运行中反复发生，但随着氧化型腐蚀抑制剂在多次成膜后浓度逐渐下降，便可能导致再次发生穴蚀。因此，为了保持有效的添加剂浓度，需定期添加这种消耗型的腐蚀抑制剂，这类含钼酸盐和亚硝酸盐无机型添加剂通常被称为 SCAs。

另一种抑制缸套穴蚀的技术路线是采用有机型添加剂，这种技术逐渐得到越来越多的 OEM 整车厂的推崇。针对重负荷冷却液特殊要求，世界各国提出了很多解决方案。美国 ASTM D6210 标准强调，重负荷冷却液必须具备抑制缸套穴蚀功能，并提供了三种评价方法：行车试验、添加特殊化学组分以及约翰迪尔发动机台架试验。欧洲的标准大多数参考美国 ASTM 相关标准。日本基本不采用 SCAs 技术，而是推崇使用含磷酸盐的长效型防冻液技术或低磷型的有机酸配方。虽然日本冷却液标准未明确区分轻负荷和重负荷，但对腐蚀性能的要求非常严格，间接提高了添加剂的使用量，确保满足重负荷使用要求。

对于重负荷冷却液的技术要求，有以下几项标准，符合下列要求之一即可：

① 单化学组分要求，与双组分要求并列，技术要求无变化，将亚硝酸试验方法修改为 JT/T 1230；

② 双化学组分要求，与单组分要求并列，技术要求无变化，将亚硝酸试验方法修改为 JT/T 1230；

③ 缸套穴蚀点数不超过 200 个（试验方法 ASTM D7583），ASTM D7583 在国际上越来越受到认可，特别适用于有机型重负荷冷却液的评价；

④ 供需双方可协商确定是否采用发动机台架试验或行车试验的验收要求。

1.5.6 检验规则、检验类型

冷却液的质量检验分为型式检验和出厂检验两类。型式检验主要在这些情况下进行：新产品投产或产品定型鉴定时；原材料、工艺等发生较大变化，可能影响产品质量时；出厂检验或周期检验结果与上次型式检验结果有较大差异时；国家相关机构质量监督检验出现不合格时；产品转产或转厂生产时；2 年进行一次型式检验等。型式检验的目的是确保产品的质量控制措施始终符合要求。在冷却液生产过程中，涉及配料、调和及反应等多个环节。型式检验有助于全面掌握产品质量，尤其是新产品投产、生产工艺变化或转产时。若生产配方或工艺固定后，但后期的检验出现较大偏差或不合格，型式检验将有助于重新评估整个生产工艺，并找出偏差原因。同时，冷却液属于化学品，即使生产工艺和配方保持不变，原料批次、生产设备的损耗和人员变动等因素仍会影响最终产品质量，因此，型式检验还需 2 年进行一次，以确保长期产品质量的稳定性。

出厂检验是对正式生产的产品进行的最终检验，目的是确保交货时的产品质量符合型式检验中确认的质量标准。只有通过出厂检验的产品才能被作为合格品进行交付。出厂检验项目是型式检验项目的一部分，主要包括硫酸盐含量、铸铝合金传热腐蚀等项目，具体判定规则和复检规则需严格遵守相关标准。

通过型式检验和出厂检验的双重控制，可以确保冷却液产品在生产过程中的一致性和稳定性，进而保证最终产品的质量符合预期要求。

1.5.7 标志、包装、运输和储存

燃油汽车发动机冷却液的包装标志至少应包括以下内容：产品名称、防冻剂类型、产品分类及冰点、浓缩液产品使用方法、重负荷冷却液特殊要求、生产日期或批号、生产企业名称及地址等。其中防冻剂类型和重负荷冷却液特殊要求为新增内容，便于使用者识别产品类型以及开展质量检测。

冷却液储存时间受储存环境条件的影响，尤其与添加剂的类型及其稳定性密切相关。在温度、光照等外部因素作用下，冷却液中的二元醇防冻剂或添加剂可能会发生分解或析出，导致性能下降。因此，冷却液储存时应放置在阴凉、通风的地方，避免阳光的直接照射，以保持其最佳性能。

1.6 美国新能源汽车热管理系统冷却液产品标准

1.6.1 ASTM D8566 -24《乙二醇基低电导率电动汽车冷却液标准》

该标准适用于全配方二元醇基低电导率电动汽车(EV)冷却液，特别设计用于电池电动汽车(BEV)、燃料电池电动汽车(FCEV)、插电式混合动力汽车(PHEV)，及混合动力汽车(HEV)的冷却系统，要求具有较低电导率。本标准不包括燃料电池电堆内循环的冷却液循环。冷却液应根据供应商的规定直接使用，无须用户进一步稀释。有以下关键要求：

防腐与热管理：冷却液应提供有效的防腐保护，并具备防冻结和过热功能。它的主要作用是在电动汽车的电池系统、其他电气部件以及冷板换热器中循环，以管理电池及电气部件的热负荷，防止过热引发的热失控。

兼容性要求：冷却液必须与所接触的所有系统组件(如金属、聚合物和弹性体)兼容。不得用于直接接触带电元件或电路，以免发生安全隐患。

使用和存储要求：不得将冷却液与其他类型的冷却液混合或污染。冷却液应根据规范要求管理热负荷，确保电池和其他电气元件的温度在安全范围内。

应用限制：本标准中的冷却液适用于电动汽车及其相关部件，但不适用于内燃机。若用于非车辆，相关要求未在本标准中规定。

冷却液组成：冷却液应由1,2-乙二醇、1,2-丙二醇或1,3-丙二醇与水混合，并加入适当的缓蚀剂和染料。其水分含量可高达50%，电导率不得超过100μS/cm(在25℃时)。

单位标准：本标准中所有要求均以国际单位制(SI单位)给出。

通过上述要求，确保电动汽车冷却液在电池及其他关键电气部件中高效、安全地发挥作用，同时确保冷却液的兼容性与长期可靠性。

冷却液物理和化学要求见表1-39。

表1-39 冷却液物理和化学要求①②

物质/性质	单位	限值	ASTM试验方法
水含量	%	50(max)	D1123
电导率(25℃)	μS/cm	100(max)	D1125
冰点	℃	-30(max)③	D1177④、D6660
沸点	℃	105(min)⑤	D1120
运动黏度(-20℃)	mm^2/s	报告	D445

续表

物质/性质	单位	限值	ASTM 试验方法
密度(20℃)	kg/m^3	报告	D5931
比热容(20℃)⑥	kJ/(kg·K)	2.2(min)	D7896
导热系数(20℃)	W/(m·K)	0.15(min)	D7896
氯	mg/kg	5(max)	D5827
pH 值		报告	D1287

① 对于表 1-39 中列出的值，除非测试方法另有规定，否则产品应在未稀释的情况下进行试验。

② 为确定是否符合本规范，应按照惯例 E29 进行四舍五入。

③ 1,3-丙二醇基液体的最高凝点应为-27.8℃。

④ 如有争议，测试方法 D1177 应是首选。

⑤ 1,3-丙二醇基液体的最低沸点应为 102℃。

⑥ 比热容根据体积热容和密度计算。

冷却液的性能要求见表 1-40。

表 1-40 冷却液的性能要求

物质/性质	单位	限值	ASTM 试验方法	试液浓度
玻璃器皿腐蚀，失重				
不锈钢 SUS304	mg/片	10(max)	D8485	按照所提供的数值
铝 A3003	mg/片	30(max)	D8485	按照所提供的数值
铜①	mg/片	10(max)	D8485	按照所提供的数值
玻璃器皿腐蚀试验前后电导率(25℃)				
电导率(25℃)	μS/cm	报告	D1125	按照所提供的数值
玻璃器皿腐蚀试验后金属分析				
铝	mg/kg(ppm)	报告	D6130	按照所提供的数值
铜①	mg/kg(ppm)	报告	D6130	按照所提供的数值
铸铁	mg/kg(ppm)	报告	D6130	按照所提供的数值

注：1. 冷却液应按供应方式进行测试，不得进一步稀释。

2. 可根据客户的要求，评估和报告其他金属。

① 铜的含量应由客户确定。

附加要求见表 1-41。

表 1-41　附加要求

性质	单位	所有类型冷却液	ASTM 试验方法
泡沫体积	mL	150(max)	D1881
消泡时间	s	5(max)	D1881

1.6.2　ASTM D8565-24《燃料电池电动车用乙二醇基冷却液标准》

该规范完全适用于燃料电池车辆(FCEV)的配方乙二醇基冷却液。冷却液在系统中与燃料电池堆接触，并配备有离子交换树脂来保持低电导率，冷却液应按供应商提供的浓度直接使用，无须用户进一步稀释。有以下关键要求。

热管理与保护功能：冷却液应具备防腐、防冻结和防过热的能力。在燃料电池车辆中，冷却液可能在燃料电池堆内部循环，或通过电池及其他车辆部件的冷板换热器进行热量交换，从而去除电池和电气元件产生的热负荷。冷却板由带有冷却液循环通道的金属板构成。

热控制与失控防护：冷却液应有效管理车辆内的热负荷，防止热失控现象的发生，并能冷却或加热电池及其他电气元件，确保其温度在安全范围内。

非车辆应用：本规范中的冷却液可用于非车辆，但该标准并不对非车辆应用设定具体要求或限值。

使用和存储：该冷却液应根据供应商要求直接使用，无须进一步稀释，以确保其性能符合标准要求。

单位标准：所有要求均以国际单位制(SI 单位)表示。

通过这些标准要求，确保燃料电池车辆中的冷却液能够高效、稳定地发挥作用，同时保证系统安全、可靠地运行，避免过热和腐蚀等问题的发生。

1.6.2.1　一般要求

冷却液应使用1,2-乙二醇、1,2-丙二醇，或1,3-丙二醇和水配制，水含量可高达50%。在25℃时，冷却液的电导率应不超过5μS/cm。

1.6.2.2　详细要求

冷却液需符合表1-42中列出的物理和化学要求，并满足表1-43和表1-44所规定的性能要求。这些要求适用于车辆的冷却系统。冷却液应按供应的浓度直接使用，无须用户进一步稀释。

表 1-42　物理和化学要求[①②]

物质/性质	单位	限值	ASTM 试验方法
水含量	%	50(max)	D1123
电导率(25℃)	μS/cm	5(max)	D1125
冰点	℃	-30(max)[③]	D1177[④], D6660
沸点	℃	105(min)[⑤]	D1120
运动黏度(-20℃)	mm^2/s	报告	D445
密度(20℃)	kg/m^3	报告	D5931
比热容(20℃)[⑥]	kJ/(kg·K)	2.2(min)	D7896
导热系数(20℃)	W/(m·K)	0.15(min)	D7896
氯	mg/kg	5(max)	D5827
pH 值		报告	D1287

① 对于表 1-42 中列出的值，除非测试方法另有规定，否则产品应在未稀释的情况下进行试验。

② 为确定是否符合本规范，应按照惯例 E29 进行四舍五入。

③ 1,3-丙二醇基液体的最高凝点应为-27.8℃。

④ 如有争议，测试方法 ASTM D1177 应是首选。

⑤ 1,3-丙二醇基液体的最低沸点应为 102℃。

⑥ 比热容根据体积热容和密度计算。

表 1-43　冷却液的性能要求

物质/性质	单位	限值	ASTM 试验方法	试液浓度
玻璃器皿腐蚀，失重				
不锈钢 SUS304	mg/片	10(max)	D8485	按照所提供的数值
铝 A3003	mg/片	30(max)	D8485	按照所提供的数值
铜[①]	mg/片	10(max)	D8485	按照所提供的数值
玻璃器皿腐蚀试验前后电导率				
电导率(25℃)	μS/cm	报告	D1125	按照所提供的数值
玻璃器皿腐蚀试验后金属分析				
铝	mg/kg(ppm)	报告	D6130	按照所提供的数值
铜[①]	mg/kg(ppm)	报告	D6130	按照所提供的数值
铸铁	mg/kg(ppm)	报告	D6130	按照所提供的数值

注：1. 冷却液应按供应方式进行测试，不得进一步稀释。

2. 可根据客户的要求，评估和报告其他金属。

① 铜的含量应由客户确定。

表 1-44　附加要求

性质	单位	所有类型冷却液	ASTM 试验方法
泡沫体积	mL	150(max)	D1881
消泡时间	s	5(max)	D1881

1.6.3　ASTM D8485-23《电动汽车冷却液玻璃器皿腐蚀试验标准》

该测试方法用于在受控的实验室条件下，通过在烧杯内冷却液中的金属试样，评估乙二醇基电动汽车冷却液的防腐蚀效果。试验中会评估不锈钢和铝试片的腐蚀情况，也可根据需要选用铜试片。该方法在测试冷却液时不添加任何腐蚀性元素，同时也可评估其他类型的金属试片。测试结果采用 SI 单位表示，括号中的数值为仅供参考，不视为标准。

1.6.3.1　方法概述

在该测试方法中，电动汽车冷却系统的典型金属试片被完全浸没在加气的 88℃冷却液中，持续浸泡 336h，通过测量试样质量变化来评估试验溶液的腐蚀抑制性能。每个测试将平行运行三次，以确定每种金属平均质量变化。

1.6.3.2　意义和用途

该测试方法能够有效区分那些对腐蚀抑制无效的冷却液与适合进一步性能评估的冷却液。

1.6.3.3　仪器设备

试验所需的容器为 1000mL 三颈平底反应烧瓶(图 1-58)，配有聚四氟乙烯 O 形环和夹具。水冷凝器的接头尺寸应与容器的中颈匹配，容器上设有两个入口接头，一个接充气管，另一个用于温度传感器，接头尺寸应与容器左右瓶颈相符。

此外，还可选择 1000mL 高型无喷嘴烧杯，材质为耐热玻璃，用于盛装发动机冷却液和金属试片。烧杯应使用橡胶塞进行严密封闭，橡胶塞上钻有孔洞，以便安装水冷凝器、气体扩散管和温度计，具体如图 1-59 所示。

1）气体扩散管

使用带有直径 12mm 烧结圆柱体的气体扩散管，具有粗孔隙率(40~60μm)，确保持续通气且不堵塞。也可以选择孔径为 7mm、长度为 280mm 的毛细管尖端排气管。

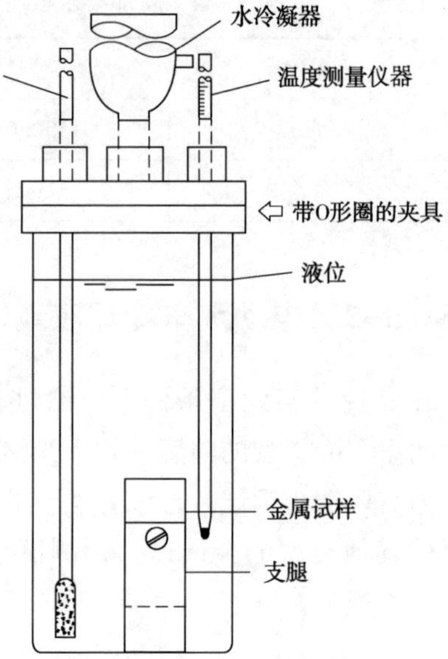

图 1-58　336h 腐蚀试验用三颈平底反应烧瓶

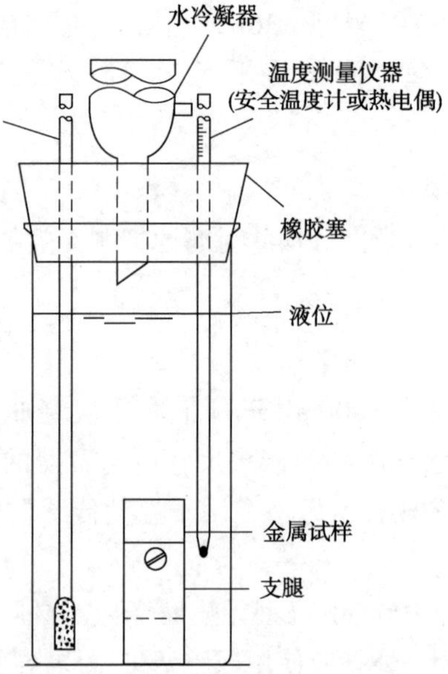

图 1-59　336h 腐蚀试验用高型烧杯

2）温度测量仪器

采用电子温度测量和记录装置，要求在规定的测试温度范围内，最低精度为±2℃。

3）加热器

使用电热板或恒温浴，恒温浴应使用高沸点液体，并能够保持规定的测试温度。

4）金属试样

不锈钢 S304，从 1.59mm（1/16in）厚的板材切割，试片尺寸为 51mm×25mm（2in×1in）。

铝 A3003，从 1.59mm（1/16in）厚的板材切割，试片尺寸为 51mm×25mm（2in×1in）。

铜 C11000，从 1.59mm（1/16in）厚的板材切割，试片尺寸为 51mm×25mm（2in×1in）。

金属试件组装——金属试片应用 6.75mm 钻头在中心钻孔，垫上一个长 51mm、10-24 规格的聚四氟乙烯螺钉，螺钉上覆盖有薄壁绝缘套管的螺丝。聚四氟乙烯环状聚合物管的外径为 6.35mm、宽 1.59mm、壁厚 0.4mm。支腿材质应为聚四氟乙烯，中心钻孔直径为 6.35mm，距顶部 6.35mm，每边 12.7mm。在测试过程中，金属片组应固定在聚四氟乙烯环状绝缘螺钉上，金属试片之间应有间隔，支脚和样品螺母应拧紧，确保试片不会松动。

1.6.3.4 试样的准备

清除金属试片边缘和孔上的任何毛刺。使用润湿的鬃毛刷和细磨石粉或细碳化硅用力擦洗所有金属试片，直到整个金属区域明亮、有光泽，且没有任何可见的氧化膜或漆膜。用自来水彻底冲洗试片，再用丙酮冲洗，晾干后精确称重至 1mg（注：如果不立即使用试片，请将其放置在干燥器中）

1.6.3.5 测试解决方案

预稀释的冷却液应按提供的浓度进行测试。浓缩液应使用 D1193 Ⅱ型或更好的水（电导率<1μS/cm）稀释至 50%。收集少量测试溶液，测试电导率和金属。

1.6.3.6 试验条件

组装测试容器，气体扩散管、金属试片、其他组件布置如图 1-60、图 1-61 所示。

① 试验温度：应保持试验溶液温度为（88±2）℃。

② 鼓气速率：鼓气速率为（100±10）mL/min。气体扩散管至少应距离测试“试片组”13mm，避免直接接触金属试片。

③ 试验持续时间：试验应连续运行 336h（2 周）。

1.6.3.7 试验过程

对每种冷却液同时进行三次平行试验，试验过程如下：

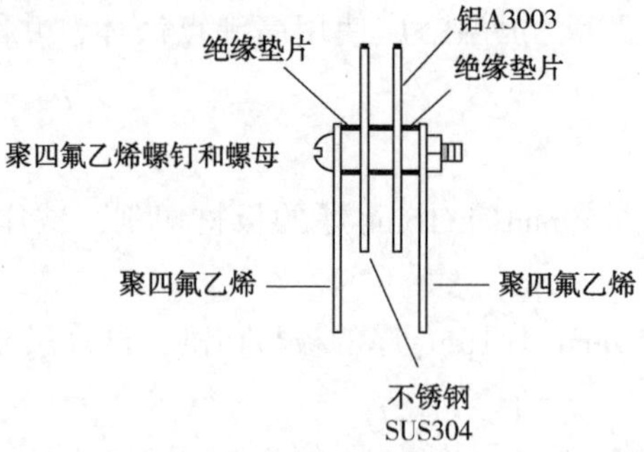

图 1-60　不锈钢 SUS304，铝 A3003 和聚四氟乙烯垫片

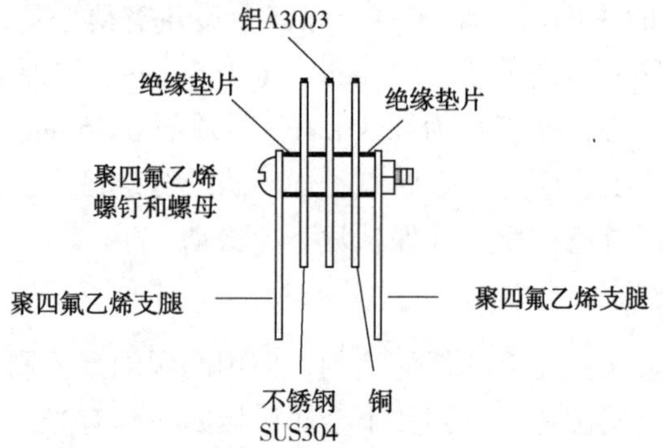

图 1-61　不锈钢 SUS304、铝 A3003 和铜试样

仔细清洗反应烧瓶中的所有部件，包括冷凝器和气体扩散管，并用水彻底冲洗。将试片螺栓固定在一起，放置“试片组”在测试烧杯中。将 750mL 配制好的测试溶液倒入 1000mL 烧杯中。保存适量的测试溶液，测试电导率和金属含量。将冷凝器和气体扩散管安装到三颈反应烧瓶上，将鼓气速率设置为 100mL/min。将测试溶液的温度提高至 88℃。确保通过水冷凝器的水流速足以维持适当的冷却。每个工作日检查测试，确保溶液温度、鼓气速率和溶液位置正确。周末和节假日可无人值守进行测试。用 ASTM Ⅱ型或更好的水(电导率<1μS/cm)补充腐蚀试验中的蒸发损失。

在测试结束时，将测试溶液转移到合适的容器中，进行金属含量和电导率测试，按照 ASTM D6130 和 ASTM D1125 试验方法，测量初始溶液和最终溶液金属的含量和电导率。立即拆卸金属试片，用水冲洗松散腐蚀产物，再用鬃毛刷轻轻刷去顽固的腐蚀产物和薄膜。个别样品可进行额外的清洁处理：

① 不锈钢：使用黄铜刮刀或黄铜鬃毛刷清除附着的沉积物，然后用湿鬃毛

刷和细浮石粉擦洗，彻底地清洁试样。

② 铝：在通风柜内，使用含四份浓硝酸(70%)和一份蒸馏水的硝酸水溶液，在20～25℃温度下浸泡10min，用水彻底冲洗。再轻轻地用柔软的鬃毛刷去除松散的薄膜，随后再次用水冲洗。将其放入100℃的烘箱中干燥1h，取出后放入干燥器中，至恒重后记录该质量。(警告：硝酸是一种强氧化剂；避免接触皮肤、眼睛和衣物；避免吸入蒸气)

③ 铜：浸渍在1∶1的浓缩盐酸和水混合物中15s，以去除薄膜，用自来水冲洗去除酸液，再用湿鬃毛刷子和细浮石粉擦洗。(警告：HCl是强酸，避免接触皮肤和眼睛)

完全遵循上述每项操作，应先用自来水冲洗，再用丙酮冲洗。然后将试片干燥并称重，精确到1mg。若不能立即称重的试片，应将其存放在干燥器中。

④ 清洁空白试片，确定平均清洁损失：由同一操作者清洁三组未经测试的金属试片，记录清洁空白质量。每种金属的失重可通过第一次清洗后的质量然后减去最后清洗后的试样的质量来计算。

1.6.3.8 报告

对于每种类型的金属试样，报告腐蚀质量损失为正值，质量增加为负值。如未标明符号，则视为失重。使用以下公式计算试样的质量变化：

(初始质量-试验结束质量)-清洁空白损失=最终报告的质量变化 (1)

报告修正后的腐蚀质量变化，精确至1mg。每种冷却液溶液应进行三次试验，并报告平均修正后的金属质量变化。如果某个质量变化明显偏离均值，则该数据视为不合格，应弃用。

报告初始和结束时溶液的电导率和金属含量的精度和偏差正在开发中。

1.6.4 ASTM D8040-18(Reapproved 2023)《玻璃器皿传热流体腐蚀标准试验方法》

1.6.4.1 标准适用范围

该测试方法包括一个简单的烧杯装置，用于在受控的实验室条件下评估传热流体(HTF)对金属的影响。此测试方法专门针对暖通空调系统设计。以SI单位表示的值应视为标准，括号中给出的值仅供参考。

1.6.4.2 试验方法概述

在这种测试方法中，暖通空调系统中金属试片完全浸在充气HTF中，保持在88℃(190℉)下放置溶液336h，测定试片的质量变化，以评估测试溶液的防腐蚀性能。每个测试都需要平行进行三次，最终通过平均结果来确定每种金属的平均质量变化。

此方法的主要意义在于区分绝对腐蚀抑制无效和那些适合进一步评估的情况。然而，单独的测试结果不能作为证明某一传热流体具有令人满意的防腐作用的唯一证据。实际的HTF配方的防腐蚀性能需要通过更多方法以及客户和供应商双方的综合评价和现场测试来确定。

1.6.4.3　仪器设备

① 容器：1000mL、高型、无喷嘴的耐热玻璃烧杯，用于装HTF溶液和测试试片。烧杯应配有橡胶塞密封，橡胶塞上有开孔以容纳冷凝器、气体扩散管和温度计，如图1-62所示。可选用全玻璃装置。

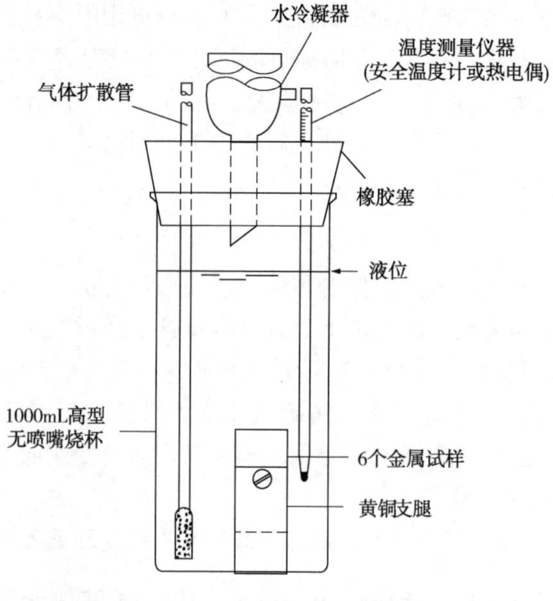

图1-62　336h腐蚀试验用金属试样和设备

② 冷凝器：玻璃管式回流水冷凝器，具有400mm(16in)冷凝套。

③ 鼓气管：气体扩散管，确保连续鼓气且不堵塞。

④ 温度测量仪(环境安全温度计或热电偶)：测量范围为-20~150℃(0~302℉)，符合ASTM标准的部分浸入式温度测量仪，符合E1标准中的1C(1F)要求或E230标准中热电偶的要求。

⑤ 加热器：装有高沸点液体的恒温浴，能够在指定温度下连续工作。恒温浴的大小由平行腐蚀测试试片的数量决定。

注：本试验方法中规定的试样可能与目前用于暖通空调冷却系统的合金不同。除本方法中指定的金属试片外，其他金属试片也可以在相关方同意下使用。

1.6.4.4　金属试样

1）类型——应使用以下金属试样

① 钢：UNS G10200(SAE 1020)，从 1.59mm(1/16in)冷轧板材切割，尺寸为 50.8mm×25.4mm(2in×1in)。碳钢的化学成分如下：碳，0.17%～0.23%；锰，0.30%～0.60%；磷，最大 0.040%；硫，最大 0.050%。

② 红铜：符合 UNS C11000(SAE CA110)或 UNS C11300(SAE CA113)，从 1.59mm(1/16in)冷轧板材切割，尺寸为 50.8mm×25.4mm(2in×1in)。

③ 黄铜：符合合金 UNS C26000(SAE CA260)，从 1.59mm(1/16in)半硬板材切割，尺寸为 50.8mm×25.4mm(2in×1in)。

④ 焊锡：如上所述的黄铜试样，涂覆符合规范 B32 合金等级 30A(SAE 3A)的焊料，焊料涂层试样可以是新制备或使用过的样品。根据相关各方的协议，可以使用从 1.59mm(1/16in)的 30A 级合金(SAE 3A)板材切割成 50.8mm×25.4mm(2in×1in)实心焊料试样。固体焊料试样的使用必须与金属试样质量损失一起报告。

⑤ 铸铝：符合合金 UNS A23190(SAE 329)。样品尺寸为 50.8mm×25.4mm×3.18mm(2in×1in×1/8in)。

⑥ 铸铁，符合合金 UNS F10007(SAE G3500)。样品尺寸为 50.8mm×25.4mm×3.18mm(2in×1in×1/8in)。

2）布置图

金属试样布置见图 1-63。用于金属试样排列的硬件(如金属样品、螺钉、垫圈、金属垫片、绝缘套管、绝缘垫片和螺母)不能重复用于测试。金属试片应使用 6.75mm(17/64in)的钻头钻孔，以便容纳 50.8mm(2in)10-24 黄铜机孔，机孔上覆盖薄壁绝缘套管。适用的聚四氟乙烯管外径为 6.35mm(1/4in)，宽 1.59mm(1/16in)，壁厚 0.4mm(1/64in)。两个半硬黄铜支脚是从 1.59mm(1/16in)的板材上切下，尺寸为 50.8mm×25.4mm(2in×1in)。每个支脚上钻一个直径 6.35mm(1/4in)的孔，中心距离顶部 6.35mm(1/4in)，距离两侧 12.7mm(1/2in)。试样在绝缘螺钉上应按照以下顺序进行测试：黄铜支脚、铜、焊锡、黄铜、钢、铸铁、铸铝和黄铜支脚。螺母应牢固拧紧，以确保每段试样之间的接触良好。

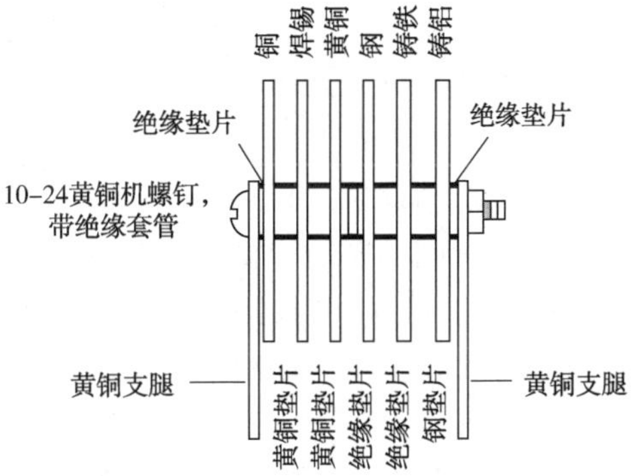

图 1-63　金属试样布置

1.6.4.5 测试溶液

待测试的传热流体(HTF)的浓度如下：浓度高于 30%(质量)的预稀释 HTF 应使用去离子水(软化水)稀释至 30%，并于每升试验溶液中添加 99mg 硫酸钠、110mg 氯化钠和 92mg 碳酸氢钠。

1.6.4.6 测试条件

烧杯组件：金属试样与气体扩散管及其他部件的布置如图 1-62 所示。冷凝器的尖端刚好从橡胶塞底部露出。

试验温度：试验溶液温度应保持在(88±2)℃[(190±5)℉]。

鼓气速率：应保持在(100±10)mL/min。气体扩散管应距离试片束至少 12.7mm(1/2in)，避免直接接触金属试片。

试验持续时间：试验应连续运行 2 周(336h)。

1.6.4.7 试验过程

每次传热过程平行进行三次试验，按照以下步骤操作：仔细清洗测试烧杯、冷凝器、橡胶塞和气体扩散管，并用水彻底冲洗。将试片按要求固定并放入测试烧杯中(如图 1-62 所示)。将 750mL 配制好的测试溶液倒入 1000mL 烧杯中。安装冷凝器和气体扩散管到烧杯上，并使用流量计或其他设备设置鼓气速率为 100mL/min。将测试溶液温度提高至 88℃(190℉)，确保冷凝器的水流速足以维持适当的冷却。

每天检查一次测试，确保适当的溶液温度、鼓气速率和溶液水位。该测试可在周末及节假日无人值守时进行。使用蒸馏水或去离子水补充腐蚀试验中的蒸发损失。

在测试结束后，拆卸试片，用软毛刷蘸水轻轻刷洗，以去除松散的腐蚀产物。对于顽固的腐蚀产物，需对单个试样进行额外的清洁处理，如下所述：

① 钢铁试片：用黄铜刮刀或黄铜鬃毛刷清除附着的沉积物，然后用湿鬃毛刷和细浮石粉擦洗，彻底地清洁试样。

② 铜和黄铜：将试片浸入浓盐酸(相对密度 1.19)和水的 1∶1 混合物中 15s，以去除变色膜，之后用自来水冲洗以去除酸，再用湿鬃毛刷和细浮石粉擦洗。(警告：盐酸是一种强酸，避免接触皮肤和眼睛；应在通风柜中操作)

③ 铝：在通风柜内，将试片浸泡在含 4 份浓硝酸(硝酸，70%)和 1 份 25℃(77℉)蒸馏水的硝酸水溶液中 10min。用水彻底冲洗，然后轻轻地用柔软的鬃毛刷去除松散的薄膜，再次用水冲洗。将试片置于 100℃的烘箱中干燥 1h，然后取出放入干燥器，待恒重后记录质量。(警告：硝酸是一种强氧化剂和酸，具有很强的毒性；避免接触皮肤、眼睛和衣服；不应吸入蒸气；必须在通风柜内操作)

④ 焊料：将试片浸入沸腾的1%冰醋酸中5min。用水冲洗以去除酸，并用软鬃毛刷轻轻刷洗，以去除松散的腐蚀产物。（警告：避免皮肤和眼睛接触到冰醋酸，应在通风柜中操作）

酸浸时间：上述有色金属试样的酸浸时间为大多数情况下足够的平均值。根据经验建议，如果通过适当的皮重调整了总质量损失，必要时也可根据情况使用不同的时间。

遵循上述操作，彻底冲洗，先用自来水冲洗，然后用丙酮冲洗。

将试片称重，精确到1mg。对于不能立即称重的试片，应将其存放在干燥器中。

为了排除清洁过程中可能引入的误差，通常会由专门的操作人员使用三份未经测试过的新金属试样进行清洁损失测试，并计算平均清洁损失。实际腐蚀损失应从总质量差异中扣除平均清洁损失后得到。

1.6.4.8 报告

报告腐蚀质量损失时，应将质量损失报告为正值，而质量增加报告为负值。如未标明符号，则视为失重。示例：假设初始清洗后的黄铜试片质量为405mg，在测试结束并清洗后，其质量为398mg。清洗空白记录另一个黄铜试片初始质量406mg，然后在测试结束时将其与测试试片一起清洗，记录其质量为404mg，代入式(1)：

$$(405-398)-(406-404)=5(\text{mg})$$

报告每个试验中单个试样修正后的腐蚀质量变化，精确到1mg。每个传热液溶液应进行三次试验，报告修正后的平均金属试片质量变化。如果某次试验的单次质量变化显著超出均值，应该按照规程E178中要求废弃该数据。

精度和偏差：该测试方法的精度基于试验方法ASTM D8040的实验室内研究结果。

1.7 中国新能源汽车热管理系统冷却液市场及产品标准

1.7.1 中国新能源汽车热管理系统冷却液市场情况

新能源汽车作为战略性新兴产业，代表了汽车产业的发展方向，对于减少空气污染、优化能源结构、推动交通运输行业的转型升级具有重要意义。自2001年我国正式启动“863”计划电动汽车重大专项以来，新能源汽车行业的发展达到国家战略层面。经过20多年的发展，截至2022年12月全国新能源汽车保有量已达1310万辆，其中纯电动汽车保有量1045万辆，呈高速增长的趋势。与传统燃油汽车相比，新能源汽车的最大变革在于动力系统，围绕动力电池系统的技术研发及技术标准制定等领域，是新能源汽车行业突破发展的关键。新能源汽车分类见图 1-64。

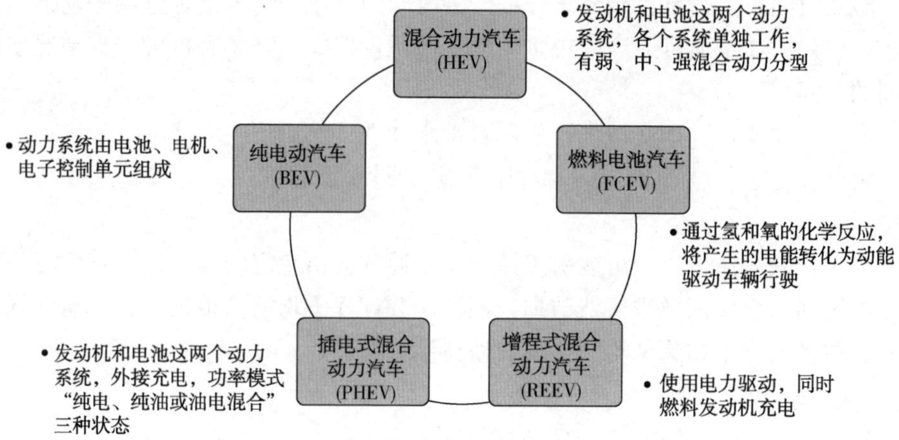

图 1-64　新能源汽车分类

电动汽车冷却液主要保护动力电池、电机及电控等高压电气部件，冷却液泄漏或失效将可能导致严重热失控风险或电气故障，因此需特别关注冷却液的安全。同时，要识别和重新设计各类材料的保护，确保冷却液在提供温度保护的同时，具备良好的腐蚀防护性能。我国目前新能源汽车的三种不同冷却方式见图 1-65。

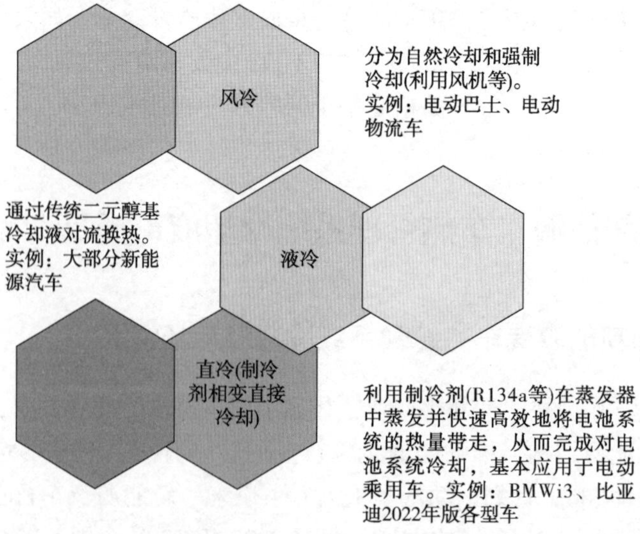

图 1-65　三种不同冷却方式

与传统燃油车辆的发动机类似，新能源汽车电池包(Pack)内的环境温度对电芯(Cell)的可靠性、寿命及性能至关重要。因此，保持电池包在20~35℃的最佳工作温度范围尤为重要。电池热管理系统(BMS)通过冷却或加热来实现温控，液冷技术作为首选方案，具有显著的优势。电池热管理系统不同温控技术对比见表1-45。

表1-45　电池热管理系统不同温控技术对比

比较项目	风冷		液冷	直冷
	自然散热	强制风冷		
散热效率	差	较高	高	高
温度均匀性	无外界热源时好，否则差	差(尤其在进出口)	好	好
安装环境适应性	差(要求外部隔热、通风)	较差(进出风口结构)	好	好
高温高寒兼顾	差(辅助加热及保温与散热矛盾)	差(辅助加热及保温与散热矛盾)	好(可散热、加热)	差(辅助加热及保温与散热矛盾)
复杂度	最简单	中等	复杂	复杂
能耗	无	高	低(保温易实现)	高(保温易实现)
成本	低	较高	高(可优化)	高(可优化)

液冷技术通过液体对流换热，将电池产生的热量带走，降低电池温度。液体散热介质具有高换热系数、大热容量和快速冷却的特点，对降低电池的最高温度、提升电池组温度场的一致性效果显著，同时，热管理系统的体积也相对较小。典型电动汽车的冷却方式见表1-46。

表1-46　典型电动汽车的冷却方式

车型	驱动类型	冷却方式
比亚迪汉、海豚	刀片电池	直冷
比亚迪唐/宋/元/E6	磷酸铁锂电池	液冷
特斯拉	三元锂电池	液冷
上汽五菱	锂电池	风冷
理想	增程式	液冷
奇瑞冰淇淋	磷酸铁锂电池	风冷
广汽埃安	锂电池	液冷

续表

车型	驱动类型	冷却方式
哪吒汽车	锂电池	液冷
华为	增程式	液冷
蔚来汽车	增程式	液冷
小鹏汽车	锂电池	液冷
Toyota Prius	混合动力	强制风冷
GM Volt	混合动力	液冷
Nissan Leaf BEV	混合动力	自然风冷
C-MAX Energy	混合动力	风冷
Ford Focus BEV	混合动力	液冷
Tesla Model S	锂电池	液冷
Geely EV300	锂电池	液冷
BMW i3	锂电池	直冷
Benz S400	锂电池	直冷

电动汽车冷却液是用于以动力电池为储能动力源的纯电动汽车等新能源汽车的冷却系统中，保障车辆热管理系统正常运转的换热介质。新能源汽车核心技术之一是热管理，冷却液则是实现电池热管理系统温控目标的关键功能部件。作为新能源汽车核心部件，电池组及驱动电机等必须依赖热管理系统中的冷却介质进行散热和保持恒温，从而确保安全运行，并最大限度提高电池组工作效率及延长使用寿命。

电动汽车冷却液的主要作用包括：一是维持动力电池组的热稳定性和热均匀性，确保电池包始终处于最佳工作温度范围内，避免局部过热导致的热失控；一旦发生热失控，其后果可能非常严重。冷却液可以保障核心组件(如动力电池组)的安全，从而保障电动汽车的使用安全、财产安全以及人身健康安全。二是帮助驱动电机进行散热管理，及时导出电机的工作热量，避免热停机，保障电机安全运转。

电动汽车冷却液是新能源汽车中使用量最大的一种工作液体，作为新兴产品，国内外标准尚无相关技术内容。目前国内外对电动汽车专用冷却液研究相对较少，市面上纯电动汽车大多采用传统燃油车用冷却液，而氢燃料电池汽车则采用超低电导率冷却液(≤5μS/cm)。尽管燃油车用冷却液暂时解决了液冷介质来源问题，但其实是一种“无奈之举”。随着液冷温控系统的使用，新能源汽车用冷却液市场的容量正在快速增加。因此，开展电动汽车冷却液技术开发和标准规范制定，已成为一项迫切而重要的前沿应用课题，对推动我国电动汽车产业健康发展具有重要意义。

① 电动汽车冷却系统对冷却介质的要求。新能源汽车冷却系统的设计无论是工艺结构、管路材质、控制模块等方面，均与传统燃油车辆有所不同。以电池包内部冷却回路为例，管路紧凑且复杂，需覆盖每个电芯，同时保证畅通，对冷却介质的散热能力、电导率、防腐性能、耐久稳定性以及密闭性等要求更加严格。此外，冷却系统的工作环境温度通常低于传统燃油车的水温（50℃以下），所以更加注重冷却介质常温性能。

② 国内新能源汽车市场的快速增长对电动汽车冷却液产品的规范要求。截至 2022 年 12 月，我国有 1310 万辆新能源汽车保有量，新能源冷却液消费量已超过 100kt，并且每年以 50%的速度增长。由于缺乏统一明确的技术规范，市场上的冷却液品种繁多，给动力电池热管理带来了较大风险。一旦动力电池热管理失控，可能导致严重的人员和财产损失。因此，规范电动汽车冷却液产品显得尤为重要。

③ 制定电动汽车冷却液标准将为电动汽车冷却液产品规范生产、消费者及车辆企业选用、产品质量监督等提供技术依据。虽然目前国外尚无成熟的电动汽车冷却液技术标准参考，但从行业发展角度考虑，我国作为新能源汽车大国，必须依靠自主研究，填补这一技术空白，及时解决热管理系统中冷却介质相关的问题，推动我国新能源汽车行业的更快发展。因此，建议将电动汽车冷却液列入强制性标准。该标准的制定将有助于规范电动汽车冷却液产品的生产，保障消费者和车辆企业，为产品质量监督等提供技术依据，进而最大限度降低电动汽车热管理系统风险，保障电动汽车的安全使用。

对冷却液进行合理分类，不仅是汽车冷却系统实际运用的需要，也是确定不同类型产品关键技术指标的前提，最终有助于用户选择合适的产品。冷却液产品分类主要基于防冻剂类型及防冻剂浓度（冰点）等因素。

液冷系统目前被认为是电动汽车的优选方案。液体冷却技术通过液体对流换热带走电池产生的热量，从而降低电池温度，也可在低温环境下通过加热使电池工作在适宜的温度范围内。液体介质的换热系数高、热容量大、冷却速度快，能够有效降低最高温度，提升电池组温度场一致性。同时，热管理系统的体积也相对较小。液冷系统形式灵活多样：既可以将电池单体或模块沉浸在液体中，也可以在电池模块间设置冷却通道，或在电池底部采用冷却板。除了动力电池，电机及电控系统也是液冷的主要应用对象。

GB 29743.2《机动车冷却液　第 2 部分：电动汽车冷却液》（即将实施）标准

规定，电动汽车冷却液的防冻剂为乙二醇。传统燃油汽车广泛使用的冷却介质为二元醇型冷却液，包括乙二醇型和丙二醇型，而乙二醇水溶液更加适合电动汽车冷却系统中细微通道的循环冷却和热管理配置(见表1-47)。

电动汽车冷却液(简称EVC，electric vehicle coolant)在产品分类上参照了燃油车冷却液的标准，按水含量分为浓缩液和稀释液，按冰点分为六个型号：-25号、-30号、-35号、-40号、-45号和-50号。浓缩液不能直接应用于电动汽车热管理系统，需要加水稀释后再使用。浓缩液的设计目的是便于运输和储存，用户可根据需求将其按一定比例稀释成不同冰点的稀释液。冰点型号覆盖-50～-25℃，适应中国地区从南到北的气温范围。一般来说，选择比实际使用最低气温低5～10℃的冷却液产品即可满足不同气候条件下的需求。

表1-47　乙二醇和丙二醇水溶液物理参数

类型	冰点/℃	沸点/℃	黏度/(mPa·s)	密度/(kg/cm³)	比热容/[kJ/(kg·K)]	导热系数/[W/(m·K)]
50%(体积)乙二醇水溶液	-37.0	107.5	43.98(-30℃) 12.74(-10℃) 5.5(10℃) 2.94(30℃) 1.78(50℃)	1073.35(20℃)	3.088(-30℃) 3.165(-10℃) 3.242(10℃) 3.319(30℃) 3.396(50℃)	0.333(-30℃) 0.354(-10℃) 0.373(10℃) 0.387(30℃) 0.399(50℃)
50%(体积)丙二醇溶液	-36.6	105.6	73.03(-20℃) 34.78(-10℃) 10.65(10℃) 4.43(30℃) 2.29(50℃)	1042.87(20℃)	3.378(-20℃) 3.416(-10℃) 3.493(10℃) 3.570(30℃) 3.648(50℃)	0.334(-20℃) 0.342(-10℃) 0.356(10℃) 0.367(30℃) 0.375(50℃)
水	0	100.0	—	1000.00(40℃)	4.191(10℃) 4.178(30℃)	0.563(10℃) 0.611(30℃)

1.7.2　中国新能源汽车热管理系统冷却液性能要求

1.7.2.1　电导率

电动汽车冷却液在保护管路时，需流过多个电气部件，特别是动力电池包。因此，评估冷却液对电气部件安全的影响成为行业关注的重点。传统冷却液是高电导率冷却液(大于2000μS/cm)，一旦泄漏接触电气部件，可能引发不可控事故。试验结果表明，电池包的设计缺陷可能导致水冷板破损，进而导致冷却液渗漏至包内。在模拟电池包滥用试验中，使用高电导冷却液泄漏会增加热失控引发火灾的风险。常规冷却液一旦泄漏，接触高压线路，可能导致高压拉弧和火灾等严重事故。

低电导率冷却液对电路短路电流和功率有显著影响。当高压线束系统被冷却液短接时，可等效为一个电解池系统。在这种情况下，电导率越高，短路电流（I）和释放的热功率（P）越大。常规冷却液电导率约 3000μS/cm，但将电导率降低至 300μS/cm 以下时，短路电流与发热功率可降低 90%，这大大降低了冷却液引发高压电气安全问题的概率。

1.7.2.2 电导安全试验

根据 GB 4943.1—2022《音视频、信息技术和通信技术设备　第 1 部分：安全要求》标准，结合电动汽车冷却液的特殊需求，设计了电导率电气间隙测试方案。该方案考虑到电池包电压范围（71～800V），并分梯度进行测试，分别为 300V、450V、600V 和 800V。在模拟的电气间隙测试中，试验条件设定在海拔 5000m 的环境下，电气间隙分别为 3.8mm、8.8mm 及 10mm（见图 1-66）。电导率指标界定见表 1-48。

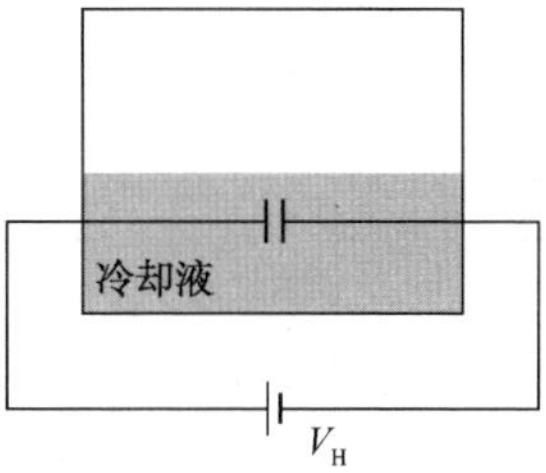

图 1-66　冷却液浸没通电测试

表 1-48　电导率指标界定

项目	电导率/（μS/cm）	电气安全验证结果
冷却液初始电导率	100	300μS/cm
冷却液使用周期变化值	100	
水冷系统造成电导率污染	50	
其他影响因素（温度等）	50	

初始冷却液电导率不得超过 100μS/cm，后续变化不得超过初始值的 100%。对于冷却液的污染，外界因素（如助焊剂等）可能导致电导率变化，如果初装后的电导率变化显著，必须对冷却系统进行清洗。此外，电导率是一个温度敏感的指标，通常在 25℃ 下报告值，在 35℃ 的环境下，电导率可能会影响 50μS/cm，因此必须考虑温度对电导率的影响。

1.7.2.3 静态腐蚀

静态腐蚀试验通过模拟浸泡试验来评估冷却液的防腐特性。这是评价金属腐蚀防护性能的常用方法之一，尤其在冷却液系统中广泛应用。试验通过将冷却系统中常见的金属材料置于模拟环境中，测量其质量变化，进而评价冷却液的缓蚀效果。该方法不仅用于评估冷却液的防腐蚀性能，还为行业标准制定提供了依据。

电动汽车冷却系统中使用的金属材料包括紫铜、黄铜、钢、铝等，其中铝材的使用最为广泛。试验温度设定为80℃，并参考《电动汽车冷却液静态腐蚀试验方法》。

在电动汽车冷却系统中，涉及的金属部件主要有铜类(传感器、换热器、管路阀门等)、钢铁类(管路接头、传感器探测头等)、铝类(动力电池水冷板、水冷电机外壳、电控内置水套、PTC 等)，其中铜及钢的使用量相对较少，而铝材则广泛应用。相比传统燃油汽车，铸铁类(如发动机缸体)和焊锡类(如黄铜散热器焊接)在电动汽车中的应用几乎消失。因此，本节重点围绕铜、钢和铝材的防护展开。铝合金牌号及化学成分见表 1-49。

表 1-49　铝合金牌号及化学成分

合金牌号	合金代号	主要元素/%
ZAlSi7MgA	ZL101A	Si 6.5~7.5、Mg 0.25~0.45、Ti 0.08~0.20、Al 余量
ZAlSi7Cu4	ZL107	Si 6.5~7.5、Cu 3.5~4.5、Al 余量
A3003	—	Si 0.6、Fe 0.7、Cu 0.05~0.20、Mn1.0~1.5、Zn 0.10、Al 余量
A4043	—	Si 4.5~6.0、Fe 0.8、Cu 0.30、Mn0.05、Mg0.05、Zn 0.10、Ti 0.20、Al 余量
A6063	—	Si 0.2~0.6、Fe 0.35、Cu 0.10、Mn0.10、Mg0.45~0.9、Cr 0.10、Zn 0.10、Ti 0.10、Al 余量

金属试片的组装通过垫圈进行接触，形成电偶腐蚀，不同的组装顺序对腐蚀结果产生影响，因为不同金属之间的腐蚀电位差异较大(见表 1-50)，因此，组装时需要遵循高电位金属与低电位金属隔开的原则。具体金属组装顺序如下：首先，将绝缘套管套在黄铜螺栓上，按下列顺序依次装配：黄铜支架、绝缘垫圈、紫铜试片、黄铜垫圈、黄铜试片、绝缘垫圈、钢试片、钢垫圈、铸铝试片、钢垫圈、A3003 铝试片、钢垫圈、A4043 铝试片、钢垫圈、A6063 铝试片、绝缘垫圈和黄铜支架，最后用螺帽拧紧，确保试片束不松动，从而保证试片束每一部分都有良好的电接触，试片束的组装见图 1-67。

表 1-50　常见电极反应的标准电位(对于标准氢电极)

电极反应	标准电位/V	电极反应	标准电位/V
铜 $Cu = Cu^{2+} + 2e$	0.345	铁 $Fe = Fe^{2+} + 2e$	-0.441
锡 $Sn = Sn^{2+} + 2e$	-0.140	锌 $Zn = Zn^{2+} + 2e$	-0.762
铅 $Pb = Pb^{2+} + 2e$	-0.126	铝 $Al = Al^{3+} + 2e$	-1.67

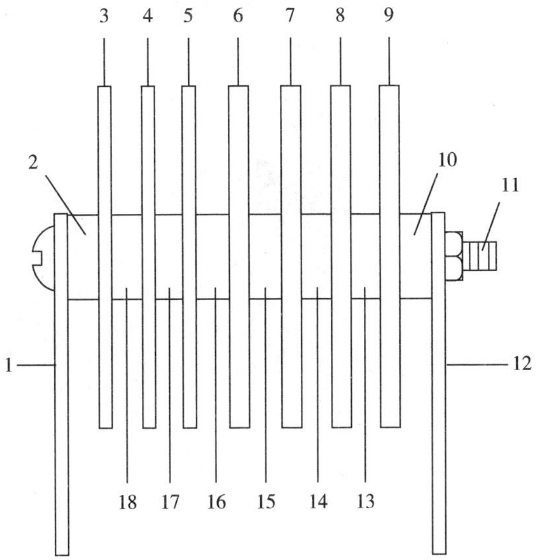

图 1-67　金属试片组装顺序

1、12—黄铜支架；2、10、17—绝缘垫圈；3—T2 紫铜试片；
4—H70 黄铜试片；5—20#钢试片；6—ZL101 铸铝试片；
7—A3003 铝试片；8—A4043 铝试片；9—A6063 铝试片；
11—黄铜螺栓；13、14、15、16—钢垫圈；18—黄铜垫圈

根据国内外相关腐蚀试验方法，静态腐蚀试验时间为 336h(持续 2 周)；试验温度为 80℃。考虑到三电系统集成是未来发展趋势，冷却液在形成大循环后流经电机部位温度会略高。因此，参考 GB/T 18488—2024《电动汽车用驱动电机系统》中对电机高温储存及高温工作温度的要求(上限为 85℃)，本试验温度设计为 80℃，具有一定苛刻性。

使用的冷却液样品为水调配成 33%防冻剂浓度(体积)的溶液，每升试验溶液中加入 99mg 硫酸钠、110mg 氯化钠和 92mg 碳酸氢钠，以模拟实际使用环境中的化学成分。试验过程中，保持空气通入量为 100mL/min。

1.7.2.4　循环台架腐蚀

通过循环台架腐蚀试验，能较为全面且真实地评价冷却液防护能力。在冷却液新配方的开发过程中，循环台架腐蚀测试是必不可少的一部分，其较长的试验周期和严格的试验条件，对冷却液配方的缓蚀技术提出了严峻考验。

试验条件的确定。循环台架腐蚀试验将电动汽车冷却液置于由散热器、水泵、动力电池水冷板、储液罐及连接橡胶管等部件组成的封闭系统中。在 80℃和一定流量条件下循环 1064h。试验结束后，通过测量储液罐内冷却系统中典型金属试片的质量变化，以及检视循环系统各部件内表面状态，来评价冷却液腐蚀

防护性能。典型金属试片继续采用静态腐蚀试验中使用的金属试片，试验台架主要部件见图 1-68，要求见 ASTM D2570 标准。

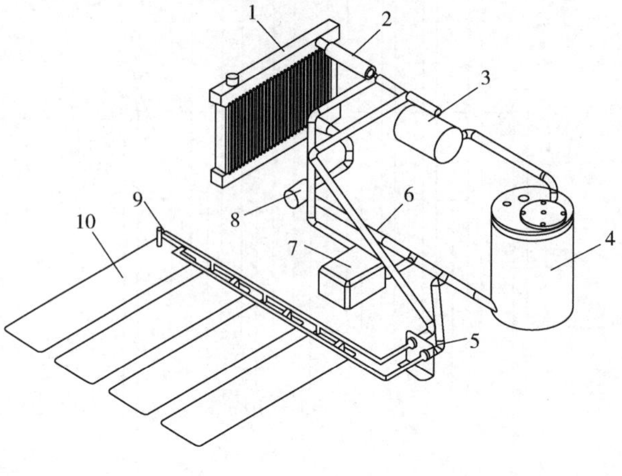

图 1-68　循环台架试验装置

1—散热器；2—橡胶管；3—电机外壳；4—储液罐；5—电池包接口；
6—流量计；7—电控冷却模块；8—水泵；9—塑料管；10—电池水冷板

试验方法的建立及验证。参考 ASTM D2570 标准制定了《电动汽车冷却液循环台架腐蚀试验方法》。该方法主要涵盖：仪器材料、试片准备、样品准备、试验步骤及结果计算等。

1.7.2.5　橡胶材料兼容性

电动汽车液冷系统因集成三电部件，具有更多的非金属材料连接部位。常见的非金属材料有橡胶类和塑料类。橡胶类材料如三元乙丙胶管及硅胶管(用于液冷管路)、氟橡胶 O 形圈(密封件)等；塑料类材料如 PA12 管路、PA66-GF30 管路、补液水壶等。材料兼容性主要考察冷却液与这些非金属材料长期接触后的性能变化。

从冷却液的主要成分看，水和乙二醇对非金属材料影响较小。部分添加剂可能会对橡胶类材料产生一定影响，而塑料类材料通常具有较好的机械性能及化学稳定性，冷却液对其影响较为有限。

橡胶试验材料的确定。三元乙丙橡胶试片材质符合 GB/T 14832 规定的三元乙丙橡胶要求，试片厚度为(2.0±0.2)mm。用于质量、体积及硬度试验的橡胶片尺寸为 25mm×25mm，其为正方形试片；用于拉伸性能试验的橡胶片为符合 GB/T 528 规定的 2 型哑铃状试片。硅橡胶试片材质符合 GB/T 33402 规定的 VMQ 50-G 类别要求，试片厚度为(2.0±0.2)mm(见表 1-51)。

表 1-51　橡胶试验材料的确定

硅橡胶	A 样	B 样	C 样	D 样	E 样	F 样	G 样	H 样
体积变化率/%	-0.31	0.42	-0.78	-0.92	-0.62	-0.24	-0.72	-0.51
硬度变化(IRHD)	0.7	0.4	1.1	1.2	0.8	-0.3	1.8	0.9
断裂拉伸强度变化率/%	-1.66	-1.09	2.98	-4.38	11.15	0.34	3.06	-7.43
拉断伸长率变化率/%	-1.67	-1.23	-2.74	-8.83	12.55	-5.88	-5.56	-10.79

1.7.2.6　泡沫倾向

泡沫倾向试验主要测试冷却液中消泡剂的效果。在实际工作条件下，冷却液容易产生泡沫，过多的泡沫会加剧穴蚀、降低散热效果，还可能导致冷却液溢流损失。根据 ASTM D1881 标准，泡沫倾向试验通常在 88℃ 下进行，而 ASTM D4921 则是常温下的测试方法，主要用于模拟常温运转的情况。由于乙二醇水溶液中引入添加剂，泡沫倾向可能增加，因此冷却液中需额外添加消泡剂。不同温度下对比发现，冷却液在常温下的泡沫体积高于高温时，且泡沫消失时间也呈现类似规律，泡沫产生和破裂机理与温度变化基本一致，即温度越高气泡越容易破裂。

本研究设置的试验温度为(30±1)℃(模拟电池包工况温度)和(80±1)℃(电机电控工况温度)，更贴近电动汽车冷却液的实际运行条件。试验方法采用 SH/T 0066 中规定的方法，泡沫体积要求不大于 100mL，泡沫消失时间不大于 5s。

1.7.2.7　高温稳定性

对于电动汽车冷却液，优异的耐温性能至关重要。若耐温性能差，添加剂结晶性沉淀会导致纯电动汽车电池组中的微小流道堵塞，从而影响电池散热，导致温度不均匀，最终影响动力电池的使用性能和使用寿命。因此，提高高温稳定性指标符合纯电动汽车冷却液的双工况工作要求，尤其是在电动汽车冷却液间接用于动力电池的加热或冷却时。

参考 TL 774 标准进行高温稳定性试验，在高温(135℃)加压(0.2MPa)条件下进行 168h 试验。试验后的冷却液应无沉淀、分层及悬浮物。该试验使用铸铝合金传热腐蚀试验法，在高温加压条件下试验，是目前冷却液评价中要求温度最高的项目。该试验从两个方面评估冷却液：一是其对铸铝试块腐蚀抑制性能；二是冷却液的高温稳定性。试验后，液体外观变化(如出现沉淀或悬浮物、颜色显著变化)可作为评估指标，异常情况的出现主要是由于冷却液中的添加剂在高温下不稳定，发生析出或染色剂褪色等现象。

试验方法采用 SH/T 0620，铸铝试件材质应符合 GB/T 1173 中 ZL101A 铝硅合金要求，尺寸符合 SH/T 0620 的要求。项目质量指标依据 GB 29743.1—2022，铸铝试块质量变化为±1.0mg/cm^2，试验后溶液沉淀量不超过0.05mL。

1.7.2.8 储存稳定性

储存稳定性考察冷却液在较高温度下长时间储存后的性能变化。冷却液储存稳定性受到生产原料质量(如防冻剂、缓蚀剂、染色剂等)和添加剂配伍性的影响。储存稳定性差可能导致防冻剂酸化降解、缓蚀剂沉淀析出、颜色褪失等，从而影响冷却液各指标性能。沉淀析出物还可能导致散热器内部管路的堵塞。质量标准和试验方法采用GB 29743.1—2022。

1.7.2.9 耐硬水稳定性

与传统的燃油车相比，电动汽车冷却系统对传热的敏感性更高。如果冷却液在运行中发生结垢现象，会导致传热不均匀，影响电池组的工作温度，进而影响电池组的放电能力和续航里程。冷却液耐硬水稳定性考察冷却液与硬水的兼容性，这是在欧洲广泛采用的试验方法。同样我国长江以北地区普遍水质硬度较高，冷却液的耐硬水稳定性是确保电动汽车冷却液在该地区的可靠性的关键。

钙镁离子等水垢，特别是在热表面形成的结垢，会极大地阻碍水套内表面的传热，并且水垢一旦沉积在水套内，就很难去除。因此，评价冷却液的耐硬水稳定性，有助于筛查冷却液生产质量的可靠性，避免添加剂失效。试验方法参考ASTM D7437-08，质量标准及试验方法采用GB 29743.1—2022。

第 2 章　发动机冷却液的成分组成

机动车发动机冷却液由水、防冻剂[乙二醇(MEG)、丙二醇(PG)、甘油/丙三醇、二乙二醇(DEG)、二丙二醇(DPG)、二甲基亚砜(DMSO)]及少量添加剂(缓蚀剂、缓冲剂、抗泡剂、垢分散剂及染色剂)组成。

2.1　机动车发动机冷却液中的水与防冻剂

2.1.1　水

水(化学式：H_2O)由氢、氧两种元素组成，常温常压下为无色、无味的透明液体。它是地球上最常见的物质，也是生物体最重要的组成部分。水广泛存在于天然水源(如河流、湖泊、大气水、海水和地下水等)中，也可以通过化学反应人工制得。

2.1.1.1　水的物理性质

外观：无色、无味的液体；

沸点：100℃(标准大气压时)；

凝点：0℃；

三相点：0.01℃；

最大相对密度时的温度：3.98℃；

比热容：4.186kJ/(kg·K)(0.1MPa、15℃)；

蒸发潜热：2257.2kJ/kg(0.1MPa、100℃)；

密度：1000kg/m^3(4℃)；

临界温度：374.2℃。

不同温度下水的物理参数见表 2-1。

表 2-1　不同温度下水的物理参数

温度/℃	蒸汽压/kPa	比热容/[kJ/(kg·K)]	导热系数/[W/(m·K)]	热扩散率/($10^{-4}m^2$/h)	动力黏度/(mPa·s)	运动黏度/(mm^2/s)
0	0.613	4.2077	0.558	4.8	1789.71	1.780
10	1.227	4.1910	0.563	4.9	1304.28	1.300

续表

温度/℃	蒸汽压/kPa	比热容/[kJ/(kg·K)]	导热系数/[W/(m·K)]	热扩散率/($10^{-4}m^2/h$)	动力黏度/(mPa·s)	运动黏度/(mm^2/s)
20	2.333	4.1826	0.593	5.1	1000.28	1.000
30	4.240	4.1784	0.611	5.3	801.20	0.805
40	7.373	4.1784	0.623	5.4	653.12	0.659
50	12.332	4.1826	0.642	5.6	549.17	0.556
60	19.918	4.1826	0.657	5.7	470.72	0.479
70	31.157	4.1910	0.666	5.9	406.00	0.415
80	47.343	4.1952	0.670	6.0	355.98	0.366
90	70.101	4.2077	0.680	6.1	314.79	0.326
100	101.325	4.2161	0.683	6.1	282.43	0.295
110	143	4.2287	0.685	6.1	254.97	0.268
120	198	4.2454	0.686	6.2	230.46	0.244
130	270	4.2663	0.686	6.2	211.82	0.226
140	361	4.2915	0.685	6.2	198.13	0.212
150	476	4.3208	0.684	6.2	185.35	0.202
160	618	4.3543	0.683	6.2	171.62	0.190
170	792	4.3878	0.679	6.2	162.79	0.181
180	1003	4.4254	0.675	6.2	152.98	0.173
190	1255	4.4631	0.670	6.2	145.14	0.166
200	1555	4.5134	0.663	6.1	138.27	0.160
210	1908	4.6055	0.655	6.0	131.41	0.154
220	2320	4.6473	0.645	6.0	125.53	0.149
230	2798	4.6892	0.637	6.0	119.64	0.145
240	3348	4.7311	0.628	5.9	117.74	0.141

水的密度与温度密切相关，在3.98℃时水的密度最大，为1000kg/m^3。在0~3.98℃，随着温度升高，水的密度逐渐增加；而当温度高于3.98℃时(也可近似看作4℃)，水的密度则开始随温度升高而减小。

这种现象的主要原因是水分子之间通过氢键结合形成不同的分子结构。由于水分子有很强的极性，它们能够通过氢键结合成缔合分子。液态水不仅含有简单的水分子(H_2O)，还包括缔合分子$(H_2O)_2$、$(H_2O)_3$等。当温度为0℃时，大多数水分子是以$(H_2O)_3$形式存在，当温度升高到3.98℃时，水分子主要以$(H_2O)_2$的缔合分子形式存在，此时分子间的空间相对减小，水的密度最大。若温度继续升高，物质通常遵循热胀冷缩的规律，水的密度开始减小。水温降到0℃时，水结冰，几乎所有水分子都缔合成为一个巨大的缔合分子。在冰中，水分子以一种敞开的结构排列，每个氧原子与四个氢原子通过两个氢键连接，形成较大的空隙，因此冰的密度小于同温度下的水。

2.1.1.2 水的化学性质

水具有以下化学性质：

① 稳定性：在2000℃以上才开始分解。

② 氧化性：水跟较活泼金属或碳反应时，表现氧化性，氢被还原成氢气。反应式如下：

$$2Na+2H_2O \longrightarrow 2NaOH+H_2\uparrow$$

$$Mg+2H_2O \longrightarrow Mg(OH)_2\downarrow+H_2\uparrow$$

$$3Fe+4H_2O(\text{水蒸气}) \xrightarrow{\text{加热}} Fe_3O_4+4H_2\uparrow$$

$$C+H_2O \xrightarrow{\text{高温}} CO\uparrow+H_2\uparrow$$

③ 还原性：水与氟单质反应时，表现出还原性，氧被还原成氧气。反应式如下：

$$2F_2+2H_2O \longrightarrow 4HF+O_2$$

④ 水可以被电解：

水在直流电作用下，分解生成氢气和氧气，工业上用此法制纯氢和纯氧。反应式如下：

$$2H_2O \longrightarrow 2H_2\uparrow+O_2\uparrow(\text{通电})$$

⑤ 水化反应：

水可以跟活泼金属的碱性氧化物、大多数酸性氧化物以及某些不饱和烃发生水化反应。反应式如下：

$$Na_2O+H_2O \longrightarrow 2NaOH$$

$$CaO+H_2O \longrightarrow Ca(OH)_2$$

$$SO_3+H_2O \longrightarrow H_2SO_4$$

$$P_2O_5+3H_2O \longrightarrow 2H_3PO_4$$

$$CH_2=CH_2+H_2O \rightleftharpoons C_2H_5OH$$

⑥ 水解反应：

氮化物水解：$Mg_3N_2+6H_2O \xrightarrow{\text{加热}} 3Mg(OH)_2\downarrow+2NH_3\uparrow$

盐的水解：$NaAlO_2+HCl+H_2O \longrightarrow Al(OH)_3\downarrow+NaCl$（NaCl少量）

碳化钙水解：CaC_2（电石）$+2H_2O$（饱和氯化钠）$\longrightarrow Ca(OH)_2+C_2H_2\uparrow$

卤代烃水解：$C_2H_5Br+H_2O$（加热下的氢氧化钠溶液）$\rightleftharpoons C_2H_5OH+HBr$

醇钠水解：$C_2H_5ONa+H_2O \longrightarrow C_2H_5OH+NaOH$

酯类水解：$CH_3COOC_2H_5+H_2O$（铜或银并且加热）$\rightleftharpoons CH_3COOH+C_2H_5OH$

多糖水解：$(C_6H_{10}O_5)_n+nH_2O \rightleftharpoons nC_6H_{12}O_6$

2.1.1.3 水的软硬度

日常生活中的水可分为软水和硬水。当水中溶解有较多可溶性钙（Ca^{2+}）、镁（Mg^{2+}）和铁（Fe^{2+}）盐时，这种水被称为硬水。水的硬度是指水中 Ca^{2+}、Mg^{2+} 等离子的总浓度，单位为 mol/m^3 或 mmol/L。表 2-2 为水的硬度分类。

表 2-2 水的硬度分类

硬度/(mmol/L)	>4.5	3.0~4.5	1.5~3.0	0.5~1.5	<0.5
名称	极硬水	硬水	中硬水	软水	极软水

在工业中，水的硬度也有其他定义方法：以 1L 水中含有的 MgO 与 CaO 总量相当于 10mg 的 CaO 定义为硬度 1°，硬度超过 8°的水则被视为硬水。

根据水中的成分，硬水可进一步分为两类：

① 暂时硬水：这种水含有 HCO_3^-（碳酸氢根离子）。当水被加热时，碳酸氢钙（或碳酸氢镁）会分解生成碳酸钙（$CaCO_3$）或碳酸镁（$MgCO_3$），从而形成沉淀并使水软化。

② 永久硬水：这种水含有 Cl^-（氯离子）和 SO_4^{2-}（硫酸根离子）。由于这些溶解盐在加热过程中不易发生沉淀反应，无法通过加热去除硬度，因此被称为永久硬水。

永久硬水通常需要通过化学处理或离子交换等方法进行软化。

2.1.1.4 水的分类

1）地下水与地表水

地下水——污染较少，含较多溶解离子，硬度较高，容易结水垢；有时锰、氟离子超标，影响水质。

地表水——污染较多，硬度受地质条件影响较大，石灰岩地区如四川的德阳、绵阳等地的地表水硬度较高。

2）原水与净水

原水——未经过处理的水源，包括城市自来水、地下水和地表水等。水质可通过 TDS 值（总溶解性固体含量）检测，通常在 100~400ppm。

净水——原水经过处理后，去除了杂质和污染物的水。

3）纯净水与蒸馏水

纯净水——通过反渗透、杀菌等多种处理设施处理后的水，去除了原水中绝大部分无机盐离子、微生物和有机物杂质，通常可以直接生饮。

蒸馏水——以蒸馏方式制备的纯水，通常不用于饮用，主要用于工业和实验室。

4）纯化水和注射用水

纯化水——医药行业用纯水，电导率要求<2μS/cm，用于药品制备等。

注射用水——纯化水经多效蒸馏、超滤等方法再次提纯去除热原后，用于配制注射剂，确保其质量和无菌性。

2.1.1.5 水溶液

水作为无机溶剂，能够溶解多种物质，形成水溶液。用水作溶剂的溶液，通常标记为“aq”，例如“HCl(aq)”。

当离子化合物溶解于水时，它们会电离成离子，形成透明的溶液。而分子溶解时，有些会与水发生反应形成溶解于水中的新物质，或者这些分子直接填充水分子间的空隙，这些物质被称为溶质。需要注意的是，除非另有说明，任何溶液的名称(如“××溶液”)默认指的是“××”的水溶液，不管溶质与水的比例，只要水存在，就应视水为溶剂。

大部分物质在水中溶解量是有限的，这种限度叫作溶解度。当物质达到其溶解度时，多余的部分会析出形成沉淀。部分物质，如乙醇，能与水以任意比例混溶，不会析出。此外，还有胶体溶液，其粒子大小约为100nm，由于电荷作用，这些粒子不会沉淀，保持悬浮状态。

水溶液的透明度与溶质的颗粒大小和溶解度相关。透明溶液被称为真溶液，而较为混浊的则是胶态溶液(或假溶液)，有时这些胶态溶液还会在底部形成沉淀，成为沉淀胶态溶液。

2.1.1.6 水在发动机冷却液中的应用

水的比热容大，是最常用且方便的冷却介质。在工业中，冷却水的使用量约占工业用水总量的90%以上，冷却水质控制技术在近年来得到了迅速的发展。在工厂中，冷却水主要用于冷凝蒸汽，冷却产品或设备。如果冷却效果差，可能会影响生产效率，导致产品的收率和质量下降，甚至引发生产事故。

水也是汽车发动机冷却液的主要组成部分，这不仅是因为水具有良好的导热性能，适合作冷却介质，更因为防冻剂只有与水混合后，才能有效降低冰点，提供更优异的防冻性能。

美国汽车工程师协会(SAE)在发动机冷却液标准J814中指出：水因其易得和良好的导热性，广泛用于内燃机冷却液。然而，直接使用水作发动机冷却液也存在缺点：冰点较高、沸点较低，并且对某些金属具有腐蚀性；水中含有氯离子、硫酸根离子和碳酸氢根离子，会加剧腐蚀；水中钙、镁离子可能在高温区域形成水垢，影响导热效率；如果使用硬水，还会加剧水垢的形成，阻塞换热器。

适合作为发动机冷却液的水包括：干净的饮用水；低氯离子、低硫酸根离子、低硬度的水；软化水、去离子水、蒸馏水。然而，直接使用水作为发动机冷却液存在一定风险，特别是在低温条件下，水结冰时体积约膨胀9%，这可能会导致冷却系统受损。因此，通常不推荐使用纯水或仅加腐蚀抑制剂的水作为冷却液。

2.1.2 乙二醇

乙二醇(ethylene glycol)又名甘醇或1,2-亚乙基二醇，简称MEG，化学式为$(HOCH_2)_2$，是最简单的二元醇。乙二醇是一种无色无臭且带有甜味的液体，对动物具有毒性，人类的致死剂量约为1.6g/kg。乙二醇能与水、丙酮互溶，但在醚类中溶解度较小。乙二醇常用作溶剂、防冻剂以及合成涤纶的原料。

2.1.2.1 物理性质

冰点：-12.6℃；

沸点：197.3℃；

密度：相对密度(水=1)1.1155(20℃)；

外观与性状：无色、有甜味、黏稠液体；

蒸汽压：0.06mmHg(20℃)；

闪点：111.1℃；

黏度：25.66mPa·s(16℃)；

溶解性：与水、乙醇、丙酮、乙酸、甘油、吡啶等互溶；微溶于乙醚，不溶于石油烃及油类；能够溶解氯化钙、氯化锌、氯化钠、碳酸钾、氯化钾、碘化钾、氢氧化钾等无机物；

表面张力：46.49mN/m(20℃)；

燃点：418℃；

燃烧热：1180.26kJ/mol；

相对介电常数：37(25℃)。

2.1.2.2 化学性质

乙二醇分子量小，性质活泼，能够进行酯化、醚化、醇化、氧化、缩醛、脱水等反应。它能与无机或有机酸反应生成酯，通常一个羟基发生反应。通过提升温度或增加酸用量等，两个羟基均可形成酯。与含硫酸的硝酸反应时，生成二硝酸酯。酰氯或酸酐亦容易使两个羟基形成酯。乙二醇在催化剂(二氧化锰、氧化铝、氧化锌或硫酸)作用下加热，可发生分子内或分子间失水。

乙二醇也容易被氧化，因所用氧化剂或反应条件的不同，可生成各种产物，如乙醇醛$HOCH_2CHO$、乙二醛OHCCHO、乙醇酸$HOCH_2COOH$、草酸HOOCCOOH及二氧化碳和水。与其他二醇不同，乙二醇在高碘酸氧化作用下，可发生碳链断裂。

2.1.2.3　乙二醇的制备工艺

1）氯乙醇法

以氯乙醇为原料，在碱性介质中水解生成乙二醇。该反应在100℃下进行，首先生成环氧乙烷，然后在1.01MPa压力下加压水解生成乙二醇。

2）环氧乙烷水合法

环氧乙烷水合法包括直接水合法和催化水合法，水合过程可以在常压下和加压下进行。常压水合法通常在50～70℃进行反应，使用少量无机酸作为催化剂。环氧乙烷直接水合法是目前工业上最成熟的生产乙二醇的方法。环氧乙烷和水在加压(2.23MPa)和190～200℃条件下，在管式反应仪器中直接水合制成乙二醇，副产品有一缩二乙二醇、二缩三乙二醇和多缩聚乙二醇。

3）气相催化水合法

以氧化银为催化剂，氧化铝为载体，在150～240℃下反应生成乙二醇。

4）乙烯直接水合法

乙烯在催化剂(如氧化锑 TeO_2、钯催化剂)作用下，在乙酸溶液中氧化生成单乙酸酯或二乙酸酯，进一步水解制得乙二醇。

5）煤制乙二醇

煤制乙二醇的工艺可以分为直接合成法和间接合成法。直接合成法是将合成气中的CO及 H_2 一步合成为乙二醇；间接合成法通过甲醇、甲醛及草酸酯作为中间产物，再加氢获得乙二醇。相较而言，甲醇-甲醛路线的研究尚不深入，与工业化还有较远距离；而草酸酯加氢合成法的实用性较强，更适合工业生产。

由煤制合成气经草酸酯加氢制取乙二醇的三个主要反应为：

氧化、酯化反应：$2CH_3OH+2NO+1/2O_2 \longrightarrow 2CH_3ONO+H_2O$

CO偶联反应：$2CO+2CH_3ONO \longrightarrow (COOCH_3)_2+2NO$

草酸酯加氢反应：$(COOCH_3)_2+4H_2 \longrightarrow HOCH_2CH_2OH+2CH_3OH$

总的化学方程式：$2CO+4H_2+1/2O_2 \longrightarrow HOCH_2CH_2OH+H_2O$

煤制乙二醇技术拥有自主知识产权，是全球首创。2011年12月7日，通辽金煤化工20万t/a乙二醇项目成功投产。至今，在河南、山东、江苏、内蒙古、山西、新疆等地已有近十套装置投入生产。

目前，煤制乙二醇的质量已达到国家工业乙二醇优等品标准，但由于工艺限制，尚未完全满足化纤聚酯产业的质量要求。

2.1.2.4　乙二醇的用途

乙二醇广泛用于生产聚酯、聚酯树脂、吸湿剂、增塑剂、表面活性剂、合成纤维、化妆品和炸药，还用作染料、油墨等的溶剂，它还可以作为发动机冷却液中的防冻剂、气体脱水剂，甚至用于玻璃纸、纤维、皮革、黏合剂的湿润剂。除用作汽车用防冻剂外，乙二醇还用于工业冷量输送，通常称为载冷剂，并可与水一起用作冷凝剂。

乙二醇在用作冷却液时，应注意以下几点：

① 冰点变化：乙二醇在水溶液中的浓度影响其冰点。浓度低于60%时，随着乙二醇浓度升高，冰点降低；但浓度超过60%后，随着乙二醇浓度的升高，其冰点呈上升趋势。同时，浓度升高会导致黏度增加。当浓度达到99.9%时，冰点上升至-13.2℃，这是浓缩型发动机冷却液(发动机冷却液母液)不能直接使用的原因之一。

② 氧化问题：乙二醇含有羟基，长期在80~90℃条件下工作时，会部分氧化成乙醇酸，再进一步被氧化成草酸(二氧化碳和水)。草酸及其副产物对人体有毒，首先影响中枢神经系统，继而影响心脏和肾脏，严重时可能致命。草酸还会对设备造成腐蚀，导致渗漏。因此，在配制的发动机冷却液中，必须添加腐蚀抑制剂，以防止对钢铁、铝及铜等材料的腐蚀。

③ 聚合与结垢：乙二醇易于聚合成高分子聚合物，进而氧化成有机酸(如油泥)，这些物质黏稠且容易沉积，导致结垢问题。为了避免这种情况，冷却液配方中需要控制乙二醇的浓度和添加剂的使用。

2.1.2.5　乙二醇水溶液的物理性质

1) 乙二醇水溶液的冰点和沸点

乙二醇水溶液作为重要的载冷剂，其物理性质对设备和系统的设计至关重要，表2-3是乙二醇水溶液的冰点、沸点和其浓度的关系。

表2-3　乙二醇水溶液的冰点、沸点与其浓度的关系
(数据来源《ASHRAE手册2005》)

乙二醇浓度/%		冰点/℃(100.7kPa)	沸点/℃(100.7kPa)
质量浓度	体积浓度		
0.0	0.0	0.0	100.0
5.0	4.4	-1.4	100.6
10.0	8.9	-3.2	101.1
15.0	13.6	-5.4	102.2
20.0	18.1	-7.8	—
21.0	19.2	-8.4	—
22.0	20.1	-8.9	102.8
23.0	21.0	-9.5	—

续表

乙二醇浓度/%		冰点/℃(100.7kPa)	沸点/℃(100.7kPa)
质量浓度	体积浓度		
24.0	22.0	-10.2	103.3
25.0	22.9	-10.7	—
26.0	23.9	-11.4	—
27.0	24.8	-12.0	103.9
28.0	25.8	-12.7	—
29.0	26.7	-13.3	104.4
30.0	27.7	-14.1	—
31.0	28.7	-14.8	—
32.0	29.6	-15.4	—
33.0	30.6	-16.2	—
34.0	31.6	-17.0	105.0
35.0	32.6	-17.9	—
36.0	33.5	-18.6	—
37.0	34.5	-19.4	—
38.0	35.5	-20.3	—
39.0	36.5	-21.3	105.6
40.0	37.5	-22.3	—
41.0	38.5	-23.2	—
42.0	39.5	-24.3	106.1
43.0	40.5	-25.3	—
44.0	41.5	-26.4	106.7
45.0	42.5	-27.5	—
46.0	43.5	-28.8	—
47.0	44.5	-29.8	—
48.0	45.5	-31.1	—
49.0	46.5	-32.6	—
50.0	47.6	-33.8	107.2
51.0	48.6	-35.1	—
52.0	49.6	-36.4	—
53.0	50.6	-37.9	107.8
54.0	51.6	-39.3	—
55.0	52.7	-41.1	108.3
56.0	53.7	-42.6	—

续表

乙二醇浓度/%		冰点/℃(100.7kPa)	沸点/℃(100.7kPa)
质量浓度	体积浓度		
57.0	54.7	-44.2	108.9
58.0	55.7	-45.6	—
59.0	56.8	-47.1	109.4
60.0	57.8	-48.3	110.0
65.0	62.8	—	112.8
70.0	68.3	—	116.7
75.0	73.6	—	120.0
80.0	78.9	-46.8	123.9
85.0	84.3	-36.9	133.9
90.0	89.7	-29.8	140.6
95.0	95.0	-19.4	158.3

乙二醇水溶液在浓度超过60%后，随着乙二醇浓度的增加，溶液的黏度显著增大，尤其在低温下，溶液变得非常黏稠，甚至像胶冻一样，导致其冰点的测定变得困难。因此，文献中关于60%~80%浓度乙二醇水溶液的准确冰点数据较为稀缺。这一特性意味着，在实际应用中，这些浓度范围的乙二醇水溶液需要特别注意其流动性和低温下的表现，以确保系统设计能够适应可能出现的黏稠状态。

2）乙二醇水溶液黏度

表2-4为乙二醇水溶液的黏度与其浓度和温度的关系。

表2-4　乙二醇水溶液的黏度与其浓度和温度的关系(数据来源《ASHRAE手册2005》)

mPa·s

温度/℃	乙二醇水溶液浓度/%(体积)								
	10	20	30	40	50	60	70	80	90
-35	—	—	—	—	66.93	93.44	133.53	191.09	—
-30	—	—	—	—	43.98	65.25	96.57	141.02	—
-25	—	—	—	—	30.5	46.75	70.38	102.21	196.87
-20	—	—	—	15.75	22.07	34.28	51.94	74.53	128.43
-15	—	—	—	11.74	16.53	25.69	38.88	55.09	87.52
-10	—	—	6.19	9.06	12.74	19.62	29.53	41.36	61.85
-5	—	3.65	5.03	7.18	10.05	15.25	22.76	31.56	45.08
0	2.08	3.02	4.15	5.83	8.09	12.05	17.79	24.44	33.74
5	1.79	2.54	3.48	4.82	6.63	9.66	14.09	19.2	25.84
10	1.56	2.18	2.95	4.04	5.5	7.85	11.31	15.29	20.18

续表

温度/℃	乙二醇水溶液浓度/%(体积)								
	10	20	30	40	50	60	70	80	90
15	1.37	1.89	2.53	3.44	4.63	6.46	9.18	12.33	16.04
20	1.21	1.65	2.2	2.96	3.94	5.38	7.53	10.05	12.95
25	1.08	1.46	1.92	2.57	3.39	4.52	6.24	8.29	10.59
30	0.97	1.3	1.69	2.26	2.94	3.84	5.23	6.9	8.77
35	0.88	1.17	1.5	1.99	2.56	3.29	4.42	5.79	7.34
40	0.8	1.06	1.34	1.77	2.26	2.84	3.76	4.91	6.21
45	0.73	0.96	1.21	1.59	2	2.47	3.23	4.19	5.3
50	0.67	0.88	1.09	1.43	1.78	2.16	2.8	3.61	4.56
55	0.62	0.81	0.99	1.29	1.59	1.91	2.43	3.12	3.95
60	0.57	0.74	0.9	1.17	1.43	1.69	2.13	2.72	3.45
65	0.53	0.69	0.83	1.06	1.29	1.51	1.88	2.39	3.03
70	0.5	0.64	0.76	0.97	1.17	1.35	1.67	2.11	2.67
75	0.47	0.59	0.7	0.89	1.07	1.22	1.49	1.87	2.37
80	0.44	0.55	0.65	0.82	0.98	1.1	1.33	1.66	2.12
85	0.41	0.52	0.6	0.76	0.89	1	1.2	1.49	1.9
90	0.39	0.49	0.56	0.7	0.82	0.92	1.09	1.34	1.71
95	0.37	0.46	0.52	0.65	0.76	0.84	0.99	1.21	1.54
100	0.35	0.43	0.49	0.6	0.7	0.77	0.9	1.1	1.4
105	0.33	0.4	0.46	0.56	0.65	0.71	0.82	1	1.27
110	0.32	0.38	0.43	0.53	0.6	0.66	0.76	0.91	1.16
115	0.3	0.36	0.41	0.49	0.56	0.61	0.7	0.83	1.07
120	0.29	0.34	0.38	0.46	0.53	0.57	0.64	0.77	0.98
125	0.28	0.33	0.36	0.43	0.49	0.53	0.6	0.71	0.9

3）乙二醇水溶液的密度

表 2-5 为乙二醇水溶液的密度与其浓度和温度的关系。

表 2-5　乙二醇水溶液的密度与其浓度和温度的关系(数据来源《ASHRAE 手册 2005》)

kg/m³

温度/℃	乙二醇水溶液浓度/%(体积)								
	10	20	30	40	50	60	70	80	90
-35	—	—	—	—	1089.94	1104.60	1118.61	1132.11	—
-30	—	—	—	—	1089.04	1103.54	1117.38	1130.72	—
-25	—	—	—	—	1088.01	1102.36	1116.04	1129.21	1141.87

续表

温度/℃	乙二醇水溶液浓度/%(体积)								
	10	20	30	40	50	60	70	80	90
-20	—	—	—	1071.98	1086.87	1101.06	1114.58	1127.57	1140.07
-15	—	—	—	1070.87	1085.61	1099.64	1112.99	1125.82	1138.14
-10	—	—	1054.31	1069.63	1084.22	1098.09	1111.28	1123.94	1136.09
-5	—	1036.85	1053.11	1068.28	1082.71	1096.43	1109.45	1121.94	1133.91
0	1018.73	1035.67	1051.78	1066.80	1081.08	1094.64	1107.50	1119.82	1131.62
5	1017.57	1034.36	1050.33	1065.21	1079.33	1092.73	1105.43	1117.58	1129.20
10	1016.28	1032.94	1048.76	1063.49	1077.46	1090.70	1103.23	1115.22	1126.67
15	1014.87	1031.39	1047.07	1061.65	1075.46	1088.54	1100.92	1112.73	1124.01
20	1013.34	1029.72	1045.25	1059.68	1073.35	1086.27	1098.48	1110.13	1121.23
25	1011.69	1027.93	1043.32	1057.60	1071.11	1083.87	1095.92	1107.40	1118.32
30	1009.92	1026.02	1041.26	1055.39	1068.75	1081.35	1093.24	1104.55	1115.30
35	1008.02	1023.99	1039.08	1053.07	1066.27	1078.71	1090.43	1101.58	1112.15
40	1006.01	1021.83	1036.78	1050.62	1063.66	1075.95	1087.51	1098.48	1108.89
45	1003.87	1019.55	1034.36	1048.05	1060.94	1073.07	1084.46	1095.27	1105.50
50	1001.61	1017.16	1031.81	1045.35	1058.09	1070.06	1081.30	1091.93	1101.99
55	999.23	1014.64	1029.15	1042.54	1055.13	1066.94	1078.01	1088.48	1098.36
60	996.72	1011.99	1026.36	1039.61	1052.04	1063.69	1074.60	1084.90	1094.60
65	994.10	1009.23	1023.45	1036.55	1048.83	1060.32	1071.06	1081.20	1090.73
70	991.35	1006.35	1020.42	1033.37	1045.04	1056.83	1067.41	1077.37	1086.73
75	988.49	1003.34	1017.27	1030.07	1042.04	1053.22	1063.64	1073.43	1082.61
80	985.50	1000.21	1014.00	1026.65	1038.46	1049.48	1059.74	1069.36	1078.37
85	982.39	996.96	1010.60	1023.10	1034.77	1045.63	1055.72	1065.18	1074.01
90	979.15	993.59	1007.09	1019.44	1030.95	1041.65	1051.58	1060.87	1069.53
95	975.80	990.10	1003.45	1015.65	1027.01	1037.55	1047.32	1056.44	1064.92
100	972.32	986.48	999.69	1011.74	1022.95	1033.33	1042.93	1051.88	1060.20
105	968.73	982.75	995.81	1007.71	1018.76	1028.99	1038.43	1047.21	1055.35
110	965.01	978.89	991.81	1003.56	1014.46	1024.52	1033.80	1042.41	1050.38
115	961.17	974.91	987.68	999.29	1010.03	1019.94	1029.05	1037.46	1045.29
120	957.21	970.81	983.43	994.90	1005.48	1015.23	1024.18	1032.46	1040.08
125	953.12	966.59	979.07	990.38	1000.81	1010.40	1019.19	1027.30	1034.74

4) 乙二醇水溶液的比热容

表2-6为乙二醇水溶液的比热容与其浓度和温度的关系。

表 2-6　乙二醇水溶液的比热容与其浓度和温度的关系(数据来源《ASHRAE 手册 2005》)

kJ/(kg·K)

温度/℃	乙二醇水溶液浓度/%(体积)								
	10	20	30	40	50	60	70	80	90
-35	—	—	—	—	3.068	2.844	2.612	2.37	—
-30	—	—	—	—	3.088	2.866	2.636	2.397	—
-25	—	—	—	—	3.107	2.888	2.66	2.423	2.177
-20	—	—	—	3.334	3.126	2.909	2.685	2.45	2.206
-15	—	—	—	3.351	3.145	2.931	2.709	2.477	2.235
-10	—	—	3.56	3.367	3.165	2.953	2.733	2.503	2.264
-5	—	3.757	3.574	3.384	3.184	2.975	2.757	2.53	2.293
0	3.937	3.769	3.589	3.401	3.203	2.997	2.782	2.556	2.322
5	3.946	3.78	3.603	3.418	3.223	3.018	2.806	2.583	2.351
10	3.954	3.792	3.617	3.435	3.242	3.04	2.83	2.61	2.38
15	3.963	3.803	3.631	3.451	3.261	3.062	2.854	2.636	2.409
20	3.972	3.815	3.645	3.468	3.281	3.084	2.878	2.663	2.438
25	3.981	3.826	3.66	3.485	3.3	3.106	2.903	2.69	2.467
30	3.989	3.838	3.674	3.502	3.319	3.127	2.927	2.716	2.496
35	3.998	3.849	3.688	3.518	3.339	3.149	2.951	2.743	2.525
40	4.007	3.861	3.702	3.535	3.358	3.171	2.975	2.77	2.554
45	4.015	3.872	3.716	3.552	3.377	3.193	3	2.796	2.583
50	4.024	3.884	3.73	3.569	3.396	3.215	3.024	2.823	2.612
55	4.033	3.895	3.745	3.585	3.416	3.236	3.048	2.85	2.641
60	4.042	3.907	3.759	3.602	3.435	3.258	3.072	2.876	2.67
65	4.05	3.918	3.773	3.619	3.454	3.28	3.097	2.903	2.699
70	4.059	3.93	3.787	3.636	3.474	3.302	3.121	2.929	2.728
75	4.068	3.941	3.801	3.653	3.493	3.324	3.145	2.956	2.757
80	4.077	3.953	3.816	3.669	3.512	3.345	3.169	2.983	2.786
85	4.085	3.964	3.83	3.686	3.532	3.367	3.193	3.009	2.815
90	4.094	3.976	3.844	3.703	3.551	3.389	3.218	3.036	2.844
95	4.103	3.987	3.858	3.72	3.57	3.411	3.242	3.063	2.873
100	4.112	3.999	3.872	3.736	3.59	3.433	3.266	3.089	2.902
105	4.12	4.01	3.886	3.753	3.609	3.454	3.29	3.116	2.931
110	4.129	4.022	3.901	3.77	3.628	3.476	3.315	3.143	2.96
115	4.138	4.033	3.915	3.787	3.647	3.498	3.339	3.169	2.989
120	4.147	4.045	3.929	3.804	3.667	3.52	3.363	3.196	3.018
125	4.155	4.056	3.943	3.82	3.686	3.542	3.387	3.223	3.047

5）乙二醇水溶液导热系数

表 2-7 为乙二醇水溶液的导热系数与其浓度和温度的关系。

表 2-7　乙二醇水溶液的导热系数与其浓度和温度的关系（数据来源《ASHRAE 手册 2005》）

W/(m·K)

温度/℃	乙二醇水溶液浓度/%(体积)								
	10	20	30	40	50	60	70	80	90
-35	—	—	—	—	0.328	0.307	0.289	0.274	—
-30	—	—	—	—	0.333	0.312	0.293	0.276	—
-25	—	—	—	—	0.339	0.316	0.296	0.279	0.263
-20	—	—	—	0.371	0.344	0.321	0.300	0.281	0.265
-15	—	—	—	0.377	0.349	0.325	0.303	0.283	0.266
-10	—	—	0.415	0.383	0.354	0.329	0.306	0.286	0.268
-5	—	0.460	0.422	0.389	0.359	0.333	0.309	0.288	0.269
0	0.511	0.468	0.429	0.395	0.364	0.336	0.312	0.290	0.271
5	0.520	0.476	0.436	0.400	0.368	0.340	0.314	0.292	0.272
10	0.528	0.483	0.442	0.405	0.373	0.343	0.317	0.294	0.274
15	0.537	0.490	0.448	0.410	0.377	0.346	0.320	0.296	0.275
20	0.545	0.497	0.453	0.415	0.380	0.349	0.322	0.298	0.276
25	0.552	0.503	0.459	0.419	0.384	0.352	0.324	0.299	0.278
30	0.559	0.509	0.464	0.424	0.387	0.355	0.327	0.301	0.279
35	0.566	0.515	0.469	0.428	0.391	0.358	0.329	0.303	0.280
40	0.572	0.520	0.473	0.431	0.394	0.360	0.331	0.304	0.281
45	0.577	0.525	0.477	0.435	0.397	0.363	0.332	0.306	0.282
50	0.583	0.529	0.481	0.438	0.399	0.365	0.334	0.307	0.283
55	0.588	0.534	0.485	0.441	0.402	0.367	0.336	0.308	0.284
60	0.592	0.538	0.488	0.444	0.404	0.369	0.337	0.310	0.285
65	0.596	0.541	0.491	0.446	0.406	0.371	0.339	0.311	0.286
70	0.600	0.544	0.494	0.449	0.408	0.372	0.34	0.312	0.287
75	0.603	0.547	0.496	0.451	0.410	0.374	0.341	0.313	0.288
80	0.606	0.549	0.498	0.452	0.411	0.375	0.342	0.314	0.288
85	0.608	0.551	0.500	0.454	0.413	0.376	0.343	0.314	0.289
90	0.610	0.553	0.501	0.455	0.414	0.377	0.344	0.315	0.290
95	0.612	0.555	0.503	0.456	0.415	0.378	0.345	0.316	0.290
100	0.613	0.556	0.504	0.457	0.416	0.379	0.346	0.316	0.291
105	0.614	0.556	0.504	0.458	0.416	0.379	0.346	0.317	0.291

续表

温度/℃	乙二醇水溶液浓度/%(体积)								
	10	20	30	40	50	60	70	80	90
110	0.614	0.557	0.505	0.458	0.417	0.380	0.347	0.317	0.292
115	0.614	0.557	0.505	0.458	0.417	0.380	0.347	0.318	0.292
120	0.613	0.556	0.504	0.458	0.417	0.380	0.347	0.318	0.293
125	0.612	0.555	0.504	0.458	0.417	0.380	0.347	0.318	0.293

2.1.2.6 乙二醇的毒性

① 毒性类别：属低毒类化学品。

② 急性毒性：

小鼠经口 LD_{50}：8.0~15.3g/kg；

大鼠经口 LD_{50}：5.9~13.4g/kg；

人类经口致死剂量：1.4mL/kg。

③ 亚急性和慢性毒性：

大鼠在连续多次吸入 12mg/m^3 乙二醇蒸气(持续 8 天)后，有 2/15 的动物表现为眼角膜混浊、甚至失明；

人类吸入 40%乙二醇混合物时，9/28 的人出现短暂昏厥；

若 40%乙二醇混合物加热至 105℃并反复吸入，14/38 的人出现眼球震颤，5/38 的人出现淋巴细胞增多。

④ 危险特性：

乙二醇遇明火、高热或与氧化剂接触，有引起燃烧爆炸的危险。

高温下，容器内压增大，可能导致容器开裂或爆炸。

⑤ 燃烧(分解)产物：一氧化碳、二氧化碳、水。

使用乙二醇时应特别注意其毒性风险，避免长期接触或吸入高浓度蒸气，并采取适当的安全防护措施。

2.1.3 丙二醇

丙二醇有两种异构体：1,2-丙二醇和 1,3-丙二醇，通常所说的是 1,2-丙二醇。1,2-丙二醇是一种化学试剂，能与水、乙醇及多种有机溶剂混溶，广泛用于不饱和聚酯树脂的生产，也常作为化妆品、牙膏和香皂中的润湿剂，与甘油或山梨醇配合使用。在染发剂中，它作为调湿和匀发剂。也用作防冻剂，广泛应用于玻璃纸、增塑剂和制药工业。

2.1.3.1 1,2-丙二醇理化性质

中文名称：1,2-丙二醇、1,2-二羟基丙烷、丙二醇、α-丙二醇。

结构式：

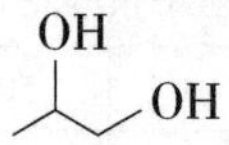

外观及性状：无色黏稠稳定的吸水性液体，几乎无味无臭；

熔点：-60℃；

沸点：187℃(101.3kPa)；

闪点：99℃(闭杯)，107℃(开杯)；

燃点：421.1℃；

密度：1.036g/cm^3(25℃)；

蒸气密度：2.62(对空气)；

蒸汽压：106Pa(20℃)；

折射率 n_D^{20}：1.432；

相对密度(水=1)：1.04；

比热容：2.49kJ/(kg·K)(20℃)；

汽化热：711kJ/kg(101.3kPa)；

溶解性：与水、乙醇及多种有机溶剂混溶；

爆炸极限：2.6%~12.6%(体积)。

2.1.3.2　1,3-丙二醇理化性质

结构式：

熔点：-27℃；

沸点：214.0℃(101.3kPa)；

闪点：80℃；

蒸汽压：0.008kPa；

相对密度：1.0554(20℃)；

折射率 n_D^{20}：1.4389；

运动黏度：46mm^2/s；

爆炸极限：2.6~12.6%(体积)；

溶解性：与水、醇、醚及甲酰胺互溶，微溶于苯及氯仿；

安全性：可燃，遇强氧化剂有着火危险。

2.1.3.3　丙二醇水溶液的物理性质

1) 丙二醇水溶液的冰点和沸点

丙二醇水溶液因其无毒、无腐蚀等特性，在多个领域被广泛作为载冷剂。其

物理性质对设备和系统设计至关重要，表 2-8 展示了丙二醇水溶液的冰点和沸点与其浓度的关系。

表 2-8　丙二醇水溶液的冰点和沸点与其浓度的关系(数据来源《ASHRAE 手册 2005》)

丙二醇浓度/%		冰点/℃	沸点/℃ 100.7kPa	丙二醇浓度/%		冰点/℃	沸点/℃ 100.7kPa
质量浓度	体积浓度			质量浓度	体积浓度		
0.0	0.0	0.0	100.0	50.0	49.9	-36.6	105.6
5.0	4.8	-1.6	—	51.0	50.9	-38.2	—
10.0	9.6	-3.3	—	52.0	51.9	-39.8	—
15.0	14.5	-5.1	—	53.0	53.0	-41.6	106.1
20.0	19.4	-7.1	100.6	54.0	54.0	-43.3	—
21.0	20.4	-7.6	—	55.0	55.0	-45.2	—
22.0	21.4	-8.0	—	56.0	56.0	-47.1	—
23.0	22.4	-8.6	—	57.0	57.0	-49.0	106.7
24.0	23.4	-9.1	—	58.0	58.0	-51.1	—
25.0	24.4	-9.6	101.1	59.0	59.0	-59.0	—
26.0	25.3	-10.2	—	60.0	60.0	—	107.2
27.0	26.4	-10.8	—	65.0	65.0	—	108.3
28.0	27.4	-11.4	101.7	70.0	70.0	—	110.0
29.0	28.4	-12.0	—	75.0	75.0	—	113.9
30.0	29.4	-12.7	102.2	80.0	80.0	—	118.3
31.0	30.4	-13.4	—	85.0	85.0	—	125.0
32.0	31.4	-14.1	—	90.0	90.0	—	132.2
33.0	32.4	-15.6	—	95.0	95.0	—	154.4
34.0	33.5	-16.4	—	—	—	—	—
35.0	34.4	-17.3	102.8	—	—	—	—
36.0	35.5	-18.2	—	—	—	—	—
37.0	36.5	-19.1	—	—	—	—	—
38.0	37.5	-20.1	103.3	—	—	—	—
39.0	38.5	-21.1	—	—	—	—	—
40.0	39.5	-22.1	103.9	—	—	—	—
41.0	40.5	-23.2	—	—	—	—	—
42.0	41.5	-24.3	—	—	—	—	—
43.0	42.5	-25.5	—	—	—	—	—
44.0	43.7	-26.7	—	—	—	—	—
45.0	44.7	-27.9	104.4	—	—	—	—
46.0	45.7	-29.3	—	—	—	—	—
47.0	46.8	-30.6	—	—	—	—	—
48.0	47.8	-32.1	105.0	—	—	—	—
49.0	48.9	-33.5	—	—	—	—	—

2）丙二醇水溶液的密度

表 2-9 为丙二醇水溶液的密度与其浓度和温度的关系。

表 2-9　丙二醇水溶液的密度与其浓度和温度的关系（数据来源《ASHRAE 手册 2005》）

（kg/m^3）

温度/℃	丙二醇水溶液/%（体积）								
	10	20	30	40	50	60	70	80	90
-35	—	—	—	—	—	1072.92	1079.67	1094.50	1092.46
-30	—	—	—	—	—	1071.31	1077.82	1090.85	1088.82
-25	—	—	—	—	1062.11	1069.58	1075.84	1087.18	1085.15
-20	—	—	—	—	1060.49	1067.72	1073.74	1083.49	1081.46
-15	—	—	—	1050.43	1058.73	1065.73	1071.51	1079.77	1077.74
-10	—	—	1039.42	1048.79	1056.85	1063.61	1069.16	1076.04	1074.00
-5	—	1027.24	1037.89	1047.02	1054.84	1061.37	1066.69	1072.27	1070.24
0	1013.85	1025.84	1036.24	1045.12	1052.71	1059.00	1064.09	1068.49	1066.46
5	1012.61	1024.32	1034.46	1043.09	1050.44	1056.50	1061.36	1064.68	1062.65
10	1011.24	1022.68	1032.55	1040.94	1048.04	1053.88	1058.51	1060.85	1058.82
15	1009.75	1020.91	1030.51	1038.65	1045.52	1051.13	1055.54	1057.00	1054.96
20	1008.13	1019.01	1028.35	1036.24	1042.87	1048.25	1052.44	1053.12	1051.09
25	1006.40	1016.99	1026.06	1033.70	1040.09	1045.24	1049.22	1049.22	1047.19
30	1004.54	1014.84	1023.64	1031.03	1037.18	1042.11	1045.87	1045.30	1043.26
35	1002.56	1012.56	1021.09	1028.23	1034.15	1038.85	1042.40	1041.35	1039.32
40	1000.46	1010.16	1018.42	1025.30	1030.98	1035.47	1038.81	1037.38	1035.35
45	998.23	1007.64	1015.62	1022.24	1027.69	1031.95	1035.09	1033.39	1031.35
50	995.88	1004.99	1012.69	1019.06	1024.27	1028.32	1031.25	1029.37	1027.34
55	993.41	1002.21	1009.63	1015.75	1020.72	1024.55	1027.28	1025.33	1023.30
60	990.82	999.31	1006.44	1012.30	1017.04	1020.66	1023.19	1021.27	1019.24
65	988.11	996.28	1003.13	1008.73	1013.23	1016.63	1018.97	1017.19	1015.15
70	985.27	993.12	999.69	1005.03	1009.30	1012.49	1014.63	1013.08	1011.04
75	982.31	989.85	996.12	1001.21	1005.24	1008.21	1010.16	1008.95	1006.91
80	979.23	986.44	992.42	997.25	1001.05	1003.81	1005.57	1004.79	1002.76
85	976.03	982.91	988.60	993.17	996.73	999.28	1000.86	1000.62	998.58
90	972.70	979.25	984.65	988.95	992.28	994.63	996.02	996.41	994.38
95	969.25	975.47	980.57	984.61	987.70	989.85	991.06	992.19	990.16
100	965.68	971.56	976.36	980.14	983.00	984.94	985.97	987.94	985.91

续表

温度/℃	丙二醇水溶液/%(体积)								
	10	20	30	40	50	60	70	80	90
105	961.99	967.53	972.03	975.54	978.16	979.90	980.76	983.68	981.64
110	958.17	963.37	967.56	970.81	973.20	974.74	975.42	979.38	977.35
115	954.24	959.09	962.97	965.95	968.11	969.45	969.96	975.07	973.03
120	950.18	954.67	958.26	960.97	962.89	964.03	964.38	970.73	968.69
125	945.99	950.14	953.41	955.86	957.55	958.49	958.67	966.37	964.33

3）丙二醇水溶液的比热容

表 2-10 为丙二醇水溶液的比热容与其浓度和温度的关系。

表 2-10　丙二醇水溶液的比热容与其浓度和温度的关系(数据来源《ASHRAE 手册 2005》)

kJ/(kg·K)

温度/℃	丙二醇水溶液/%(体积)								
	10	20	30	40	50	60	70	80	90
-35	—	—	—	—	—	3.096	2.843	2.572	2.264
-30	—	—	—	—	—	3.118	2.868	2.600	2.295
-25	—	—	—	—	3.358	3.140	2.893	2.627	2.326
-20	—	—	—	—	3.378	3.162	2.918	2.655	2.356
-15	—	—	—	3.586	3.397	3.184	2.943	2.683	2.387
-10	—	—	3.765	3.603	3.416	3.206	2.968	2.710	2.417
-5	—	3.918	3.779	3.619	3.435	3.228	2.993	2.738	2.448
0	4.042	3.929	3.793	3.636	3.455	3.250	3.018	2.766	2.478
5	4.050	3.940	3.807	3.652	3.474	3.272	3.042	2.793	2.509
10	4.058	3.951	3.820	3.669	3.493	3.295	3.067	2.821	2.539
15	4.067	3.962	3.834	3.685	3.513	3.317	3.092	2.849	2.570
20	4.075	3.973	3.848	3.702	3.532	3.339	3.117	2.876	2.600
25	4.083	3.983	3.862	3.718	3.551	3.361	3.142	2.904	2.631
30	4.091	3.994	3.875	3.735	3.570	3.383	3.167	2.931	2.661
35	4.099	4.005	3.889	3.751	3.590	3.405	3.192	2.959	2.692
40	4.107	4.016	3.903	3.768	3.609	3.427	3.217	2.987	2.723
45	4.115	4.027	3.917	3.784	3.628	3.449	3.242	3.014	2.753
50	4.123	4.038	3.930	3.801	3.648	3.471	3.266	3.042	2.784
55	4.131	4.049	3.944	3.817	3.667	3.493	3.291	3.070	2.814

续表

温度/℃	丙二醇水溶液/%(体积)								
	10	20	30	40	50	60	70	80	90
60	4.139	4.060	3.958	3.834	3.686	3.515	3.316	3.097	2.845
65	4.147	4.071	3.972	3.850	3.706	3.537	3.341	3.125	2.875
70	4.155	4.082	3.985	3.867	3.725	3.559	3.366	3.153	2.906
75	4.163	4.093	3.999	3.883	3.744	3.581	3.391	3.180	2.936
80	4.171	4.104	4.013	3.900	3.763	3.603	3.416	3.208	2.967
85	4.179	4.115	4.027	3.916	3.783	3.625	3.441	3.236	2.997
90	4.187	4.126	4.040	3.933	3.802	3.647	3.465	3.263	3.028
95	4.195	4.136	4.054	3.949	3.821	3.670	3.490	3.291	3.058
100	4.203	4.147	4.068	3.966	3.841	3.692	3.515	3.319	3.089
105	4.211	4.158	4.082	3.982	3.860	3.714	3.540	3.346	3.119
110	4.219	4.169	4.095	3.999	3.879	3.736	3.565	3.374	3.150
115	4.227	4.180	4.109	4.015	3.898	3.758	3.590	3.402	3.181
120	4.235	4.191	4.123	4.032	3.918	3.780	3.615	3.429	3.211
125	4.243	4.202	4.137	4.049	3.937	3.802	3.640	3.457	3.242

4）丙二醇水溶液的导热系数

表2-11为丙二醇水溶液的导热系数与其浓度和温度的关系。

表2-11　丙二醇水溶液的导热系数与其浓度和温度的关系(数据来源《ASHRAE手册2005》)

W/(m·K)

温度/℃	丙二醇水溶液/%(体积)								
	10	20	30	40	50	60	70	80	90
-35	—	—	—	—	—	0.296	0.275	0.255	0.237
-30	—	—	—	—	—	0.300	0.277	0.256	0.237
-25	—	—	—	—	0.329	0.303	0.278	0.257	0.236
-20	—	—	—	—	0.334	0.306	0.280	0.257	0.236
-15	—	—	—	0.369	0.338	0.309	0.282	0.258	0.236
-10	—	—	0.410	0.375	0.342	0.312	0.284	0.259	0.235
-5	—	0.456	0.416	0.380	0.346	0.314	0.285	0.259	0.235
0	0.510	0.464	0.423	0.385	0.349	0.317	0.286	0.259	0.234
5	0.518	0.472	0.429	0.389	0.353	0.319	0.288	0.260	0.234
10	0.527	0.479	0.434	0.394	0.356	0.321	0.289	0.260	0.233

续表

温度/℃	丙二醇水溶液/%(体积)								
	10	20	30	40	50	60	70	80	90
15	0.535	0.485	0.440	0.398	0.359	0.323	0.290	0.260	0.233
20	0.543	0.492	0.445	0.402	0.362	0.325	0.291	0.261	0.232
25	0.550	0.498	0.449	0.406	0.365	0.327	0.292	0.261	0.231
30	0.557	0.503	0.454	0.409	0.367	0.329	0.293	0.261	0.231
35	0.563	0.508	0.458	0.412	0.370	0.330	0.293	0.261	0.230
40	0.569	0.513	0.462	0.415	0.372	0.331	0.294	0.261	0.229
45	0.575	0.518	0.466	0.418	0.374	0.333	0.294	0.260	0.229
50	0.580	0.522	0.469	0.420	0.375	0.334	0.295	0.260	0.228
55	0.585	0.526	0.472	0.423	0.377	0.335	0.295	0.260	0.227
60	0.589	0.529	0.475	0.425	0.378	0.335	0.295	0.260	0.227
65	0.593	0.532	0.477	0.426	0.379	0.336	0.295	0.259	0.226
70	0.596	0.535	0.479	0.428	0.380	0.336	0.295	0.259	0.225
75	0.599	0.538	0.481	0.429	0.381	0.337	0.295	0.258	0.224
80	0.602	0.540	0.482	0.430	0.382	0.337	0.295	0.258	0.223
85	0.604	0.541	0.484	0.431	0.382	0.337	0.295	0.257	0.222
90	0.606	0.543	0.484	0.431	0.382	0.337	0.294	0.256	0.221
95	0.607	0.544	0.485	0.432	0.382	0.336	0.294	0.256	0.220
100	0.608	0.544	0.485	0.432	0.382	0.336	0.293	0.255	0.219
105	0.609	0.544	0.485	0.432	0.382	0.335	0.292	0.254	0.218
110	0.609	0.544	0.485	0.431	0.381	0.335	0.292	0.253	0.217
115	0.608	0.544	0.485	0.430	0.380	0.334	0.291	0.252	0.216
120	0.608	0.543	0.484	0.429	0.379	0.333	0.290	0.251	0.215
125	0.606	0.542	0.482	0.428	0.378	0.332	0.288	0.250	0.214

5）丙二醇水溶液的黏度

表 2-12 为丙二醇水溶液的黏度与其浓度和温度的关系。

表 2-12　丙二醇水溶液的黏度与其浓度和温度的关系(数据来源《ASHRAE 手册 2005》)

mPa·s

温度/℃	丙二醇水溶液/%(体积)								
	10	20	30	40	50	60	70	80	90
-35	—	—	—	—	—	524.01	916.18	1434.22	3813.29
-30	—	—	—	—	—	330.39	551.12	908.47	2071.34

续表

温度/℃	丙二醇水溶液/%(体积)								
	10	20	30	40	50	60	70	80	90
-25	—	—	—	—	110.59	211.43	340.09	575.92	1176.09
-20	—	—	—	—	73.03	137.96	215.67	368.77	696.09
-15	—	—	—	33.22	49.70	92.00	140.62	239.86	428.19
-10	—	—	11.87	23.27	34.78	62.78	94.23	159.02	272.94
-5	—	4.98	9.08	16.75	24.99	43.84	64.83	107.64	179.78
0	2.68	4.05	7.08	12.37	18.40	31.32	45.74	74.45	122.03
5	2.23	3.34	5.61	9.35	13.85	22.87	33.04	52.63	85.15
10	1.89	2.79	4.52	7.22	10.65	17.05	24.41	37.99	60.93
15	1.63	2.36	3.69	5.69	8.34	12.96	18.41	28.00	44.62
20	1.42	2.02	3.06	4.57	6.65	10.04	14.15	21.04	33.38
25	1.25	1.74	2.57	3.73	5.39	7.91	11.08	16.10	25.45
30	1.11	1.52	2.18	3.09	4.43	6.34	8.81	12.55	19.76
35	0.99	1.34	1.88	2.60	3.69	5.15	7.12	9.94	15.60
40	0.89	1.18	1.63	2.21	3.11	4.25	5.84	7.99	12.49
45	0.81	1.06	1.43	1.91	2.65	3.55	4.85	6.52	10.15
50	0.73	0.95	1.26	1.66	2.29	3.00	4.08	5.39	8.35
55	0.67	0.86	1.13	1.47	1.99	2.57	3.46	4.51	6.95
60	0.62	0.78	1.01	1.30	1.75	2.22	2.98	3.82	5.85
65	0.57	0.71	0.91	1.17	1.55	1.93	2.58	3.28	4.97
70	0.53	0.66	0.83	1.06	1.38	1.70	2.26	2.83	4.26
75	0.49	0.60	0.76	0.96	1.24	1.51	1.99	2.47	3.69
80	0.46	0.56	0.70	0.88	1.12	1.35	1.77	2.18	3.22
85	0.43	0.52	0.65	0.81	1.02	1.22	1.59	1.94	2.83
90	0.40	0.49	0.61	0.75	0.93	1.10	1.43	1.73	2.50
95	0.38	0.45	0.57	0.70	0.86	1.01	1.30	1.56	2.23
100	0.35	0.43	0.53	0.66	0.79	0.92	1.18	1.42	2.00
105	0.33	0.40	0.50	0.62	0.74	0.85	1.08	1.29	1.80
110	0.32	0.38	0.47	0.59	0.69	0.79	1.00	1.19	1.63
115	0.30	0.36	0.45	0.56	0.64	0.74	0.93	1.09	1.48
120	0.28	0.34	0.43	0.53	0.60	0.69	0.86	1.02	1.35
125	0.27	0.32	0.41	0.51	0.57	0.65	0.80	0.95	1.24

6）乙二醇和丙二醇的一般特性

乙二醇和丙二醇是空调、冷冻、食品等行业最常用的低温载冷剂，表2-13

为其一般特性。

表 2-13　乙二醇和丙二醇的一般特性(数据来源《ASHRAE 手册 2005》)

特性	乙二醇	丙二醇
分子量	62.07	76.1
密度(20℃)/(kg/m^3)	1116	1036
沸点/℃		
101.3kPa	197	187
6.67kPa	123	116
1.33kPa	89	85
蒸发压力(20℃)/Pa	6.7	9.3
冰点/℃	-12.6	-60.0
黏度/(mPa·s)		
0℃	57.4	243
20℃	20.9	60.5
40℃	9.5	18.0
折射率 n_D(20℃)	1.432	1.432
比热容(20℃)/[kJ/(kg·K)]	2.35	2.49
熔化热(-12.7℃)/(kJ/kg)	187	—
蒸发热(101.3kPa)/(kJ/kg)	846	688
燃烧热(20℃)/(MJ/kg)	19.246	23.969

2.1.3.4　丙二醇生产方法

1）环氧丙烷直接水合法

该方法是通过环氧丙烷与水在 150~160℃、0.78~0.98MPa 下(加压非催化水解法)，直接水合制得丙二醇。反应产物经蒸发、精馏后得到成品。

2）环氧丙烷间接水合法

该方法是在酸催化下，通过环氧丙烷与水进行间接水合反应制得丙二醇。反应在 10%~15%的环氧丙烷水溶液中，加入 0.5%~1.0%的稀硫酸，在 50~70℃下水解，水解液经中和、减压浓缩、精制得到成品。

3）丙烯直接催化氧化法

该方法首先通过丙烯与氯水反应生成 1-氯-2-丙醇，再用碳酸钠溶液进行水解得到丙二醇，或丙烯通过氧化反应生成环氧丙烷，再用盐酸水解得到丙二醇。

2.1.3.5 产品用途

① 用作树脂、增塑剂、表面活性剂、乳化剂和破乳剂的原料，也可用作防冻剂和载冷剂。

② 用作气相色谱固定液、溶剂及脱水剂。

③ 用作载体溶剂、湿润剂、抗结剂、抗氧化剂、稳定剂、增稠剂、加工助剂等。

2.1.3.6 毒理学

① 毒性分级：低毒。

② 急性毒性：口服-大鼠 LD_{50}：20000mg/kg；口服-小鼠 LC_{50}：32000mg/kg。

急性毒性经口，预计低毒性：鼠 LD_{50}>2000mg/kg；

急性毒性经皮，预计低毒性：鼠 LD_{50}>2000mg/kg；

急性毒性吸入，低毒性：LC_{50}接近饱和蒸气浓度。

③ 刺激数据：眼睛-兔子 100mg，轻度刺激。

皮肤刺激或腐蚀：不刺激皮肤；

眼睛刺激或腐蚀：基本上不刺激眼睛；

呼吸/皮肤过敏：非皮肤敏化剂；

基因细胞突变性：无致突变性；

致癌性：在动物试验中没有显示具有致癌作用；

生殖毒性：非发育毒物，不会影响生育能力。

④ 属低毒类，毒性和刺激性都很小。具有溶血性，不宜用于静脉注射。添加到食品和饮料中时，和乙二醇类似，可能引起肾脏损害，因此有些国家已禁止其在食品工业中的使用。

2.1.4 甘油/丙三醇

丙三醇(甘油)是一种无色、味甜、澄清、透明、黏稠液体，无臭。能够吸湿，也能吸收硫化氢、氰化氢和二氧化硫。其对石蕊呈中性。长期存放在0℃低温下会形成熔点为17.8℃、具有光泽的斜方晶体。与强氧化剂如三氧化铬、氯酸钾和高锰酸钾接触时，可能引起燃烧和爆炸。

丙三醇能与水、乙醇以任意比例混溶，并能溶解于乙酸乙酯(1∶11比例)，溶解度略小于乙醚，但不溶于苯、氯仿、四氯化碳、二硫化碳、石油醚和油类。

大鼠经口半数致死量(LD_{50})>20mL/kg。丙三醇是甘油三酯分子的骨架成分，当人体摄入食用脂肪时，其中的甘油三酸酯全被人体代谢。

丙三醇结构式：

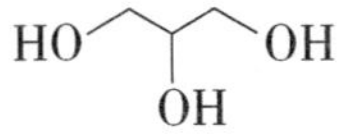

2.1.4.1 理化性质

外观与性状：无色黏稠液体，无气味，具有甜味，能吸湿；

熔点：17.8℃；

沸点：290℃；

相对密度(水=1)：1.26331(20℃)；

相对蒸气密度(空气=1)：3.1；

黏度(20℃)：1412mPa·s，黏度(25℃)：945mPa·s；

表面张力(20℃)：63.3mN/m；

饱和蒸汽压：0.4kPa(20℃)；

闪点：177℃；

引燃温度：370℃；

体积膨胀系数：0.000615/K；

2.1.4.2 生产方法

甘油的工业生产方法可分为两大类：以天然油脂为原料的方法，所得甘油俗称天然甘油；以丙烯为原料的合成法，所得甘油俗称合成甘油。

1）天然甘油的生产

在1984年以前，甘油主要从动植物油脂制皂的副产物中回收。至今，天然油脂仍为生产甘油的主要原料，大约42%的天然甘油来源于制皂副产品，58%则来自脂肪酸生产。制皂工业中，油脂经过皂化反应后会产生两层物质：上层主要含脂肪酸钠盐(肥皂)及少量甘油，下层是废碱液，为含有盐类和氢氧化钠的甘油稀溶液，一般含甘油9%~16%，无机盐8%~20%。此外，油脂水解得到的甘油水(也称甜水)，其甘油含量高于制皂废液，为14%~20%，无机盐0~0.2%。现代工业普遍采用连续高压水解法，该反应不使用催化剂，所得甘油中一般不含无机酸，净化方法比废碱液简单。无论是制皂废液，还是油脂水解得到的甘油水，甘油含量都不高，且含有各种杂质。天然甘油的生产过程包括净化、浓缩得到粗甘油，之后通过蒸馏、脱色、脱臭的精制过程，最终获得纯净的甘油。

2）合成甘油的生产

以丙烯为原料的甘油生产方法可分为氯化法和氧化法两大类。现在工业上主要使用丙烯氯化法和丙烯乙酸氧化法。

丙烯氯化法。这是合成甘油中最重要的生产方法，共包括四个步骤：

丙烯高温氯化：将丙烯与氯气反应，生成氯丙烯；

氯丙烯次氯酸化：将氯丙烯与氯酸反应，得到二氯丙醇。

二氯丙醇皂化：对二氯丙醇进行水解反应，生成环氧氯丙烷。

环氧氯丙烷水解：环氧氯丙烷在150℃、1.37MPa二氧化碳压力下，与氢氧化钠和碳酸钠水溶液反应，生成含氯化钠的甘油水溶液，经过浓缩、脱盐、蒸馏后，最终得到纯度高达98%以上的甘油。

丙烯过乙酸氧化法。该方法通过丙烯与过乙酸作用合成环氧丙烷，再通过环氧丙烷异构化得到烯丙醇。后者再与过乙酸反应生成环氧丙醇(即缩水甘油)，最后缩水甘油水解为甘油。

过乙酸作为氧化剂的生产过程无需催化剂，且反应速率较快，简化了生产流程。此法的选择性和收率较高，且乙酸副产物的产生量相对较少。

目前，天然甘油和合成甘油的产量几乎各占50%，其中丙烯氯化法约占合成甘油产量的80%。我国天然甘油的产量占总产量的90%以上。

2.1.4.3 工业用途

① 用作制造硝化甘油、醇酸树脂和环氧树脂。

② 用来制取各种制剂、溶剂，配制外用软膏或栓剂等。

③ 在涂料工业中用来制取各种醇酸树脂、聚酯树脂、缩水甘油醚和环氧树脂等。

④ 在纺织和印染工业中用于制造润滑剂、吸湿剂、织物防皱缩处理剂、扩散剂和渗透剂。

⑤ 在食品工业中用作甜味剂、烟草的吸湿剂。

⑥ 在造纸、化妆品、制革、照相、印刷、金属加工、电工材料和橡胶等工业中都有着广泛的用途。

⑦ 用作汽车和飞机燃料以及油田的防冻剂。

2.1.4.4 甘油的副作用

需要指出的是，由于甘油具有保水作用，它能够增加血容量，从而可能引发头晕、恶心等症状。特别是在妊娠、高血压、糖尿病、肾病等血容量或血压本身较高的情况下，这些不良反应会更加明显。

2.1.4.5 储存注意事项

储存于阴凉、通风的库房。远离火种、热源。应与氧化剂、酸类分开存放，切忌混储。配备相应品种和数量的消防器材。储存区应备有泄漏应急处理设备和合适的收容材料。

2.1.5 二甲基亚砜

二甲基亚砜(Dimethyl sulfoxide，DMSO)是一种无色液体，属于重要的极性非质子溶剂。它具有广泛的溶解能力，能够与许多有机溶剂及水互溶。二甲基亚砜具有极易渗透皮肤的特殊性质，造成使用人员在接触后感觉到类似牡蛎的味道。

2.1.5.1 基本资料

结构简式：$(CH_3)_2—S=O$

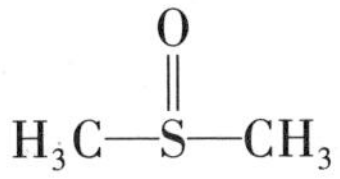

分子式：C_2H_6OS

分子量：78.13

CAS 号：67-68-5

MDL 号：MFCD00002089

EINECS 号：200-664-3

InChI 编码：InChI=1/C2H6OS/c1-4(2)3/h1-2H3[1]

RTECS 号：PV6210000

BRN 号：506008

PubChem 号：24893703

2.1.5.2 理化性质

(1) 性状：无色、黏稠、透明、油状液体或结晶体。具弱碱性，几乎无臭，稍带苦味，是一种常用的有机溶剂。

(2) 密度：1.100g/mL；

(3) 相对蒸气密度(空气=1)：2.7g/mL；

(4) 熔点：18.45℃；

(5) 沸点(常压)：189℃；

(6) 折射率(25℃)：1.4795；

(7) 黏度：1.987mPa·s(25℃)，2.2mPa·s(20℃)，1.290mPa·s(50℃)；

(8) 闪点(开口)：95℃；

(9) 燃点：87℃；

(10) 蒸发热(25℃)：52.92kJ/mol；

(11) 熔化热：13.94kJ/mol；

(12) 生成热：-197.66kJ/mol；

(13) 燃烧热(定容)：1793.16kJ/mol；

(14) 比热容(25℃，定压)：1.95kJ/(kg·K)；

(15) 电导率(20℃)：3×10^{-8}S/m；

(16) 蒸汽压：0.049kPa(20℃)，0.101kPa(30℃)，0.376kPa(47.7℃)，0.681kPa(56.6℃)；

(17) 爆炸下限(体积)：2.6%；

(18) 爆炸上限(体积)：28.5%；

(18) 体积膨胀系数：0.00088/K；

(20) 溶解性：可与水以任意比例混合，除石油醚外，可溶解一般有机溶剂。在20℃时能吸收氯化氢(30%)、二氧化氮(30%)、二氧化硫(65%)，不溶于除乙炔外的脂肪烃化合物。对多种化合物有溶解能力，并能溶于水、乙二醇、丙酮、苯、烃类氯化物、乙二醇的酯等。

2.1.5.3 毒理学数据

毒性类别：DMSO 属于微毒类，大鼠经口 LD_{50}为 18g/kg。

对人体的影响：

① 皮肤渗透性：DMSO 对人体皮肤有较强的渗透性，能够通过皮肤进入体内，导致一系列潜在的毒性反应。

② 眼部刺激：DMSO 对眼睛有一定的刺激作用。

③ 常见副作用：使用 DMSO 时，常见的不良反应包括恶心、呕吐、皮疹，以及在皮肤和呼出气体中出现大蒜、洋葱或牡蛎般的气味。

生物作用：

① DMSO 作为渗透性保护剂，能降低细胞的冰点，减少冰晶的形成，从而减轻自由基对细胞的损害。

② DMSO 可以改变生物膜的通透性，对电解质、药物、毒物和代谢产物的通透性产生影响。

毒性作用：

① DMSO 可与蛋白质的疏水基团发生反应，导致蛋白质变性，并可能具有血管毒性、肝毒性和肾毒性。

② 吸入高浓度的 DMSO 蒸气可能会引起头痛、眩晕和镇静效应。

③ 皮肤接触 DMSO 后，可能出现灼伤、刺痛感、皮疹和水疱，特别是当 DMSO 与含水皮肤接触时，可能会产生热反应。

处理方法：

① 在使用时应避免 DMSO 挥发，特别是在密闭环境中。

② 若皮肤接触 DMSO，应立即用大量水冲洗，必要时用稀氨水洗涤。

③ 储存和使用时要避免与含有毒性物质的溶液接触，因为 DMSO 能够使这些物质渗入皮肤。

吸收性：DMSO 的吸收性较低，但仍需小心使用，尤其是在高浓度或长时间暴露的情况下。

在使用 DMSO 时应遵循安全操作规程，确保使用过程中有良好的通风，并配备必要的应急洗涤措施。

2.1.5.4 用途

二甲基亚砜是一种既溶于水又溶于有机溶剂的极为重要的非质子极性溶剂。广泛用作溶剂和反应试剂，具有很高的选择抽提能力。

2.1.5.5 合成方法

二甲基亚砜一般采用二甲硫醚氧化法制得，由于所用的氧化剂和氧化方式不同，因而有不同的生产工艺。

1）甲醇二硫化碳法

以甲醇和二硫化碳为原料，以 γ-Al_2O_3 作催化剂，先合成二甲硫醚，再与二氧化氮（或硝酸）反应进行氧化，最终得到二甲基亚砜。

2）双氧水法

以丙酮作缓冲介质，二甲硫醚与双氧水反应生成二甲基亚砜。虽然此法能得到较高纯度的二甲基亚砜，但由于生产成本较高，不适于大规模生产。

3）二氧化氮法

甲醇和硫化氢在 γ-Al_2O_3 催化下生成二甲硫醚；随后，硫酸与亚硝酸钠反应生成二氧化氮；接着，二甲硫醚再与二氧化氮在 60~80℃ 进行气液相氧化反应生成粗二甲基亚砜。此法也可以使用氧气直接进行氧化。粗二甲基亚砜减压蒸馏精制后得到二甲基亚砜。此法是较为先进的生产方法，常用于工业化生产。

4）硫酸二甲酯法

硫酸二甲酯与硫化钠反应生产二甲硫醚；再通过与二氧化氮氧化得到粗二甲基亚砜，经过中和、蒸馏精制后得到高纯度的二甲基亚砜。此外，阳极氧化法也可以用二甲硫醚生产二甲基亚砜。

5）精制方法

二甲基亚砜通过减压蒸馏（266.6~399.9Pa、50℃）、与氧化铝或 CaH_2 反应后收集中间馏分、使用分子筛干燥等方法进行精制。也可以分步结晶精制。

6）丙酮缓冲法

二甲硫醚和双氧水在丙酮的缓冲作用下反应，维持温度20℃。反应结束后，直接进行减压蒸馏可以得到纯度较高的二甲基亚砜。

这些不同的生产方法和精制过程影响二甲基亚砜的纯度和成本，其中二氧化氮法和甲醇二硫化碳法为常用的工业化生产工艺。

2.1.6　二乙二醇

二乙二醇又名二甘醇，外观为无色透明、无机械杂质的液体，具有较高的亲水性。它在许多行业中都有广泛的应用，主要用作溶剂，还可用作树脂的增塑剂、烟草防干剂、纤维润滑剂和天然气的干燥剂等。

2.1.6.1　理化特性

外观/性状：无色、无臭、开始味甜回味苦的黏稠液体，具有吸湿性；

熔点：-8.0℃；

相对密度(水=1)：1.12(20℃)；

沸点：245.8℃；

相对蒸气密度(空气=1)：3.66；

分子式：$C_4H_{10}O_3$；

分子量：106.12；

饱和蒸汽压：0.13kPa(91.8℃)；

闪点：124℃；

引燃温度：228℃；

溶解性：与水混溶，不溶于苯、甲苯、四氯化碳。

2.1.6.2　主要用途

用作人造丝的软化剂和烟草的防干剂，还是某些化工产品的中间体，也用作汽车发动机防冻剂、刹车油等。

2.1.6.3　健康危害

未见本品引起职业中毒的报道。口服引起恶心、呕吐、腹痛、腹泻及肝、肾损害，可致死。尸检发现主要损害肾脏、肝脏。

急救措施如下：

皮肤接触：脱去污染的衣着，用大量流动清水冲洗。

眼睛接触：提起眼睑，用流动清水或生理盐水冲洗，就医。

吸入：脱离现场至空气新鲜处。如呼吸困难，输氧，就医。

食入：饮足量温水，催吐。洗胃，导泄。就医。

危险特性：遇明火、高热，可燃。

有害燃烧产物：一氧化碳。

2.1.6.4 毒理学

急性毒性：LD_{50} 16600mg/kg（大鼠经口）；26500mg/kg（小鼠经口）；11900mg/kg（兔经皮注射）。

刺激性：人经皮：112mg/3天（间歇），轻度刺激。家兔经眼：50mg，轻度刺激。

2.1.7 二丙二醇

二丙二醇又名一缩二丙二醇、二(2-羟丙基)醚、双丙甘醇；

英文名：Dipropylene glycol，Oxydipropanol；

分子式：$C_6H_{14}O_3$；

分子量：134.17；

CAS 号：110-98-5。

2.1.7.1 理化数据

性状：二丙二醇是一种高纯度产品，适用于香精香料和化妆品等对气味比较敏感的用途。它是一种无臭、无色、水溶性和吸湿性液体。二丙二醇的蒸汽压较低，黏度中等。

化学性质：能发生酯化、醚化、缩醛化、卤化等反应。

沸点：295℃（101.3kPa）；

熔点：约-40℃；

相对密度：1.0252(20℃)；

黏度：107mPa·s(20℃)；

表面张力：32.0mN/m(25℃)；

闪点：118℃；

毒性：微毒，大鼠经口 LD_{50} = 14.85mL/kg，不经皮肤吸收；

含量：≥99.50%。

2.1.7.2 主要用途

二丙二醇是诸多香精香料和化妆品最理想的溶剂，还可在多种不同美容化妆品中作为偶联剂和保湿剂，也可用于生产不饱和树脂及饱和树脂。

2.2 缓冲剂与发动机冷却液的 pH 值与储备碱度

2.2.1 缓冲剂

2.2.1.1 一般概念

化学工程中的缓冲剂常被称为酸碱稳定剂，通常是盐类，如强酸弱碱盐或弱酸强碱盐，它们在反应或保存过程中逐渐释酸或碱来维持稳定的酸碱值。缓冲溶液在无机化学和分析化学中占有重要地位，它的 pH 值在一定的范围内不会因稀释或外加少量的酸碱而发生显著的变化。缓冲溶液的 pH 值和缓冲容量由共轭酸碱对及其物质的量决定。

常见的缓冲体系包括弱酸及其盐(如 HAc-NaAc)、弱碱及其盐($NH_3 \cdot H_2O$-NH_4Cl)，以及多元弱酸的酸式盐及其对应的次级盐(如 NaH_2PO_4-Na_2HPO_4)的水溶液。

只要知道缓冲液的 pK 值、所需的 pH 值和浓度，就能按公式计算[盐]和[酸]的比例与用量。为简化计算，已有学者总结出 pH 值与缓冲液离子用量的关系，并列出了表格，我们只需查表便可得到所用缓冲剂的比例和用量。

设缓冲系统的弱酸的电离常数为 K_a(平衡常数)，则由弱酸的电离平衡式可得下式：

$$[H^+]=K_a\{[弱酸]/[共轭碱]\}$$

$$pH=pK_a+\lg\{[共轭碱]/[弱酸]\}$$

这就是 Henderson-Hasselbalch 等式。

如果[弱酸]=[共轭碱]，则

$$pH=pK_a$$

根据此式可得出下列几点结论：

① 缓冲液的 pH 值与酸的电离平衡常数 K_a 及盐和酸的浓度有关。弱酸的 pK_a 值是固定的，但不同酸盐会影响 pH 值。当酸和盐浓度相等时，溶液的 pH 值与 pK_a 值相同。

② 酸和盐浓度等比例增减时，溶液的 pH 值不变。

③ 酸和盐浓度相等时，缓冲液的缓冲效率最高，比例相差越大，缓冲效率越低，缓冲液的一般有效缓冲范围为 $pH=pK_a\pm1$，$pOH=pK_b\pm1$。

2.2.1.2 缓冲作用原理

当往某些溶液中加入一定量的酸和碱时，若溶液能阻碍 pH 值的变化，这种现象称为缓冲作用。以弱酸 HA 及其盐 NaA 组成的缓冲溶液为例，其对酸的缓冲作用主要是由于溶液中存在足够量的共轭碱 A^-。具体来说，当向这种溶液中加入一定量的强酸时，H^+会被 A^-中和，所以溶液的 pH 值几乎不变；当加入一定量强碱时，溶液中的弱酸 HA 消耗 OH^-而阻碍 pH 的变化。

2.2.1.3 缓冲溶液的缓冲能力

在缓冲溶液中加入少量强酸或强碱，pH 值变化不大，这是因为缓冲溶液能够有效地中和这些酸或碱。然而，若加入过多的酸和碱时，缓冲溶液的 pH 值会发生显著变化，说明它的缓冲能力是有限的。缓冲溶液的缓冲能力主要与其组成成分的浓度有关。例如，0.1mol/L 的醋酸(HAc)和 0.1mol/L 醋酸钠(NaAc)组成的缓冲溶液，比 0.01mol/L HAc 和 0.01mol/L NaAc 的缓冲能力强。这一点可以通过计算验证。但需要注意的是，缓冲溶液组分的浓度不应过大，否则就不能忽视离子间的相互作用。同时，组成缓冲溶液的两组分的比值也对缓冲能力有影响。当盐与酸的浓度比为 1∶1 时，缓冲能力大，且此时 pH 变化最小。如果盐和酸的浓度比值偏离 1∶1，缓冲能力会降低，甚至可能失去缓冲作用。每个缓冲体系都有一个有效缓冲范围，通常位于 pK_a(或 pK_b)值的两侧各一个 pH 单位之内。例如，HAc 的 pK_a 为 4.76，因此 HAc 和 NaAc 适宜于配制 pH 值为 3.76~5.76 的缓冲溶液。在这个范围内，缓冲作用最强，尤其是当 pH 值为 4.76 时，缓冲能力最大，此时 $c(HAc)/c(NaAc)=1$。

2.2.1.4 缓冲溶液的配制和应用

为了配制一定 pH 值的缓冲溶液，首先需要选择一个合适的弱酸，其 pK_a 应尽可能接近目标 pH 值。然后计算酸与碱的浓度比，根据此浓度比便可配制所需缓冲溶液。对于弱碱及其盐组成的缓冲溶液，配制方法与弱酸缓冲溶液相似。选择一个 pK_b 值接近目标 pH 值的弱碱，并计算其与共轭酸的浓度比即可。

常用的缓冲体系主要有磷酸(适用于 pH 范围为 2.5~7.5)、硼酸(适用于 pH 范围为 5~10)、柠檬酸(适用于 pH 范围为 3~6)、碳酸(适用于 pH 范围为 6~8)、醋酸(适用于 pH 范围为 3.7~5.7)、巴比妥酸(适用于 pH 范围为 7.0~8.5)及其盐等。

2.2.1.5 发动机冷却液的缓冲性能

布拜图(E 电位-pH 图)是腐蚀控制研究领域重要的热动力学工具。尤其在发动机冷却液中，金属与水溶液之间的电位平衡关系至关重要。通过这个图可以帮助我们理解不同金属在不同 pH 值条件下的腐蚀行为，从而在选择合适的腐蚀抑制体系时提供理论依据。在发动机冷却系统中，不同金属的最佳保护 pH 值范围各不相同，如下所示：

铝：最佳保护的 pH 值范围 4~8.5；

铜：有效钝化的 pH 值范围 7~12.5；

铁：最佳保护的 pH 值范围 8.5~12.5；

铅/焊锡：最佳保护的 pH 值范围 7.5~9.5。

选择合适的腐蚀抑制体系，不仅需要考虑对金属腐蚀抑制效果，也要考虑到体系的缓冲能力。这也是确保冷却液在长时间内能维持其 pH 值稳定的关键因素。如果冷却液的 pH 值波动较大，可能会导致某些金属表面发生腐蚀或钝化而失效。

为了维持稳定的 pH 值，冷却液的储备碱度(RA)非常重要。储备碱度指的是冷却液中能够中和酸性物质的能力，通常通过溶解在冷却液中的碱性物质(如硼酸盐、磷酸盐等)来实现。储备碱度的高低直接影响到冷却液在长期使用过程中维持 pH 值稳定的能力，从而有效减少腐蚀风险。

2.2.2 发动机冷却系统金属的布拜图

2.2.2.1 铝的腐蚀态、免蚀态和钝化态的理论工况

依据环境条件，铝会以几种氢氧化物形态存在。见图 2-1，在 25℃温度条件下，*E* 电位-pH 图(布拜图)显示，铝的氧化物和氢氧化物的稳定性取决于溶液的 pH 值。三水氧化铝是铝在水溶液中最稳定的形态，其钝化态存在于 pH 值范围 4~8.5。而一水氧化铝相对较不稳定，其钝化区域较窄，只存在于 pH 值为 4.5~6.2 的范围。

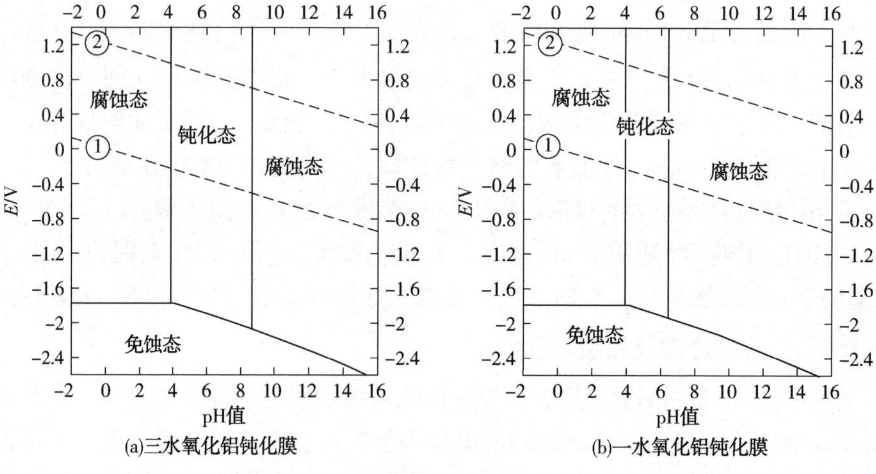

图 2-1 铝的腐蚀态、免蚀态和钝化态的理论工况(25℃)

2.2.2.2 铁的腐蚀态、免蚀态和钝化态的理论工况

在酸性溶液中，铁非常活泼。在表面电势降低时，即使 pH 值为 10，腐蚀依然能发生。铁的氢氧化物在水中大量存在，并且在 pH 值低于 8 时，铁很难形成

稳定的钝化膜，如图 2-2 所示。

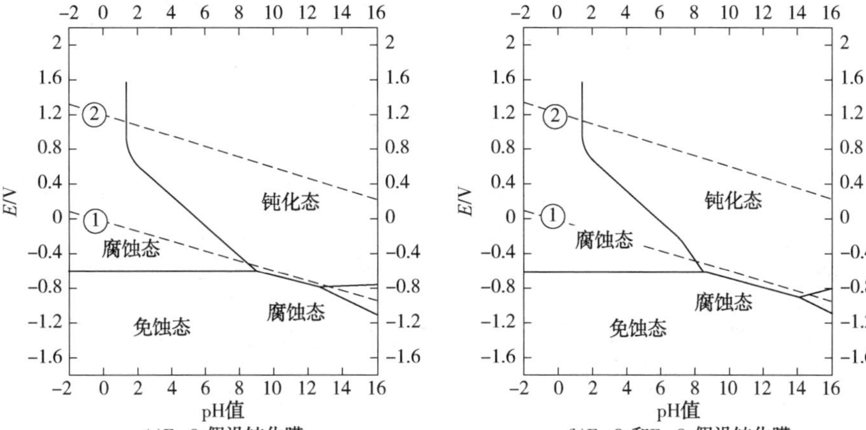

(a)Fe_2O_3假设钝化膜　(b)Fe_2O_3和Fe_3O_7假设钝化膜

图 2-2　铁的腐蚀态、免蚀态和钝化态的理论工况(25℃)

2.2.2.3　铜的腐蚀态、免蚀态和钝化态的理论工况

铜是一种贵金属，在发动机冷却系统中属于最容易保护的金属。只有在酸性或强碱性环境中，且存在强氧化剂时，铜才会被腐蚀。如图 2-3 所示，铜的钝化态稳定存在于 pH 值 7~12.5 的范围内。

2.2.2.4　铅的腐蚀态、免蚀态和钝化态的理论工况

铅通常存在于焊锡中，用于铜质换热器的焊接。在发动机冷却系统中，铅是最难保护的金属之一。铅易氧化并导致腐蚀，其氧化物溶解性太强，难以提供有效的保护。中性或者碱性且不含氧化剂的溶液能够为金属铅提供稳定的保护。如图 2-4 所示，铅的腐蚀几乎覆盖了所有的 pH 值范围，只有在较高的电位下，铅才能保持钝化态。

焊锡是铅和锡的合金，具备两相金属特征，在合适的条件下能够形成原电池反应。在中性或者弱碱性冷却液中，在电位较高时，焊锡表面会形成不溶于冷却液的氧化铅。然而，当 pH 值高于 9.5 时，氧化铅会重新溶解。因此，对于焊锡/铅的保护，适宜的 pH 值范围为 7.5~9.5。因此，控制发动机冷却液的 pH 值对铅的保护是至关重要的。

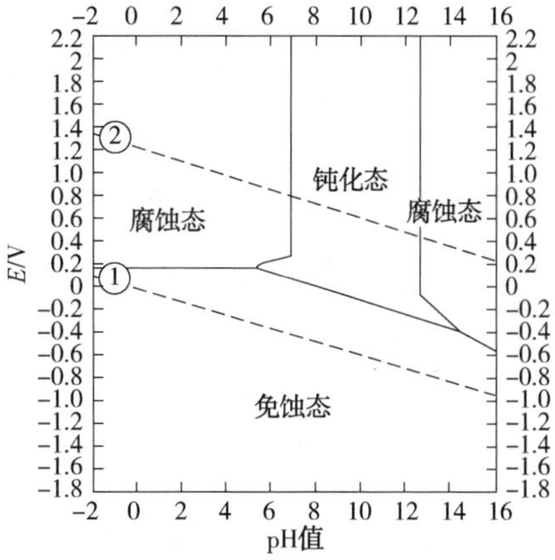

图 2-3　铜的腐蚀态、免蚀态和钝化态的理论工况(25℃)

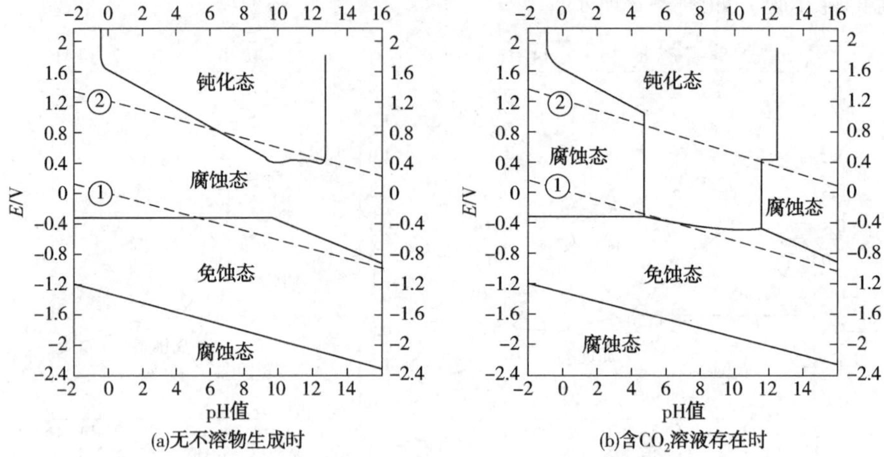

图 2-4　铅的腐蚀态、免蚀态和钝化态的理论工况(25℃)

2.2.2.5　汽车公司对冷却液 pH 值的要求

为了减少自重，尤其是欧洲和日本汽车公司大量使用轻合金和塑料，并使用增压及增压中冷技术来提升比功率和降低油耗。现代汽车的换热器、缸盖、水泵、分水管，甚至部分缸体，均采用轻合金制造。随着发动机的日益紧凑，冷却系统需要承受更高的温度，这使得铝合金面临更大的挑战。高的 pH 值会对铝的腐蚀抑制产生负面影响，因此现代冷却液的 pH 值通常控制在 9.5 以下。为了保证冷却液金属腐蚀控制效果，很多汽车 OEM 厂商对冷却液 pH 值做出了严格规定，见表 2-14。

表 2-14　汽车公司对于冷却液 pH 值的规定

汽车公司规范名称	pH 值	汽车公司规范名称	pH 值
梅赛德斯-奔驰 DBL 7700	7.0~8.5(33%)	菲亚特 Fiat 55523/1	7.5~8.5(50%)
大众 VW TL 774	7.5~8.5(33%)	沃尔沃 Volvo 98505	7.1~7.5(45%)
宝马 BMW N600 69.0	7.5~9.0(50%)	标致 Peugeot FH06	7.6~9.6(30%)
欧宝 Opel B040 068	7.0~9.0(44%)	欧曼 MAN M9.210-01	7.5~9.0(30%)

2.2.3　导致发动机冷却液 pH 降低的因素

2.2.3.1　醇的热氧化和裂化

发动机冷却液中，二元醇如乙二醇(EG)或者丙二醇(PG)是常用的防冻剂。现代电控发动机、增压发动机等的冷却液温度在 95~125℃，而瞬间接触到的缸壁、增压器、润滑油冷却器或者缸盖温度可能达到180~300℃。在如此高温条件下，二元醇会与冷却系统中的溶解氧气发生反应，发生降解，降解过程如下：

EG降解：

$$\underset{\text{乙二醇}}{HOCH_2CH_2OH} \xrightarrow{O_2+\text{加热}} \underset{\text{草酸}}{HOOCCOOH} + \underset{\text{乙醇酸}}{HOCH_2COOH} + \underset{\text{甲酸}}{HCOOH}$$

PG降解：

$$\underset{\text{丙二醇}}{CH_3CH(OH)CH_2OH} \xrightarrow{O_2+\text{加热}} \underset{\text{丙酮酸}}{CH_3COCOOH} + \underset{\text{乳酸}}{CH_3CH(OH)COOH} + \underset{\text{草酸}}{HOOCCOOH} + \underset{\text{乙酸}}{CH_3COOH}$$

降解生成的甲酸是一种强酸，腐蚀性强。草酸则是弱酸，与乙醇酸、丙酮酸、乳酸等其他有机酸一起，可能会影响冷却液体系的酸碱平衡，从而导致pH值下降。

2.2.3.2 冷却系统吸收发动机废酸性排气

冷却系统在长时间的使用过程中，不可避免会吸收发动机的排气以及空气中的酸性气体，尤其是国内燃料的硫含量偏高，排气中含硫化合物比例大。酸性气体进入冷却系统中，会与水反应形成以下酸性物：

$$CO_2 \longrightarrow H_2CO_3$$

$$SO_2 \longrightarrow H_2SO_3$$

$$Cl^- \longrightarrow HCl$$

$$Br^- \longrightarrow HBr\text{(乙基苯)}$$

2.2.3.3 酸性洗液残留

现代发动机的维护中，冷却系统的清洗是一项重要的内容。在更换冷却液之前，一般都会使用清洗剂清洗发动机冷却系统。然而，市场上的许多发动机冷却系统清洗剂通常为酸性的，清洗后若未彻底冲洗，残留物对冷却液的pH值也会产生影响。

2.2.4 储备碱度(RA)

2.2.4.1 ASTM D1121关于储备碱度的定义

储备碱度是指滴定10mL冷却液浓缩液加入90mL蒸馏水，直到pH值降至5.5，用0.1mol/L盐酸滴定所消耗的体积，以0.1mL 0.1mol/L盐酸为单位计算。由此定义，自由碱和成盐的弱酸(如硅酸根、硼酸根、磷酸根)都被滴定。相对弱酸盐(例如苯甲酸，亚硝酸)只能进行粗略滴定，而相对强酸(例如磷酸二氢钠)不被滴定。

2.2.4.2 腐蚀抑制剂的缓冲性能

1) 无机盐技术冷却液(IAT)

传统无机盐技术冷却液的储备碱度的范围在10~14，这是因为无机酸碱缓冲系统的 pK_a 值在7~9。例如，四硼酸钠的缓冲系统 pH 值为7.5，只需要0.5%(质量分数)就能提供足够的储备碱度。

pK_a，酸度系数，又名酸离解常数，在化学及生物化学中用于衡量酸离解氢离子的能力。不同的酸具有不同的酸度系数，一般来说，较大的 K_a 值(或较小的 pK_a 值)代表较强的酸，因为这种酸在相同浓度下离解能力较强。通过酸度系数，可以轻松计算酸、共轭碱、质子及氢氧根离子浓度。对于部分中和的酸，K_a 值可以用来计算缓冲溶液的 pH 值。

2) 有机酸技术冷却液(OAT)

脂肪族一元酸的缓冲能力通常较差，pK_a 值小于5，意味着在 pH=5.5 时，极少数脂肪族一元酸能够被滴定。然而，在 pH=4.5 时，这些一元脂肪酸会从冷却液中沉淀出来。

芳香酸的储备碱度随环取代基的不同而表现出显著差异。例如，苯甲酸和肉桂酸在 pH=5.5 时储备碱度较低，而在 pH=4.5 时储备碱度较高，符合 pK_a 的预测结果。含取代基的芳香酸通常具有较高的储备碱度，但相较于其无取代基的同系物，通常更加不稳定。即使 pH 大于5.5时，含取代基的芳香酸也容易出现沉淀，而 pH=4.5 时，沉淀基本全部结束。

脂肪族二元酸的缓冲能力优于脂肪族和芳香族一元酸，在 pH=5.5 时能够提供较高的储备碱度且不会有沉淀。原因在于，脂肪族二元酸具有两个羧基官能团，其中一个提供储备碱度，另外一个则影响其溶解度。在 pH=4.5 时，脂肪族二元酸的储备碱度较高，两个羧酸根被滴定时，比同样链长的脂肪族一元酸多出一倍的储备碱度。只有在碳链长≥10时才会出现沉淀现象。

2.2.5 合适的 pH 值与 RA 范围

对金属最佳保护只能在合适的 pH 范围内实现，虽然某些腐蚀抑制剂能够为特定金属提供优异的保护，但是它们的缓冲能力通常较差。如果一个发动机冷却液配方不具备足够的储备碱度，即使实验室的腐蚀测试合格，在实际使用过程中，pH 值也很可能迅速下降，从而导致腐蚀的发生。因此，评估冷却液的质量时，应该同时考虑腐蚀测试数据和储备碱度。

对于 IAT 配方，最低可接受的储备碱度普遍认为不小于 10mL 0.1mol/L HCl；而对于 OAT 配方，广泛认可的最低可接受储备碱度是 5mL 0.1mol/L HCl。如果冷却液的储备碱度低于这一标准，则应视为风险产品。在任何情况下，此类低储备碱度的冷却液仅适用于“超短寿命”用途。

2.2.6 OEM 和一些国家标准对于储备碱度的要求

对于 IAT 配方，冷却液可接受的最小储备碱度通常为 10mL 0.1mol/L HCl，这一点在多个 OEM 规格中得到了体现。例如梅赛德斯-奔驰 DBL 7700、沃尔沃 TL 774-C、宝马 320.1、通用 GM 1825M、克莱斯勒 MS 7170、曼 NF，以及意大利 CUNA 916、法国 AFNOR 15601、美国 SAE 1941 等。

对于 OAT 配方，冷却液可接受的最小储备碱度为 5mL 0.1mol/L HCl，例如梅赛德斯-奔驰 DBL 7700 OAT、沃尔沃 TL 774-D、宝马 320.3 等 OEM 规格。

OAT 配方冷却液的发展趋势是不断提高储备碱度，这一趋势越来越明确，如 PSA 715110 和沃尔沃 TL 774-G 等标准，详见图 2-5。

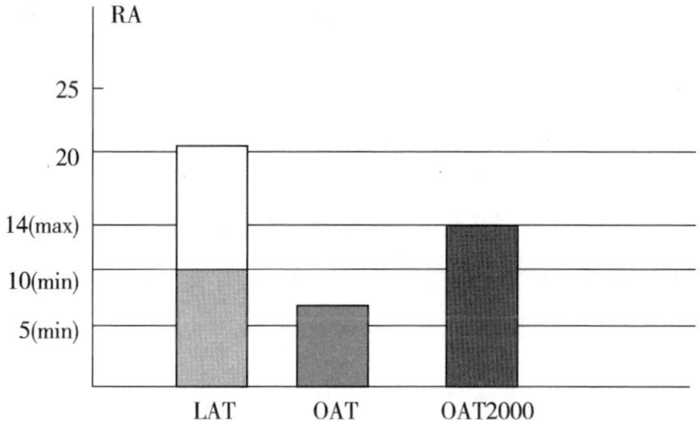

图 2-5　冷却液储备碱度变化

2.3 发动机冷却液的腐蚀抑制剂

腐蚀抑制剂是防止或减缓材料腐蚀的化学物质或复合物，通常以适当的浓度和形式存在于环境中。它们虽然用量不大，但对保护金属材料效果显著。在发动机冷却液中，腐蚀抑制剂是关键添加剂，对冷却液的性能有着重要的影响。

IAT 无机盐型冷却液和 OAT 有机酸型冷却液的主要区别在于缓蚀剂的类型：IAT 冷却液以无机盐为缓冲和缓蚀体系，而 OAT 冷却液则以有机酸盐为主。IAT 冷却液在 OAT 技术出现后被作为对比体系，并未迅速被替代，直到今天，IAT 技术依然广泛应用。

发动机冷却液标准中，大多数仍针对 IAT 冷却液制定，涵盖了物理化学性质、腐蚀试验方法等。例如，ASTM D3306 规定冷却液灰分不大于 5.0，而一些 OEM 标准则要求更低灰分，例如雷诺要求灰分为 0，菲亚特要求小于 1.5。由于低灰分配方较难满足 IAT 技术的要求，在国内，主要厂家采用混合有机盐配方(HOAT)冷却液。如果没有特别指明，发动机冷却液通常指的是无机盐型冷却液。

2.3.1 常见缓蚀剂类型

① 按照化学结构可分为无机缓蚀剂、有机缓蚀剂、聚合物类缓蚀剂。

无机缓蚀剂主要包括铬酸盐、亚硝酸盐、硅酸盐、钼酸盐、钨酸盐、聚磷酸盐、锌盐等。有机缓蚀剂主要包括膦酸(盐)、膦羧酸、巯基苯并噻唑、苯并三氮唑、磺化木质素，有机羧酸盐等。聚合物类缓蚀剂主要包括聚乙烯类、POCA、聚天冬氨酸等一些低聚物的高分子化合物。

② 按照缓蚀剂的控制部位分为阳极型缓蚀剂、阴极型缓蚀剂和混合型缓蚀剂。

阳极型缓蚀剂多为无机强氧化剂，如铬酸盐、钼酸盐、钨酸盐、钒酸盐、亚硝酸盐、硼酸盐等。通常在金属表面阳极区生成氧化物或氢氧化物保护膜抑制金属溶解。

阴极型缓蚀剂如锌的碳酸盐、磷酸盐和氢氧化物，钙的碳酸盐和磷酸盐，能与金属表面阴极区反应，沉积成膜，阻止阴极反应。

混合型缓蚀剂具有两种相反极性基团的有机化合物，既能在阳极形成保护膜，也能在阴极区成膜。常见的有巯基苯并噻唑、苯并三氮唑、十六烷胺等。

③ 按照形成的保护膜类型，可以分为氧化膜型、沉积膜型和吸附膜型等。

氧化膜型缓蚀剂如铬酸盐、亚硝酸盐、钼酸盐、钨酸盐、钒酸盐、正磷酸盐、硼酸盐等能够在金属表面阳极区形成一层致密的氧化膜，从而阻止腐蚀。

沉淀膜型缓蚀剂如锌的碳酸盐、磷酸盐和氢氧化物，钙的碳酸盐和磷酸盐等，通过与水中的离子反应形成沉积膜，起到保护作用。

吸附膜型缓蚀剂多为有机缓蚀剂，分子中具有极性基因，可以吸附在金属表面形成单分子膜，阻止或减缓腐蚀。

2.3.2 发动机冷却液中的重要缓蚀剂及作用

表 2-15 给出了发动机冷却液中用到的重要缓蚀剂及作用。

表 2-15　重要缓蚀剂及作用

缓蚀剂	化学结构	适合金属	pH 值	作用原理	优点	缺点	应用前景
硼砂	十个结晶水的四硼酸钠	锌、钢	8~9.5	在金属表面形成一层氧化膜	价格便宜、易得	促进铝合金传热腐蚀，有毒	一些冷却液中限制使用
磷酸盐	磷酸氢钠、磷酸钠	铝、钢铁	—	在金属表面形成 γ-氧化膜	便宜、易得，有缓冲能力	易与水中钙、镁离子反应生成水垢	一些冷却液中限制使用
亚硝酸盐	亚硝酸钠	钢、铸铁	—	在金属表面形成 γ-氧化膜	便宜、易得，防止铸铁衬里点蚀能力强	使用有临界浓度，有毒	重负荷冷却液中使用
硝酸盐	硝酸钠	钢铁、铝	—	氧化性缓蚀剂	防止铝点蚀能力强	强氧化性	一些冷却液中限制使用
钼酸盐	钼酸钠	多种金属	—	与亚硝酸盐一同配合使用	多金属防护能力	剧毒，致癌作用，促进乙二醇氧化	重负荷冷却液中使用
硅酸盐	偏硅酸钠 偏硅酸钾	铝、钢铁、有色金属	>9	形成保护膜	铝和铝合金的特效缓蚀剂，减少传热腐蚀	长期储存和使用中稳定性差	主要使用，解决稳定性
巯基苯并噻唑	巯基苯并噻唑钠	铜及合金	>9	形成附着力强的难溶保护膜	阳极型缓蚀剂	pH 值下降析出，有氧化剂存在会氧化	被替代
苯并三氧唑类衍生物	BTA、TTZ	铜及合金	—	致密的聚合物薄膜	铜的特效缓蚀剂	有氧化剂和氯存在缓释效果下降	在用
芳香酸盐	苯甲酸钠、肉桂酸盐	铸铁	—	与亚硝酸钠混合使用形成保护膜	不会形成局部腐蚀	与氧化剂混合使用	受限制
脂肪酸	一元酸和二元酸	多金属	作缓冲剂	活性吸附在腐蚀活性点	消耗缓慢，对铝合金传热性能更好	尚未看到介绍	作为长寿命产品

2.3.2.1 苯并三氮唑

铜银缓蚀剂 BTA(苯并三氮唑)能够吸附在金属表面形成一层稳定的薄保护膜，保护铜及其他金属免受大气及有害介质的腐蚀。在循环冷却水系统中，BTA 常以 2~4mg/L 的用量与多种阻垢剂、杀菌灭藻剂协同作用，显著提高循环冷却水系统的腐蚀防护效果。在发动机冷却液中，由于使用环境较为苛刻，BTA 的添加量较高。它通过与铜表面反应，生成致密的保护膜，有效抑制铜的腐蚀，延长冷却系统的使用寿命。

2.3.2.2 巯基苯并噻唑

铜缓蚀剂 MBT(巯基苯并噻唑)常作为循环冷却水系统中的铜缓蚀剂。其与铜表面上的活性铜原子或铜离子发生化学吸附作用，进而发生螯合作用，从而形成一层致密而牢固的保护膜，提供有效的保护。

MBT 曾是汽车发动机冷却液中最早使用的铜系金属特效缓蚀剂，但其缺点是随着 pH 值降低，溶解度显著下降；在氧或氧化剂作用下，MBT 会发生氧化，生成黑色沉积物，堵塞冷却系统。此外，MBT 的硫含量较高，气味浓烈，故已被欧洲市场逐步废弃。

2.3.2.3 甲基苯并三氮唑

铜缓蚀剂 TTA(甲基苯并三氮唑)可以作为铜和铜合金的缓蚀剂，对黑色金属也有一定的缓蚀作用。TTA 吸附在金属表面形成一层薄膜，有效保护铜及其他金属免受大气和水中有害介质的腐蚀。与 MBT 相比，TTA 成膜更均匀，且与 MBT 复合使用时效果更佳。同 BTA 一样，TTA 在发动机冷却液中常用作铜的特效缓蚀剂。然而，TTA 不溶于水，需要用碱溶液溶解后才能加入使用，通常采用 50% 的 TTA 的钠盐溶液。在实际应用中，由于 TTA 和 BTA 均参与了与铜原子的成膜反应，因此，冷却液在使用一段时间后，两种添加剂的浓度会逐渐降低。

2.3.2.4 硼砂

四硼酸钠(硼砂)是无色半透明晶体或白色结晶粉末，具有咸味、无臭，密度为 1.73g/cm^3，在熔点 380℃时失去全部结晶水。易溶于水和甘油，微溶于酒精。其水溶液呈弱碱性，熔融时呈无色玻璃状。硼砂有杀菌作用，但口服对人有害。根据水含量的不同，四硼酸钠可以是：无水物、五水物或十水物。

硼砂中包含有$[B_4O_5(OH)_4]^{2-}$阴离子，结构中有两个四配位的硼原子(两个 BO_4 四面体)和两个三配位的硼原子(两个 BO_3 三角形)。

硼砂酸化可得到硼酸，硼的其他化合物也可由硼砂为原料制取。当暴露在空气中时，硼砂逐渐风化失去结晶水，成为无水物。

在发动机冷却液中，常用十水合四硼酸钠作缓蚀剂和缓冲剂。硼酸盐用于保护铁金属，防止焊料与黄铜腐蚀，并有助于中和冷却液氧化过程中产生的酸性物质。硼砂在金属表面形成保护膜，有助于将冷却系统中原有的腐蚀产物剥离，从而防止进一步腐蚀。但需要注意的是，在高温环境下，硼砂可能会促进铝合金的传热腐蚀。因此，使用硼砂作为冷却液腐蚀抑制剂时，需控制其添加量，并加强对铝合金材料的保护。

2.3.2.5 磷酸盐

磷酸二氢钠是一种无色结晶或白色结晶性粉末，味咸且略酸，无臭。其在100℃时会失去全部结晶水，进一步加热则转化为偏磷酸钠。磷酸二氢钠易溶于水，但几乎不溶于乙醇，其水溶液呈酸性，0.1mol/L 的水溶液在25℃时的 pH 为 4.5，密度为 1.915g/cm^3，熔点为60℃，通常用作缓冲剂和软水剂。

磷酸钠，又称磷酸三钠。主要有十二水合物和无水物状态。无水磷酸钠为白色结晶，密度为 2.536g/cm^3，熔点为1340℃；十二水合物为无色立方结晶或白色粉末，密度为 1.62g/cm^3，熔点为 73.3℃，在 100℃失去 12 个结晶水变成无水物。无水物由十二水磷酸钠在加热到 85~90℃的水中溶解并干燥得到。磷酸钠易溶于水，20℃时溶解度为 120g/L，30℃时溶解度为 163g/L，其水溶液呈强碱性。磷酸钠常用于金属腐蚀抑制剂、软水剂及锅炉防垢剂等。

磷酸盐对钢铁具有一定缓蚀作用，同时也能对铝提供防护。在发动机冷却液中，磷酸盐既是缓蚀剂又是缓冲剂。但是在高温下，它对铝的保护作用减弱，并且可能增加水中 BOD 和 COD 水平，从而加重水质污染。特别是在冷却液中，Ca^{2+}、Mg^{2+}积累时，会生成垢，其在水硬度较高的欧洲地区已被限制使用。与无机磷酸盐相比，有机膦酸盐却具有硬水稳定性，能够形成稳定致密的螯合膜，络合水中的钙、镁离子，并具有很好的缓蚀效果。

2.3.2.6 亚硝酸盐

亚硝酸盐作缓蚀剂使用主要指亚硝酸钠($NaNO_2$)。亚硝酸钠为白色至淡黄色粉末或颗粒状，味微咸，易溶于水，外观和味道都与食盐相似，并在工业、建筑业中广泛使用，也允许在肉类制品中作为发色剂限量使用。

亚硝酸钠是一种氧化型缓蚀剂，通过在金属表面形成钝化膜来保护材料。它对钢铁的保护效果十分显著，尤其在重负荷发动机冷却液中应用非常广泛，通常单独使用或与钼酸钠配合使用，能有效防止缸套穴蚀。作为一种氧化型缓蚀剂，亚硝酸钠在使用时必须保持在一定浓度以上，否则在临界浓度时，会导致点蚀现象，进而加速钢铁腐蚀。此外，亚硝酸钠使用不当可能会对焊锡保护产生不利的影响，导致焊锡出现开花现象，从而影响焊接质量。

2.3.2.7 硝酸盐

硝酸形成的盐类是由金属离子和硝酸根离子组成的化合物，重要的硝酸盐包括硝酸钠、硝酸钾、硝酸钙、硝酸铅、硝酸铈等。

硝酸盐几乎全部易溶于水，因此溶液中硝酸根离子不会与其他绝大多数阳离子发生沉淀反应。硝酸盐大量存在于自然界中，主要通过固氮菌固氮形成，或闪电将空气中的氮气与氧气直接转化为氮氧化物，溶于雨水形成硝酸，最终与地面矿物反应生成硝酸盐。固体硝酸盐加热时分解并释放氧气，其中某些活泼金属的硝酸盐会部分转变为亚硝酸盐，其余大部分金属的硝酸盐分解为金属氧化物、氧气和二氧化氮。硝酸盐在高温或酸性水溶液中作为强氧化剂，但在碱性或中性的水溶液几乎不具备氧化作用。

在发动机冷却液中，硝酸盐常被用作腐蚀抑制剂，能有效防止钢铁的腐蚀，并且具有较好的铝合金点蚀防护作用。

2.3.2.8 钼酸盐

在钼酸盐中，铵、碱金属、镁和铊盐溶于水，而其他钼酸盐则不溶于水。钼酸盐在水溶液中可以被还原，其晶体中含 MoO_4 四面体结构的离子。在碱金属盐中，钼酸盐通常呈现规则的四面体结构，也有一些钼酸盐则为畸变的四面体结构。钼酸盐在溶液中也是以四面体离子形式存在。钼酸盐在硝酸溶液中也能渐渐形成钼酸 MoO · 2HO，并通过加热得到 MoO · HO。这些化合物都是氧化物的水合物。

同早期使用的铬酸盐相比，钼酸盐是一种低毒的非氧化型缓蚀剂，一般需要和氧化剂配合使用。钼酸钠和亚硝酸钠有协同效应，使其在重负荷发动机冷却液中得到了广泛应用。钼酸盐能够有限防护发动机冷却系统中的多种金属，特别是铅焊料的腐蚀。近年来，在环保要求更加严格的欧洲，钼酸盐的使用已经开始受到限制。例如大众汽车公司规定其发动机冷却液标准中不能含有钼酸盐，而且在部分类型的发动机冷却液中的添加量也受到限制。20 世纪 90 年代 Vukasovich 开始研究有机钼化物，并成功地将羧基钼化合物应用于发动机冷却液，但由于成本较高，这种材料的广泛应用受到了限制。

2.3.2.9 硅酸盐

硅酸盐是硅、氧与其他化学元素（如铝、铁、钙、镁、钾、钠等）结合形成的化合物，广泛存在于地壳中，是许多岩石（如花岗岩）和土壤的主要成分。硅酸类化合物通常具有 $[SiO_x(OH)_{4-2x}]_n$ 的通式，可以通过可溶性硅酸盐与酸反应制取。

可溶性硅酸盐与弱酸反应时，会生成硅酸；生成的单分子硅酸溶于水，但它在溶液中逐渐缩合成双分子、三分子，最后形成不溶的多分子聚合物，形成胶体，这种胶体称为“硅酸溶胶”。如果硅酸盐溶液浓度较大，则加酸后直接形成硅酸胶冻，并通过脱水后得到硅酸凝胶。硅胶广泛用于吸附气体、蒸气，精炼石油等，也可作为催化剂的载体。

偏硅酸钠是通过普通泡化碱与烧碱水加热反应制得的低分子晶体，具有无水、五水和九水合物等不同形态，其中九水合物主要在中国市场流通，因其低熔点(约 42℃)而易变为液体或膏状，正逐步被淘汰。无水偏硅酸钠呈玻璃状，55℃左右缓缓加热失去玻璃态，析出针状结晶。密度为 2.4g/cm^3，熔点为1088℃，易溶于水，不溶于醇。五水合物为单斜柱形晶体，熔点 72.2℃，易溶于水和稀碱液，易吸湿潮解。九水合物为斜方晶体，熔点 40~48℃，溶于水及稀碱液，易吸湿潮解。

在发动机冷却液中，硅酸盐主要作为铝合金的特效缓蚀剂，防止铝合金腐蚀与铝泵气穴腐蚀，同时对铸铁和其他金属也有一定的保护作用。然而，硅酸盐的缺陷是在储存及使用过程中容易析出凝胶，堵塞冷却系统。因此，在使用硅酸盐的同时还需要加入稳定剂。此外，硅酸盐对冷却液的 pH 值非常敏感，pH 值小于7 不利于其稳定，但过高的 pH 值对铝的防护可能产生不利影响。

2.3.2.10 有机羧酸

有机羧酸类腐蚀抑制剂是指分子结构中含有羧基(—COOH)的化合物，包括 C_6~C_{10}一元脂肪酸、C_8~C_{14}二元脂肪酸，以及一些芳香酸，如苯甲酸、对甲基苯甲酸、对叔丁基苯甲酸等。

这些有机羧酸通过在金属表面的吸附作用，改变材料的表面性质，促进金属表面形成氧化物薄膜，从而起到保护金属的作用。由于不同有机羧酸的分子结构、官能团种类和数量不同，使其表面活性和稳定性有所差异，从而影响它们对材料的腐蚀抑制效果。有些有机羧酸对铝合金的防护性较好，但对焊锡和铸铁的保护不佳；而有些有机羧酸对铸铁和焊锡的防护性能好，但对铝合金的防护性能则不突出。此外，有机羧酸在储备碱度方面也存在较大差异，因此，单独一种有机羧酸很难满足冷却液对腐蚀抑制的多方面需求，需要通过多种有机羧酸复配形成复合腐蚀抑制体系来提供更全面的保护。

在发动机冷却液中，有机羧酸对钢铁、铝、焊锡等多种金属均有保护作用，能渗透到金属内部形成络合物，长期防止金属腐蚀及穴蚀，并且使用过程中消耗缓慢。使用有机羧酸时通常需要与铜腐蚀抑制剂配合使用。不足之处是某些有机羧酸可能导致铝表面变黑。随着冷却液技术的进步，选用有机羧酸类添加剂替代硅酸盐等无机盐是冷却液的发展趋势。

2.3.2.11 苯甲酸钠

苯甲酸钠的化学式为 $C_6H_5CO_2Na$，是苯甲酸的钠盐，是常用的食品防腐剂，有防止食物变质发酸、延长保质期的作用，在世界各国均被广泛使用。然而，近年来对苯甲酸钠毒性的关注使得其应用受到一定限制。例如，日本已经停止了苯甲酸钠的生产，并对其使用进行了严格限制。

在发动机冷却液中，苯甲酸钠是一种非氧化型缓蚀剂，在有氧的条件下显示出较好的缓蚀性能。苯甲酸钠对钢铁、焊锡等多种金属具有缓蚀作用。同无机缓蚀剂相比，苯甲酸钠通常需要较大的添加量才有明显的作用和效果。

2.3.2.12　伯胺和仲胺

伯胺和仲胺类化合物包括乙醇胺、二乙醇胺、三乙醇胺、二正丁胺、二异丙胺、吗啉、吡啶等。它们通常与磷酸盐复合使用，可以有效调节冷却液的 pH 值，对铝合金提供保护作用，同时也能够防止铸铁的腐蚀。但与亚硝酸盐复合时会产生致癌的亚硝酸胺。这些胺类化合物还会与铜形成络合物，从而加剧铜的腐蚀。

2.3.3　发动机冷却液常用腐蚀抑制剂体系及其性能特点

发动机冷却液常用腐蚀抑制剂体系是多种缓蚀剂的复配体系，常用的腐蚀抑制剂体系有无机盐型、无机有机混合型及有机酸型，其中无机盐型又分为磷酸盐和硅酸盐型。不同腐蚀抑制体系在冷却液中的应用具有各自的性能特点。

2.3.3.1　磷酸盐型

无机磷酸盐型缓蚀体系以磷酸盐和硼砂为主要添加剂，不含硅酸盐。该体系对冷却系统中钢和铸铁有较好的保护作用，对铝也有一定的防护效果，适合以钢、铸铁为主要材质的发动机冷却系统。然而，研究发现，磷酸盐在高温条件下对铝的保护效果减弱，硼砂还可能加速铝合金传热腐蚀，导致该体系对铸铝合金传热保护不利。此外，磷酸盐会与硬水中的钙、镁离子结合形成絮状物沉淀，阻塞散热器盘管，影响冷却液流动，产生过热现象。而且当水中磷酸根浓度超过 10ppm 时，还可能导致水质富营养化，加重水质污染，不利于环保。因此 20 世纪 70 年代后，发达国家对磷酸盐的使用逐步进行限制，该类型的缓蚀体系也逐渐被淘汰。

2.3.3.2　硅酸盐型

硅酸盐是铝的特效缓蚀剂，能够有效保护冷却系统中的铝、钢、铸铁等多种金属。随着汽车工业的发展，汽车发动机的结构和材质发生了显著变化，冷却系统广泛使用铝合金材料，因此硅酸盐对铝合金的保护作用显得尤其重要。硅酸盐在冷却液中的应用增多，常用的硅酸盐冷却液配方有硅-磷混合型和硅-硼混合型。前者由于存在磷酸盐型配方的缺陷，逐渐被淘汰。硅酸盐腐蚀抑制体系具有优异的防腐性能和低泡沫倾向，适应了现代汽车对轻质铝合金材料的需求。然而，硅酸盐作为弱酸强碱盐，在储存和使用中容易析出凝胶，这可能导致冷却系统堵塞。因此，为了防止凝胶析出，硅酸盐型冷却液需要加入稳定剂以解决稳定性问题。

2.3.3.3 半有机型

半有机型腐蚀抑制体系是以有机酸为主要添加剂，含少量无机缓蚀剂的混合型体系。该体系结合了无机型缓蚀剂成膜速度快、在金属表面形成稳定保护膜的特点，并具备有机酸缓蚀剂在使用中消耗缓慢的优势。其防腐性能优异，使用寿命长，同时还具有较好的非金属材料相容性和低泡沫倾向，能够满足国内外冷却液化学成分的限制性要求，自 20 世纪 90 年代以来，半有机型腐蚀抑制体系已获得广泛应用。

2.3.3.4 有机酸型

有机酸腐蚀抑制体系由两种或多种有机酸和铜特效缓蚀剂组成。有机酸缓蚀剂主要指含四个碳原子以上的一元酸和六个碳原子以上的二元酸及相应的盐。它们通过在金属表面的吸附、脱附作用发挥保护作用。优质的有机酸缓蚀剂具有吸附效率高和稳定性好的特点。相比于磷酸盐、硅酸盐等无机缓蚀剂，有机酸对金属材料的防护作用较弱，因此其添加量相对较大，并且需要考虑冷却液的温度、流速等工况条件对缓蚀效果的影响。

有机酸腐蚀抑制体系能够有效保护钢铁及铝等多种金属，且消耗速度非常缓慢，显著延长冷却液的使用寿命。对于轻负荷发动机，它能够大幅度延长冷却液的使用寿命；而对于重负荷发动机冷却液，使用时无须频繁添加延效剂。此类体系中可以加入亚硝酸盐或亚硝酸盐与钼酸盐的组合物，以满足重负荷发动机的需求，也可以在不含亚硝酸盐的情况下直接使用。研究表明，无亚硝酸盐的有机酸腐蚀抑制体系已经能够满足重负荷车辆的使用要求，部分重负荷发动机制造商已开始使用这种体系。

有机酸腐蚀抑制体系的技术难点在于有机酸种类的选择与复配。不同的有机酸对金属材料的腐蚀抑制效果差异较大，因此需要合理复配，以确保对多种金属的均衡保护。此外，由于有机酸成分较多，容易产生泡沫，使用时必须选择高性能的抗泡剂来改善这一问题。

2.4 发动机冷却液的其他添加剂

除腐蚀抑制剂外，发动机冷却液添加剂中还包含少量其他添加剂，如阻垢分散剂、抗泡剂、染色剂、稳定剂、杀菌剂、气味抑制剂等。以下将重点介绍阻垢分散剂、抗泡剂、染色剂及硅酸盐稳定剂。

2.4.1 阻垢分散剂

发动机冷却液由乙二醇、去离子水和各种添加剂配制而成，通常不含钙、镁离子，但在使用过程中有可能混入自来水或其他含硬度的水源，从而将钙、镁离子引入其中。钙、镁离子同冷却液中的无机阴离子反应，在冷却系统的内表面形成水垢，水垢的导热性能较差，形成后会影响散热，且积聚的水垢会使冷却系统管路变窄，降低散热效果。为防止水垢的生成，冷却液中需要加入阻垢分散剂。阻垢分散剂与水中的钙、镁离子形成稳定的络合物，保持其溶解性，即使在高浓度下钙、镁离子也不会沉积水垢，且还能使先前形成的水垢疏松或者脱落。

通常的阻垢分散剂分为配合型和分散型两种类型。配合型阻垢分散剂通常为金属配合剂或金属螯合剂，作用是通过与金属离子配合，防止金属离子与阴离子结合形成水垢。分散型阻垢分散剂是水溶性有机聚电解质，能够将形成的水垢分散成微小的颗粒，使其悬浮在冷却液中，防止结垢。常用的阻垢分散剂有聚丙烯酸、聚丙烯酸钠、聚马来酸、氨基三亚甲基磷酸、羟基亚乙基磷酸等。

2.4.2 抗泡剂

抗泡剂又称消泡剂、除泡剂或破泡剂，在工业生产中用于抑制泡沫的产生。

在冷却液的循环中，由于水泵的高速旋转，通常会产生泡沫。大量的泡沫影响传热效率，并加剧铝质水泵的气穴腐蚀。气穴腐蚀又称空蚀、空化和空泡腐蚀，在液体内的压力低于液体所处条件下的极限压力时，气泡核会产生并在外界压力下坍塌破裂，形成微射流和冲击波，从而对固体壁面造成损害。为了降低泡沫产生的危害，冷却液中通常都加入消泡剂。常规的消泡剂包括硅油、10个以上碳原子的脂肪醇、聚醚类非离子表面活性剂和磷酸酯邻苯二甲酸盐等。

硅油消泡剂通常需要与乳化剂一起使用才能分散在发动机冷却液中。然而，乳化硅油在储存过程中容易上浮在液面，影响冷却液的外观，并降低消泡效果。因此，乳化硅油类消泡剂逐渐被非硅油型消泡剂替代。抗泡剂的要求主要有三点：一是抗起泡性好，消泡速度快；二是容易分散，且在冷却液中分散性好；三是稳定性好，长期储存和使用过程中不析出。

2.4.3 染色剂

冷却液需要具有醒目的颜色，以便在冷却系统发生泄漏时能够迅速识别并定位问题，便于检修。例如，在大众汽车冷却液规格 TL 774 中，C 级为深绿色、D 级为红色；克莱斯勒公司 MS 7170 为绿色，有机酸型 MS 9769 为橙黄色；通用汽车公司 GM 1825M、GM 1899M 硅酸盐型为绿色。丙二醇系冷却液多采用紫色。在 TL 774 标准中对染色剂有明确要求，规定其添加后不得腐蚀金属，并禁止使用硝基-芳香类染料，D 级冷却液还指定了特定的红色染料名称。

市场上使用的染色剂类型很多，其中一些是食品颜料，颜色艳丽，但是不能耐受高温和光照。在选用染色剂时，除了要求不影响冷却液的防腐性能外，还需考察其稳定性，包括在储存中的稳定性以及温度、光照和 pH 值变化等因素对颜色稳定性的影响。

2.4.4 硅酸盐稳定剂

硅酸盐是铝和铝合金的特效腐蚀抑制剂，对钢铁和有色金属也有一定的防护作用，且价格低廉，长期以来广泛应用于腐蚀防护。由于硅酸盐型发动机冷却液具有较高的性价比，其市场占有率逐渐增加。但在使用过程中，硅酸盐的稳定性较差，经过一定时间储存和使用后容易形成凝胶状沉淀，这不仅会导致性能下降，还会堵塞发动机水道，并附着在散热器内表面，降低传热效果，导致发动机过热。

为抑制硅酸盐凝胶的形成，通常需要使用硅酸盐稳定剂。这些稳定剂通过吸附在硅酸盐胶体颗粒表面，利用静电作用和空间位阻作用来防止硅酸盐胶体颗粒的碰撞和凝聚，从而保持其溶解性。稳定剂能够有效抑制不可逆的硅酸盐凝胶析出，确保冷却液的稳定性。

对于含硅酸盐的冷却液配方，硅凝胶是一个化学问题，而不是由重负荷发动机或冷却系统设计造成的。在 OAT 配方中，由于不含硅酸盐，已成功解决了这一问题。

2.4.4.1 硅凝胶生成机理

硅凝胶是冷却液中硅酸盐水解并发生聚合后的产物。影响发动机冷却液中硅酸盐稳定性的主要因素有：硅酸盐浓度、醇的浓度、总的固体/盐溶解物、冷却液 pH 值、水的硬度等。硅凝胶的生成会导致一系列问题，如发动机过热、水泵泄漏和过滤器堵塞等。虽然硅酸盐稳定剂可以提高硅酸盐在发动机冷却系统中的稳定性，但在长期运行过程中，硅酸盐聚合的问题还是难以避免。

一般认为硅酸盐的析出通过以下步骤完成。

首先，硅酸盐自身聚合或反应生成颗粒

$$SiO_2+2H_2O \longrightarrow Si(OH)_4$$

$$Si(OH)^{4+}M^{+} \longrightarrow (OH)_3SiO^{-}+H_2O+M^{+}$$

然后是颗粒生长，颗粒聚集在一起形成支链，最终形成网状结构，析出凝胶。

$$M(OH)_3SiO^{-}+OHSi(OH)_3 \longrightarrow (OH)_3SiOSi(OH)_3+OH^{-}$$

$$M(OH)_3SiO^{-}+(OH)_3(SiOSi)_n(OH)_3 \longrightarrow \text{聚合体}+nOH^{-}$$

$$M(OH)_3SiO^{-}+\text{聚合体} \longrightarrow \text{聚合凝胶}$$

硅酸盐的凝胶聚合涉及硅醇基团的聚合，其聚合颗粒的生长及聚合反应与冷却液的自身性质和最初的 SiO_2 浓度、温度、pH 值等因素有关。

图 2-6 展示了硅凝胶的生成过程。

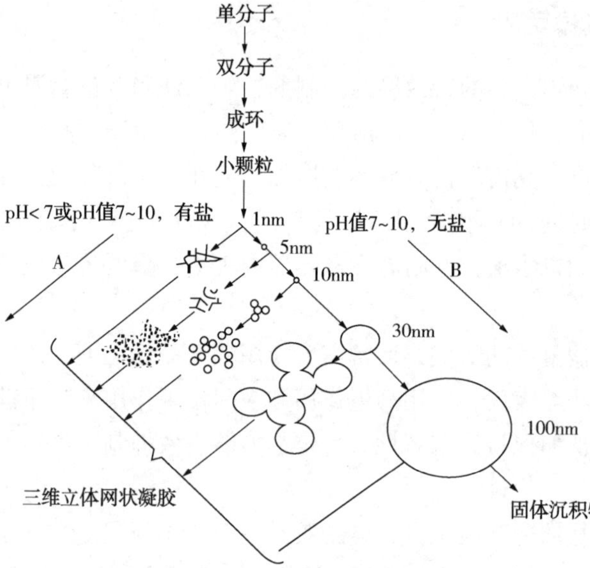

图 2-6　硅凝胶生成示意图

如图 2-6 所示，硅凝胶的生成过程起始于单分子二聚，再通过环化形成小颗粒。在 pH<7 或者 pH 在 7~10 范围内，有盐存在的情况下，小颗粒会向 A 方向发展，形成三维立体网状的凝胶。如果 pH 值在 7~10，没有盐存在，小颗粒就会沿着 B 方向发展，逐渐从 1nm 长大到 5nm、10nm、30nm、100nm，最终形成固体沉积物。

2.4.4.2　硅酸盐稳定剂作用机理及评价方法

硅酸盐稳定剂的作用机理比较复杂，但一般认为它能与硅酸盐形成一种共聚物，这种共聚物可以溶于乙二醇或水-乙二醇体系中，并通过分子空间位阻的效应，阻止硅酸分子的进一步聚合，从而抑制硅酸盐以凝胶形式析出。此外，也有研究认为稳定剂的作用机理是通过使用可溶性的有机硅酸盐来延长硅酸盐的凝胶化时间。

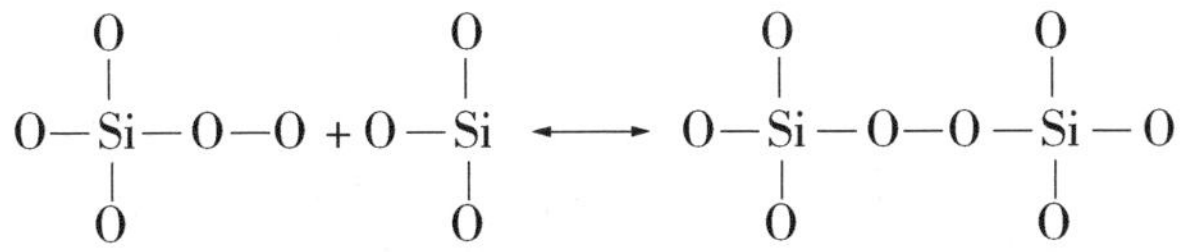

硅酸盐　有机硅酸盐　混合硅酸盐/有机硅酸盐

国内外常用的考察硅酸盐稳定剂对硅酸盐稳定作用效果的测试条件有下面四种：

（1）ASTM D7437-08(2013)：试验温度(60±2)℃，试验时间 14d。

（2）美国 DOW 化学公司规定的方法：试验温度 65℃，试验时间 30d。

（3）德国 MTU 公司规定的方法：试验温度 89℃，试验时间 30d。

（4）德国大众 TL 774-C 标准规定的稳定试验方法：铸铝传热腐蚀试验，试验温度 135℃，试验时间 7d。

2.4.4.3 硅酸盐稳定剂类型

国外从 20 世纪 70 年代开始就已开展硅酸盐稳定剂的研究，目前国内外已有相对成熟的硅酸盐稳定剂产品。这些稳定剂大多为一些硅氧烷、硅氮、硅磷类化合物，通常包含有机反应性的官能团和无机反应性的官能团。硅酸盐稳定剂的官能团结构稍许变化，其稳定性效果就会相差很大。表 2-16 展示了含不同官能团的有机硅酸盐稳定剂的稳定性试验结果。

表 2-16　含不同官能团的有机硅酸盐稳定剂稳定性试验结果

有机硅酸盐中的官能团	凝胶化时间（摩尔比=1∶5）	有机硅酸盐中的官能团	凝胶化时间（摩尔比=1∶5）
无	2s	$—CH_2(CH_2)_nCOONa$	7d
$—CH_2$	35s	$—CH_2(CH_2)NSO_3Na$	48h
$—CH_2CH_2CN$	2min	$—CH_2(CH_2)NOPO(Me)ONa$	24h
$—CH_2CH_2OH$	1h		

Hirozawa 等提出了多种含硅化合物的添加方案，包括碱金属硅酸盐、有机硅氧烷金属盐、硅酮或硅酮-硅酸盐共聚物、氨基硅树脂-硅酸盐共聚物、硅氧烷-硅酮共聚物、硅氧烷-硅酸盐共聚物、有机硅树脂-硅酸盐共聚物等，同时采用羟基苯甲酸作为缓冲剂，显著改善了铝质内燃机散热器保护效果。Darden 则采用乙二胺三乙酸型硅氧烷作为稳定剂用于含无机硅酸盐发动机冷却液，其中效果最好的是 *N*-(三甲氧基硅烷基丙基)乙二胺三乙酸。

硅酸盐稳定剂的稳定性能还与冷却液的组成有关，同一稳定剂在不同配方、不同添加剂浓度条件下都会对硅酸盐稳定性产生不同影响。同时有研究认为，硅酸盐稳定剂在乙二醇浓缩液中的稳定性要优于在稀释液中的稳定性。一些稳定剂在浓缩液中较难析出凝胶，而在水溶液中比较容易析出。表 2-17 展示了不同硅酸盐稳定剂的稳定性能。

表 2-17　不同硅酸盐稳定剂的稳定性能

硅酸盐稳定剂	稳定时间									
	21℃		38℃		54℃		66℃		100℃	
	C	D	C	D	C	D	C	D	C	D
$NCC_2H_4Si(OC_2H_5)_3$	6m	>12m	5m	6~12m	2m	3m	3w	2m	1w	2w
$CH_3O(CH_2CH_2O)_3C_3H_6Si(OCH_3)_3$	6m	>12m	5m	>12m	2m	5m	3w	3m	lw	3w
$CH_3O(CH_2CH_2O)_{7.2}C_3H_6Si(OCH_3)_3$	5m	>12m	6~12m	>12m	>12m	>12m	>12m	>12m	>12m	>12m
$CH_3O(CH_2CH_2O)_{11}C_3H_6Si(OCH_3)_3$	>12m	>12m	6~12m	>12m	>12m	>12m	>12m	>12m	>12m	>12m
$CH_3O(CH_2CH_2O)_{20}C_3H_6Si(OCH_3)_3$	5m	6~12m	3m	6~12m	>12m	>12m	>12m	>12m	>12m	>12m
$CH_3O(C_3H_6O)_2(CH_2H_4O)_5C_3H_6Si(OCH_3)_3$	5m	6~12m	3m	5m	3w	3m	3w	3m	3w	2m
$(CH_3)O(OCH_3)POC_3H_6Si(OCH_3)_3$	>12m	>12m	>12m	>12m	>12m	>12m	>12m	>12m	>12m	>12m
$CH_2CHCH_2OC_3H_6Si(OCH_3)_3$	5m	5m	2m	2m	3w	3m	3w	4m	6~12m	>12m
$(C_2H_5O)OCCH_2CH_2Si(OC_2H_3)_3$	5m	>12m	3m	5m	3w	3m	6~12m	2m	>12m	>12m
$NH_2C_3H_6Si(OC_2H_5)_3$	>12m	>12m	>12m	6~12m	6~12m	2m	5m	1w	lw	lw
$CH_3Si(OCH_3)_3$	>12m	>12m	5m	>12m	3m	5m	3w	3m	lw	lw
$(CH_3O)OC(CH_2)_{10}Si(OCH_3)_3$	1w	2w	lw	lw	3d	1w	1w	1w	1w	2w
未添加稳定剂	5m	>12m	3m	6~12m	3w	2m	1w	2m	1w	1w

注：1. C、D 为不同冷却液配方；

2. m—月；w—星期；d—天。

2.4.4.4　影响硅酸盐稳定性能的因素

研究表明，稳定剂的添加比例、溶液 pH 值及加入时间等都会对硅酸盐稳定剂性能产生影响。

1) pH 值对稳定性的影响

pH 值对硅酸盐稳定性有一定影响。在未添加硅酸盐稳定剂的含硅酸盐冷却液中，较高的 pH 值有利于硅酸盐的稳定，防止析出。然而，当冷却液中添加了硅酸盐稳定剂时，不同 pH 值下硅酸盐都具有较好的稳定性，因为稳定剂能够有效调节和保持硅酸盐的稳定性，因此 pH 值对其稳定性的影响不如未添加稳定剂时明显。有些硅酸盐稳定剂要求溶液 pH 值大于 7 才能发挥最佳效果。

从图 2-7 可见，随着溶液 pH 值的增加，冷却液中硅酸盐的稳定性也逐步提高。这是因为高的 pH 值有助于形成小直径硅酸盐颗粒，从而提高硅酸盐的溶解度。然而，在 pH 值为 4.5~8.5，金属铝会处于钝化状态，表面会形成一层致密的氧化铝薄膜，从而增强铝及其合金的耐腐蚀性。如果发动机冷却液 pH 值过高，铝表面所形成的钝化膜容易被破坏，导致铝表面腐蚀加剧。此外，高的 pH 值还可能引发焊锡渣化和开花等现象。因此，发动机冷却液 pH 值不宜太高。

2）硅酸盐稳定剂的添加量对稳定性的影响

硅酸盐稳定剂的添加量通常指稳定剂与硅酸盐之间的质量比。这对硅酸盐的稳定性起着至关重要的作用。合理的稳定剂和硅酸盐的比例是硅酸盐稳定剂应用研究的重要内容。在实际应用中，确定稳定剂的最佳添加量需要通过试验来验证。从图 2-8 可以看出，随着稳定剂添加比例的增加，硅酸盐的稳定性逐渐提高。然而，当达到一定比例后，继续增加稳定剂的用量对稳定性改善效果较小，稳定性趋于平稳。因此，在保证硅酸盐稳定性的同时，还需考虑生产成本，通常硅酸盐与稳定剂的最佳质量比大致为 1∶(1~1.5)。

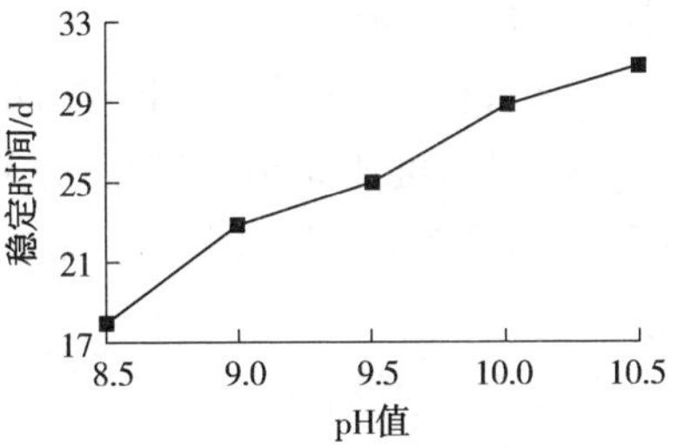

图 2-7　pH 值对稳定性的影响

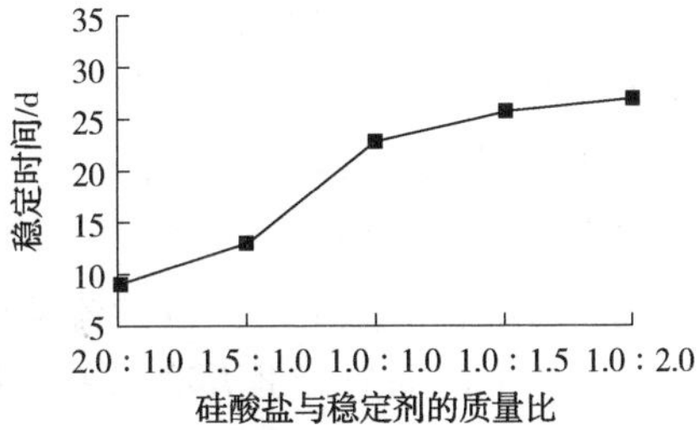

图 2-8　硅酸盐与稳定剂的质量比对稳定性影响

3）稳定剂及硅酸盐的加入时间对稳定性的影响

稳定剂和硅酸盐的添加顺序对冷却液的稳定性也有显著影响。试验表明：在冷却液调和过程中，先加入硅酸盐稳定剂并充分调和均匀后，再加入硅酸盐有利于硅酸盐的稳定；而如果先加入硅酸盐再加入稳定剂，冷却液的稳定性较差。

从图 2-9 可以看出，不同时间添加硅酸盐对硅酸盐稳定性的影响不大。然而，图中还显示，当硅酸盐溶液控制在 20min 内添加完毕，硅酸盐的稳定性最好。这是因为缓慢添加硅酸盐有助于硅酸盐均匀分布在冷却液中，避免局部浓度过高，从而减少凝胶析出的风险，进一步提高硅酸盐的稳定性。

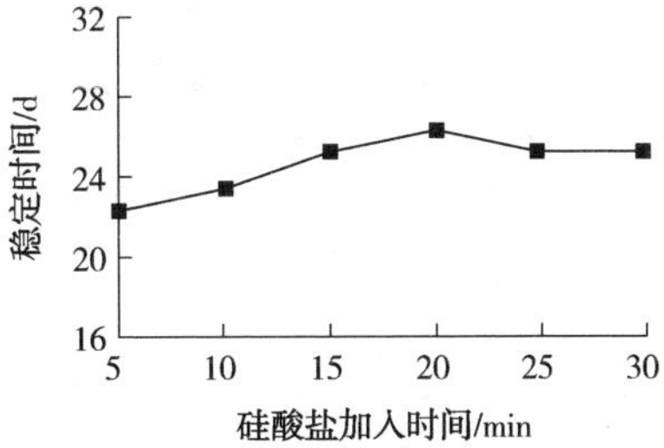

图 2-9　硅酸盐加入时间对稳定性的影响

冷却液在使用过程中，由于多种原因，水箱液面下降，用户可能会使用硬度较高的自来水进行补充。某些缓蚀剂如磷酸盐会与水中的钙、镁等阳离子发生反应，生成沉淀进而形成水垢。为测试不含磷酸盐的硅酸盐型冷却液在硬水中的兼容性，进行了相容性试验：用氯化钙和去离子水(硬度为0)调配硬度为500mg $CaCO_3$/L的试验水，再将该硬水与40号冷却液混合，随后在88℃烘箱中做储存稳定性试验。储存12d后，冷却液未出现沉淀析出，证明硅酸盐型冷却液具有较好的硬水相容性。

2.5 低水含量或者无水冷却液

2.5.1 无水冷却液的组成与性能特点

无水冷却液为乙二醇、丙二醇及其混合物，辅以少量添加剂调配而成，水含量小于1%，低水含量冷却液水含量则一般小于5%。与传统二元醇型冷却液相比，无水或低水含量冷却液的理化性质以及与金属和非金属材料的相容性都发生了显著变化。例如，沸点升高，闪点降低，且在低温下可能无法测量冰点。传统的乙二醇冷却液是难燃液体，而无水冷却液和低水含量冷却液则具有燃点和闪点。传统冷却液在低温下有良好的流动性，但某些无水冷却液在低温下会变成果冻状，且冰点无法通过标准方法测得。此外，无水或低水含量冷却液对金属材料的腐蚀特性和腐蚀防护重点也与传统乙二醇型冷却液有明显不同。

随着发动机技术的不断进步，尤其是在高温和高负荷的工作环境下，对冷却系统的设计要求也越来越高。为了提高热效率，冷却系统的工作压力不断增大，冷却液的工作温度也越来越高。自20世纪90年代以来，欧美发达国家开始研制出无水冷却液，最初用于军方，后来广泛应用于卡车和高性能汽车。近年来，国内也开展了大量关于无水冷却液和低水含量冷却液的研究，在配方组成和性能评定方面已取得较为深入的成果。

目前，无水冷却液的基础液主要由乙二醇和丙二醇两种二元醇调配而成。表2-18为一个无水冷却液的专利配方。

表2-18 发动机无水冷却液配方举例

组分	配方/%	组分	配方/%
70%乙二醇、30%丙二醇	≥98.4	偏硼酸钠	—
水	≤0.1	亚硝酸钠	—
甲基苯三唑	0.5	硅酸钠	—
硝酸钠	0.5	NaOH	—
钼酸钠	0.5	苯甲酸钠	—

参照 ASTM D7935/7935M 做玻璃器皿腐蚀试验，得到的试验结果如表 2-19 所示。

表 2-19　玻璃器皿腐蚀试验结果

金属	失重量/mg	ASTM 标准/mg
铸铁	+1.0	-10
铸铝	+2.0	-30
钢	0.0	-10
铜	-3.0	-10
焊锡	-6.1	-30
黄铜	0.0	-10

表 2-20 列出了水、传统冷却液、高沸点冷却液和无水冷却液的理化性质，比较结果显示，无水冷却液具有以下几个显著的性质。

表 2-20　几种冷却液的理化性能

性质	水	-45 号冷却液	130 号冷却液	无水冷却液
密度/(kg/m^3)	1000	1081	1093	1036
冰点/℃	0	-47	<-65	-59
沸点/℃	100	109	131	188
水含量/%	100	40	13	0
20℃运动黏度/(m^2/s)	1.009	4.85	14.1	56
比热容/[kJ/(kg·K)]	4.18	3.236	2.62/20℃	2.49
		—	3.31/100℃	—
导热系数/[W/(m·K)]	0.58	0.356/20℃	0.266/20℃	0.186/20℃
		0.390/100℃	0.278/100℃	0.193/100℃
蒸汽压(80℃)/kPa	475	330	320	8
腐蚀性	—	无	—	—
半数致死量/(mg/kg)	无	7800	68000	28000~30000
成分	水	基液：水+乙二醇	基液：水+乙二醇+丙二醇	基液：丙二醇
闪点/℃	无	组分不变则蒸气不可燃		110

1）更高的沸点

传统乙二醇冷却液沸点在 110℃左右，在高海拔地区使用时，随着海拔高度升高，冷却液的沸点降低。这可能导致发动机出现“开锅”现象，严重时会影响热传递，导致发动机过热、爆燃、爆震等问题。相比之下，低水含量冷却液的沸点高于

150℃，无水冷却液的沸点接近 190℃，在高温和高海拔环境下能够有效避免“开锅”现象。低水或无水冷却液的优势在于，冷却系统的压力较低，且无水成分减少了水蒸气的产生，避免了气穴腐蚀，保障了发动机的热效率与稳定性。

2）对铝、镁等轻金属合金的腐蚀性更小

低水或者无水冷却液的导电性较差，几乎消除了电位腐蚀，保持弱碱性，且电解液成分少，能够有效防止冷却系统各部件的腐蚀与电解作用，延长了系统部件的使用寿命。此外，这种冷却液的黏度较高，润滑性较好，有助于减少冲蚀现象。由于水蒸气泡的缺失，低水或无水冷却液从根本上避免了气穴腐蚀，尤其对于在恶劣环境下高负荷运转的柴油机等发动机系统，能够显著提高系统的使用寿命并降低维护成本。

3）热传导性能降低

同传统冷却液相比，无水冷却液的传热导性能较差。水是极佳的传热介质，其导热系数是 0.58，而无水冷却液的导热系数为 0.186，相较于-45 号冷却液下降了约 50%。由于热传导性能下降，使用无水冷却液的发动机可能需要更高的工作温度才能达到热平衡，这对发动机零部件的耐热性提出了更高要求。因此，针对无水冷却液，添加导热性较强的添加剂已成为提高其热传导性能的重要手段。此外，尽管无水冷却液的闪点较低，在使用安全性方面不如传统冷却液，但在设计和应用中，可以采取措施以降低相关风险。

2.5.2 无水冷却液的质量规格

无水冷却液应该是不含水的冷却液，实际上由于二元醇的吸水性，绝对不含水的情况很难实现。通常，国外无水冷却液样品水含量小于 1%，而国内样品的水含量一般小于 5%。无水冷却液的质量规格与传统车用二元醇型含水冷却液有明显差异，主要体现在测试项目与金属腐蚀性试验方法方面。

在测试项目方面，无水冷却液的质量规格增加了安全性测试项目，如闪点或燃点，导热性评定项目中的导热系数与比热容，以及低温流动性测试项目中的低温动力黏度和倾点，同时取消了冰点测试。至于材料腐蚀性和泡沫性能的试验方法，国内通常参照传统车用二元醇型冷却液相应的试验方法，但将试样改为原液，并保持试验温度、时间、通气量等条件不变。ASTM 则专门制定了针对无水冷却液的腐蚀试验和泡沫倾向试验方法，包括无水发动机冷却液玻璃器皿腐蚀试验（ASTM D7935/7935M）、铸铝合金传热腐蚀试验方法（ASTM D7934/7934M）、模拟使用腐蚀试验方法（ASTM D8034/8034M）及泡沫倾向试验方法（ASTM D7840）。与传统发动机冷却液试验方法相比，无水冷却液的腐蚀试验方法普遍提高了试验温度，并在试样中加入少量腐蚀水和腐蚀离子，同时试验时间、空气流量、冷却液流速等试验条件保持不变，主要试验条件的比较和差异见表 2-21。根据这些改动，美国 ASTM 标准规定，玻璃器皿腐蚀和模拟使用腐蚀试验的温度分别从 88℃提高至 96℃，铸铝合金传热腐蚀试验的温度从 135℃提高至 149℃。

表 2-21　无水冷却液与普通冷却液腐蚀试验方法试验条件对比

条件	玻璃器皿腐蚀		模拟使用腐蚀		铸铝合金传热腐蚀	
	SH/T 0085	ASTM D7935/7935M	SH/T 0088	ASTM D8034/8034M	SH/T 0620	ASTM D7934/7934M
试样组成	浓缩液 33.3%，腐蚀水 66.7%，腐蚀离子浓度 66.7ppm	无水冷却液样品 94%，腐蚀水 6%，腐蚀离子浓度 6ppm	浓缩液 40%，腐蚀水 60%，腐蚀离子浓度 60ppm	无水冷却液样品 94%，腐蚀水 6%，腐蚀离子浓度 6ppm	浓缩液 25%，腐蚀水 75%，腐蚀离子浓度 100ppm	无水冷却液样品 94%，腐蚀水 6%，腐蚀离子(氯离子)浓度 8ppm
试验温度	(88±2)℃	(96±2)℃	(88±3)℃	(96±3)℃	(135±1)℃	(149±1)℃
试验时间	14d	14d	1064h	1064h	7d	7d

由于无水冷却液以混合二元醇为基础液，相比一般冷却液，其导热性显著降低，且着火风险升高，许多产品无法检测到冰点。因此，安全性成为无水冷却液的重要指标，通常通过 GB/T 3536 润滑油闪点测定法测量燃点，或通过 GB/T 261 润滑油闭口闪点法测量闭口闪点。由于组成成分不同，无水冷却液在低温下的相转变过程与普通冷却液存在显著差异。无水冷却液在结晶过程中会释放热量，导致试验样品的温度升高，使结晶过程转变为升温过程，并且没有传统方法定义的冰点。大部分无水冷却液产品随着温度降低而逐渐变黏稠直至凝固，而没有结晶现象。因此，低温防冻性能应通过凝点和倾点来评定，而非冰点。无水冷却液的流动性在低温下会下降，可能导致泵送困难、循环效率降低，从而影响传热性能。因此，除了倾点评定低温防冻性能外，还增加了低温动力黏度的测试，以确保无水冷却液在低温下具备足够的流动性。

关于无水冷却液的腐蚀性能评定，早期曾存在一些困惑。曾有试样通过 SH/T 0085方法评定，指标合格，但采用原液直接测试却不合格。通过实践，人们认识到，无水冷却液的玻璃器皿腐蚀试验不能采用 SH/T 0085 规定的用大量腐蚀水将试样稀释到冰点为-18℃的方法，因为大量水的稀释改变了材料的腐蚀环境和添加剂的活性环境，试验条件与冷却液实际使用条件存在显著差异。国内无水或微水冷却液行业标准规定，在玻璃器皿腐蚀试验、铸铝合金传热腐蚀试验及模拟使用腐蚀试验中，冷却液试样应采用原液，这一规定合理，因为它更真实地反映了冷却液在实际使用中的表现。美国 ASTM 标准则规定，在试样中加入少量腐蚀水，引入一定浓度的腐蚀离子，以强化试验条件，这与无水冷却液的实际样品相比差异不大。表 2-22 为 ASTM 制定的汽车及轻负荷发动机用无水冷却液标准。

表 2-22　ASTM D8085-17 汽车及轻负荷发动机用无水冷却液标准

项目	质量指标	试验方法
相对密度(15℃/15℃)	1.035~1.125	D1122，D5931
动力黏度(-40℃)/(Pa·s)	≤2.0	D2983
沸点/℃	≥177	D1120
导热系数(20℃)/[W/(m·K)]	≥0.24	D7896
闪点(闭杯)/℃	≥115	D93
灰分/%	≤5	D1119
pH 值，50%体积水溶液	7.5~11.0	D1287
氯含量/ppm	≤25	D3634，D5827
水分/%	≤1.0	D1123
储备碱度/mL	报告	D1121
对汽车涂料的影响	无影响	D1882
玻璃器皿腐蚀 每个试片质量变化值/mg 紫铜 黄铜 钢 铸铁 焊锡 铸铝	 ±10 ±10 ±10 ±10 ±30 ±30	D7935/7935M 试样由 94%体积的样品和 6%体积的腐蚀水(含氯离子、硫酸根离子、碳酸氢根离子，浓度与 ASTM D1384 相同)配制而成
模拟使用腐蚀 每个试片质量变化值/mg 紫铜 黄铜 钢 铸铁 焊锡 铸铝	 ±20 ±20 ±20 ±20 ±60 ±60	D8034/8034M 试样由 94%体积的样品和 6%体积的腐蚀水(含氯离子、硫酸根离子、碳酸氢根离子，浓度与 ASTM D1384 相同)配制而成
铸铝合金传热腐蚀/(mg/cm^2)	≤1.0	D7934/7934M 试样由 94%体积的样品和 6%体积的含氯化钠腐蚀水(与 ASTM D4340 相同)配制而成
泡沫性能 泡沫体积/mL 泡沫消失时间/s	≤150 ≤5	D7840 试样采用原液

2.5.3 无水冷却液与常规冷却液的行车结果

随着当代发动机朝着高负荷、高技术方向发展，冷却系统的设计也变得更加严格和精巧。发动机的性能不仅体现在发动机的动力性和经济性上，与冷却系统直接相关的发动机热平衡能力也是衡量发动机性能的一个指标。尤其是在高负荷工况下，冷却系统的效率对发动机的工作稳定性和寿命至关重要。

无水丙二醇冷却液(简称 PG)早在 20 世纪 90 年代便已开发并广泛应用于军用、高端车辆和特殊领域。但因其成本高昂，目前未能在常规发动机上广泛应用。尽管如此，它对发动机冷却系统的开发、设计及今后的应用方向仍具有重要的指导意义。

美国康明斯公司对三种典型冷却液进行比较：水、水和乙二醇各占 50%的冷却液(俗称防冻液，简称 GW)以及改进型无水二丙二醇冷却液。这些冷却液的物理性能有明显差异，具体对比见表 2-23。

表 2-23 在标准大气压下三种冷却液的主要物理性能对比

物理性能名称	水	GW	PG
沸点/℃	100	129	191
凝点/℃	0	-35	-40
10℃时动力黏度/(mPa·s)	1.20	5.0	58
100℃时动力黏度/(mPa·s)	0.28	0.7	2.3
20℃时密度/(g/cm^3)	1	1.066	1.091
100℃时比热容/[kJ/(kg·K)]	4.229	3.433	2.763
汽化热/(J/mol)	40584.8	41003.2	52300
80℃时汽化压力/kPa	475	360	8
80℃时导热系数/[W/(m·K)]	0.671	0.698	0.230

PG 无水冷却液的沸点是 191℃，比传统防冻液的沸点高 62℃，比纯水的沸点高 91℃，这使得 PG 冷却液在高温工况下表现出更好的热稳定性，适用于需要承受更高热负荷的发动机系统。在不同大气压下，三种典型冷却液的沸点随气压升高而升高，其变化趋势几乎是一致的。具体而言，当发动机水箱盖压力为 100kPa，而水泵处压力为 70kPa 时，PG 无水冷却液的沸点可达 210℃，比传统防冻液的沸点高 82℃，比纯水的沸点高 95℃，同样，在不同海拔高度下，三种典型冷却液的沸点变化趋势也大致相同。

针对 PG 冷却液的腐蚀性能，美国阿莫哥麦特实验室按 ASTM D1384 标准进行了 PG 冷却液对常用金属试块的腐蚀试验，实验结果见表 2-24。另外进行了三种冷却液对发动机材料试件的超声波气穴腐蚀试验，结果比较见表2-25。

表 2-24　PG冷却液对金属试块腐蚀试验结果

金属试块	试块腐蚀量/mg				行业标准/mg
	1#	2#	3#	平均值	
铜	1	1	1	1	10
焊锡	7	3	5	5	30
黄铜	5	6	7	6	10
钢材	2	1	1	1	10
铸铁	0	2	0	1	10
铝	0	0	0	0	30

表 2-25　三种冷却液对发动机材料试件的超声波气穴腐蚀的试验对比

冷却介质	腐蚀对比	冷却介质	腐蚀对比
100%水	100%	PG无水冷却液	16%
防冻液	80%		

对无水冷却液(PG)在柴油机上的应用进行了比较深入的研究。该研究试验是在1台重载4气门柴油机上进行的。柴油机标定工况为242.6kW(1800r/min)，最大扭矩1559.2Nm(1200r/min)。试验中采用了四种冷却液，分别为水、GW(50%乙二醇混合液)、50%乙二醇(EG)和水、100%PG(无水丙二醇)。冷却系统流动方式未做任何改动。

试验主要关注柴油机在不同工况下的冷却性能。具体而言，在转速为1800r/min、燃油量为45.36kg/h和转速为1300r/min、燃油量为35.38kg/h的两种工况下进行了测试。试验结果见表2-26和表2-27。

表 2-26　1800r/min台架试验结果

测量项目	冷却液			
	水	GW	EG/水	PG
环境温度/℃	47.2	45.6	45.6	41.7
上水室温差/℃	45.6	47.2	46.7	52.7
下水室温差/℃	22.8	22.2	22.2	23.9
缸套温度/℃	147.8	157.8	161.1	185.6
机油温度/℃	108.9	112.2	113.9	129.4
燃油耗率/(kg/h)	45.95	44.50	45.50	44.00

表 2-27　1300r/min 台架试验结果

测量项目	冷却液			
	水	GW	EG/水	PG
环境温度/℃	43.3	41.1	41.1	31.1
上水室温差/℃	50	52.8	52.2	66.1
下水室温差/℃	22.2	21.7	22.2	21.7
缸套温度/℃	157.8	172.8	176.1	207.8
机油温度/℃	110.0	117.2	118.3	142.8
燃油耗率/(kg/h)	35.43	35.92	35.43	34.61

在使用不同冷却液的条件下，受热零部件的受热情况存在差异，尤其是缸盖进排气门之间的鼻梁处、缸套的受热情况。在采用无水 PG 冷却液的情况下，这两个零件的温度上升，具体数据见表 2-28 和表 2-29。可以明显看出，使用传热性能较低的无水冷却液导致缸盖承受了较高的热流负荷。

表 2-28　采用 EG/水和 PG 冷却液，在标定工况和最大扭矩工况下缸盖鼻梁处温度对比

项目	标定工况					最大扭矩工况				
	EG/水	PG				EG/水	PG			
冷却液温度/℃	82	82	93	104	115	82	82	93	104	115
进气侧/℃	253	260	265	277	285	260	275	283	291	301
排气侧/℃	465	472	482	490	495	538	556	565	580	593

表 2-29　采用 EG/水和 PG 冷却液，在标定工况和最大扭矩工况下第 3 缸缸套处温度对比

项目	标定工况					最大扭矩工况				
	EG/水	PG				EG/水	PG			
冷却液温度/℃	82	82	93	104	115	82	82	93	104	115
最低温度/℃	95	108	112	121	126	96	109	115	121	131
最高温度/℃	148	158	163	168	182	151	165	171	176	183

柴油机在不同冷却液和温度条件下，冷却水箱和机油冷却器的散热量存在显著差异，具体关系见图 2-10。当将传统的乙二醇/水混合冷却液(EG/水)更换为 PG 冷却液后，通过水箱的散热量有所减少，而通过机油冷却器的散热量增加，

但总的散热量呈现增加趋势。随着冷却液的温度上升，水箱的负荷逐渐降低，而机油冷却器的负荷则相应增加，但总的负荷有所减少。由此可见，PG 无水冷却液的使用优化了散热负担，减少了对水箱的依赖，同时提高了机油冷却器的效率，进而在整体上减少了所需的传热面积。

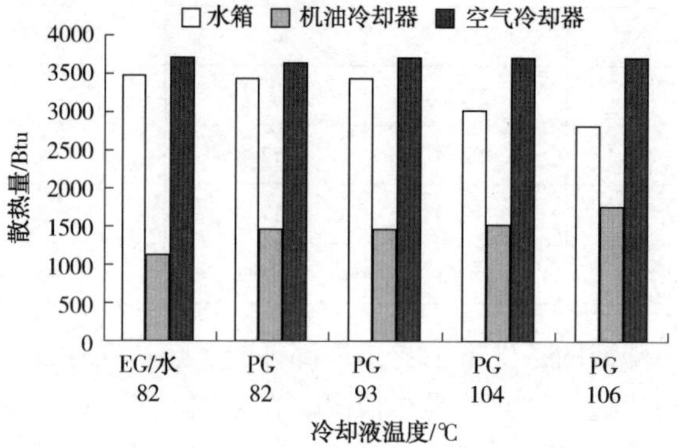

图 2-10 标定工况下不同冷却液和温度的散热量

在冷态启动排放方面，采用 PG 无水冷却液后，冷却液和机油温度上升较快，但对碳氢化合物排放物没有明显影响。

在稳态工况下，PG 无水冷却液的使用使得冷却液温度升高，微粒排放有所减少，尽管减少幅度不大。

橡胶件耐用性方面：

① 采用 PG 冷却液代替 50%水带 DCA4 保护添加剂的 EG 冷却液后，对硅橡胶、氟橡胶、腈橡胶的性能没有明显影响。

② 在 PG 冷却液中，腈橡胶件膨胀了 40%，但压缩变形未发生明显的变化。

③ 如同在 EG/水冷却液中一样，氟橡胶在 PG/水冷却液和 PG 冷却液中也出现了表面裂纹。

柴油机可靠性：

在 PG 无水冷却液的使用下，柴油机的燃油耗率合格且稳定，排气温度随着冷却液温度上升，机油消耗很低，且机油品质没有明显恶化。缸套和靠近缸套水腔的机体壁面没有出现明显的穴蚀。缸盖水腔保持清洁，冷却水腔和其他零件(包括水泵)状态良好。但部分垫片和密封件出现硬化现象，说明在使用 PG 冷却液时，必须选择更耐用的橡胶材料。在活塞和活塞环方面，出现了一些异常磨损，尤其在较高温度下，需要选择合适的活塞和活塞环以适应 PG 冷却液的运行条件。缸套内表面出现了磨光区，表明某些区域可能由于局部冷却不足而导致过热现象。

柴油机热循环耐久性(1000h)：热循环试验见图 2-11。

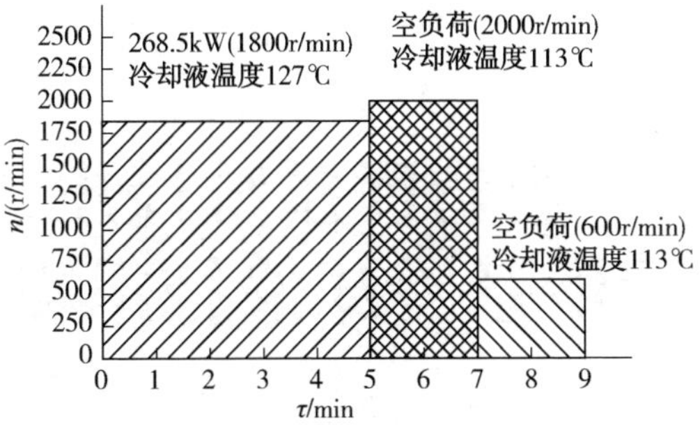

图 2-11　L-2 柴油机用 PG 冷却液 1000h 热循环试验

采用 PG 无水冷却液后，柴油机的运行温度提高，加上高的燃烧爆发压力，导致柴油机在运行 496.5h 时，6 个铝活塞的销座出现裂纹，这一问题在更换成新钢顶活塞和新活塞环后得到了解决。表明高温和高压条件下，铝合金活塞可能无法适应 PG 冷却液所带来的高温环境。

此外，试验中还出现一些密封件硬化脆裂现象。这提示使用 PG 冷却液时，密封材料可能受到高温和冷却液成分的影响，导致性能退化。因此，在长期使用 PG 冷却液的情况下，需要选择更加耐高温和耐腐蚀的密封材料，以确保发动机系统的密封性和长期可靠性。

第3章　热管理系统技术进步与二元醇基冷却液技术发展

3.1　NAP-Free 冷却液

自水二元醇型发动机冷却液问世以来，冷却液技术的发展始终围绕着以下几个关键领域：环保和低毒化、防冻剂和添加剂的改进、对铝镁等轻金属的保护能力、耐受高低温应力稳定性和使用寿命等。特别是在欧洲，作为发动机技术创新的核心地区，每一次新的发动机排放法规的出台都伴随着发动机技术的重大升级，而相应的冷却液技术和标准也随之逐步完善和提升。

根据欧洲发动机排放法规的进展，可以将冷却液技术发展阶段分为欧Ⅲ及以前排放的 NAP-Free(不含亚硝酸盐 Nitrite、铵盐 Amine 和磷酸盐 Phosphate)环保长效冷却液、欧Ⅲ和欧Ⅳ排放发动机 OAT 长寿命冷却液、欧Ⅴ和欧Ⅵ排放发动机 SOAT 或 LP-OAT 耐高温终身寿命型冷却液。本节将介绍欧Ⅲ及以前排放的 NAP-Free 环保长效冷却液。

3.1.1　欧洲与美国发动机排放法规

3.1.1.1　美国发动机排放法规

美国的发动机排放法规由美国环境保护署(EPA)制定，州和地方政府可以申请豁免，由于加利福尼亚州的空气污染问题特别严重，该州制定了比联邦标准更加严格的汽车排放法规。

美国加州的排放法规发展主要历程为：

① 1959 年，加州开始控制汽油车 CO(碳氧化合物)和 HC(碳氢化合物)的尾气排放，并制定了大气质量标准。

② 1961 年，加州实施了强制性的排放控制标准。

③ 1963 年，美国政府颁布了《大气净化法》，同年，加州开始控制曲轴箱燃油蒸发物排放。

④ 1966 年，加州首次制定有关 HC 和 CO 的废气排放标准。

⑤ 1975 年起至 20 世纪 80 年代，美国排放法规大幅加强，特别是对 NO_x(氮

氧化物)的限值方面，同时也进一步严格控制 HC 和 CO 的排放。

⑥ 1988 年，加州要求从 1994 年开始生产的汽车必须装备汽车诊断仪，以监测汽车排放情况。

⑦ 1994 年，加州制定了低污染汽车排放法规，将轻型车分为不同的排放标准类别，包括过渡低排放车(TLEV)、低排放车(LEV)、超低排放车(ULEV)、高级超低排放车(SULEV)和零排放车(ZEV)。

⑧ 1998 年，加州采纳 LEV Ⅱ排放标准，并于 2004 年开始实施。

⑨ 2012 年，加州颁布 LEV Ⅲ排放标准，并从 2015 年开始实施。

在这些法规下，汽车生产厂商被要求生产能够符合越来越严格的排放标准的车辆，并且必须生产一定比例的符合低排放标准的机动车。过渡阶段的排放标准时间安排较为复杂，通常是根据机动车车队的排放平均值来计算。特别是 2003 年以后，第一阶段和过渡阶段的低排放机动车标准逐步取消。

美国的排放标准不仅涵盖了气态污染物的限制，而且还对柴油车的颗粒物排放提出了特别的要求。排放量的计算主要通过 FTP 75 测试方法得到，用“g/mile”来表示。

3.1.1.2　欧洲发动机排放法规

欧洲汽车废气排放标准是欧盟国家为了限制汽车废气对环境的污染而制定的，覆盖了几乎所有类型的车辆排放物，如氮氧化物(NO_x)、碳氢化合物(HC)、一氧化碳(CO)和悬浮粒子(PM)。这些标准对于不同类型的车辆有不同的要求，并通过欧洲经济委员会(ECE)和欧盟(EU)共同制定和实施。

汽车排放的欧洲法规(指令)的实施分为多个阶段，每个阶段对排放标准的要求逐步提高。以下是各个阶段的起始年份和相应的排放标准：

① 欧Ⅰ(EURO Ⅰ)：1992 年起实施。标志着欧洲正式开始对汽车废气排放进行规范，并设定了对氮氧化物和碳氢化合物的初步限制。

② 欧Ⅱ(EURO Ⅱ)：1996 年起实施。较欧Ⅰ阶段，进一步加强了对一氧化碳和氮氧化物的排放限制，并对柴油车和汽油车的排放标准进行了分别规定。

③ 欧Ⅲ(EURO Ⅲ)：2000 年起实施。此阶段要求对车辆的颗粒物(PM)和氮氧化物的排放进行更严格的控制，并对柴油车的颗粒物排放提出了较为严格的限值。

④ 欧Ⅳ(EURO Ⅳ)：2005 年起实施。该标准大幅提高了氮氧化物和颗粒物的排放限值，并加强了对所有新车型的排放控制。

⑤ 欧Ⅴ(EURO Ⅴ)：2009 年起实施。与欧Ⅳ相比，欧Ⅴ标准更加严格，特别是对柴油车颗粒物和氮氧化物的排放限值有所增加。此外，欧Ⅴ也对燃料质量进行了进一步规范，要求使用低硫燃料。

⑥ 欧Ⅵ(EURO Ⅵ)：2014 年起实施。欧Ⅵ排放标准大幅度降低了 NO_x 和颗粒物的排放限值，尤其对柴油车的排放控制更加严格。同时，欧Ⅵ标准还要求采用更先进的后处理技术，如选择性催化还原(SCR)和颗粒过滤系统(DPF)来满足排放要求。

3.1.1.3 欧美标准各有侧重

欧洲和美国的排放标准体系在一些关键要素上存在显著差异，主要体现在排放限值、测试工况、燃油和润滑油品质、耐久性和强制措施等方面。以下是这两者体系的详细比较。

在排放限值方面，欧洲体系对柴油车排放限值高于汽油车，例如，在 2009 年实施的欧Ⅴ标准下，汽油车和柴油车 NO_x 限值分别为 60mg/km 和 180mg/km，柴油车限值明显高于汽油车。到 2014 年实施的欧Ⅵ标准，汽油车 NO_x 限值保持不变，而柴油车的 NO_x 限值降至 80mg/km，仍高于汽油车。美国的排放标准则更加统一，特别是在 Tier 2 和 Tier 3 标准中，要求汽油车和柴油车的 NO_x 限值都达到相同的标准，如 Tier 2 要求汽油车和柴油车均达到 43mg/km 的限值。因此，美国的标准表现出“燃油中性”，即不偏向于某一类型的车辆。

在测试工况方面，欧洲体系和美国体系在测试方法上有很大不同。欧洲采用在稳态工况下进行排放测试。在稳态工况测试过程中，车辆在加载重的工况下以固定的速度匀速运行。这种方法操作简单，但与日常驾驶情况有所偏离，实际行驶过程中车辆经常会经历加速和减速等瞬态过程。美国则采用在瞬态工况下测试。该方法对底盘测功机控制精度要求较高，能够精确测量每辆车每公里排放的污染物量。

燃油中的硫含量高低对污染物排放有较大影响，欧洲标准规定汽油和柴油的硫含量不得高于 10ppm。美国环境保护署在 2013 年提出法规建议，从 2017 年 1 月 1 日起将美国的汽油硫含量从 30ppm 减至 10ppm，这与欧洲的标准一致，第三阶段(Tier 3)标准将使美国的汽油硫含量标准降至与欧洲相当的水平。

在耐久性方面，欧Ⅵ标准对耐久性的要求相对较低。例如，欧Ⅵ的耐久性要求为 16 万公里。此外，欧洲在车载加油蒸气回收(ORVR)方面没有强制要求耐久性，也没有在用符合性(In-use compliance)要求。美国的排放标准通常对耐久性有更严格的要求，例如 Tier 2 标准要求的耐久性为 19.2 万公里。

在强制措施方面，两者的区别也较明显。欧Ⅵ标准分为多个阶段，第一阶段从 2014 年开始实施，第二阶段从 2017 年开始实施，逐步增加排放控制要求。违反排放法规的企业则面临严厉的惩罚。美国 Tier 3 标准从 2017 年开始实施，并设置了过渡期，以便部分汽车厂商有时间调整生产计划，适应新的排放要求。美国环境保护署同样对于不达标的厂商设置了惩罚措施。

两者之间还有其他的不同之处，比如，欧洲标准要求颗粒物的数量(PN)必须符合要求，而美国的标准目前全面采纳颗粒物数量(PN)的测量标准，但未来可能会逐步引入类似要求。

欧Ⅵ标准和美国 Tier 3 也有很多相似之处，例如，二者均强制柴油车使用 DPF(颗粒过滤系统)。据介绍，欧Ⅵ标准在制定过程中，部分参考了美国加州标准。

3.1.1.4 排放法规对发动机冷却液技术的影响

在环保法规颁布执行前，国际上对车用化学品的使用、发动机尾气后处理以及发动机金属材质等方面没有法律强制规定，这使得发动机冷却液的技术升级缓慢。然而，随着环保法规的实施以及能源危机意识带来的节能要求，发动机技术得到了极大的推动。由此，汽车厂商和发动机制造商对于冷却液的化学组分、性能和使用寿命等方面提出了新的质量升级要求，并不断推动标准和规格要求的实施。

冷却液的标准和测试方法最初由美国提出并逐步完善。欧洲在美国冷却液的标准和试验方法的基础上，根据自身的实际情况进行了一些调整，并提出了适合欧洲市场的独特试验方法和 OEM 发动机冷却液规格标准。这些方法和标准也得到了日本企业及冷却液制造商的认可，并逐渐在全球范围内得到了推广。

因此，在讨论早期排放标准发动机冷却液技术时，就必须从了解美国冷却液标准和测试方法开始。

3.1.2 发动机冷却液的性能要求

SAE J814《发动机冷却液标准》定义了发动机冷却液的基本性能要求，明确了冷却液需要满足内燃机使用的各项需求。发动机冷却液浓缩液必须具备足够的防腐蚀性能，能够降低冰点，提高沸点。虽然所有发动机冷却液标准中的指标都是基本要求，但最终的选择需要通过系列车辆性能试验来确认。

SAE J814 对发动机冷却液的基本要求包括：

① 保护冷却系统防止腐蚀；

② 保证较低的热交换损失；

③ 对冷却系统非金属材料影响小；

④ 具有良好的热稳定性；

⑤ 降低冰点，满足冬季运行的最低温度要求；

⑥ 提高沸点，增强高温耐受性；

⑦ 无异味；

⑧ 对汽车涂料无不良影响；

⑨ 低温黏度小，适应低温环境；

⑩ 较低的膨胀系数，减少对系统的压力；

⑪ 至少一年有效的使用期限；

⑫ 能够快速检测冷却液浓度；

⑬ 低毒性，确保环境安全；

⑭ 低泡沫，减少对冷却系统的影响；

⑮ 不易燃，减少对冷却系统的影响；

⑯ 蒸发损失小，减少冷却液消耗。

3.1.3 发动机冷却液实验室评定项目及要求

在发动机冷却液中，常用的防冻剂有乙二醇、丙二醇、二甲基亚砜和甘油，或者它们的混合物。防冻剂在水中的浓度直接决定了冷却液的物理性质，如冰点、沸点、密度、传热特性、黏度等。这些性质会影响冷却液在不同工况下的表现。

实验室评定的关键项目更多地关注发动机冷却液缓冲体系，包括 pH 值和储备碱度这两个配方特征，以及与缓蚀剂相关的腐蚀抑制性能试验。相关的标准和测试方法包括：

ASTM D1287(对应 SH/T 0069—1991)：用于测定发动机冷却液和防锈液 pH 值；

ASTM D1121(对应 SH/T 0091—1991)：用于测定发动机冷却液储备碱度。

对于发动机冷却液的防腐蚀性能评估，通常会进行以下试验：

ASTM D1384(对应 SH/T 0085—1991，2000 年确认)：玻璃器皿腐蚀测定法；

ASTM D4340(对应 SH/T 0620—1995)：对传热状态下铸铝合金腐蚀测定法；

ASTM D2570(对应 SH/T 0088—1991/2000)：发动机冷却液模拟腐蚀试验；

ASTM D1882(对应 SH/T 0084—2001)：测试冷却系统化学溶液对汽车有机涂料的影响。

此外，铝泵气穴腐蚀测定(ASTM D2809，对应 SH/T 0087—1991)是另一个重要的试验方法，用于测试铝泵在使用过程中的气穴腐蚀。然而，受到铝泵供应商停产的影响，原厂别克 GM25527536 已难以获取。因此许多实验室需要使用替代泵，这可能会影响试验结果的可比性。尽管铝泵气穴腐蚀试验在评估低硅酸盐配方和有机酸配方时效果较差，但这种类型的发动机冷却液在实际使用中非常理想。为此，日本、欧洲(尤其是意大利)和一些 OEM 标准已逐渐废弃这一测试方法。

3.1.3.1 玻璃器皿腐蚀试验

ASTM D1384 是一项标准测试方法，专门用于评估发动机冷却液的腐蚀性能，标准的最新版本为 ASTM D1384-05(2012)。该方法最初由冷却液供应商、发动机制造商和相关组织于 1955 年共同开发，并由美国 ASTM D-15 委员会定为标准方法。

自 1957 年和 1969 年，ASTM D-15 委员会对最初的试验方法进行了多次评估和革新，增加了合成腐蚀水来提高试验的苛刻度。1961 年，试验中要求使用多个组试验的平均值，以减少清洗金属过程中可能产生的金属失重误差。1967 年，该方法的试验温度被提高，低温试验设为 71℃，高温试验设为 88℃。另外，冷却液的体积从 165mL 增加到 750mL。到了 1979 年，D-15 委员会和 E-11 委员会通过汇总分析新旧试验数据，评估了该方法的精密度，并确认该方法只是一个粗略的筛选方法，缺乏精密度。

玻璃器皿腐蚀试验的基本操作过程是将 6 种典型的金属试片（代表发动机冷却系统常用金属材料）称重后连成试片束，完全浸没在 750mL 的冷却液中。然后，通入流量为（100±10）mL/min 的空气。对于高沸点冷却液，试验温度设为（88±2）℃，对于低沸点冷却液，试验温度设为（71±2）℃。该试验持续进行（336±2）h。当试验结束后取出试片，经清净处理后再次称重，最后通过校正后的 3 组试片试验的质量变化平均值来评价腐蚀程度。

ASTM D2847 明确指出，满足本方法的金属试片的密度（mg/mm^3）应为：

紫铜	8.9
铜	8.5
铸铁	7.2
钢	7.9
铝	2.7
焊锡	9.7

焊锡铅含量与密度关系如下：

铅含量/%	焊锡含量/%	密度/（mg/mm^3）
50	50	8.9
70	30	9.7
80	20	10.2
95	5	11.0

注：焊锡涂覆黄铜试片，不适用以上密度值。

在使用 ASTM D1384-05（2012）方法时，用户应明确理解其目的和局限性。标准的第一段明确指出，这一方法是在受控试验条件下进行的实验室测试，旨在初步评估冷却液腐蚀性能，但并非决定冷却液是否满足腐蚀抑制要求的充分条件，因为实验室测试无法完全模拟实际使用中的环境。

方法委员会一致认可：玻璃器皿试验的初步筛选试验只是冷却液评估的初步筛选阶段，必须结合测功机试验、模拟试验以及实际的行车试验，才能更全面评定冷却液的性能。该试验方法主要针对新的、未经使用过的冷却液，而不能用于评定冷却液的使用寿命。实际上，从冷却系统中抽取的冷却液进行试验意义不大，因为在冷却系统内的腐蚀抑制层会在使用过程中持续存在。重复试验结果通常有很大的差异性，这主要是由于试验条件控制的复杂性，以及金属试片的组分、晶相以及表面状态等因素的微小误差，因此每次试验需要使用3组试片进行比较。

表3-1展示了两种市售的发动机冷却液在同一个实验室进行3次重复试验的结果。从结果可以看出，这两种冷却液的重复性表现较好。

表3-1　同一实验室的试验结果重复性

发动机冷却液	试验编号	每片金属失重/mg					
		铜	焊锡	黄铜	钢	铸铁	铝
A	1	12	3	3	1	1	111
	2	8	1	3	1	0	104
	3	7	1	2	4	0	115
B	1	5	0	16	6	4	5
	2	6	1	15	2	6	2
	3	5	2	14	4	2	2

表3-2显示了与表3-1同样的两种市售冷却液样品A和B，在6个不同实验室进行的腐蚀试验结果。从结果可以看出，试验的再现性存在一定差异。虽然不合格的产品在所有实验室中均被判定不合格，但在合格项目中，失重差别较大，尤其是铸铁和铝的试验数据波动较大。

表3-2　不同实验室结果再现性

发动机冷却液	试验编号	每片金属失重/mg					
		铜	焊锡	黄铜	钢	铸铁	铝
A	1	11	5	5	3	4	146
	2	4	4	3	2	7	112
	3	9	1	3	2	0	110
	4	5	5	4	1	0	92
	5	17	2	2	1	0	155
	6	3	1	2	0	0	114
B	1	8	5	13	3	6	26
	2	6	2	13	4	11	4
	3	5	1	15	4	4	3
	4	3	2	12	2	0	2
	5	7	2	14	2	1	12
	6	3	1	18	4	5	14

玻璃器皿试验通常作为发动机冷却液配方的第一个初评筛选试验方法。

3.1.3.2 铸铝传热腐蚀试验

在发动机工作过程中，发动机冷却液有效地抑制铝质气缸盖的传热腐蚀极为重要，因为任何腐蚀产物的形成都可能沉积在散热器的内表面，最终导致冷却系统过热甚至冷却液的沸腾溢出。因此，标准提供了一个筛选冷却液是否能够有效抑制铝质气缸盖传热腐蚀性能的方法。然而，标准中表现良好的冷却液不一定具有长期的使用性能，必须经模拟使用、台架试验和行车试验的综合评定才能确定冷却液在长期使用中的表现。

对于铝质缸盖的传热腐蚀试验，通常会将常用的铸铝合金加工成试件，称量后将试件的试验面浸在发动机冷却液试样中。用空气对试样施加压力，将试件在(135±1)℃的环境温度下恒温 168h，试验结束后再清洗试件并重新称量，最后以试件的质量变化值作为腐蚀评价指标。

一般情况下，如果新冷却液的铸铝传热腐蚀试验结果大于 1.0mg/(cm^2·周)，则该冷却液判定为不合格，配方需要调整。若试验结果小于 1.0mg/(cm^2·周)，则可以进一步评测，包括模拟试验和行车试验，确保冷却液在实际使用中的性能。

3.1.3.3 模拟腐蚀试验

在实验室恒温条件下，评定发动机冷却液在循环过程中对金属试片和汽车冷却系统各部件影响的方法。这一方法通过由储存器、水泵、散热器及橡胶管所组成的封闭系统中，进行循环试验来评估冷却液的抗腐蚀性能。

具体操作是将冷却液试样在 88℃条件下，在设定流量条件下循环 1064h。在试验过程中，系统内会使用发动机冷却系统所使用的典型金属试片作为监测样品。这些试片的失重变化以及目测各部件内表面的状态将作为抗腐蚀性能的评定依据。

此外，试验还会定期从系统中提取样品进行分析，以评估冷却液在循环过程中的性能变化。通过这些综合数据，能够更全面地了解冷却液在长时间使用过程中对金属表面的腐蚀情况和整体冷却系统的影响。

3.1.3.4 化学溶液对汽车上有机涂料的影响

在室温下，将冷却系统中的化学浓缩液或其稀释液与汽车生产中使用的特定有机涂料接触 1h，然后用肉眼检查涂料的表面是否有褪色、失去光泽、软化、隆起或其他特殊现象。该试验用于检测冷却系统中的化学溶液滴在汽车有机涂料表面上时，是否会使涂料外观产生褪色、失去光泽、软化、隆起或其他特殊变化。

试验步骤如下：

① 试样准备：在(25±5)℃下，用玻璃滴管在试验板上放置足够量的试样，

以形成直径约25mm圆斑。

② 观察：1h后用湿布擦干试验板表面，再用干燥、柔软的绸布轻擦。肉眼观察并记录放置试样的区域是否出现褪色、失去光泽、软化、隆起或其他变化。

③ 处理与比较：若出现上述现象，可用绸布蘸含低浓度研磨剂的车辆清洗剂轻轻地擦拭试验板上的处理区域，然后比较处理过的区域与未处理过的区域。若无差异，则认为斑点可去除。

注：斑点在外界短期放置可能会消失，如阳光下放置8~24h后，部分斑点可能自然消退，这种现象有时被认为对涂料无影响。

3.1.3.5 pH值测定法

适用于发动机防冻剂、防锈剂和冷却液的浓缩液，以及用过的或未用过的这些产品浓缩液的水稀释液；不适用于固体防锈剂。在温度为25℃时，蒸馏水的pH值应为6.2~7.2。对于稀释液，建议发动机冷却液和防冻剂的浓度为50%(体积)或33%(体积)。

操作步骤如下：

① 电极准备：新的玻璃电极应在蒸馏水中浸泡24h后方可使用。试验后的电极应该用蒸馏水洗净，并浸泡在蒸馏水中备用。连续使用一周后，若电极球表面有污染，可将其放入冷铬酸洗液中浸泡30s，然后用蒸馏水洗净，再泡在蒸馏水中备用。甘汞电极内的氯化钾饱和溶液要保持一定高度。不用时，需覆盖橡胶套；若连续使用一周，应更换氯化钾饱和溶液。

② 仪器校准：接通电源，稳定30min后，按仪器说明书调节，将电极浸入所选的缓冲溶液中，摇动几下并观察温度。调整pH仪器中的温度调节旋钮，使其与缓冲溶液的温度一致。接着调节测定pH值，使其与缓冲溶液的pH值相符。用蒸馏水冲洗电极并擦干后，将电极浸入另一个缓冲溶液中，检查pH仪器读数与缓冲溶液的pH值的差值，若超过0.05，则需更换电极并重新校正。校准所用的两种缓冲溶液的pH值范围应覆盖待测试样的pH值。

③ 样品测定：量取100mL试样注入150mL烧杯中，将烧杯放在pH仪器台架上，将准备好的两个电极浸入试样中，搅拌3~5min以确保系统平衡。打开pH仪器开关，记录指针稳定后的数值。

注意事项：①如果玻璃电极表面有油膜，应使用1∶1(体积)的甲苯与乙酸乙酯混合溶剂清除。②当测定含有硅酸盐的防冻剂时，pH值读数应注意如下规定：a)在稀释液准备好后立即进行试验，并记录pH值；b)将该溶液放置30min后再记录pH值，通常此时测得的pH值会比直接测得的结果低0.2。经测定，浓缩液稀释后放置24h时所测得的pH值，比直接试验结果低0.3~0.5。

pH值测定的精密度要求：

重复性：同一操作者，重复测定的两个结果之差不应大于0.1；

再现性：不同实验室各自提出的两个结果之差不应大于0.2。

试验报告值：

试验报告中的pH值应为两次重复测定结果的算术平均值，精度取至0.1。

3.1.3.6 储备碱度

储备碱度定义：使用浓度为$c(HCl)=0.1000$mo1/L的盐酸标准滴定溶液，对10mL试样滴定至pH值为5.5时所需的毫升数(精确到0.1mL)。

储备碱度采用电位滴定法，适用于发动机冷却液、冷却液浓缩液以及防锈剂浓缩液，同时也可用于已使用的发动机冷却液、防锈剂浓缩液的稀释液以及固体防锈剂的水溶液。

试验方法：取10mL试样，用蒸馏水或去离子水稀释至约100mL，再用浓度为$c(HCl)=0.1000$mo1/L的盐酸标准滴定溶液滴定到pH值为5.5。记录滴定所消耗的盐酸标准滴定溶液的体积(mL)，并精确到0.1mL。在必要时，为了计算储备碱度在性能试验中的消耗，还应记录下冷却液或添加剂在冷却液中的浓度。

储备碱度V(mL)按下式计算：

$$储备碱度\ V=c_1V_1/c_2$$

式中 c_1——盐酸标准滴定溶液的实际浓度,%；

V_1——消耗的盐酸体积，L；

c_2——盐酸滴定液规定浓度,%。

储备碱度测定方法的精密度：

重复性：同一操作者重复测定的两个结果之差不应大于0.2mL；

再现性：不同实验室各自提出的两个结果之差不应大于0.2mL。

在模拟的或实际的冷却液使用中，储备碱度的损耗百分数X(%)按下式计算：

$$X=100\times[(RA_1/C_1-RA_2/C_2)/(RA_1/C_1)]$$

式中 RA_1——初始的冷却液储备碱度，mL；

RA_2——最终的冷却液储备碱度，mL；

C_1——初始的冷却液或添加剂浓度,%(体积)；

C_2——最终的冷却液或添加剂浓度,%(体积)。

注意：在冷却液溶液浓度未知的情况下，可通过适当的试验方法测定，例如：折射率、冰点、密度以及卡尔费休法测定水含量，然后计算浓度。

在汽车车辆使用试验的情况下，储备碱度损耗百分数通常按每10000km里程单位进行报告。储备碱度损耗百分数虽然能评价冷却液的耐久性以及冷却系统的工作状态，但它仅仅是评价冷却液的一个方面，还需结合其他性能指标进行评估。

3.1.4 低硅型无机盐发动机冷却液开发举例

发动机冷却系统是一个典型的多金属系统，主要包括铸铁、钢、铝、焊锡、黄铜、紫铜六种材质。汽车在运行过程中，水箱温度高达 80～100℃，流速约 1m/s，系统中的金属材料会发生均匀腐蚀、冲刷腐蚀、电偶腐蚀、点蚀和穴蚀等。当前，国内外广泛使用的发动机冷却液主要采用乙二醇为主的水-乙二醇体系。然而，在高温环境下，乙二醇与溶解氧作用易生成乙醇酸、乙醛酸、乙二酸等酸性腐蚀物质，加速金属的腐蚀。因此，必须在发动机冷却液中添加腐蚀抑制剂。

IAT(无机盐型)发动机冷却液主要分为磷酸盐型、胺型和硅酸盐型。由于欧洲对铵盐的限制，环保型无机配方以日本的磷酸盐体系和欧美的硅酸盐体系为代表。

吴良彪等研究了以硅酸钠、硼砂、苯甲酸钠为主的缓蚀剂体系，在固定其他缓蚀剂用量的前提下，以乙二醇：水=1：1(200mL)体系中进行试验，通过分别改变硅酸钠、硼砂、苯甲酸钠的用量，测定各种金属的腐蚀失重情况。

从图 3-1～图 3-3 可见，当硅酸钠加入量在 0.05g/200mL 时，6 种金属的腐蚀失重最小。随着硅酸盐含量的增加，腐蚀失重略有上升，而当硅酸钠含量超过 0.2g/200mL 后，焊锡和铝的失重再次大幅减少。由于硅酸盐的稳定性要求冷却液中的硅酸盐含量不能过高。ASTM D4985 规定硅酸盐浓缩液中硅含量不得超过 250ppm。

从图 3-4～图 3-6 可见，随着硼酸盐加入量的增加，6 种金属的失重均有所上升。当硼酸盐含量处于 1.0～1.3g/200mL 时，6 种金属的腐蚀失重量相对较低。

试验中发现，当 pH 值<8.5 时，体系容易出现絮凝现象，这主要由硅酸钠引起。当 pH 值>8.5，并加入少量硅氧烷后，体系保持稳定。因此，冷却液的 pH 值一般控制在 8.5～10，并通过添加硅氧烷稳定剂有效抑制絮凝的产生。

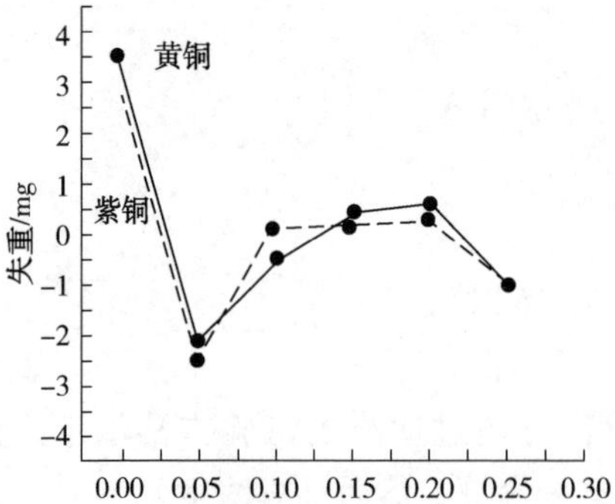

图 3-1　硅酸钠用量对黄铜和紫铜腐蚀的影响

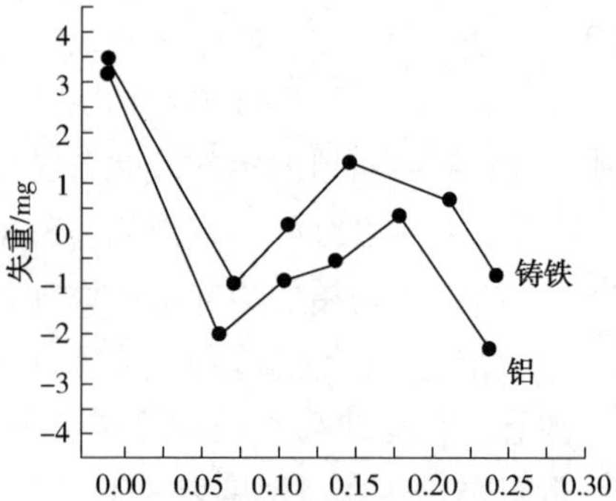

图 3-2　硅酸钠用量对铸铁和铝腐蚀的影响

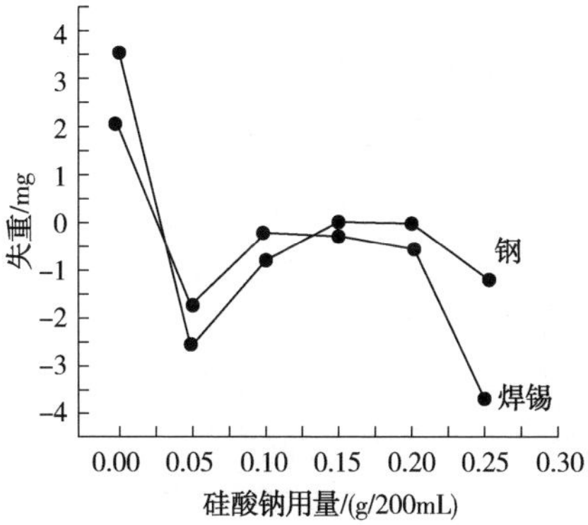

图 3-3　硅酸钠用量对钢和焊锡腐蚀的影响

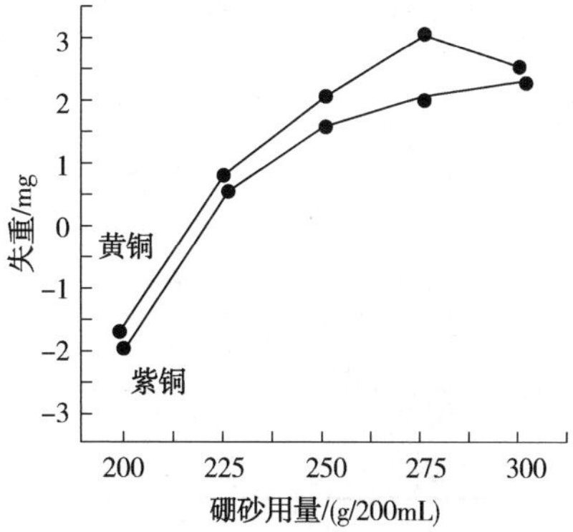

图 3-4　硼砂对黄铜和紫铜腐蚀的影响

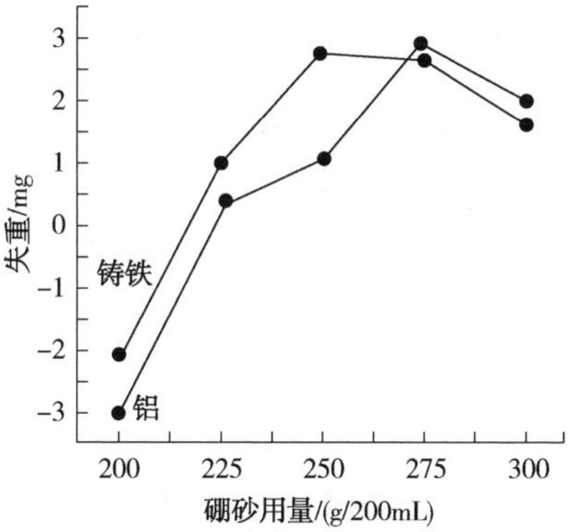

图 3-5　硼砂用量对铸铁和铝的影响

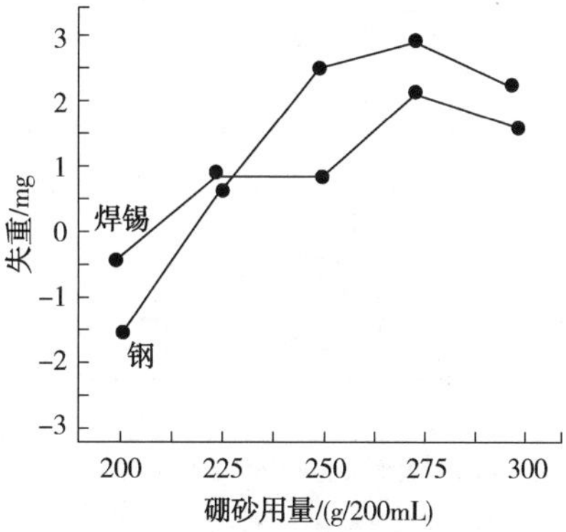

图 3-6　硼砂用量对钢和焊锡腐蚀的影响

体系 pH 值的控制对于无机盐型冷却液配方至关重要，特别是在配方中用 NaOH 调节 pH 值，以中和高温下乙二醇产生的酸性物质，从而减少酸腐蚀。

以下是水乙二醇无机型冷却液配方举例。

配方举例 1：

有机三聚羧酸无灰防锈剂	1.0%
甲基苯三唑衍生物	0.1%
硼砂	1.2%
NaOH(30%)	1.2%
五水偏硅酸钠	0.05%
硅氧烷稳定剂	0.077%
乙二醇	余量

玻璃器皿腐蚀试验结果见表 3-3。

表 3-3　玻璃器皿试验结果

金属	失重/(mg/片)	ASTMD SNA 限定范围失重/(mg/片)
黄铜	1	≤10
焊锡	6	≤30
紫铜	2	≤10
钢	0	≤10
铸铁	4	≤10
铝	2	≤30

发动机冷却液配方举例 2 见表 3-4。

表 3-4　发动机冷却液配方举例　　%

组成	组分 1	组分 2
乙二醇	89. 3	89. 0
二缩乙二醇	4. 7	5. 0
水	3. 85	1. 16
NaH_2PO_4	1. 22	—
磷酸	—	0. 41
三乙醇胺	0. 50	4. 00
甲基苯三唑	0. 20	0. 20
非离子表面活性剂 RTM. L61	0. 03	—
2-庚基-1-(乙氧基丙酸)-咪唑啉	0. 20	0. 03

3. 1. 5　腐蚀机理分析

冷却系统主要由换热器、循环管路、泵、外部换热器四部分组成，所用的材料通常为铝合金及不锈钢等。在同种金属材料之间的接触电位不同，在冷却液的电解液环境中可能会产生原电池腐蚀，导致系统内金属的腐蚀现象。例如，在某型飞机的供液管路上曾发现焊接接头及部分管壁有白色结晶体，经化验发现这些白色结晶体中含有少量氧化铝成分，白色结晶体脱落后，管壁及焊缝处表面粗糙度变差，出现腐蚀现象。

结晶可能是凝胶或其他附着物。硅酸盐是铝和铝合金的特效缓蚀剂，对钢铁和有色金属也有一定的保护作用。冷却液中使用的硅酸盐一般是偏硅酸盐，常用的有偏硅酸钠和偏硅酸钾。硅酸盐的作用是通过形成保护膜来减少金属的腐蚀。然而，硅酸盐在储存和使用过程中容易失去稳定性，可能会析出凝胶状物质，导致冷却液的防腐蚀性能下降。析出的凝胶物质可能堵塞管道或附着在散热器内表面，降低热传导效果。另外磷酸盐类也存在不稳定性，易与水中的钙、镁离子反应形成水垢。

结晶物也可能是氢氧化铝 $Al(OH)_3$［或者称铝酸（H_3AlO_3）］。在冷却液系统中，缓蚀剂的氧化作用可能导致管壁上存在一层 Al_2O_3。Al_2O_3 是一种两性氧化物，在不同的 pH 条件下表现出不同的化学行为。Al_2O_3 在强酸性环境下表现为弱碱性，而在强碱性环境下表现为弱酸性。因此，它既可以与酸反应，也可以与碱反应。

在高温热负荷运转条件下，乙二醇会发生氧化反应，生成一系列具有腐蚀性作用的酸性物质，尤其是甲酸等混合酸。冷却系统中的充气和铜及铜合金元件能够加速乙二醇的氧化过程，从而导致腐蚀现象的发生。在酸性条件下，Al_2O_3 与酸反应可生成氢氧化铝 $Al(OH)_3$：

$$Al_2O_3+3H^+ \longrightarrow Al_2(OH)_3\downarrow$$

$$Al(OH)_3+3H^+ \longrightarrow Al^{3+}+3H_2O$$

乙二醇型冷却液通常呈碱性，pH 值在 7.5~11，Al_2O_3 与碱反应生成偏铝酸，并与水中的铝离子进一步反应生成氢氧化铝 $Al(OH)_3$：

$$Al_2O_3+2OH^- \longrightarrow 2AlO^-+H_2O$$

$$2Al+2OH^-+2H_2O \longrightarrow 2AlO_2^-+3H_2\uparrow$$

$$3AlO_2^-+Al^{3+}+6H_2O \longrightarrow 4Al(OH)_3\downarrow$$

生成的氢氧化铝［$Al(OH)_3$］不溶于水，是白色悬浮物。因此，如果冷却液中的 pH 值偏酸或偏碱，Al_2O_3 就会从液体管道上脱落并进入冷却液中，导致管道表面的腐蚀以及白色结晶体的形成。

3.1.5.1 对液冷系统的危害

1）对泵、管道的危害

液冷系统中的泵和管道需要长时间保持高效的传热性能。由于冷却液中添加剂（如硅酸盐和磷酸盐）可能不稳定，冷却液的腐蚀性会对这些部件造成危害。具体影响如下：

硅酸盐凝胶析出：硅酸盐作为一种常见的缓蚀剂，稳定性较差，长时间使用后可能形成凝胶。这些凝胶物质会沉积在泵和管道内，严重时可能导致过滤器和管路的堵塞。

磷酸盐水垢：磷酸盐类缓蚀剂容易与水中的钙、镁离子反应，形成水垢沉积。这些沉积物会附着在泵和管道内壁，增加流体的流阻，并可能导致传热性能下降，最终影响整个冷却系统的效率。

腐蚀和沉积：冷却液中的沉淀物可能引发泵和管道的腐蚀，降低设备的使用寿命，严重时导致冷却系统故障，影响发动机和电子设备的安全运行。

2）对散热器的危害

散热器是液冷系统中的关键部件，通常采用铝合金材料制造。为了减轻质量，铝合金散热器采用焊接工艺制作，进出液口和通道尺寸通常较小。冷却液中缓蚀剂的稳定性问题可能导致以下危害：

硅酸盐凝胶析出：如前所述，硅酸盐缓蚀剂在冷却液中的稳定性差，容易形成凝胶。硅酸盐凝胶会附着在散热器内表面，造成传热效率下降。

磷酸盐水垢生成：磷酸盐与水中的钙、镁离子反应，生成水垢，容易在散热器内部积累，增加流阻，导致散热器的传热性能变差。

氢氧化铝沉淀：乙二醇型冷却液在高温条件下可能会生成氢氧化铝沉淀，且这种沉淀不溶于水，形成白色结晶物，附着在散热器表面，进一步影响散热效果。

3）对集成机架及管接头的危害

液冷系统中的集成机架和管接头也是关键部分，尤其是在功率密度较高的应用中，液冷系统需要精确的流量分配和稳定的液流。由于液冷系统中的腐蚀杂质，可能造成以下危害：

堵塞流量分配孔：液冷机架的流量分配孔和液冷接头的通径较小（有时仅为0.9mm），如果发生腐蚀或产生凝胶/沉淀，腐蚀杂质很容易堵塞这些小尺寸的孔道，导致流量不均，影响整个冷却系统的运行。

液冷接头密封性差：在液冷模块的维护过程中，腐蚀产物可能卡在接头周围的密封圈内，导致密封性下降，甚至发生液体泄漏，影响冷却系统的稳定性。

以上分析表明，液冷系统中使用的冷却液和缓蚀剂需要具备良好的稳定性，否则将会对系统中的重要部件（如泵、管道、散热器、集成机架、液冷接头等）产生严重危害。特别是硅酸盐缓蚀剂，虽然是铝合金的特效缓蚀剂，但其稳定性差，容易形成凝胶；磷酸盐也会与水中的钙、镁离子反应生成水垢，进一步加剧系统的腐蚀问题。因此，确保冷却液的稳定性、控制 pH 值以及选择合适的缓蚀剂是防止这些危害发生的关键。

3.1.5.2 腐蚀解决办法

有效的防腐蚀措施不仅需要改进金属材料的性能，还需要提升冷却液的防腐蚀性能。以下是两方面的详细解决方案。

1）提高通道抗腐蚀能力

试验证明，通过对铝合金等材料进行化学氧化或阳极氧化处理，可以有效提高其表面的防腐蚀能力。氧化处理能够在金属表面形成一层致密的氧化膜，这层膜能有效阻止外界环境对金属的侵蚀，从而延长冷却系统的使用寿命。

由于冷却系统中内通道的物理尺寸较小，且流体在通道内的流动速度较快，因此采用化学氧化处理能够提高铝合金的耐腐蚀性。然而，如果氧化过程中机架或液冷通道内残留了氧化液，氧化液可能会成为模块内部电解液，从而在通道内形成原电池腐蚀，进一步加剧腐蚀现象。为了避免冷却液以及环控系统受到污染，必须对液冷机架以及模块内部进行冲洗。只有保证通道洁净度，确保污染物不会进入冷却液，才能确保冷却液的稳定性并避免腐蚀问题。

2）提高冷却液防腐蚀性能

冷却液中的缓蚀剂是防止金属腐蚀的关键成分。无论从汽车发动机、国外飞机环控系统还是其他液冷系统，冷却液的防腐蚀性主要是依靠缓蚀剂。

冷却液的 pH 值是影响缓蚀剂防腐性能的重要因素。大多数金属腐蚀过程本质上是电化学反应，而腐蚀的速率不仅与溶液中缓蚀剂的浓度有关，还与溶液的 pH 值有关。根据研究，通常情况下，冷却液的 pH 值应控制在 7~11。这一范围内可以有效抑制铝合金的腐蚀。若 pH 值过低(酸性环境)或过高(碱性环境)，都会加速腐蚀反应。因此，合理的 pH 值范围是确保冷却液具备防腐蚀性能的前提。

因此，提高冷却液缓蚀剂的稳定性及防腐蚀效果才是解决腐蚀问题的关键。

3.1.5.3 产品的使用和维护

在实际使用过程中，乙二醇会分解产生酸性物质，同时酸性气体有可能渗入冷却液中，导致体系的 pH 值降低。此外，大部分缓蚀剂的防腐机理(如硅酸盐缓蚀剂的膜修复机理)在使用过程中也会被消耗，这也是汽车冷却液需要定期更换的原因。因此，冷却液在使用过程中应定期检查防腐性能或定期更换。

液冷设备在运行过程中，通道内部表面会逐渐积累水垢或腐蚀杂质，而冷却液中添加剂的不稳定性也可能导致凝胶等杂质的生成。这些杂质不仅使得换热条件恶化，增加流阻，造成局部过热，还会加速腐蚀，严重时可能堵塞通道。

在定期更换冷却液时，还需要对液冷系统进行清洗。针对铝合金材质，应选择合适的清洗剂。由于氯离子易诱发铝合金点蚀，严重时可导致局部腐蚀穿孔，因此，盐酸类清洗剂不应用于铝合金的冷却系统。清洗剂在去除水垢和其他杂质的同时，还会去除金属表面的钝化膜，所以在清洗后必须使用大量去离子水彻底冲洗冷却系统，并再次用冷却液冲洗一次，然后重新加入冷却液。

3.1.6 冷却液行车试验

汽车发动机故障主要原因是冷却系统出现问题，或由冷却问题引起。导致各种故障的主要原因是发动机过热。发动机过热会导致润滑油衰败、氧化、润滑性下降，进而引发早燃和爆燃等问题；而发动机过冷则会造成不必要的磨损、增加油耗，甚至导致积水和淤泥的形成。对冷却液进行监测可以有效避免这种故障的产生，并能够及时发现冷却系统潜在问题。尽管冷却液和冷却系统部件的寿命依赖于适当的维护，但通过分析冷却液样品，能够科学、有效地避免故障。对汽车发动机冷却液的监测，能够揭示冷却系统的腐蚀或穴蚀状况，从而判断是否需要更换冷却液或补加冷却液添加剂。通过监测冷却液的性能，可以确保冷却液的合理使用。

崔婷婷等对冷却液在使用过程中的劣化特征做了研究：试验用车为一汽马自达6辆轿车，主要参数见表3-5和表3-6。选取三辆马自达6，分别在行驶2500km、10000km、20000km、30000km、40000km，取发动机冷却液样品做密度、冰点、沸点、pH值、灰分、储备碱度等试验。由于三辆车进4S店大修时间和冷却液更换时间较为接近，且试验车辆的运行状况相似(大部分为市区行驶)，每次取相同行驶里程的冷却液试样相隔时间较近，取回试样尽快进行试验，确保数据的准确性。所有样车都进行了良好的保养，行驶工况良好，并在每次取样时，以确保其液面符合规定标准。

表3-5　试验用汽车主要参数

项目	马自达6	项目	马自达6
发动机型号	LFX	最高时速/(km/h)	201
排量/cc	1999	缸体材料	铝
最大功率(6500r/min)/kW	108	散热器容量/L	6
气门总数/个	16	散热器材质	铝质
驱动方式	前置前驱	散热器水管材质	橡胶

表3-6　试验的三辆车的状态

车辆信息	马自达6		
	1	2	3
牌号	黑ARD115	黑APT695	黑AY8392
购车时间	2007年3月	2008年2月	2005年1月
行驶里程/km	82000	60000	10500
运行状况	城市工况	城市工况	城市工况

从表3-7可以看出，随着汽车行驶里程的增加，汽车发动机冷却液密度略微减小。这表明冷却液中乙二醇的含量有所消耗，因为密度主要表征冷却液中醇类物质和各种盐的含量。然而，即便行驶到40000km时，冷却液的密度仍保持在大于1.07g/cm^3，说明乙二醇的含量仍在合理范围内。

表 3-7　冷却液密度随里程变化 g/cm^3

行驶里程/km	试验车辆		
	No. 1	No. 2	No. 3
新冷却液	1.080	—	—
2500	1.078	1.075	1.085
10000	1.076	1.075	1.081
20000	1.080	1.076	1.079
30000	1.081	1.074	1.078
40000	1.074	1.073	1.076

从表3-8和表3-9可以看出，随着行驶里程的增加，冷却液的冰点呈小幅上升趋势，而沸点则呈小幅下降趋势。这表明冷却液中乙二醇的含量有所减少。通常情况下，发动机冷却液的冰点越低，其沸点越高；随着冷却液使用过程中乙二醇的消耗，冰点上升，沸点随之降低。

表 3-8　冷却液冰点随里程变化 ℃

行驶里程/km	试验车辆		
	1	2	3
新冷却液	-40.0	—	
2500	-39.5	-39.2	-39.2
10000	-39.0	-39.0	-39.0
20000	-38.5	-38.5	-38.0
30000	-38.0	-38.0	-38.0
40000	-38.0	-37.5	-37.5

表 3-9　冷却液沸点随里程变化 ℃

行驶里程/km	试验车辆		
	1	2	3
新冷却液	110.0	—	—
2500	109.8	110.0	109.8
10000	109.5	109.8	109.5
20000	109.3	109.5	109.0
30000	108.8	109.0	108.8
40000	108.2	108.2	108.0

新冷却液的pH值在7.5~11.0，随着行驶里程的增加，pH值呈下降的趋势，达到30000km时，pH值已降至7以下。由于发动机冷却液的储备碱度是通过测定pH值降至5.5时中和所需的标准浓度HCl的量来确定的，不同发动机冷却液

的缓冲体系会导致其储备碱度在释放时呈现不同的 pH 值，因此不能仅凭 pH 值低于 7 就判断冷却液失效。从此次行车试验结果(表 3-10)看，乙二醇在使用过程中，尤其在高温条件下，转化为乙二酸等酸性物质的现象还是相当明显的。

表 3-10　冷却液 pH 值随里程的变化

行驶里程/km	试验车辆		
	1	2	3
新冷却液	8.31	—	—
2500	7.91	7.93	7.90
10000	7.69	7.66	7.43
20000	7.33	7.38	7.23
30000	6.96	7.04	6.98
40000	6.86	6.95	6.51

从表 3-11 可以看出，随着行驶里程的增加，冷却液的储备碱度明显下降，且下降幅度逐渐减小。通常，当储备碱度小于 2mL 时，冷却液基本需要更换。储备碱度是衡量发动机冷却液缓蚀剂含量的一个重要指标，储备碱度较高的发动机冷却液意味着其使用寿命较长。虽然 pH 值能够在一定程度上反映储备碱度的变化趋势，但不能直接体现冷却液的劣化程度。通过储备碱度的试验数据，并结合冷却液中缓蚀剂浓度，可以更准确判断冷却液是否需要更换及更换的时机，从而为合理更换汽车冷却液提供有价值的参考。

表 3-11　冷却液储备碱度随里程变化　　mL

行驶里程/km	试验车辆		
	1	2	3
新冷却液	11.9	—	—
2500	6.5	6.8	6.3
10000	5.7	5.5	5.3
20000	4.9	4.7	4.0
30000	3.2	3.7	2.9
40000	2.2	2.4	1.9

3.2　OAT 型冷却液

汽车排放污染物主要包括 HC(碳氢化合物)、NO_x(氮氧化物)、CO(一氧化碳)、PM(微粒)等。这些污染物主要通过汽车排气管排放，其中约 45%的 HC 以及少量其他污染物质则来源于曲轴箱和燃油系统。在这些排放污染物中，CO 是燃油不完全燃烧的产物，对人体健康具有较大危害。HC 则主要由燃油蒸发及不完全燃烧产生，包含 200 多种不同的成分，其中一些是已知的致癌物质。NO_x 则是在燃烧室高温高压条件下，氮和氧反应生成的，排放到大气后转化为 NO_2（二氧化氮），对人和植物有较强的毒性，是酸雨及光化学烟雾的主要成分之一。PM 的主要成分是碳烟，其表面附有大量化学物质，部分为致癌物质，吸入人体后会长期滞留在肺部，危害健康。

自 2000 年开始，欧洲开始执行欧Ⅲ排放标准，内容见表 3-12。

表 3-12　欧Ⅲ排放标准限值

欧Ⅲ型式认证和生产一致性排放限值									
车辆类别		基准质量（RM）/kg	限值/（g/km）						
			CO		HC	NO_x		$HC+NO_x$	PM
			汽油机	柴油机	汽油机	汽油机	柴油机	柴油机	柴油机
第一类车		全部	2.3	0.64	0.2	0.15	0.50	0.56	0.05
第二类车	1 级	RM≤1305	2.3	0.64	0.2	0.15	0.50	0.56	0.05
	2 级	1305<RM≤1760	4.17	0.80	0.25	0.18	0.65	0.72	0.07
	3 级	1760<RM	5.22	0.95	0.29	0.21	0.78	0.86	0.10

为了达到欧Ⅱ标准，轻型车只需加装三元催化转化器并进行发动机改进；而要达到欧Ⅲ标准，则需要采用更高效的催化转化器活性层、催化剂加热技术、将催化转化器的安装位置靠近发动机以及二次空气喷射等新技术。显然，与欧Ⅱ标准相比，欧Ⅲ标准的排放控制技术复杂性和挑战性更大。

满足欧Ⅲ标准的轻型汽车可以考虑的关键技术包括：三元催化转化器，发动机的改进，优化的催化转化器的活性层，催化剂加热技术，催化转化器的安装位置靠近发动机，二次空气喷射，带冷却装置的排气再循环系统以及优化的燃烧室涡流形成等技术。

从欧Ⅱ到欧Ⅲ的排放标准过渡，不同于像欧Ⅰ到欧Ⅱ的技术提升，欧Ⅲ的标准技术要求更为复杂，涉及三项重要技术的提升。首先，欧Ⅲ标准增加了对车辆冷启动时排放达标的要求，即车辆在零下 7℃的低温环境下，停放超过 6h 后点火着车，立刻测量车辆排放并达到标准，这一要求在欧Ⅱ标准中并不存在。其次，欧Ⅲ标准要求在车辆的电控系统中加入专门的排放控制系统监测功能（OBD，车载诊断系统）。该系统可以随时监测汽车尾气排放，一旦出现超标会进行提示，而欧Ⅱ车辆未配备此系统。最后，欧Ⅲ标准要求为车载诊断系统应有保修措施，以确保排放控制系统的长期可靠性。

对于柴油机而言，废气再循环（EGR）、电控技术和增压中冷技术是必须采用的，缺少这些技术将难以满足欧Ⅲ标准。国内的 EGR 技术仍在研制阶段，增压中冷技术已开始应用，但电控技术尚未广泛使用，因此要达到欧Ⅲ排放标准，国内柴油发动机面临的技术挑战形势更为严峻。此外，国内燃油也需同步提升，如提供低烯烃含量的汽油和低硫柴油等。

欧Ⅲ标准相对于欧Ⅰ、欧Ⅱ是一个质的飞跃，代表着一种更新换代的概念。一般而言，满足欧Ⅱ标准的车辆经过改进后有可能达到欧Ⅲ要求，但关键在于该发动机的设计是否考虑了兼顾欧Ⅲ的排放需求以及扩展的可能性。其他车辆经过改进满足欧Ⅲ标准的可行性较低。

欧Ⅳ发动机排放标准见表 3-13。

表 3-13　欧Ⅳ发动机排放标准

欧Ⅳ型式认证和生产一致性排放限值									
车辆类别		基准质量(RM)/kg	限值/(g/km)						
			CO		HC	NO_x		$HC+NO_x$	PM
			汽油机	柴油机	汽油机	汽油机	柴油机	柴油机	柴油机
第一类车	—	全部	1.00	0.50	0.10	0.08	0.25	0.30	0.025
第二类车	1 级	RM≤1305	1.00	0.50	0.10	0.08	0.25	0.30	0.025
	2 级	1305<RM≤1760	1.81	0.63	0.13	0.10	0.33	0.39	0.04
	3 级	1760<RM	2.27	0.74	0.16	0.11	0.39	0.46	0.06

欧Ⅳ发动机在技术上比欧Ⅲ排放发动机升级不大，但对于燃油质量要求更加严格。

为了满足欧Ⅲ和欧Ⅳ排放法规，许多发动机大量使用轻质金属合金，如铝锰合金、铝硅合金等，发动机轻质合金的比例从 20 世纪 70 年代的不到 30%提高到现在的 85%以上，部分发动机甚至采用全轻质合金技术，以最大限度地减少车身重量并降低能耗。

随着发动机的功率和压缩比的不断提升，发动机的工作温度也进一步升高，还有助于改善热效率并减少排放等，从而对发动机冷却液的传热效率和热稳定性提出了更高的要求。与此同时，在欧洲的发动机 OEM 厂商对润滑油和发动机冷却液提出了延长使用周期的需求，提出了“长寿命”的概念，即在没有系统损坏的情况下，发动机出厂时使用的冷却液需使用 5 年以上或者 16 万公里以上。

为了应对这一新的市场需求，发动机冷却液制造厂开发出了 OAT 腐蚀抑制剂技术。

3.2.1　有机羧酸

有机酸类是分子结构中含有羧基(—COOH)的化合物。它们大多能溶于水或乙醇，呈显著的酸性，但在其他有机溶剂中的溶解度较差。部分有机酸具有挥发性，而部分则不具挥发性。将氯化钙、醋酸铅或氢氧化钡溶液加入有机酸水溶液中时，能够生成不溶于水的钙盐、铅盐或钡盐的沉淀。

羧酸的官能团是羧基，除甲酸外，所有羧酸均由烃基和羧基两部分组成。根据烃基的结构不同，羧酸可分为脂肪酸和芳香酸。脂肪酸是指羧基与脂肪烃基相连接的羧酸，进一步根据烃基的不饱和度，可分为饱和脂肪酸和不饱和脂肪酸。若脂肪酸中不含有不饱和键，则称为饱和脂肪酸；若脂肪酸中含有不饱和键，则称为不饱和脂肪酸。而芳香酸是指羧基与芳香羟基相连接的羧酸。根据分子中所含羧基的数目，羧酸还可以分为一元羧酸、二元羧酸和多元羧酸。一元羧酸含有一个羧基，二元羧酸含有两个羧基，多元羧酸则含有两个以上的羧基。

常温下，饱和一元羧酸如甲酸、乙酸、丙酸为具有强烈刺激性气味的无色液体，而含有 4~9 个碳原子的羧酸为具有腐败气味，呈油状液体，癸酸以上的羧酸为蜡状固体。二元羧酸和芳香酸通常为结晶性固体。羧酸的沸点随着分子质量的增加而升高，其沸点通常高于分子质量相近的醇。例如，甲酸和乙醇的分子量相同，甲酸的沸点为 100.5℃，而乙醇的沸点为 78.5℃。这是因为羧酸分子间可以形成氢键，并且在气态下可能形成二聚体。

一元脂肪酸随碳原子数增加，水溶性逐渐降低。低级羧酸可以与水混溶，而高级一元羧酸则不溶于水，但能溶于有机溶剂。多元羧酸的水溶性通常大于相同碳原子的一元酸。

一般而言，羧酸是弱酸，其酸性强弱可以用 pK_a 来衡量。通常，羧酸的 pK_a 在 3~5，酸性较强但不及强无机酸，而比酚类(例如苯酚的 pK_a 为 9.96)和碳酸(pK_a 为 6.38)要强。因此，羧酸能与氢氧化钠、碳酸钠等反应生成羧酸盐，并且可以与碳酸氢钠反应，释放二氧化碳；而酚类物质则无法发生此类反应。化学反应式如下：

$$R{-}COOH+NaOH \longrightarrow R{-}COONa+H_2O$$

$$2R{-}COOH+Na_2CO_3 \longrightarrow 2R{-}COONa+CO_2\uparrow+H_2O$$

$$R{-}COOH+NaHCO_3 \longrightarrow R{-}COONa+CO_2\uparrow+H_2O$$

羧酸的钠盐、钾盐和铵盐一般易溶于水。

3.2.2 有机羧酸在发动机冷却液中应用开发

用于发动机冷却液中的羧酸类缓蚀剂包括芳香酸和脂肪酸，二者在缓蚀效果和使用范围上各具特点：

芳香酸常见的有苯甲酸、羟基苯甲酸、对氯苯甲酸、对硝基苯甲酸、肉桂酸、羟基肉桂酸等。Duranleau 等研究表明，2,6-萘二酸盐和 1,5-萘二酸盐的混合物具有很好的缓蚀效果，而2,3-和1,2-取代的萘二酸盐因与金属形成的螯合物可能导致金属表面降解，表现出较差的缓蚀效果。Nishii等采用氟化物和三元酸混合添加，以保护铸铝和铸镁金属，显示了显著的协同效应。多元酸如1,3,5-、1,2,4-三苯甲酸，2,5,7-、1,2,4-萘三酸，苯均四酸，1,2,4-丁三酸，1,2,5-己三酸，1,3-二羧基-2-甲基-甲叉丙烷，1,2,7,8-辛四酸等也被用于此类研究，并取得了良好的缓蚀效果。

脂肪酸的消耗相对缓慢，主要因为其通过活性吸附作用发挥缓蚀作用，而不需要形成保护膜。脂肪酸的溶解性好，使用范围广，因此在发动机冷却液中的应用越来越广泛。Keil等在液压机的发动机冷却液中加入含$C_6 \sim C_{12}$，2位或3位被取代的脂肪酸碱金属盐或胺盐的混合物（如分子量分别为258、272、300的异辛基脂肪酸、异壬基脂肪酸、异癸基脂肪酸），在投加浓度达到1%时，即显示出很好的缓蚀效果，且在低浓度下表现出比壬二酸、癸二酸更好的缓蚀效果。Darden等选用了二环戊二烯二元羧酸盐作为缓蚀剂，如六水-4,7-甲茚-1,5-二酸、1,6-二酸、3,5-二酸、3,6-二酸、2,5-二酸、2,6-二酸的碱金属盐或胺盐等，证明其具有优异的缓蚀效果，而某些酸盐（如2,3-二酸、5,6-二酸）与金属形成的螯合物反而促进了金属表面的降解，未能达到预期的缓蚀效果。

此外，其他缓蚀剂的研究也在不断进行。Burns等采用环己酸、环己乙酸、环己丙酸、2-羟基苯甲酸、苦杏仁酸、1-羧基苯乙酸，探讨了这些有机酸对发动机冷却液的缓蚀效果。Maes等介绍了含$C_5 \sim C_{16}$一元羧酸及其盐、甲基苯并三氮唑和咪唑的全有机配方，以防止铝和镁的点蚀和缝隙腐蚀，2-乙基己酸在此类研究中表现出优异的缓蚀效果。Uekusa提出了含0.005%~0.5%柠檬酸的无毒环保配方。Wilson等则采用氨基酸作为铸铝缓蚀剂，配合碱金属磷酸盐和含氮杂环化合物的配方，取得了良好的结果。

更具创新性的研究包括Preusch等选取食用级玉米糖浆作为缓蚀剂，投加量为10%，并添加丙三醇制成安全无毒甚至可饮用的发动机冷却液。Wenderoth等则研究了酰胺类物质，发现0.05%~10%磺酰胺或羧酰胺类化合物能有效保护镁和镁合金，其效果优于芳香三酸和KF复合配方。Maes等采用邻异丁基苯甲酸与辛酸、壬酸或庚酸生成的酯类化合物，配合胺和甲基苯并三氮唑来保护铸铝。

3.2.2.1 OAT的储备碱度

Weir等研究了不同类型有机酸的溶解性和储备碱度提出了基于不同溶剂的配方设计。具体方法如下。

首先，使用50%浓度的NaOH溶液或45%浓度的KOH溶液作为基础液。选用NaOH还是KOH，取决于所选有机酸在基础液中的溶解性。一般来说，KOH溶液中稳定性更好。基础液的用量为总液量的95%，然后加入90%的所需量的丙二醇，接着加入试验用酸并完全溶解。然后，加入三唑和抗泡剂，当完全溶解后，再加入浓度为10%的碱性PG溶液，使得pH值提高到8.2~8.4。最后，加入剩余的PG，直到达到100%的总液量。配方见表3-14。

表3-14　各种酸配制的冷却液的组成和RA值

有机酸	PG/%	酸/%	TTZ/%	NaOH/%	KOH/%	RA pH=5.5	RA pH=4.5
直链一元脂肪酸							
丙酸	91.527	4.000	0.201	4.272	—	—	—
丁酸	92.186	4.000	0.206	3.607	—	—	
戊酸	92.714	4.006	0.203	3.077	—	—	—
己酸	93.087	4.001	0.203	2.709	—	—	—
庚酸	93.329	4.007	0.201	2.464	—	—	—
辛酸	93.569	4.001	0.200	2.229	—	10.0	26.1
壬酸	93.777	4.002	0.200	2.021	—	20.4	25.4
癸酸	93.896	4.003	0.201	1.901	—	22.5	23.7
正十二酸/月桂酸	94.151	4.000	0.200	1.649	—	—	—
其他一元脂肪酸							
异庚酸	93.275	4.050	0.200	2.475	—	—	—
2-乙基己酸	93.617	4.001	0.200	2.183	—	6.4	23.3
环己烷丙酸	93.667	4.000	0.200	2.133	—	7.8	24.5
油酸	89.793	0.003	0.204	—	0.000	—	—
一元芳香酸和取代芳香基一元酸							
苯甲酸	93.099	4.001	0.200	2.700	—	3.4	17.6
m-Cl苯甲酸	93.691	4.002	0.200	2.107	—	—	—
p-Cl苯甲酸	93.695	4.000	0.200	2.105	—	16.0	25.9
m-NO_2苯甲酸	93.826	4.003	0.200	1.971	—	—	—
p-NO_2苯甲酸	93.738	4.000	0.200	2.062	—	—	—
肉桂酸	93.635	4.000	0.200	2.165	—	3.0	23.9
氢化肉桂酸	93.728	4.000	0.200	2.072	—	—	—
p-Cl肉桂酸	94.033	4.007	0.200	1.760	—	24.5	24.9
p-NO_2肉桂酸	93.360	4.000	0.200	—	2.400	21.4	22.3
p-OH肉桂酸	93.818	4.000	0.201	1.981	—	—	—

续表

有机酸	PG/%	酸/%	TTZ/%	NaOH/%	KOH/%	RA pH=5.5	RA pH=4.5
直链二元脂肪酸							
戊二酸	91.078	4.007	0.200	4.715	—	17.8	47.1
亚甲基丁二酸	90.903	4.000	0.201	4.896	—	—	—
己二酸	91.484	4.005	0.200	4.311	—	—	—
庚二酸	91.964	4.000	0.200	3.836	—	17.4	43.3
辛二酸	92.230	4.000	0.200	3.570	—	—	—
壬二酸	90.639	4.000	0.201	—	5.161	15.4	36.9
癸二酸	92.324	3.500	0.200	—	3.976	12.8	34.4
十四二酸	92.114	4.000	0.200	—	3.686	—	—

传统冷却液的储备碱度一般在 10~14mL，原因在于无机盐配方缓冲体系的 pK_a 值通常在 7~9。例如，四硼酸钠缓冲体系在 pH 为 7.5 时，仅需要 0.5%的浓度就能提供所需的 RA。此外，无机缓冲剂在 pH 值低于 3 时仍能保持溶解。

在有机酸方面，只有五种一元直链脂肪酸能够提供 RA，但其缓冲能力较弱。以 2-乙基己酸和环己烷丙酸为例，当它们的用量达到 4%时，能在 pH=5.5 时提供 RA 值为 6~8。其他三种酸在滴定中则会生成沉淀，尤其是辛酸会生成少量沉淀，而壬酸、癸酸则沉淀量逐渐增多。

一元芳香酸的 RA 值与苯环上的取代基关系密切。苯甲酸和月桂酸在 pH=5.5 时 RA 值较低，但在 pH=4.5 时，它们的 RA 较高，并且在滴定过程中不会产生沉淀。另一方面，带有环取代衍生物(对位有 Cl)的衍生物，在 pH 值高于 5.5 时会产生沉淀。

二元脂肪酸的缓冲能力优于一元脂肪酸和一元芳香酸。在 pH=5.5 时，二元脂肪酸的 RA 值通常在 13~18，并且在滴定过程中不会出现沉淀。这主要是因为二元羧酸具有两个酸位，其中一个提供缓冲，另一个则帮助维持其溶解性。当 pH 值降至 4.5 时，二元羧酸的两个酸位都被完全滴定，这时它们提供的 RA 值几乎是同浓度的一元酸的两倍。除了癸二酸有少量沉淀外，其他二元酸的溶解性都保持良好。

3.2.2.2 有机酸的金属腐蚀抑制性能

Weir 等使用改造的玻璃器皿腐蚀试验法，将传统的 ASTM D1384 试验(偶联金属试片法)和文献中描述的非偶联(Uncoupled)或绝缘金属试片法相结合。试验采用 4 个大烧杯，排列为 2×2 矩阵，分别测试了 Sn30A(30%锡-70%铅)与偶联试片，莫迪恩 Modine 焊料（97%铅-0.5%银-2.5%锡的高铅焊料）与偶联试片、Sn30A 和非偶联试片、莫迪恩 Modine 焊料和非偶联试片。在试验中，特氟龙垫圈用于将非偶联金属试片隔离。其余试验条件与 ASTM D1384 一致。

试验结果如表 3-15 所示，显示在不添加腐蚀抑制剂时，金属腐蚀非常严重。在偶联条件下，焊料的失重较大，原因是焊料与铜和黄铜偶联时，焊料充当了牺牲电极。而当钢和铸铝与铸铁偶联时，铸铁失重多，此时铸铁作为阴极保护电极，表现出对其他金属的保护作用。

表 3-15　参比液体的腐蚀试验结果

液体	因素		失重/mg					
	状态	焊锡	铜	焊锡	黄铜	钢	铸铁	铝
水	偶联	Sn30A	3.3	18.5	3.4	118.5	640.6	132.7
		Modine	3.0	58.9	2.5	178.6	551.1	123.9
	非偶联	Sn30A	3.3	5.9	2.2	479.2	553.5	155.1
		Modine	4.8	55.3	4.3	433.6	706.0	196.1
EG	偶联	Sn30A	2.4	54.6	2.4	158.6	440.3	34.6
		Modine	2.3	635.5	4.1	299.3	863.5	36.9
	非偶联	Sn30A	3.0	12.6	3.2	428.0	601.7	68.5
		Modine	4.6	133.1	6.1	335.2	485.4	84.1
PG	偶联	Sn30A	23.5	122.6	97.8	635.4	1036.1	118.3
		Modine	2.3	1000.0	4.7	566.1	716.0	60.3
	非偶联	Sn30A	10.2	19.9	28.7	651.8	898.2	116.3
		Modine	3.3	115.6	4.5	390.9	483.1	95.8
D3585 in EG	偶联	Sn30A	-0.1	1.6	1.5	0.6	1.0	5.0
		Modine	-0.2	3.0	1.9	0.2	-0.7	6.1
	非偶联	Sn30A	-0.7	0.2	1.2	0.1	0.3	1.7
		Modine	1.8	1.0	0.8	0.9	1.1	4.6
D3585 in PG	偶联	Sn30A	2.3	3.9	1.8	-0.3	-0.3	10.6
		Modine	1.8	6.4	1.8	0.1	-0.7	13.2
	非偶联	Sn30A	1.8	2.9	0.9	1.1	-0.1	-12.7
		Modine	1.9	6.2	1.4	0.0	0.4	-2.8

表 3-16 展示了一元直链脂肪酸的金属腐蚀试验结果。从结果可以看出，除丙酸外，一元直链脂肪酸对铜、黄铜、钢铁和铝都有良好的保护作用。有趣的是，莫迪恩 Modine 焊料的腐蚀情况在壬酸中表现出较大的铝增重量，无论是否偶联。

表 3-16　一元直链脂肪酸的金属腐蚀抑制性能

酸	因素		失重/mg					
	状态	焊锡	铜	焊锡	黄铜	钢	铸铁	铝
丙酸	偶联	Sn30A	3.4	57.2	4.1	9.6	27.0	7.2
		Modine	5.2	2593.2	5.9	44.1	44.1	39.1
	非偶联	Sn30A	3.0	3.3	3.1	2.1	26.1	12.5
		Modine	3.4	148.6	4.0	0.0	55.2	4.6
丁酸	偶联	Sn30A	2.5	43.8	3.2	0.6	8.4	8.0
		Modine	6.4	510.1	3.5	1.6	-3.6	4.0
	非偶联	Sn30A	3.2	6.3	3.1	-0.7	1.0	4.7
		Modine	4.2	88.0	3.2	0.3	0.7	4.1
戊酸	偶联	Sn30A	3.1	35.6	4.5	-0.3	0.7	0.6
		Modine	5.1	436.8	3.9	0.5	1.4	3.4
	非偶联	Sn30A	3.8	4.3	2.6	-0.2	1.9	3.8
		Modine	3.6	193.3	4.1	0.8	3.9	3.3
己酸	偶联	Sn30A	3.5	6.5	4.6	0.7	1.1	4.4
		Modine	5.2	360.8	5.3	0.1	1.3	3.3
	非偶联	Sn30A	3.7	2.9	3.1	0.1	0.5	4.4
		Modine	3.2	107.2	2.2	0.7	0.7	1.4
庚酸	偶联	Sn30A	1.6	4.6	1.1	-0.4	-0.3	4.2
		Modine	2.5	170.0	1.1	0.0	-0.2	4.7
	非偶联	Sn30A	1.2	3.8	0.9	0.1	-0.5	0.8
		Modine	2.1	94.4	0.7	0.6	-0.9	0.4
辛酸	偶联	Sn30A	2.2	3.8	1.6	-0.2	0.6	0.6
		Modine	3.0	102.1	4.9	0.1	-0.1	-2.0
	非偶联	Sn30A	2.3	1.5	1.4	0.6	-0.4	5.7
		Modine	3.0	75.0	1.7	0.5	-1.0	2.1
壬酸	偶联	Sn30A	3.7	3.8	2.6	0.5	-0.5	0.8
		Modine	2.3	107.3	3.2	-0.2	-0.5	-53.5
	非偶联	Sn30A	2.1	3.0	2.5	-0.2	0.0	2.8
		Modine	3.5	163.8	2.9	0.8	0.9	-26.1
癸酸	偶联	Sn30A	2.8	7.8	2.4	1.4	-0.2	6.8
		Modine	2.1	-9.8	4.1	-0.2	-0.5	2.1
	非偶联	Sn30A	4.6	6.8	2.8	-0.7	-0.1	6.3
		Modine	3.5	65.6	3.1	0.1	0.0	2.5

续表

酸	因素		失重/mg					
	状态	焊锡	铜	焊锡	黄铜	钢	铸铁	铝
十二酸	偶联	Sn30A	5.5	12.5	4.3	0.0	-0.3	-2.8
		Modine	3.8	411.5	3.7	0.2	0.1	4.4
	非偶联	Sn30A	4.0	8.4	3.5	0.9	3.5	6.3
		Modine	4.8	214.3	4.4	1.2	4.3	2.7
异庚酸	偶联	Sn30A	2.5	8.6	1.1	0.2	-0.3	3.0
		Modine	1.3	516.6	0.9	-0.8	-0.9	2.2
	非偶联	Sn30A	1.2	7.0	1.2	-0.1	-0.1	3.2
		Modine	2.1	390.3	0.5	0.1	-0.9	3.9
2-乙基己酸	偶联	Sn30A	1.6	-0.3	1.0	5.0	8.0	0.0
		Modine	1.9	51.1	0.9	8.7	0.4	-0.6
	非偶联	Sn30A	2.3	0.4	0.9	21.5	0.1	0.2
		Modine	2.0	81.9	0.6	9.8	2.7	-3.1
环己烷丙酸	偶联	Sn30A	1.4	-1.1	0.4	-0.4	-0.8	0.3
		Modine	1.5	15.3	1.1	0.1	-0.4	-4.3
	非偶联	Sn30A	2.5	-0.1	0.8	0.7	0.2	-0.6
		Modine	2.2	22.1	0.9	0.2	-0.5	-6.9
油酸	偶联	Sn30A	1.5	31.6	3.1	-1.9	-71.1	-9.3
		Modine	3.0	560.6	4.2	-5.5	-0.5	-3.1
	非偶联	Sn30A	0.7	25.3	5.0	-1.3	-0.2	-6.5
		Modine	0.7	298.9	4.2	-3.5	2.2	-19.5

表3-17显示了一元芳香酸的金属腐蚀抑制结果，结果表明芳香酸的金属腐蚀抑制能力差异较大。特别是p-Cl苯甲酸、p-NO_2苯甲酸、肉桂酸、p-Cl肉桂酸、p-NO_2肉桂酸等对所有的金属都有保护作用。差异在于对焊料的保护效果不同，失重在3~12mg。然而，其他类型的一元芳香酸对铸铁和铸铝的保护效果较差。

表3-17　一元芳香酸的金属腐蚀抑制性能

有机酸	因素		失重/mg					
	状态	焊锡	铜	焊锡	黄铜	钢	铸铁	铝
苯甲酸	偶联	Sn30A	4.8	3.0	2.8	0.3	252.5	19.3
		Modine	3.9	89.7	3.2	6.3	252.9	16.5
	非偶联	Sn30A	2.4	0.2	2.0	0.2	0.3	-12.3
		Modine	2.4	16.8	1.8	0.8	0.3	3.3

续表

有机酸	因素		失重/mg					
	状态	焊锡	铜	焊锡	黄铜	钢	铸铁	铝
m-Cl 苯甲酸	偶联	Sn30A	2.8	3.4	2.7	-0.2	110.1	15.6
		Modine	2.7	25.3	2.4	0.3	127.6	11.1
	非偶联	Sn30A	2.7	1.1	2.2	0.2	-1.5	11.0
		Modine	2.5	8.6	2.8	0.6	186.9	10.5
p-Cl 苯甲酸	偶联	Sn30A	1.3	0.3	0.8	0.1	-0.3	-8.2
		Modine	1.5	3.1	0.9	-0.4	-0.2	-2.0
	非偶联	Sn30A	1.1	0.5	0.6	0.0	-1.1	-5.0
		Modine	1.6	2.5	0.8	-0.4	-0.4	1.8
m-NO_2 苯甲酸	偶联	Sn30A	3.1	0.3	2.0	0.5	0.3	2.8
		Modine	3.3	27.4	2.1	0.1	0.0	-0.5
	非偶联	Sn30A	2.2	0.5	2.7	0.0	1.0	-4.1
		Modine	2.7	20.1	3.4	0.3	3.8	3.3
p-NO_2 苯甲酸	偶联	Sn30A	1.8	1.4	1.5	0.6	1.4	3.2
		Modine	2.0	11.6	2.0	1.1	5.9	2.6
	非偶联	Sn30A	1.7	0.8	1.7	0.5	0.9	6.1
		Modine	2.3	9.2	1.7	-0.1	7.3	4.4
肉桂酸	偶联	Sn30A	0.8	1.0	0.3	-0.7	-0.4	3.3
		Modine	1.2	7.1	1.1	-0.6	-0.8	4.3
	非偶联	Sn30A	0.6	0.3	0.2	0.0	-0.3	3.5
		Modine	1.4	4.0	0.5	-0.7	-0.1	0.6
氢化肉桂酸	偶联	Sn30A	1.8	2.1	1.4	0.1	0.1	-4.8
		Modine	1.7	41.0	3.0	-0.3	-1.3	2.0
	非偶联	Sn30A	2.3	2.1	1.2	-0.8	0.0	-1.4
		Modine	1.6	23.6	1.1	0.1	-0.2	1.2
p-Cl 肉桂酸	偶联	Sn30A	2.8	0.7	2.4	-1.2	-0.6	-6.9
		Modine	2.3	11.9	1.5	-0.5	-0.4	0.2
	非偶联	Sn30A	2.1	0.4	1.0	-1.1	0.3	1.3
		Modine	2.6	6.7	1.8	-1.4	-0.6	0.6
p-NO_2 肉桂酸	偶联	Sn30A	0.7	1.0	2.3	0.6	-0.3	4.1
		Modine	2.5	5.9	2.7	0.2	0.0	0.1
	非偶联	Sn30A	2.0	1.9	2.4	-0.1	-0.8	3.4
		Modine	2.1	4.9	2.2	-0.4	1.0	-4.0

续表

有机酸	因素		失重/mg					
	状态	焊锡	铜	焊锡	黄铜	钢	铸铁	铝
p-OH 肉桂酸	偶联	Sn30A	2.4	16.1	6.3	-0.2	90.8	38.0
		Modine	2.0	85.2	5.2	-1.0	69.2	37.1
	非偶联	Sn30A	7.7	220.7	13.0	-0.7	35.7	-1.3
		Modine	5.0	39.2	9.4	-0.7	75.1	31.5

表 3-18 介绍了二元脂肪酸的金属腐蚀抑制性能。二元直链脂肪酸的腐蚀抑制效果分成两类：一类包括戊二酸、甲叉丁二酸和己二酸，这些酸对焊料和铸铁的保护作用小，失重量较大；另一类包括其他二元酸，这些酸对铸铁和 Sn30A 腐蚀抑制性能较好，但对 Modine 焊料的保护效果依然不佳。

表 3-18　二元脂肪酸的金属腐蚀结果

有机酸	因素		失重/mg					
	状态	焊锡	铜	焊锡	黄铜	钢	铸铁	铝
戊二酸	偶联	Sn30A	3.6	0.0	2.7	0.9	3.4	4.2
		Modine	5.6	490.7	5.5	-1.5	3.2	2.3
	非偶联	Sn30A	2.0	10.6	2.1	-0.2	-1.0	-0.5
		Modine	3.1	124.3	1.6	1.2	1.2	-7.9
亚甲基丁二酸	偶联	Sn30A	2.1	27.2	1.6	2.6	368.4	11.6
		Modine	1.7	477.6	5.7	22.5	466.0	19.7
	非偶联	Sn30A	2.6	20.8	1.5	4.8	93.3	9.9
		Modine	1.8	354.3	1.2	3.2	306.8	11.7
己二酸	偶联	Sn30A	4.3	32.0	3.7	30.3	28.4	6.3
		Modine	2.4	291.4	5.9	4.1	24.2	8.6
	非偶联	Sn30A	2.5	22.9	3.3	-0.5	0.6	7.0
		Modine	3.2	223.4	1.8	0.1	2.9	1.8
庚二酸	偶联	Sn30A	1.8	6.1	3.3	0.7	0.2	0.3
		Modine	2.2	535.3	2.5	0.0	0.0	0.4
	非偶联	Sn30A	1.4	1.7	1.2	0.1	-0.6	-7.3
		Modine	1.5	511.2	2.3	0.5	1.7	0.0
辛二酸	偶联	Sn30A	4.9	2.0	3.3	0.2	-0.7	-0.3
		Modine	3.9	33.1	3.1	0.4	-0.1	-2.3
	非偶联	Sn30A	4.0	4.5	1.8	1.1	0.1	-1.9
		Modine	3.2	9.9	3.4	0.2	0.8	-5.4

续表

有机酸	因素		失重/mg					
	状态	焊锡	铜	焊锡	黄铜	钢	铸铁	铝
壬二酸	偶联	Sn30A	3.2	8.2	2.7	0.6	-0.8	2.9
		Modine	4.1	542.8	4.3	-0.2	0.3	1.1
	非偶联	Sn30A	3.3	8.3	4.1	0.5	2.7	4.4
		Modine	3.3	531.5	2.9	1.4	0.6	2.3
癸二酸	偶联	Sn30A	2.8	0.9	3.4	-0.3	-0.4	2.7
		Modine	2.6	20.4	3.5	-0.6	-0.6	-3.3
	非偶联	Sn30A	3.2	0.4	4.7	0.5	-0.8	8.1
		Modine	3.3	6.0	4.1	0.2	-0.7	9.0
十四二酸	偶联	Sn30A	4.7	0.2	4.2	0.2	-0.2	1.5
		Modine	4.5	2.5	3.3	-0.2	0.1	-0.9
	非偶联	Sn30A	6.0	0.4	2.8	-0.1	0.0	3.7
		Modine	6.2	7.8	2.4	-0.1	-0.2	6.0

3.2.3 有机酸技术 OAT 在发动机冷却液中的使用

3.2.3.1 IAT 与 OAT 腐蚀抑制机理的比较

发动机冷却液腐蚀抑制保护的模式，概括起来主要有以下两种：

① 传统无机型发动机冷却液技术(IAT)，冷却液中的无机腐蚀抑制剂通过化学反应，在金属表面形成一层外部保护膜，如图 3-7 所示。

② 有机酸发动机冷却液技术(OAT)，激发金属表面自生一层氧化物保护膜，如图 3-8 所示。

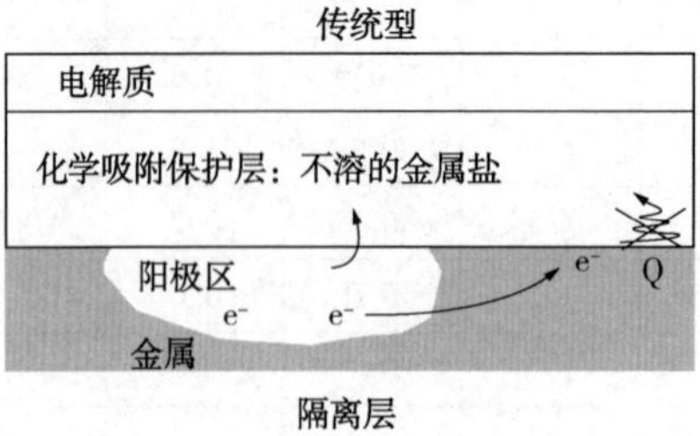

图 3-7 传统无机型冷却液外部保护膜示意图

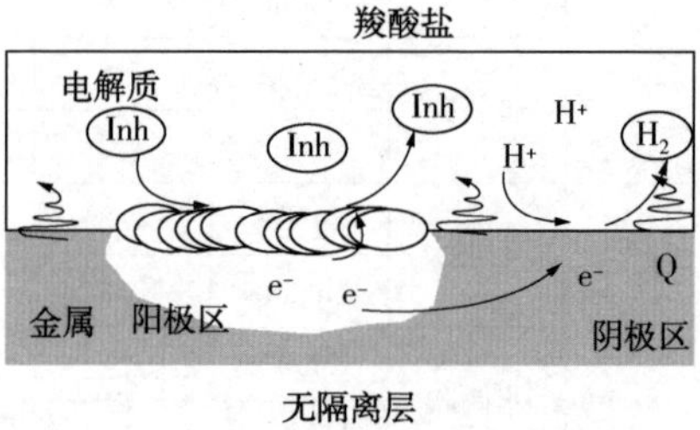

图 3-8 有机酸内源非成膜性抑制层示意图

有机酸腐蚀抑制剂对金属的保护方式，区别于无机型腐蚀抑制剂的氧化或者物理沉积的外部成膜技术，而是激发金属在其表面形成一层氧化物保护膜的金属自膜保护技术。因此腐蚀抑制剂的消耗微乎其微，从而可以实现长周期保护。

3.2.3.2 IAT 配方与 OAT 配方的腐蚀抑制效果比较

图 3-9 中可以看到，亚硝酸盐和硅酸盐的消耗最快，在约 24000～40000km 的行驶里程中，这些成分已经消耗殆尽。相比之下，硼酸盐和硝酸盐的消耗速度则较慢。

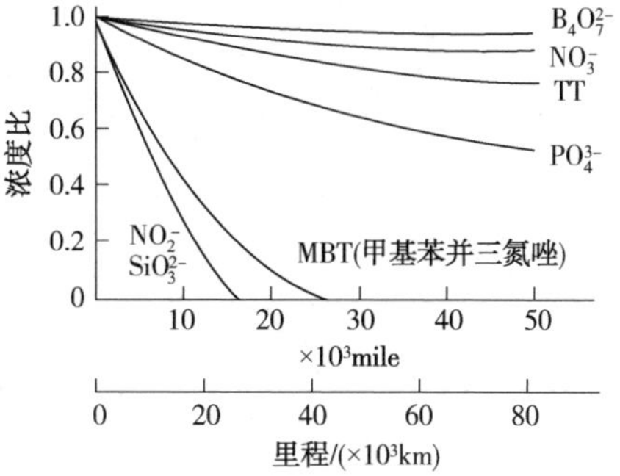

图 3-9 IAT 配方中腐蚀抑制剂消耗与行驶里程变化曲线

从图 3-10 看出，OAT 配方中一元羧酸盐的含量与行驶里程呈现一定的趋势。在 10 万～30 万 km 的里程区间，一元羧酸的含量较高，甚至在超过 60 万 km 的使用，一元羧酸盐的含量仍保持在 80% 左右。

从图 3-11 可以看出，不同类型的腐蚀抑制剂在发动机冷却液中的消耗速率存在显著差异。具体来说：硅酸盐与亚硝酸盐消耗速率很快，在行驶 5 万 km 时，这些成分已经消耗了 80%～90%。硝酸盐、硼酸盐和羧酸消耗比例相对小得多，16 万 km 消耗量不到 5%。磷酸盐的消耗速率介于两类腐蚀抑制剂之间，在 15 万 km 后，其消耗量大约为 50%。

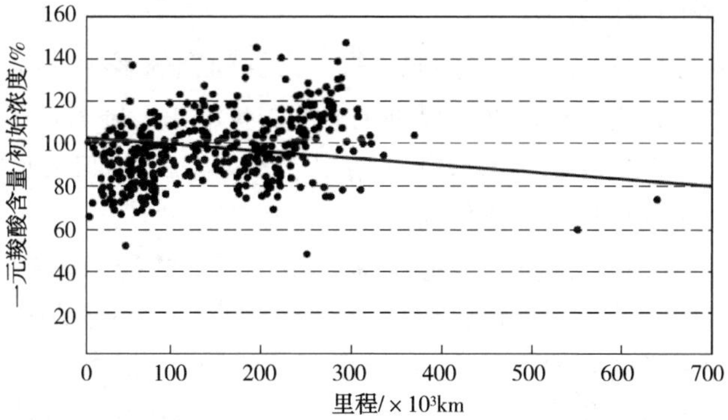

图 3-10 OAT 配方中一元羧酸盐含量与行驶里程趋势图

3.2.4 OAT 用于重负荷发动机冷却液：减少亚硝酸盐的使用

3.2.4.1 重负荷冷却液标准 ASTM D6210

根据 ASTM D6210 的规定，针对发动机冷却液中的穴蚀问题，发动机制造商和冷却液供应商可以基于双方协议选择不同的解决方案，如通过 ASTM D7583 气穴腐蚀台架试验，或者使用化学添加剂（含有 2400ppm 亚硝酸根、1560ppm 亚硝

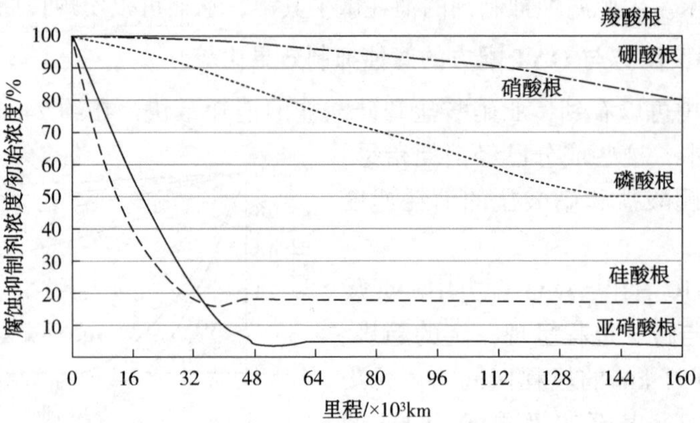

图 3-11　IAT 配方与 OAT 配方的腐蚀抑制剂的消耗速率比较

酸盐或者亚硝酸根/钼酸根混合液，其中包含至少 600ppm 亚硝酸根和 600ppm 钼酸根离子)。

此外，新的配方技术也可以采用其他化学物质来提供足够的保护，具体所用的化学物和测试方法需由用户和供应商协商决定。

从 ASTM D6210 规定中可以推论，亚硝酸盐的应用并非唯一解决方案。由于亚硝酸盐具有一定的毒性，并且在某些条件下可能形成强致癌物——亚硝酸铵，因此其使用受到一定限制。

3.2.4.2　工业界的解决方案

自 1950 年起，汽车界一直受到湿式缸瓦穴蚀问题的困扰，传统的轻负荷 LD 发动机冷却液无法为重负荷发动机提供足够的防护效果。随着研究的进展，氧化型腐蚀抑制剂开始得到应用，铬酸盐开始用于 SCAs(腐蚀抑制剂添加剂)，将轻负荷发动机冷却液成功转化为重负荷发动机冷却液。

到了 20 世纪 70 年代中期，亚硝酸盐开始替代铬酸盐，在新型硼酸盐/硅酸盐配方中得到了广泛使用。然而，亚硝酸盐的大量使用很快暴露出其不足之处，尤其是在铝泵和焊锡的防护效果较差(焊锡开花问题)。自 20 世纪 80 年代中期，优秀的重负荷发动机冷却液和 SCAs 配方中开始采用均衡的亚硝酸盐和钼酸盐。

一些欧洲 OEM 厂商在发动机冷却液配方中逐步放弃使用亚硝酸盐，甚至不再使用钼酸盐(如 MAN 324 NF)。但是在 IAT(传统无机酸技术)配方中，只有含有亚硝酸盐或者亚硝酸盐和钼酸盐的配方才能满足 ASTM D6210 的相关要求。

最有影响的美国 OEM 厂商，包括 Caterpillar、Cummings、Detroit Diesel、Navistar 等(发动机型号见表 3-19)，经过累计约 400 万公里的行车试验后，得出了结论：无论是在含亚硝酸盐，还是在不含亚硝酸盐的有机酸冷却液中，早期开发的羧酸类发动机冷却液配方都能有效提供对冷却系统的金属的保护。这些试验结果证明，有机酸腐蚀抑制剂可在合理维护的情况下，无论是否含有亚硝酸盐，都能在行驶里程长达60万km时，有效防止缸套穴蚀和铝质垫片腐蚀。

表3-19 美国商用车队行车试验结果

制造商	车型	发动机数	总里程/mile	平均里程/mile	最长里程/mile	亚硝酸盐
Caterpillar	3116	6	1233648	205608	273493	不含
Caterpillar	3176	50	14588164	291763	642663	不含
Caterpillar	3406	68	26354655	387568	795158	不含
Caterpillar	3406	6	573613	95602	132963	含
Caterpillar	3612NG	3	528524	176175	192768	含
Cummings	N-14	22	3250953	147770	331454	不含
Detroit Diesel	Series 60	5	2479208	495841	540547	含
Detroit Diesel	149	1	594429	594429	594429	含
Navistar	T444	6	343399	57233	119362	含
Navistar	1530	2	112050	56025	63781	含
Navistar	T466	2	251133	125566	225196	含
MTU	TE44	3	420000	140000	156000	含
总计		174	50729776	2773580	4067814	

注：①1mile = 1.609km，下同；

②对于非高速公路车辆发动机，工作时间与里程转换 1h = 64km。

因此，有机酸类冷却液相比传统的重负荷发动机冷却液，具有明显的优势：不再需要预先补加SCAs和频繁补加SCAs。

3.2.4.3 亚硝酸盐与OAT配方合用的效果

行车试验结果证明：不含亚硝酸盐OAT发动机冷却液能够提供适度的抗穴蚀性能，但加入亚硝酸盐后，抗穴蚀性能得到显著增强。一些OEM厂商实际上要求使用OAT+亚硝酸盐或OAT+亚硝酸盐/钼酸盐混合物(例如Caterpillar EC 1规格)。如果使用OAT+亚硝酸盐的N-OAT配方，亚硝酸盐的衰减速率比在传统的IAT(无机酸技术)和SCAs(腐蚀抑制剂添加剂)配方中要慢很多，如图3-12所示。

3.2.5 有机酸盐型冷却液金属腐蚀试验中金属试片的变色问题

使用OAT冷却液进行金属腐蚀试验时，包括玻璃器皿腐蚀试验、铸铝传热腐蚀试验和模拟腐蚀试验，常常观察到试片颜色发黑发乌的现象，这种现象在国内外的研究中都有报道，为此，刘金龙进行了详细的考察。

表3-20考察了有机酸盐和甲基苯并三氮唑这两种组分在玻璃器皿中对金属

腐蚀(ASTM D1384)的影响。

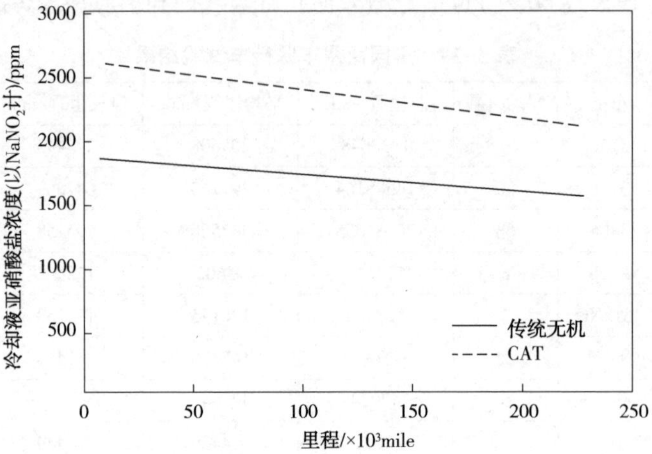

图 3-12　亚硝酸盐浓度随里程的变化

表 3-20　有机酸盐和甲基苯并三氮唑在玻璃器皿中对金属腐蚀的影响

项目	试验编号		
	1	2	3
配方成分	各成分含量/%		
OA-1(一元有机酸)	4		
OA-2		4	
OA-3(二元有机酸)			4
甲基苯并三氮唑	0.4	0.4	0.4
氢氧化钠	适量	适量	适量
水	2	2	2
乙二醇	至 100	至 100	至 100
试验时间/h	试验结果		
2	铝片变乌	铝片变乌	铝片变乌
48	铝片变乌黑	铝片变乌黑	铝片变乌黑
336	铝片变黑	铝片不均匀变黑、有白点蚀	铝片变黑，铸铁表面有锈蚀

在 pH 值等于 8.5 的条件下，选择了三种不同的有机酸并进行了试验，具体结果见表 3-20。试验结果表明，使用其中任何一种有机酸与甲基苯并三氮唑配制的冷却液，都会导致铸铝片表面迅速变黑，并出现腐蚀现象。此外，OA-3 二元有机酸盐对铝和铸铁表面引发了锈蚀，而 OA-1 一元有机酸则没有出现局部点蚀的情况。

通过表 3-20 的试验分析，单纯依靠有机酸盐或单一的有机酸盐很难对金属形成全面保护，且很快使铝表面变黑。与此同时，过量使用有机酸盐不仅会导致冷却液的成本增加，还可能导致冷却液的透明度下降，甚至析出沉淀。通过加入提高有机酸盐防锈能力的辅助缓蚀剂，尝试解决铝表面变黑的难题，试验结果见表 3-21。

表 3-21　有机酸型冷却液铸铝合金传热腐蚀

项目	试验编号			
	4	5	6	7
成分/%				
OA-1	2	2	2	—
OA-2	—	2	—	—
OA-3	2	—	2.7	2
OA-4	—	—	0.8	—
辅助 A	0.20	0.20	0.20	—
辅助 B	0.20	0.20	0.10	—
辅助 C	0.06	0.06	0.02	—
甲基苯并三氮唑	0.30	0.30	0.30	0.30
碱	适量	适量	适量	适量
水	2.0	2.0	2.0	2.0
乙二醇	至 100	至 100	至 100	至 100
铸铝传热腐蚀(135℃，168h)/(mg/cm^2)	0.20	0.25	0.68	2.0
试验前 pH 值	8.15	7.95	8.40	8.30
试验后 pH 值	8.20	8.09	8.50	8.40
试验后铸铝片外观	未变色	未变色	未变色	变黑
铸铝传热高温腐蚀(170℃，168h)/(mg/cm^2)	0.32	0.36	3.00	—
试验后铸铝片外观	未变色	未变色	变黑	—

从表 3-21 铸铝传热腐蚀试验结果可以看出，不含辅助缓蚀剂的 7 号有机酸型配方导致铝表面变黑，铸铝合金的表面腐蚀率超过了标准 ASTM D4340 的规定值 1.0mg/cm^2。而 6 号有机酸配方中辅助缓蚀剂的含量不足，虽然在 135℃条件下铸铝合金传热腐蚀试验合格，但 170℃高温条件下的高压釜试验中，铸铝表面依然变黑，腐蚀率超过标准规定值。相比之下，4 号和 5 号配方中含有合适比例

的缓蚀剂和有机酸，在170℃高温条件下的试验中，铸铝传热腐蚀表现合格，并且铝表面未出现腐蚀现象。

关于有机酸盐型冷却液在金属表面防腐蚀的机理，目前有两种主要观点。第一种认为冷却液中的有机酸阴离子通过活性吸附作用，在铝金属表面上形成约6nm厚的保护膜。另一种观点认为，冷却液中有机酸阴离子通过激发铝金属，在其表面形成一层氧化物保护膜，这就是所谓的金属自膜保护技术。

此外，在有机酸阴离子与有机金属表面相互作用时，如果加入辅助缓蚀剂，铝金属表面会形成致密的保护膜。这个保护膜在有机酸阴离子的保护下，不容易被氧化和腐蚀，从而减少了有机酸腐蚀抑制剂的消耗，并实现了长时间的保护金属的效果。这使得有机酸型冷却液能够有效延长使用寿命。与此相比，无机型缓蚀剂通过金属表面生成氧化物膜或沉积型保护膜，但这些缓蚀剂自身会被逐渐消耗掉，因此其使用寿命较短。

为了研究铸铝表面形貌和成分，进行了如下分析：

通过试验，进行了X射线能量分散谱对金属表面元素含量及其分布进行测定，见图3-13和图3-14。试验结果显示，在未加辅助缓蚀剂的情况下，冷却液中的有机酸阴离子导致金属铝表面变黑。这些黑色物质附着在铝表面，表现为发乌和黑色的沉积物，见图3-15和图3-16。

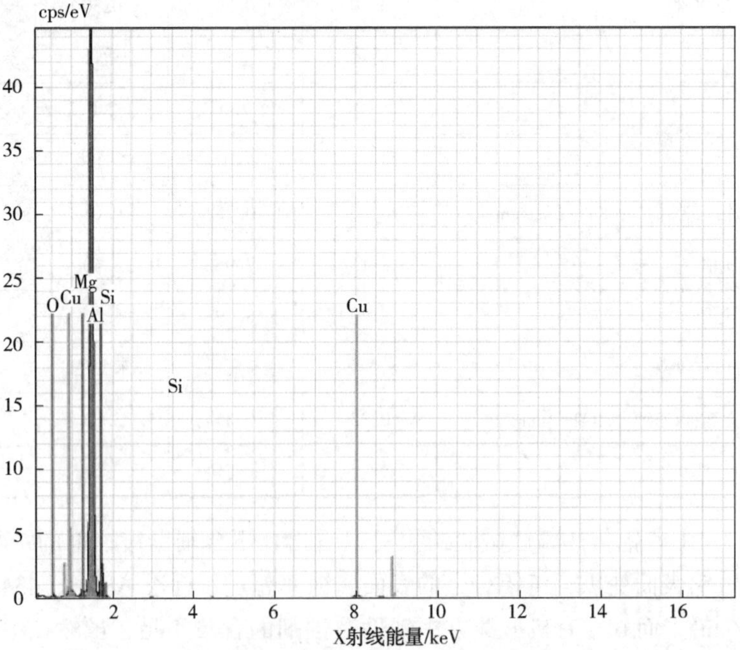

图3-13　未使用的铸铝片X射线能量分散谱

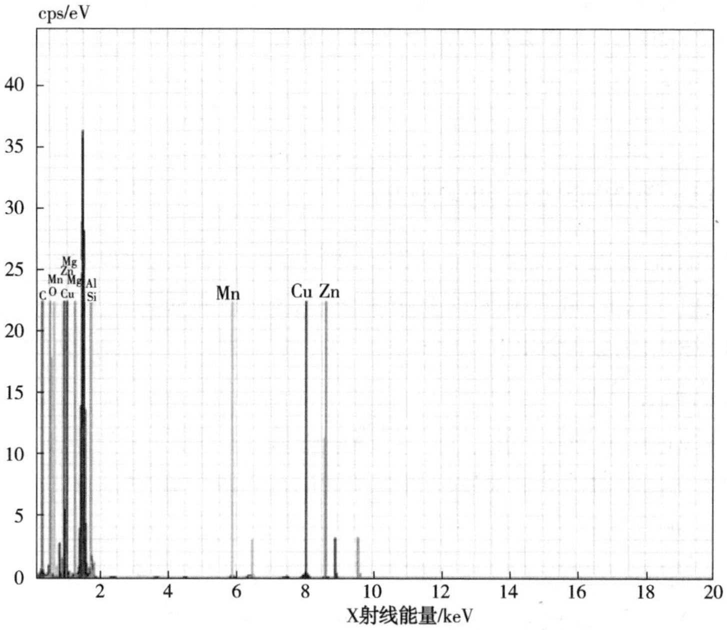

图 3-14　铸铝表面变黑的 X 射线能量分散谱

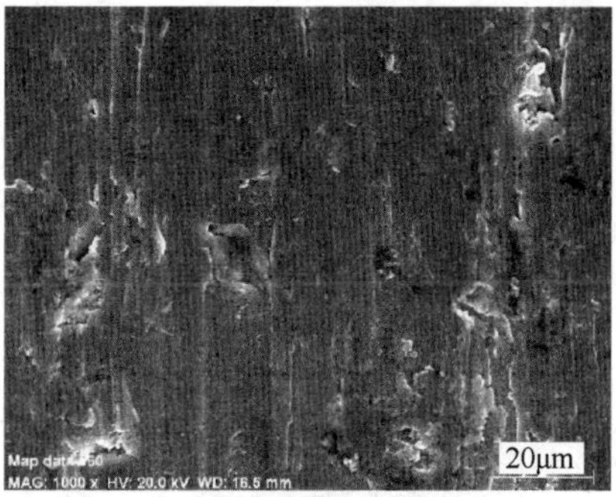

图 3-15　未使用的铸铝片扫描电子显微镜表面形貌

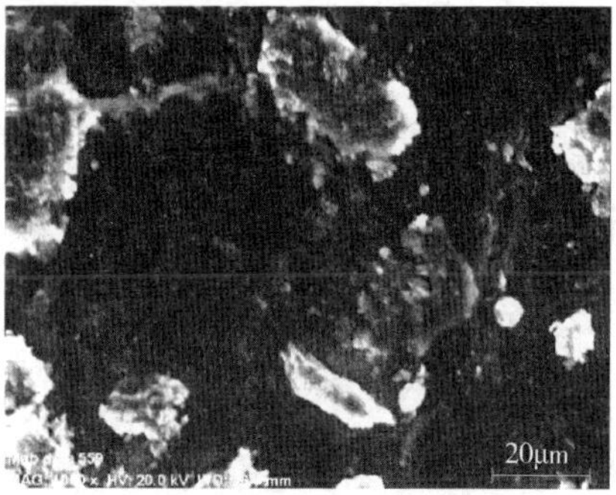

图 3-16　铸铝表面变黑的扫描电子显微镜表面形貌

在具体试验中，未使用过的铸铝合金片进行了表面直接检测，未发现碳成分，见图 3-13。而在经过 336h 的玻璃器皿腐蚀试验后，铸铝片表面在仅含有 4%的有机酸盐溶液中变黑。从图 3-14 可以看到，黑色铸铝表面检测到碳成分，这说明铝表面黑色物质含有碳或有机酸成分。使用扫描电子显微镜(SEM)观察铸铝片的表面形态，图 3-15 显示未使用过的铸铝合金片表面均匀且纹理清晰。相比之下，图 3-16 显示铸铝片在含有 4%的有机酸盐溶液中经过 336h 腐蚀试验后，表面出现大量不均匀的块状物质，表面凸凹不平，说明铝表面经历了腐蚀过程。

进一步的试验结果表明，在有机酸型冷却液中加入辅助缓蚀剂，铝金属表面能够形成有效的保护膜，不仅防止了铸铝金属表面的变黑现象，使其保持光亮，同时也提高了有机酸阴离子在冷却液中的作用，从而有效提高了冷却液的防腐蚀性能。

3.2.6 OAT 冷却液技术变化趋势

欧美发动机 OEM 厂商颁布了更为苛刻的标准，要求提高热稳定性延长使用寿命，并且更多的 OEM 厂商明确要求禁止使用亚硝酸盐和重金属。这些要求导致了冷却液技术的以下变化。

1）提高储备碱度

增加腐蚀抑制剂的加入量，从而提高储备碱度（通常需要提高至最小值 14 以上）。例如，Total CHP 重负荷发动机冷却液的储备碱度在 20 左右，见图 3-17。

2）提高热稳定性

选择有特点的有机酸，以提高热稳定性并获得与亚硝酸盐相当的抑制能力。例如，使用苯并噻唑硫代羧酸（特科多公司 Tecnocor ABT）。

欧洲制定了 CEC FI-21-A-02 发动机冷却液高温稳定性测试方法。试验条件如下：

加压温度：165℃；

pH 值变化：±1.0mL HCl（最大）；

沉淀量：不大于 3mL。

试验装置见图 3-18。

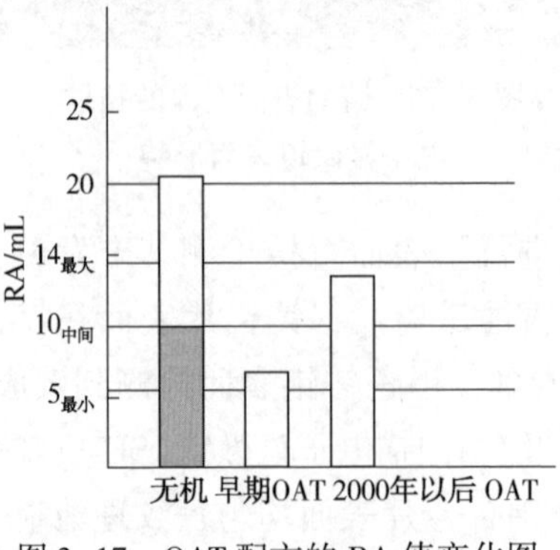

图 3-17 OAT 配方的 RA 值变化图

图 3-18 CEC FI-21-A-02 发动机冷却液高温稳定性测试装置

3）混合型 OAT

混合型 OAT 结合了 OAT 和硅酸盐、硅酸盐和硼酸盐或者磷酸盐及其有机盐类的性能优势。在重负荷发动机冷却液中，加入亚硝酸盐的 OAT 配方被称为 N-OAT，典型例子如卡特彼勒 ELC 型冷却液。

对于含有硅酸盐的 OAT 配方，一般称为 Si-OAT，含有硼酸盐和硅酸盐的 OAT 称为 B-Si-OAT，在美国应用较多；含有磷酸盐的配方称为 P-OAT，在日本应用较多。

美国 GM 在 1996、Chrysler 在 2002，Ford 在 2003 年开始应用 HOAT 冷却液。欧洲也早些时候开始使用 HOAT 或者 OAT 冷却液。日本自 1996 年起应用 POAT 和 OAT 技术。冷却液中使用硅酸盐的量逐步减少，这一趋势已变得非常明显。

3.3 SOAT 和 LP-OAT 型冷却液

3.3.1 欧Ⅴ和欧Ⅵ发动机排放标准

2007 年 6 月 20 日，欧盟通过了 EC 715/2007 法规（欧Ⅴ/欧Ⅵ），并于 6 月 29 日在欧盟官方公报上正式发布。该法规明确了欧Ⅴ/欧Ⅵ标准的总体技术要求及排放限值。9 月，完成了欧Ⅴ/欧Ⅵ标准技术文本的最终草案。2008 年 7 月 18 日，欧盟通过了（EC）No 692/2008 法规，正式发布欧Ⅴ/欧Ⅵ技术标准，并于 28 日在欧盟官方公报上公布。自 2009 年起实施欧Ⅴ排放标准，2014 年起实施欧Ⅵ排放标准。表 3-22 和表 3-23 给出了欧Ⅴ和欧Ⅵ排放标准的具体限制要求。

从表 3-22 和表 3-23 看出，与欧Ⅳ标准相比，M1 类车在欧Ⅴ/欧Ⅵ标准下有以下变化（PI）：

欧Ⅴ/欧Ⅵ对 CO、THC 的排放限值保持不变；

NO_x 排放限值（60mg/kg）下降了 25%；

新增 NMHC（68mg/kg）和直喷点燃式发动机车辆的 PM 排放限值（5mg/kg），并将引入新的测量方法（4.5mg/kg）；

（CI）：

欧Ⅴ的 NO_x 排放限值（180mg/kg）下降了 28%；欧Ⅵ的 NO_x 排放限值（80mg/kg）下降了 68%；

欧Ⅴ/Ⅵ的 PM 排放限值（5mg/kg）降低了 80%，并将引入新的测量方法（4.5mg/kg）；

HC+NO_x 排放也有所降低。

表 3-22 （EC）No 692/2008 法规：欧Ⅴ标准排放限值

项目		基准质量/kg	限值													
			CO		THC		NMHC		NO_x		$HC+NO_x$		颗粒物质量①（PM）		颗粒数量②（P）	
			L1/（mg/km）		L2/（mg/km）		L3/（mg/km）		L4/（mg/km）		L2+L4/（mg/km）		L5/（mg/km）		L6/（mg/km）	
类别	级别		PI	CI	PI	CI	PI	CI	PI	CI	PI	CI	PI③	CI	PI	CI
M1	—	全部	1000	500	100	—	68	—	60	180	—	230	5. 0/4. 5	5. 0/4. 5	—	6.0×10^{11}
N1	Ⅰ	RM≤1305	1000	500	100	—	68	—	60	180	—	230	5. 0/4. 5	5. 0/4. 5	—	6.0×10^{11}
	Ⅱ	1305<RM≤1760	1810	630	130	—	90	—	75	235	—	295	5. 0/4. 5	5. 0/4. 5	—	6.0×10^{11}
	Ⅲ	1760<RM	2270	740	160	—	108	—	82	280	—	350	5. 0/4. 5	5. 0/4. 5	—	6.0×10^{11}
N2	—	—	2270	740	160	—	108	—	82	280	—	350	5. 0/4. 5	5. 0/4. 5	—	6.0×10^{11}

注：PI=点燃式，CI=压燃式。

① 应在 4. 5mg/km 的限值实施之前引入修订后的测量程序。

② 应在该限值实施之前引入新的测量程序。

③ 点燃式 PM 质量限值仅适用于装直喷发动机的车辆。

表 3-23 （EC）No 692/2008 法规：欧Ⅵ标准排放限值

项目		基准质量/kg	限值													
			CO		THC		NMHC		NO_x		$HC+NO_x$		颗粒物质量①（PM）		颗粒数量②（P）	
			L1/（mg/km）		L2/（mg/km）		L3/（mg/km）		L4/（mg/km）		L2+L4/（mg/km）		L5/（mg/km）		L6/（mg/km）	
类别	级别		PI	CI	PI	CI	PI	CI	PI	CI	PI	CI	PI③	CI	PI④	CI⑤
M1	—	全部	1000	500	100	—	68	—	60	80	—	170	5.0/4.5	5.0/4.5		6.0×10^{11}
N1	Ⅰ	RM≤1305	1000	500	100	—	68	—	60	80	—	170	5.0/4.5	5.0/4.5		6.0×10^{11}
	Ⅱ	1305<RM≤1760	1810	630	130	—	90	—	75	105	—	195	5.0/4.5	5.0/4.5		6.0×10^{11}
	Ⅲ	1760<RM	2270	740	160	—	108	—	82	125	—	215	5.0/4.5	5.0/4.5		6.0×10^{11}
N2			2270	740	160	—	108	—	82	125	—	215	5.0/4.5	5.0/4.5		6.0×10^{11}

注：PI=点燃式，CI=压燃式。

① 应在 4.5mg/km 的限值实施之前引入修订后的测量程序。

② 对点燃式汽车的数量标准在该阶段应已制定。

③ 点燃式 PM 质量限值仅适用于装直喷发动机的车辆。

④ 数量标准在 2014 年 9 月 1 日之前制定。

⑤ 应在该限值实施之前引入新的测量程序。

3.3.2 满足欧Ⅴ和欧Ⅵ排放发动机的技术路线

3.3.2.1 汽油发动机

本田汽车的发动机均采用了其独特的VTEC技术(电控可变气门正时与升程控制系统)，催化器布置采用了一个耦合前催化器和一个底板布置的后催化器。奥迪的发动机则使用了汽油缸内直喷技术(FSI)，进气可变气门正时可控范围为42°。此外，奥迪还配备了机械增压系统，增压压力可以达到8×10^4Pa。

从表3-24和表3-25中可以看出，汽油车满足欧Ⅴ和欧Ⅵ排放，涡轮增压缸内直喷技术(TGDI)在欧洲得到了广泛应用。日系车在欧洲的销售情况一直不尽如人意，这并非由于欧洲消费者的偏见或对日系车的不认可，而是因为欧洲对汽车征税根据排量来定。日系车长期未采用涡轮增压技术，这意味着，一辆日系车的排量为2.0L，它的功率只能与德系车1.8T相当，但税收却高于带涡轮增压的车型，因此消费者更倾向于选择税率较低的本土带T的车。日系车采用TGDI技术，实际上是为更好地打开欧洲市场做的准备。涡轮增压技术不仅能改善燃油经济性，降低二氧化碳排放，还能提升动力输出和发动机性能。到2020年，全世界50%的新售轿车都已使用缸内直喷(GDI)或者涡轮增压缸内直喷技术。该技术的优点是提高发动机能量密度，缺点是发动机运转过程中温度更高，且对发动机的要求更为苛刻。

表3-24 满足欧Ⅴ的三款发动机

发动机		2.050HCi-VTEC	2.4DOHCi-VTEC	3.0DOHC TFSI
型号		R20A3	K24Z3	3.0V6
缸径×冲程	mm	81×96.9	87×99.0	84.5×89
容积	cc	1997	2354	2.995
压缩比		10.6	11	10.5
最大功率	ps/kW	156/115	201/148	290/213
转速	r/min	6300	7000	4850
最大扭矩	Nm	192	234	420
转速	r/min	4300	4500	2500~4850
喷射形式		歧管喷射	歧管喷射	缸内直喷
燃油标号		无铅汽油(95)	无铅汽油(95)	无铅汽油(95)
电器				
电池	V/Ah	12/45	12/45	—
发电机	V/A	12/105	12/105	—

续表

发动机		2. 050HCi-VTEC	2. 4DOHCi-VTEC	3. 0DOHC TFSI
变速器				
速比 MT/AT	1 挡	3. 266/2. 786	3. 266/2. 651	—
	2 挡	1. 884/1. 684	1. 884/1. 613	—
	3 挡	1. 297/1. 128	1. 361/1. 081	—
	4 挡	1. 023/0. 772	1. 023/0. 772	—
	5 挡	0. 829/0. 592	0. 829/0. 566	—
	6 挡	0. 720/—	0. 686/—	—
	倒挡	3. 583/2. 000	3. 583/2. 000	—
	主减速比	4. 388/4. 437	4. 764/4. 437	—

表 3-25　汽油车新技术增加边际成本

采 用 技 术	每车增加边际成本/元
凸轮轴可变相位、CVT 变速器、电控助力转向、先进电机技术	570
凸轮轴可变相位、电控助力转向、先进电机技术	360
凸轮轴可变相位和升程、5 速启动变速器技术	521
凸轮轴可变相位、5 速自动变速器技术、电控助力转向、先进电机技术	494
凸轮轴可变相位、6 速自动变速器技术	346
凸轮轴可变相位和升程、AMT 变速器、电控助力转向、先进电机技术	465
均质充量压缩燃烧技术，凸轮轴可变相位和升程、AMT 变速器、电控助力转向，先进电机技术	841
汽油直喷，凸轮轴可变相位，涡轮增压、AMT 变速器、电控助力转向，先进电机技术	1128
均质充量压缩燃烧技术，凸轮轴可变相位和升程、AMT 变速器、电控助力转向、42V 供电系统	2124
油电混合动力技术	4195

3. 3. 2. 2　柴油发动机

（1）为了满足欧Ⅳ到欧Ⅵ排放法规，欧美中重型商用车及柴油机企业主要采用了两条排放控制技术路线：一条是优化燃烧+SCR（选择性催化还原）技术路线，简称 SCR 路线；另一条是 EGR+DOC/DPF/POC 技术路线，其中以 EGR+DPF 应用最为广泛，简称 EGR+路线。

通常，满足更高一级排放法规的柴油机是在前一级的基础上加以改进。现有的中冷、可变涡轮增压、高压喷射等发动机机内控制技术已经发展到极致，要实现欧Ⅳ以上的排放标准，必须依靠机外后处理技术作为辅助。

从欧Ⅳ到欧Ⅴ的过渡中，在欧Ⅳ发动机基础上，根据不同的技术路线进行了相应的调整。采用 SCR 技术的发动机调整较为简单，只需要对部分配件和电控参数进行局部优化，而采用 EGR 技术的发动机则需要对管路进行重新设计，改动较大。

SCR：选择性催化还原，通常与单级中冷系统结合使用。

EGR：废气再循环，结合中冷的两级涡轮增压。废气冷却包括两个阶段：第一级是高温废气冷却(HT-EGR)，第二级是低温废气冷却(LT-EGR)。

SCR 与 EGR 结合：SCR 与 EGR 结合也可满足欧Ⅵ排放要求。其他组合方案也可能达到要求。然而，这些组合方案的共同特点是结构复杂、安装困难且成本高昂。一个完整的废气后处理系统通常包括柴油氧化催化器(DOC)、DPF、SCR、捕捉式催化转换器(TC)、尿素水溶液(Adblue)和计量单元。

使用优化燃烧+SCR 技术和 EGR+DPF+DOC 技术路线的比较见表 3-26。

表 3-26　优化燃烧和 EGR+技术比较

技术路线	优化燃烧+SCR	EGR+DPF+DOC
油耗	减少 5%～7%，但要使用 3%～4%尿素	增加
新增系统	尿素喷射控制系统+OBD	EGR 冷却系统+OBD
新增系统成本	整车 3%～5%	较低
增加使用成本	添加尿素	捕集器再生；连续再生要求最低排温 250℃，主动再生要求最低排温 600℃
车内设施	尿素箱及喷射装置	全负荷 EGR 率达 15%，EGR 冷却器尺寸大
燃油含硫控制要求	含硫量(100～300)×10^{-6}	含硫量 50×10^{-6}[理想(10～15)×10^{-6}]
配套设施	建尿素加注站	石油工业降含硫量设备改造
其他问题	尿素低温结冰，需带尿素加热系统	冷启动困难，各工况不均衡
对使用者要求	需自觉加注尿素	无
NO_x/PM 转化率	转化率>85%，要求最低排温 250℃	使用 EGR+DPF 时，PM 转化率 80%～90%；使用 EGR+DOC 时 PM 转化率>50%

(2) 美国西南研究院在欧Ⅳ、欧Ⅴ阶段技术路线研究成果可以概括为清洁柴油机(降低缸内生成物)+废气后处理：

燃烧系统：优化燃油喷射与燃烧室设计；

充气系统：采用先进的可变几何涡轮增压器，加强对 EGR 的控制，改善瞬态响应特性并优化空燃比控制。

改进燃油系统：单体泵最大喷射压力为 180～250MPa；分阶段喷射(预喷主

喷和后喷)；高压共轨最大喷射压力为140~180MPa；优化喷油曲线。

稀释燃烧模式替代燃烧模式：此模式可同时去除 NO_x 和碳烟，包括部分压燃(PCCI)，低温燃烧(LNC)和均质压燃(HCCI)。

发动机设计：采用四阀门缸盖设计，以便将喷油精确置于燃烧室中央。如果采用EGR技术以降低 NO_x，发动机机体必须能够承受更高的气缸压力。

电控系统：精确标定喷油压力、喷油定时和喷油量；采用基于模型的控制方式。控制逻辑影响排放结果。

(3) OEM厂商采用的路线简介如下：

贝洱公司开发的EGR和间接中冷器(iCAC)系统，用于减少柴油机 NO_x 排放对策：

① 单级废气冷却和二级涡轮增压的发动机冷却系统；

② 二级废气冷却和单级涡轮增压的发动机冷却系统；

博世CRS2.5共轨系统满足未来的欧Ⅵ排放标准，沃尔沃卡车将针对车辆的操控软件、摩擦阻力及发动机循环系统等方面进行改良。

斯尼亚欧Ⅴ发动机：

该发动机未加装后处理装置，核心技术在于：采用XPI超高压燃油喷射技术、废气再循环二阶段冷却系统、VGT(可变几何涡轮增压技术)。

斯尼亚欧Ⅵ发动机：

该发动机采用XPI超高压燃油喷射系统、EGR、VGT、SCR和DPF，并结合最新的发动机和排气管理技术。

发动机管理系统(包括整个后处理控制系统)包括：

① 喷射系统；

② 进气处理；

③ 废气后处理系统；

④ DPF。

康明斯欧Ⅴ发动机：

无须对发动机和整车进行复杂的结构调整，仅通过更新发动机的电控系统设定、提升燃油系统的喷射压力、增加排放处理液喷射量，即可实现欧Ⅴ排放标准。康明斯满足排放技术路线见表3-27。

表3-27 康明斯满足排放技术路线

排放标准	技术方案
欧Ⅳ	SCR
欧Ⅴ	采用冷却式废气再循环(CEGR)、VGT和DPF
EPA2007	CEGR、DPF
EPA2010	CEGR、VGT和DPF、SCR

戴姆勒-克莱斯勒公司：Blue TEC 原理为“机内优化+DOC+DPF+UREA—SCR/NSR”。DOC 用于去除 CO 和 HC，DPF 用于去除 PM，去除率可达 98%。

底特律柴油机公司：采取小 EGR 率+DOC+DPF 的技术方案，以满足排放法规的要求。

美国通用汽车公司：采用四气门进气技术、EGR 技术、高压共轨技术、缸内直喷技术和 DPF 技术，已经满足 EPA2007 排放标准。在此基础上，运用 SCR 技术实现了排放达到 EPA2010 标准。为满足 EPA2010 排放标准，通用汽车公司采用了低硫柴油(ULSF)+HEGR+DPF+尿素-SCR 技术方案。

德国 MAN 公司：主要技术措施包括“high duty design”发动机，增加机体强度并延长发动机使用寿命；先进 EGR 冷却技术，提高 EGR 率至 20%；高压共轨技术和稀薄燃烧技术；提高压缩比；优化燃烧室结构。

玉柴欧Ⅴ：配置排气后处理器(ACU)、电控燃油喷射系统、选择性催化还原系统(SCR)、优化燃烧和后处理标定策略。

玉柴欧Ⅵ：改进发动机柴油喷嘴，涡轮增压机将尾气与空气混合后，以 10 倍大气压的压力压入燃烧室。

3.3.3 发动机的技术进步与冷却液的发展

随着环保排放法规日益严苛，节能要求也日益迫切。为了满足新的排放和节能标准，发动机 OEM 厂商采用了很多新技术，随之而来的是冷却系统的诸多变化。

3.3.3.1 EGR 技术

EGR 是一种将柴油机或汽油机产生废气的一小部分重新引入气缸的技术。再循环废气由于其惰性，会延缓燃烧过程，即燃烧速度将会减缓从而导致燃烧室中的压力上升过程变慢。这是氮氧化物(NO_x)减少的主要原因。另外，提高废气再循环率会减少总废气流量，从而使废气排放中总的污染物输出量相对减少。

EGR 系统的任务是确保废气的再循环量在各个工作点都达到最佳状态，从而使燃烧过程始终处于最理想的状态，最终保证排放物中的污染成分最小。由于废气再循环量的变化可能会对不同的污染物产生截然相反的影响，因此所谓的“最佳状态”往往是一种折中的状态，即使相关污染物的总排放达到最佳平衡。

自 2002 年起，EGR 技术开始广泛使用，以降低 NO_x 的排放，并且引入了 EGR 冷却器。冷却液的作用是将尾气温度从约 730℃降到 160℃，这使得冷却液的热负荷增加了 25%~35%。如果冷却面积不足，可能导致冷却液温度过高，出现局部沸腾，从而加速冷却液的降解，缩短其使用寿命。

图 3-19 和图 3-20 显示了 EGR 车队和非 EGR 车队冷却液的 pH 值和亚硝酸浓度随行驶里程的变化。可以看出，EGR 车队的冷却液 pH 值和亚硝酸浓度下降快。对于亚硝酸根离子浓度，EGR 车队在 15 万 mile 时，亚硝酸根离子浓度已大幅下降，几乎全部消耗，而非 EGR 车队的亚硝酸根离子浓度在 40 万 mile时仍保持在 200ppm 以上，且在该里程下，冷却液中的亚硝酸根离子浓度仍在安全范围内。此外，在 10 万 mile 的行车过程中，EGR 车队的亚硝酸根离子消耗超过 60%。EGR 车队冷却液的 pH 值变化也较为显著，20 万英里时 pH 值已经降至 8 以下，部分甚至低于 7.5，而非 EGR 车队的冷却液 pH 值在 40 万 mile 后仍保持在 7.5 以上。

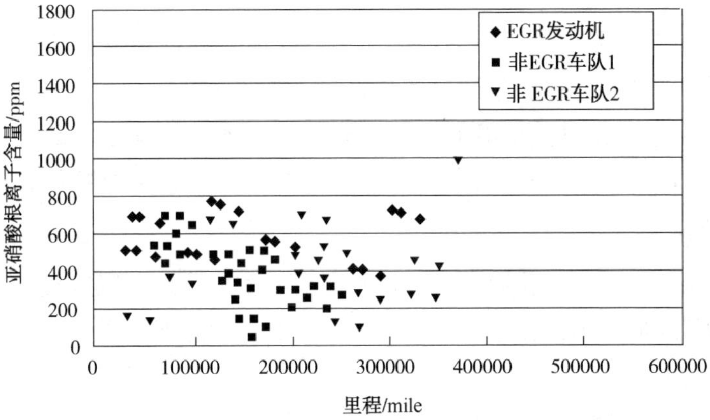

图 3-19 EGR 和非 EGR 车队冷却液亚硝酸根浓度随里程变化

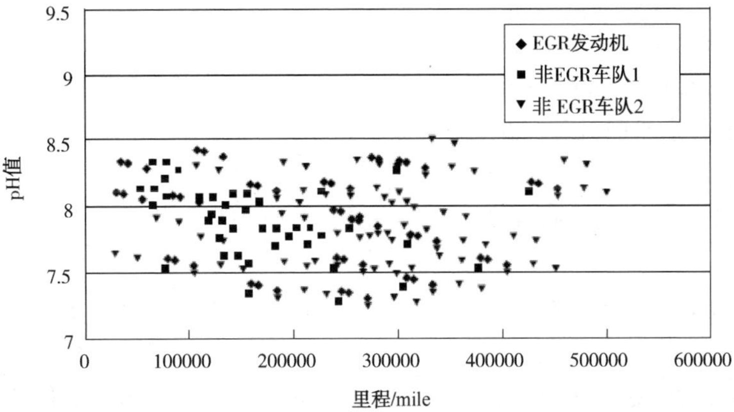

图 3-20 EGR 和非 EGR 车队冷却液 pH 值随里程变化

这一行车试验结果表明，传统全配方冷却液、长寿命型和长效型冷却液对氧化性能和冷却液寿命的影响较小，均能满足要求。然而，偶尔发生的冷却液使用事故，如变黑和发动机出现故障，通常与极高的热应力和冷却液氧化有关。冷却液故障的根本原因通常与不良的养护条件（如冷却液浓度和抑制剂浓度/SCAs 浓度低）、机械故障以及不正常的操作工况（如高温、热点或者充气）相关。

EGR 技术对发动机冷却系统的影响主要体现在以下几个方面：

① 提高冷却系统压力：压力通常增加 7~10psi，根据需要可能设计得更高；

② 提升风扇和风扇离合器的性能；

③ 加大水泵尺寸；

④ 提升水泵转速；

⑤ 提升泵的流量；

⑥ 使用更大、更有效的换热器：换热器的体积和性能需要增强，通常会采用更轻，更软的金属，更窄的间隙和更高的换热效率等；

⑦ 冷却系统变化对冷却液的性能要求提升：随着冷却系统的变化，冷却液需要具备更强的热稳定性和氧化稳定性，同时需要良好的空气释放和抗泡性。

3.3.3.2 增压中冷

涡轮增压的发动机比普通发动机拥有更大的动力。但增压空气的温度升高会导致空气密度降低，因此需要使用中冷器来降低进气温度。降低进气温度的主要目的包括：

① 提高充气效率：涡轮增压器排出的空气温度较高，且当压缩空气时，密度升高同时空气温度上升，氧气密度下降。为了提高充气效率，必须降低进气温度。数据显示，在相同的空燃比条件下，增压空气的温度每降低 10℃，发动机功率就能提高 3%~5%。

② 防止发动机过热：未经冷却的增压空气进入燃烧室会影响发动机充气效率，并可能导致发动机燃烧温度过高，引发爆震等故障，同时增加废气中的 NO_x 的含量，造成空气污染。

③ 减少燃料消耗：通过冷却进气空气，能够提高燃烧效率，降低发动机燃料的消耗。

④ 提高对海拔高度的适应性：在高海拔地区，中冷器可以使增压器使用更高的压比，从而提高发动机功率，增强汽车在高海拔地区的适应性。

⑤ 改善增压器匹配和适应性：中冷器能够优化增压器与发动机的匹配，提高整个系统的性能。

中冷器的冷却方式有两种。

一是风冷。风冷是利用车辆行驶时迎面而来的冷风降温，原理类似家用冰箱或空调的散热器，通过增加管道与空气的接触面积，借助周围空气将温度降低。

二是水冷。水冷是在进气管道内安装水冷中冷器，让增压后的热空气通过，冷却器则经中冷器带走增热量。目前很多发动机都采用水冷的方式，水冷方式的中冷器结构紧凑，广泛应用于现代发动机。水冷系统使冷却液温度上升3~20℃。

3.3.3.3 燃料直喷和燃烧控制技术

缸内直喷技术（GDI）是指将喷油嘴设置在进排气门之间，使高压燃油直接喷入燃烧室，从而实现平顺且高效的燃烧。这项技术的主要优势在于通过均匀燃烧和分层燃烧，能够在高负荷和低负荷下实现燃油消耗降低，并提升动力。发动机控制模块（ECM）精确控制进入燃烧室的燃料量，基于发动机转速、冷却液温度和润滑油温度等参数监控，以确保燃料能够完全燃烧，从而实现更高的功率输出、更经济的油耗和更低的排放。对于给定排量的发动机，要提高功率输出，必然增加发动机冷却液的热负荷。

3.3.3.4 其他设备冷却器

车辆润滑油冷却器是一个重要的部件，它帮助维持发动机和其他机械部件的润滑油温度在合理范围内，以确保正常的运行和延长发动机使用寿命。通过将润滑油冷却器置于冷却水路中，冷却水的温度可有效控制润滑油的温度，从而在高温时为润滑油降温，在低温时则帮助润滑油迅速升温，确保润滑油始终处于最佳工作温度范围内。

润滑油冷却器通常由铝合金铸成的壳体、前盖、后盖和铜芯管组成。外部套有散热片以增强冷却效果。冷却水在管外流动，而润滑油则在管内流动，两者通过热量交换达到降温或升温的目的。此外，还有一些设计将油与水流动方向调换，即油流动在管外，水流动在管内。

常见的车辆润滑油冷却器类型包括：

① 发动机机油冷却器：主要用于冷却发动机润滑油，保持机油温度在90~120℃，确保机油的黏度适宜。通常安装在发动机的缸体部位，与发动机壳体一体安装。

② 变速器机油冷却器：用于冷却变速器中的润滑油，安装在发动机散热器的下水室内或变速箱壳外侧。

③ 缓速器机油冷却器：用于冷却缓速器工作时的润滑油，安装位置在变速箱外侧，多为管壳式或水油复合式。

④ 废气再循环冷却器：冷却部分返回到发动机气缸内废气的装置，目的在

于降低汽车尾气中氮氧化物(NO_x)含量。

⑤ 散热冷却器模块：用于同时对冷却水、润滑油、压缩空气等多种介质进行冷却的装置。该模块采取高度集成的设计，具有功能齐全、体积小、智能化并高效能的特点。

在苛刻工况下，例如重负荷、频繁启停等情况，尤其是液力变矩器大客车、商务车等车辆的变速箱冷却器会对冷却液带来更高的热载荷。在这种情况下，如果冷却液的管理不当，可能导致冷却液的过热甚至沸腾，从而缩短冷却液的使用周期，无论是长寿命还是终身寿命的冷却液，都无法满足苛刻工况的要求。因此，要求对冷却液进行更加精细的管理，以确保其在这些极端工况下的稳定性能。

3.3.3.5 发动机冷却系统的橡胶件

橡胶件在发动机冷却系统中的作用至关重要，尤其是在密封和连接部分。不同类型的橡胶材料[丁腈橡胶(NBR)、氢化丁腈橡胶(HNBR)、乙丙胶(EPDM)、四氟乙烯丙烯胶(FEPM)、有机硅橡胶等]会与冷却液发生不同的反应，特别是含有硅酸盐的冷却液。研究表明，冷却液中的硅酸盐成分可能会在与橡胶件接触时，形成沉积物，进而导致接头漏液，影响冷却系统的正常运作。

尤其是在使用 HOAT 冷却液时，该配方中可能含有亚硝酸盐、硝酸盐、硅酸盐、硼酸盐等化学成分。这些成分在高温 104℃ 环境下持续 168h 的软管-冷却液相容性试验中，可能对橡胶材料产生较为显著的影响。例如，试验结果表明，冷却液中硅离子含量下降较多，这意味着含硅冷却液配方会与橡胶软管发生反应，见表 3-28。

表 3-28 软管与冷却液的相容性

试验结果	新的	软管 1	软管 2	软管 3
沉积物/%(体积)	Nil	1.6	1.6	2.0
pH 值	8.1	7.8	7.8	8.0
硅/ppm	130	51	48	51
硫/ppm	Nil	325	335	370
氧/ppm	Nil	170	120	130
锌/ppm	Nil	15	55	13

更苛刻的工况，如更高的冷却液温度、更高的系统内温度、发动机内出现更多热点等，都对橡胶件、接头和冷却液的寿命有较大影响。在某些特定的配件冷却液通道中，冷却液与橡胶件、接头或者外来污染物的反应产物可能会形成沉积，导致局部导热不畅、冷却液降解加剧，甚至可能引发设备故障等。

在使用OAT配方的冷却系统时，研究发现，在高温环境下，有机硅橡胶密封件的弹性降低，可能导致漏液问题。为了解决这一问题，通常可以通过加入硅酸盐修复剂，或更换其他类型密封件来改善冷却系统的密封性和长期可靠性。

发动机OEM厂商和橡胶件、冷却液供应商应加强合作，以提高橡胶件适应温度和与冷却液的相容性。

3.3.4 SOAT冷却液技术

3.3.4.1 SOAT与OAT的衍化

GM DexCool是最著名的长寿命有机羧酸盐OAT冷却液，使用寿命可达5年或者约24万km，其他OEM厂商，包括大众(VW)和奥迪(Audi)，也采用这种长寿命冷却液技术，例如VW G12 OAT有机酸冷却液。

近年来，包括VW/Audi和GM在内的一些汽车制造商开始使用加入硅酸盐的杂化有机酸盐技术，以增强对轻金属合金腐蚀防护能力，例如，G12++冷却液就使用了这种技术。硅酸盐腐蚀抑制剂已在发动机冷却液中使用了数十年，并且在保护铝等轻金属合金的保护能力无可替代。硅酸盐能够快速在金属表面形成长效保护层，尤其是在水泵表面受到气泡轰击后，能够迅速形成保护层而避免产生穴蚀。

虽然有机酸可以帮助在金属表面出现初期氧化保护层，但这种催化氧化反应的持续时间较长，通常需要在8000km才能形成完整的保护层。在此期间，金属可能会遭遇腐蚀。自2013年起，福特、克莱斯勒和通用等汽车公司开始采用SOAT或者SHOAT(改良硅酸盐有机酸盐)冷却液。这些冷却液的对应OEM规格包括：

大众规格：VW TL 774-G/J，包括奥迪、兰博基尼、布加迪、宾利、斯柯达、西亚特和大众的2005年后的车型；

奔驰：MB 325.5、MB 325.6；

捷豹：JLM20972-1；

路虎：STC50527、STC50529、STC50530；

保时捷：911、卡宴、卡曼，Panamera、Macan、Boxster(1997年后车型)；

萨博：12799123、12799124、12346290；

欧宝：GM 6277M；

福特欧洲：WSS M 97 B44D，MTU MTL 5048，B 040 1065；

MAN曼：324 Si-OAT；

康明斯：CES 14603。

3.3.4.2 SOAT 冷却液的特点

大众最新的 SOAT 规格为 TL 774-K，对应的冷却液型号为 G13，其主要特点包括：

① 颜色为荧光紫罗兰色；

② 采用最新环保型乙二醇和甘油型冷却液，不含磷酸盐、亚硝酸盐和铵盐；

③ 采用最新研发的甘油和硅酸盐、OAT 复合腐蚀抑制防护技术，是新型“超寿命”冷却液，替代了老一代的“长寿命”冷却液；

④ 具有超级防低温霜冻性能；

⑤ 优异的热传导性能和耗散特性，未稀释的冷却液沸点可达 175℃；

⑥ 在高温 RPM 冷却系统中，形成分子膜确保强劲的热传导，在高流速下不会造成气穴腐蚀；

⑦ 使用优选添加剂，能够为冷却液系统的各种金属(包括铝及合金)提供优异的腐蚀防护，并且不会被冷却系统的塑胶件吸附消耗；

⑧ 特选添加剂不仅能防止腐蚀，还能避免在冷却系统中结片和沉积。

3.3.5 LP-OAT 冷却液

3.3.5.1 日本冷却液技术发展

日本冷却液的开发由汽车制造商、配件供应商和冷却液生产商的紧密合作推动。冷却液技术的升级与汽车发动机技术进步密切相关，目标是优化发动机工作温度、减轻车辆质量、提高暖机速度，降低油耗并减少排放等。

在 20 世纪 90 年代，日本卡车采用了 P-OAT 冷却液技术。这项技术有效延长了冷却液的使用里程。此后，P-OAT 冷却液技术不断改进，以满足更高温度下的腐蚀保护要求并且能够更好地保护大量使用铝和合金的发动机和换热器。

2000 年以后，日本冷却液进入 LP-OAT 时代。在这一阶段，磷酸盐作为有机酸腐蚀抑制剂的一种辅助添加剂使用，而不再作为主要添加剂。LP-OAT 冷却液具有更长的使用里程、更优越的热稳定性。

如今，LP-OAT 冷却液不仅在日本广泛应用，而且在欧洲、美国等全球市场得到了广泛应用。

3.3.5.2 LP-OAT 冷却液

LP-OAT 冷却液与 OAT LLC 冷却液的 FVV R476 测试数据对比见表 3-29 和表 3-30。

表 3-29　FVV R476 振动腐蚀测定数据

FVV R476			
项目	规格范围	LP-OAT	OAT LLC
AlCuMg2 失重/(mg/h)			
初始			
20%(体积)	10.08(max)	8.3	7.3
40%(体积)	10.08(max)	7.2	8.0
老化 120h			
40%(体积)	12.60(max)	10.2	8.5
GG25			
初始			
20%(体积)	5.30(max)	4.1	3.2
40%(体积)	5.30(max)	4.9	3.6
老化 120h			
40%(体积)	7.95(max)	4.0	4.0

表 3-30　FVV R476 传热腐蚀测定数据

FVV R476			
项目	规格范围	LP-OAT	OAT LLC
G-AlSi10Mg 失重/mg			
初始/去离子水			
40%(体积)	50(max)	3.3	19.9
初始/10°dGH			
20%(体积)	50(max)	1.4	28.3
40%(体积)	50(max)	2.1	36.3
老化 120h			
40%(体积)	100(max)	5.8	70.9
GG25			
初始/去离子水			
40%(体积)	20(max)	9.1	6.0
初始/10°dGH			
20%(体积)	20(max)	7.8	6.2
40%(体积)	20(max)	9.1	6.8
老化 120h			
40%(体积)	40(max)	13.0	9.4

从表 3-29 和表 3-30 的对比数据来看，OAT LLC 冷却液在振动腐蚀测试中数据要略好于 LP-OAT，但是 LP-OAT 的传热腐蚀数据则远远好过 OAT LLC。

从表 3-31 和表 3-32 可以看出，LP-OAT 冷却液要求必须通过 4000h 的长寿命测试，包括玻璃器皿腐蚀和铸铝传热腐蚀的长寿命试验。

表 3-31　LP-OAT　ASTM D1384-玻璃器皿腐蚀失重 4000h 长寿命测试数据

金属	Tecnofluid LPO 8%+乙二醇 92%	ASTM D3306，要求范围
	失重/(mg/片)	失重/(mg/片)
黄铜	1.3	≤10
焊锡	1.8	≤30
紫铜	2.1	≤10
钢	1.4	≤10
铸铁	0.6	≤10
铸铝	0.4	≤30

表 3-32　LP-OAT　ASTM D4340 铸铝传热腐蚀失重 4000h 长寿命测试数据

金属	Tecnofluid LPO 8%+乙二醇 92%	ASTM D3306，要求范围
	失重/[mg/(cm^2 · 7d)]	失重/[mg/(cm^2 · 7d)]
铝	0.5	≤1.0

从图 3-21 可以看到，LP-OAT 冷却液的使用寿命可以超过 10 年，明显优于 OAT 和 P-OAT 的 4~6 年的使用寿命。

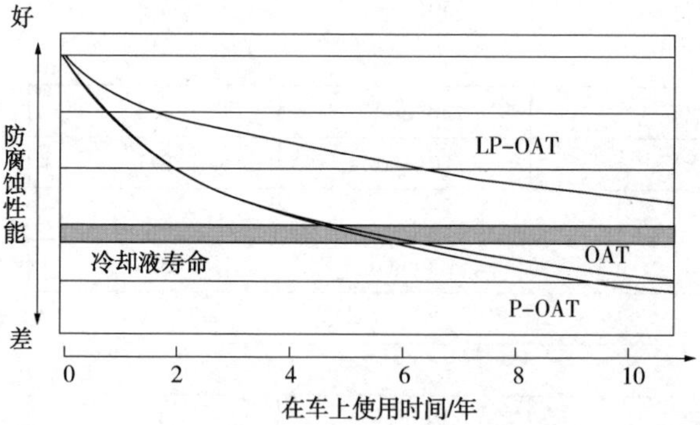

图 3-21　OAT、P-OAT 和 LP-OAT 冷却液的使用寿命比较

从图 3-22 可以看出，经过欧洲 CEC C-23 动态腐蚀试验后，LP-OAT 冷却液表现出非常小的铸铝质量变化，而 P-OAT 和 OAT 冷却液在同样试验条件后的铸铝失重明显更大。

从图 3-23 可以看到，LP-OAT 冷却液铸铝传热腐蚀试验后，铸铝试片光亮，而 P-OAT 和 OAT 冷却液在同样试验后，铸铁试片发黑、发乌。

从图 3-24 的硬水相容性试验结果可以明显看出，LP-OAT 冷却液与硬水相容性非常好，几乎没有沉淀产生。而 P-OAT 冷却液与硬水反应生成较多的沉淀。

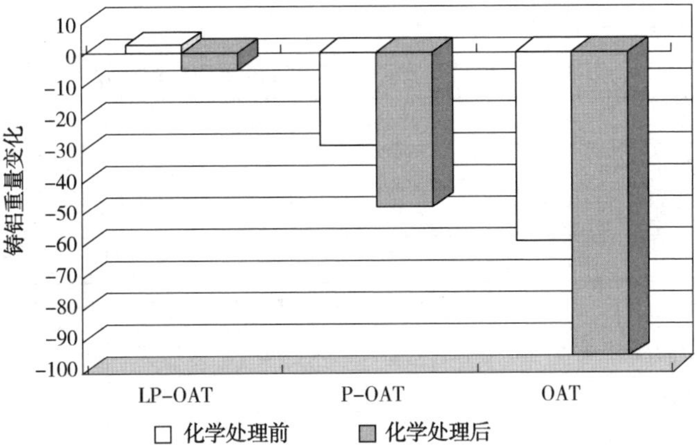

图 3-22　欧洲 CEC C-23 动态腐蚀试验结果比较

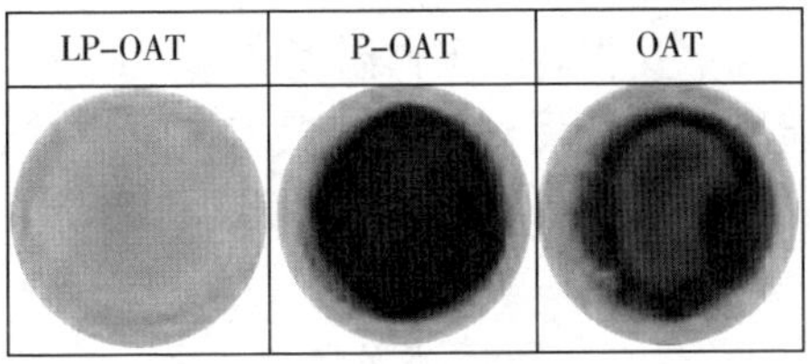

图 3-23　铸铝传热腐蚀试验后试片外观比较

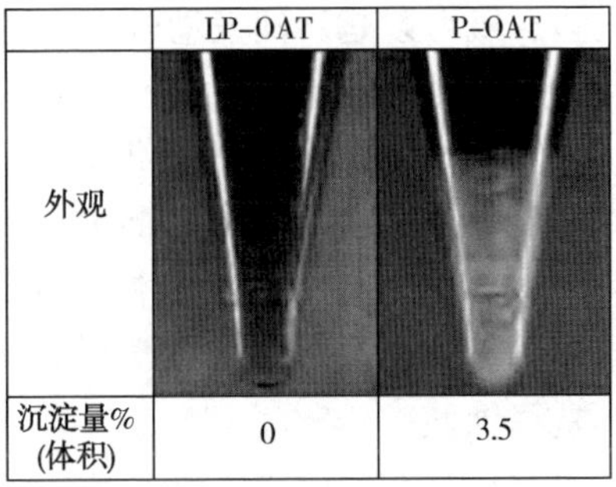

图 3-24　硬水相容性试验结果比较

3.3.5.3　要求 LP-OAT 的 OEM 规格

日本冷却液的主要供应商是 CCI，其冷却液满足日本多家车厂 OEM 规格，包括但不限于：

Toyota：TSK 2601G-8；

Mazda：MES 121 C-FL22、000077508E20、C122CL005A4X、C100CL005A4X；

Chrysler：Material Standard MS-12106；

Ford：WSSM97B55(Motorcraft Specialty Green Engine Coolant)，Ford VC-10-A2；

Nissan：KE90299934、KE90299944、08CLAG010S0、L250；

Honda：E Coolant；

Hyundai：Long Life Coolant、07100-00200、07100-00400、00232-19010。

3.4 重负荷发动机冷却液

根据美国汽车工程师协会 SAE J814 标准的定义，轻负荷发动机与重负荷发动机的区别如表 3-33 所示。

表 3-33 轻负荷发动机与重负荷发动机的比较

项目	LD 轻负荷	HD 重负荷
首次大修里程/km	250000	120000
车辆总重/kg	15	100
载荷比	<30%	大约 70%
年行驶里程/km	15000~25000	200000~300000
发动机使用寿命/km	300000	3000000
湿式缸套	否	是
冷却系统体积/L	6~12	30~60

从表中数据可以得出，重负荷发动机指长期在接近额定功率条件下运转的发动机，既可以是汽油发动机，也可以是柴油机，和使用其他燃料的发动机。重负荷发动机的特点是：

① 连续运转周期长，每天工作时间通常超过 10h；

② 冷却水系统材质以钢和铸铁为主，能承受较高的工作温度和负荷；

③ 湿式缸瓦这种设计使得冷却系统能有效降低发动机内部温度，防止过热，且有助于延长使用寿命；焊点材质特殊焊点的选择和工艺能增强发动机的耐久性和抗腐蚀性。

重负荷发动机与轻负荷发动机最主要的差异在于重负荷发动机采用了湿式缸瓦，这种设计能更好地进行冷却和润滑，确保发动机在高负荷下的稳定运行。

重负荷发动机作为工业和交通运输的核心动力来源，凭借其强劲的动力输出、出色的耐久性、灵活的工作地点和优异的可靠性，已经广泛应用于电力、交通运输、工程建设、军事等多个领域。近年来，随着节能减排要求的不断提高，重负荷发动机的技术也在不断进步，更多趋向于排放更少、噪声更小、燃油经济性更好、升功率更大、工作稳定性更好、持续工作时间更长。冷却液作为发动机稳定工作的重要保障，冷却系统的发展，以及发动机制造商的要求推动了冷却介质的技术进步。

3.4.1 美国重负荷发动机冷却液技术标准及规格的发展历程

3.4.1.1 ASTM D3306 车辆发动机醇基冷却液标准

ASTM D3306 规格于 1974 年首次颁布，直到 1989 年，轻负荷(LD)与重负荷(HD)发动机冷却液才开始有了严格的区分。最初 ASTM D3306 冷却液用于重负荷发动机时，通常需要添加非标准化的补充冷却液添加剂(SCA)。这些添加剂包含阻垢和防穴蚀的成分，以应对重负荷发动机在高温、高负荷条件下的特殊需求。

随着轻负荷发动机中铝合金使用比例的增加，磷酸盐作为传统冷却液中的主要成分受到越来越严格的限制。特别是在 20 世纪 80 年代中期，ASTM D3306 冷却液配方中开始逐渐加入更多的硅酸盐。

3.4.1.2 ASTM D4985《需要预先补充添加剂(SCA)的低硅酸盐乙二醇基重负荷发动机冷却液标准》

ASTM D4985 要求冷却液能满足 ASTM D3306 中除了 ASTM D4340 测试(与硅含量有关)之外所有性能要求。且硅含量不超过 250ppm(Si)，并要求预先添加 SCAs。该标准于 1989 年发布，但在实践中发现，使用高硅酸盐含量的发动机冷却液时，过量使用 SCAs 以及错误的补充添加冷却液，往往导致硅凝胶析出。在美国，2%~3%的重负荷(HD)发动机出现问题是由上述因素造成的。

3.4.1.3 ASTM D5752《重负荷发动机冷却液补充添加剂(SCA)的标准》

最初，ASTM D4985 作为 ASTM D3306 冷却液的补充规格颁布，为市场上的 SCAs 产品提供了一个最低标准水平。随着时间的推移，该标准的适用范围扩展到与 ASTM D6210 标准的重负荷(HD)发动机冷却液一同使用，确保了更广泛的应用和一致性。

3.4.1.4 ASTM D6210《全配方乙二醇基重负荷发动机冷却液标准》

欧洲 OEM 的硅酸盐/硼酸盐重负荷(HD)发动机冷却液配方规格在 20 世纪 80 年代中期颁布，要求这些冷却液不仅需要满足 ASTM D3306 的标准(适用于轻负荷发动机)，还需要通过严格的硅酸盐稳定性测试。很多欧洲 OEM 要求与 ASTM D4985 相当，特别是在硅含量的控制方面。

随着硅酸盐稳定技术的不断进步以及欧盟在发动机冷却液领域的经验积累，ASTM D6210 于 1998 年发布。这一新标准不仅要求冷却液满足 ASTM D3306 的性能测试，还对发动机在强化工作状态下的气穴腐蚀防护提出了更高的要求，特别是在缸套和热表面区域的保护性能。此外，ASTM D6210 标准还要求冷却液具备更好的阻垢能力。

3.4.2 重负荷发动机冷却液的类型

重负荷发动机冷却液的发展经历了从无机有毒向无机低毒、再到有机酸技术和混合有机酸技术的转变。市场上可见的重负荷冷却液包括表 3-34 中列出的所有类型。

表 3-34　重负荷冷却液的类型

冷却液类型	描述
传统型（Conventional）	含有硼酸盐、磷酸盐、钼酸盐、硝酸盐、亚硝酸盐、硅酸盐等无机腐蚀抑制剂，欧洲配方不用磷酸盐，避免硬水结垢，日本配方为了避免硅凝胶析出和水泵泄漏，不使用硅酸盐
长寿命型（Extended life）	OAT 有机酸长寿命配方，可能含有亚硝酸盐或/和钼酸盐，可以加入“增强剂”，使用寿命在 50 万 km 以上
长效型（Extended interval）	同样可以长周期使用，但是每 15 万~25 万 km 使用 SCAs
混合型（HOAT）	混合含有机盐和无机盐的腐蚀抑制剂，欧洲配方不使用磷酸盐，日本配方不使用硅酸盐
有机酸型（OAT）	由脂肪族一元酸、二元酸和芳香酸组合的腐蚀抑制剂配方
补充冷却液添加剂 SCAs	阶段性加入重负荷冷却液中，维持冷却液的腐蚀抑制性能、抗点蚀性能、阻垢性能
传统全配方型	传统型配方含有起始量的 SCAs，以后使用每 3.2 万 km 补加一次 SCAs

传统无机型冷却液（Conventional）正逐步被 OAT 和 HOAT 冷却液所取代。然而，重负荷发动机对缸瓦气穴腐蚀的防护一直是重负荷防冻剂冷却液的重要要求，这导致了亚硝酸盐的使用仍存在一定争议。早期，康明斯、卡特彼勒等美国重负荷发动机制造商坚持使用含有亚硝酸盐或亚硝酸盐与钼酸盐的冷却液配方，但如今这些厂商也开始采纳 OAT，尤其是康明斯在 2010 年宣布推出无硝酸盐、无磷酸盐、无铵盐的 OAT 发动机冷却液，标志着有机型冷却液在重负荷发动机制造商的全面认可。美国 ASTM D6210 标准为亚硝酸盐和钼酸盐的使用提供了三种选择：

① 发动机制造商与冷却液供应商的协议，决定是否使用；

② 使用新的穴蚀试验台架 ASTM D7583 来评估是否可以不使用；

③ 基于经验，继续使用亚硝酸盐和钼酸盐。

在中国，发动机冷却液的国家标准参考了美国的 ASTM D3306 和 ASTM D6210，并在此基础上增加了对重负荷发动机冷却液的要求，规定必须使用亚硝酸盐或钼酸盐作为防腐蚀添加剂。

3.4.3 重负荷发动机冷却液的技术发展历程

3.4.3.1 铬酸盐型冷却液

20 世纪 40 年代，铬酸盐型缓蚀剂成为柴油发动机冷却液的主要成分。铬酸盐是一种氧化型缓蚀剂，能使金属表面形成致密且附着力强的氧化膜，提供对铁、铁合金、镀锡铁、紫铜、黄铜和铝等材料的优异保护，特别是在防止气穴腐蚀方面具有显著效果。

然而，铬酸盐的毒性较强，长期接触可能导致皮肤炎症。此外，若铬酸盐的浓度不足，还可能加速局部腐蚀，因此需要定期测量并持续补充。由于这些安全问题，铬酸盐在 20 世纪 70 年代逐渐被禁止在发动机冷却液中使用。

3.4.3.2 需要预加 SCAs 的低硅酸盐乙二醇重负荷发动机冷却液

20 世纪 50 年代，康明斯公司首先在发动机冷却液中补充添加剂 SCAs。1985 年，ASTM 发布了要求预加 SCAs 的重负荷发动机冷却液规范，包括 ASTM D4985《需要预先补充添加剂(SCA)的低硅酸盐乙二醇重负荷发动机冷却液标准》和 ASTM D5345《需要预先补充添加剂(SCA)的低硅酸盐乙二醇重负荷发动机稀释液(体积分数 50%)标准》。1995 年，第一个 SCAs 规范 ASTM D5752 颁布。SCAs 可以直接与水一起使用，也可以与预稀释液和浓缩液一起使用。

2000 年，ASTM 将 D4985 和 D5345 合并，制定了 ASTM D4985-00，并废止了 ASTM D5345。ASTM D4985 规定了浓缩液中的硅含量不得超过于 250mg/kg，稀释液中硅含量不得超过 125mg/kg。

最初，SCAs 以铬酸盐配方为主，但现在的 SCAs 有两种类型：普通型 SCAs 以硼砂和亚硝酸盐为主配方，适合直接和水一起使用，但需要加倍剂量；加强型 SCAs 则采用磷酸盐/钼酸盐配方，除具备防止气穴腐蚀功能外，还兼具阻垢等其他功能。

根据发动机制造商的要求，有些冷却液在初次使用时需要补加 SCAs，而有些则是在过程中补加。所有使用 SCAs 的车辆都需要定期补加和维护冷却液，使用寿命一般为 16 万~32 万 km 或者 1~2 年。康明斯和 Fleetguard 的使用经验表明，若不使用 SCAs，缸瓦可能在不到 4.8 万 km，甚至不到 2 万 km 的情况下就会出现点蚀现象。

康明斯过滤器公司提供了一种逐渐释放 SCAs 的过滤器，能够确保冷却液中持续充足的亚硝酸根离子浓度，从而防止缸瓦点蚀和气穴腐蚀。

为了确定 SCAs 的补充时间，美国市场上提供了快速测定试纸，如图 3-25 所示，亚硝酸根离子含量在 1200ppm 为理想值，2000ppm 也可接受。

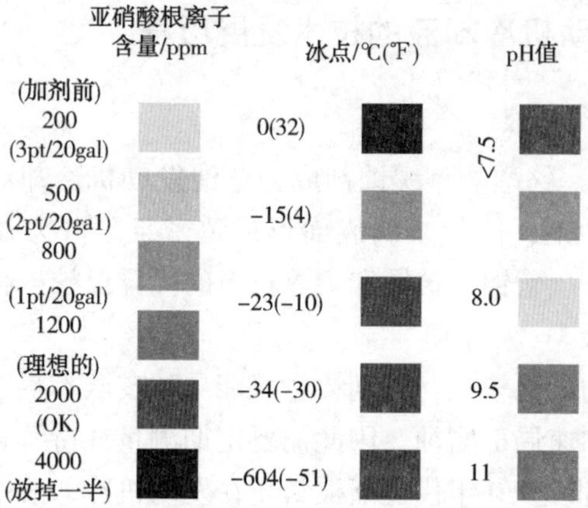

图 3-25　重负荷发动机冷却液性能快速测定试纸

3.4.3.3　传统全配方冷却液

满足 ASTM D4985 的重负荷防冻剂冷却液在使用前必须预加 SCAs，这给使用带来了很多不便。为了简化这一过程，1998 年，ASTM 颁布了 D6210《全配方乙二醇型重负荷发动机冷却液规范》和 D6211《全配方丙二醇型重负荷发动机冷却液规范》，并在 2006 年将 D6210 和 D6211 合并为一个标准。全配方重负荷防冻剂冷却液不需要在使用前预加 SCAs，但仍指出，根据缸瓦腐蚀保护的需要，使用过程中仍需定期补加 SCAs。

ASTM D6210 标准以及部分美国发动机 OEM 规格，例如 Catapillar、康明斯等在冷却液规格中要求，在气穴腐蚀台架试验方法确定之前，冷却液中含有亚硝酸根离子(NO_2^-)浓度不低于 1200ppm，或者亚硝酸盐(以 NO_2计)和钼酸盐(以 MoO_4^-计)总量不低于 780ppm，且单组分不低于 300ppm。

无机型全配方冷却液通常采用硼酸盐或者磷酸盐作为缓冲剂，亚硝酸盐或亚硝酸盐和钼酸盐作为缸瓦腐蚀抑制剂，硅酸盐和硝酸盐作为主要的腐蚀抑制剂。水中氯离子含量不得超过 40ppm。此类冷却液的使用寿命在 6000~8000h，补加 SCAs 的周期为 500~1000h。由于采用无机盐作为主要添加剂，成本较低，因此推荐用于无长周期要求的车队和冷却液损耗严重的车型。

3.4.3.4　日本非胺型 LLC

日本汽车工业的冷却液按照 JISK 规格分为两类：一类是 AF(PT)，采用乙二醇和乙醇作为降冰点主剂，使用时间大约为 1 年；另一类是 LLC(长效发动机冷却液)，使用乙二醇并具有较长的使用寿命，通常为数年。当前市场上主要使用 LLC。

日本的发动机冷却液配方体系与欧美体系相互独立。20 世纪 80 年代之前，日本主要使用胺型腐蚀抑制剂体系，原因包括：

① 胺型冷却液对铝及合金的腐蚀抑制效果优异；

② 硼酸盐被认为对铝的腐蚀较为严重；

③ 使用硅酸盐要求 pH 值大于 9，否则容易生成硅凝胶，进而导致发动机过热问题。

因此，日本的发动机冷却液采用了不含硼酸盐和硅酸盐的胺型体系，采用烷基醇胺盐成为其冷却液的特点。然而，20 世纪 70 年代中期，欧洲开始禁止使用胺型发动机冷却液，并且胺型腐蚀抑制剂对铜金属的络合作用导致 NAMBT 消耗过快，因此，日本部分小型车和重负荷发动机制造商开始研究非胺型 LLC。

从 LLC 里除去胺，除了能避免生成亚硝酸胺外，对抑制铜的活化也有很好的效果。就耐久性方面来说，非胺型 LLC 比胺型 LLC 具有一定优势。随着发动机冷却液中的防腐剂逐渐消耗，温度越高时消耗速度加快，因此必须选择热老化影响较小的防腐剂。虽然非胺型 LLC 在铝的防腐效果上不及胺型 LLC，但它的耐久性使得其在高温工作环境下表现较好。

对于大型工业用车，因其使用条件苛刻，过去使用季节型 PT 发动机冷却液，但近年来非胺型 LLC 的开发逐渐活跃，至 1987 年，部分大型工业车制造厂开始采用适用于柴油机的 LLC。

目前，日本已经开发出适用于非胺型 LLC 的添加剂，主要以有机酸为基础，部分高质量产品的耐久性已接近轿车及大型工业用车所需的寿命，如表 3-35 所示。

表 3-35　欧美日发动机冷却液配方中的腐蚀抑制剂类型差异

腐蚀抑制剂类型	日本		美国	欧洲
	胺型	非胺型	非胺型	非胺型
铜系防腐剂	○	○	○	○
烷基醇胺	○	×	×	×
有机酸盐	○	○	×	○
磷酸盐	○	○	○	×
硼酸盐	×	×	○	△
硅酸盐	×	×	○	△
亚硝酸盐	×	×	×	△
硝酸盐	△	△	△	△
钼酸盐	△	△	△	△

注：表中○指用于全部产品，△指用于部分产品，×表示不使用。

日本 KAMATSU 在开发新型非胺型 LLC 时，采用以下理念来减少缸瓦气穴腐蚀：

① 使用增稠剂，提高冷却液黏度，从而减少空气泡的破坏；

② 使用表面活性剂，减少冷却液的表面张力，进一步减少空气泡对金属表面的破坏力；

③ 在金属表面吸附有机酸腐蚀抑制剂，形成金属保护层；

④ 在金属表面形成不可转移的保护膜，更有效保护金属。

KAMATSU 的新型非胺型 LLC 不含亚硝酸盐、硼酸盐，并减少磷酸盐的使用，以减少水体富营养化。经过各项测试，该冷却液的效果与含亚硝酸盐的胺型冷却液相当，且自 2001 年在 KAMATSU 的应用效果理想。

3.4.3.5 OAT 型重负荷发动机冷却液

由于毒性和环保排放等问题，欧洲一直不采用亚硝酸盐和钼酸盐的配方，并认为 OAT 配方能够对重负荷发动机冷却液的气缸衬里气穴腐蚀提供良好的保护。

Washington 等研究员使用有机酸配方和亚硝酸盐 SCAs 配方，在 175 台车上进行对比试验。结果表明：如果得到正确维护，OAT 发动机冷却液能够为行驶 60 万km 的发动机缸瓦和铝质缸盖提供有效的气穴腐蚀和点蚀保护。

OAT 发动机冷却液作为重负荷发动机冷却液，具有以下优点：

① 使用寿命长；

② 热稳定性好；

③ 传热效率高；

④ 优异的防衬里气穴腐蚀和点蚀的效果；

⑤ 优异的铝及合金的保护效果；

⑥ 减少水泵泄漏；

⑦ 有利于环保、人身安全和健康。

OAT 配方不含硼酸盐、磷酸盐、硅酸盐等 OEM 厂商不喜欢的化学组分，完全以有机酸作为缓冲剂和腐蚀抑制剂，并能有效提供缸瓦气穴腐蚀保护，其使用寿命可达 20000h，维护周期为 6000h，因此被誉为长寿命冷却液。

尽管 OAT 冷却液的优势明显，但部分 OEM 厂商仍出于对发动机缸瓦气穴腐蚀保护的经验认识，坚持使用亚硝酸盐或亚硝酸盐与钼酸盐的配方。因此，市场出现了含亚硝酸盐的 OAT 冷却液(NOAT)。根据亚硝酸盐的浓度要求，NOAT 冷却液可能需要定期补加 SCAs，部分 OEM 厂商还要求使用含有亚硝酸盐的冷却液过滤器，以确保亚硝酸盐的浓度得到维持。

目前，市场完全接受 OAT 冷却液的 OEM 厂商包括：大宇、大发、DAF、福特、GMC、GM、Honda、Hyundai、Isuzu、Kamatsu、Kia、Mazda、Nissan、Opel、Peugeot、Renault、Subaru、Toyota 和 Man 等。

3.4.3.6 混合型重负荷发动机冷却液

混合型重负荷发动机冷却液是一种新型的冷却液体系，采用有机酸和无机盐作为缓冲剂和腐蚀抑制剂，具有和 OAT 配方相同的使用寿命，达到 20000h，维护周期在 3000h，且在铝及合金的保护效果和缸瓦气穴腐蚀防护能力方面更优。其性价比优于有机酸配方。

自 2008 年推出混合型重负荷发动机冷却液以来，为更好地满足重负荷发动机的冷却需求，在储备碱度和高温稳定性方面做出了较大改进。目前，混合型重负荷发动机冷却液的储备碱度已经由 3mL 提高到了 9mL 以上。

目前，采用混合型重负荷发动机冷却液的 OEM 厂商包括：MAN、VW、Skoda，SEAT、康明斯等。

3.4.3.7 丙二醇重负荷发动机冷却液

丙二醇的毒性较低，且降冰点效果与乙二醇接近，因此在发动机冷却液中得到了广泛关注。由于丙二醇的黏度比乙二醇高，试验研究表明，丙二醇型冷却液在铸铁材料的抗气穴腐蚀能力方面优于乙二醇型冷却液。在 FVV 试验和铝泵气穴腐蚀试验中，丙二醇型冷却液的表现也优于乙二醇型。康明斯的发动机行车试验结果表明，两种类型的冷却液在对缸瓦腐蚀、节温器和散热器的保护效果上相同，但丙二醇型冷却液更有利于延长水泵寿命。

丙二醇的冰点低至-59℃，因此在国外已经有以丙二醇为基础的无水冷却液在市场上销售。在重负荷车辆上使用 10000h 后，未发现缸瓦腐蚀，同时有效控制了铝泵气穴腐蚀。然而，使用无水冷却液要对发动机冷却系统改造，因为在低温环境下，丙二醇的黏度增大，会导致发动机冷却泵的负荷加重。

3.4.3.8 甘油型重负荷发动机冷却液

生物柴油作为石油的替代品，在全球范围内得到了广泛的发展。其副产物甘油价格较低。康明斯采用纯甘油的冷却液 ES compleat Glycerin，作为一种混合型冷却液配方，具有 4000h 的维护周期，能够有效防止缸瓦腐蚀、传热表面结垢以及铝和焊锡腐蚀。该配方不含乙二醇和丙二醇，是一种绿色环保配方，几乎无毒。

3.4.4 湿式缸瓦与气缸衬里气穴腐蚀

区别于普通发动机，重负荷发动机采用湿式缸瓦，如图 3-26 所示。缸瓦与气缸壁之间充满冷却液，当发动机活塞运动时，带动缸瓦振动，缸瓦内壁与发动机冷却液接触的部分会产生大量气泡，这些气泡随着振动破裂，并冲击衬里表面，导致金属表面的保护膜被破坏。最终会形成局部点蚀和穿孔，见图 3-27 和图 3-28。

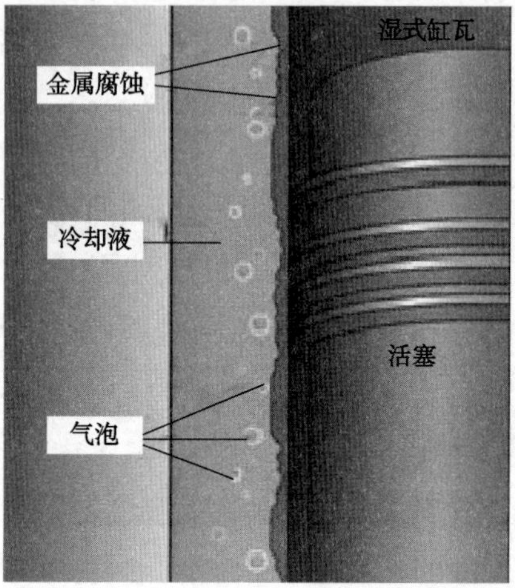

图 3-26 重负荷发动机缸瓦示意图

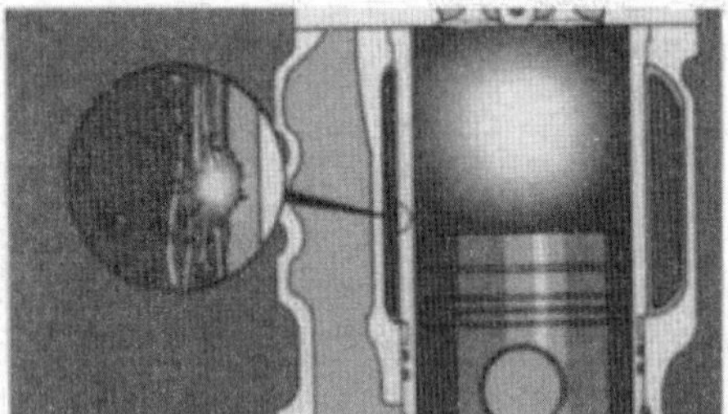

图 3-27 湿式缸瓦气穴腐蚀示意图

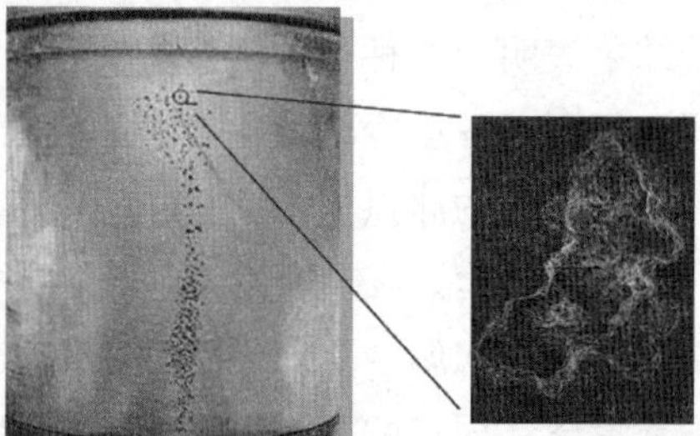

图 3-28 重负荷发动机缸瓦气穴腐蚀照片

缸瓦气穴腐蚀带来的损失非常严重。对于正在运行的发动机，气穴腐蚀可能导致冷却液漏入气缸，轻则使发动机工作效率下降，重则可能导致严重的发动机故障，而且维修的费用高昂。对于公路运输车辆来说，由此发动机大修费用可达数万元，甚至可能不得不更换整个发动机。

因此，防止气穴腐蚀是重负荷发动机冷却液的重要性能之一。ASTM D7583

和 John Deere 发动机穴蚀试验是评估冷却液防穴蚀性能的标准试验方法。传统的冷却液，特别是加了 SCAs 的长效型和长寿命型冷却液，通常含有亚硝酸盐或亚硝酸盐与钼酸盐组合，能够有效防止缸瓦的气穴腐蚀。然而，工况越苛刻，亚硝酸根的消耗越快，因此柴油发动机往往倾向于使用长效型或者长寿命型冷却液。即使是不含亚硝酸盐的长寿命 OAT 冷却液，在 ASTM D7583 试验中也展现了优异的穴蚀性能，并且在大多数发动机行车试验中的表现同样令人满意。

由于 LNG 和 CNG 燃气发动机的成本优势，市场上的燃气发动机车辆增加很快。由于天然气的主要组分为甲烷，热值高，而且在喷入燃烧室后，没有气化吸热过程，所以燃气发动机的气缸温度比柴油发动机要高出接近 100℃。此外，由于燃气发动机气缸壁没有柴油润滑，气缸振动导致的穴蚀问题更加突出。从已有的数据看，原来用于柴油发动机的冷却液在用于燃气发动机中使用约 2 万 km 后，缸瓦气穴腐蚀就非常严重。因此，燃气发动机必须使用具有更强抗穴蚀能力的冷却液，特别是采用新开发的有机酸技术或者混合有机酸技术的冷却液。

3.4.5 重负荷发动机的气穴腐蚀机理分析

穴蚀(Cavatation)，又称空蚀、空化和空泡腐蚀，是液体在低于其极限压力的条件下产生气泡核，气泡核在外界压力下生长并最终破裂，释放出微射流和冲击波，从而对固体表面造成的破坏。其典型特征有：固体表面出现孔洞，可能是单个孔洞，或是多个小孔聚集成群，甚至在某些条件下形成大量的麻点，导致表面变得十分粗糙。

穴蚀现象最早由雷诺在 1873 年提出，他预言船桨和水之间的高速相对运动会产生影响船桨性能的真空腔。1897 年，巴纳比和帕森斯在果敢号鱼雷艇及几艘蒸汽船相继发生推进器效率严重下降事件后，提出了空化的概念，并指出液体与物体间的高速相对运动可能导致空化。船用螺旋桨、舵、水翼、水中兵器、水泵、水轮机、高速涵洞、闸门、槽、液体火箭泵、柴油机气缸套等都会遇到空化问题，这不仅降低效率，还会引发材料剥蚀、振动和噪声等问题。空化与空蚀现象广泛存在于水利水电、造船、交通、运输及动力机械等多个领域。1979 年美国三里岛核电站发生的震惊世界的运行事故也与空化有关。

在内燃机中，振动空化通常出现在柴油机气缸套中。气缸套在运行过程中受到振动，冷却水体会经历连续的高频压强脉动，使水体压强低于饱和蒸汽压，从而形成气泡核，气泡核逐渐生长并破裂，释放出的微射流对气缸套和机体壁面造成破坏。

柴油机的穴蚀问题是随着柴油机技术的发展逐渐显现的。随着科技进步和用户需求的增加，柴油机向着轻型化、高转速、高增压的方向发展，使得气缸的平均有效压力和活塞的平均速度逐步增加，而缸套越来越薄，水腔也越来越窄，冷却水在水腔中的流动速度也越来越高，因而导致柴油机的机械负荷、热负荷、振动强度大幅提高，从而引发了穴蚀问题，甚至发展到极其严重的地步。如果柴油机冷却系统未使用合适的缓蚀剂，如船舶常用的 135 柴油机，通常在运行不到 400~500h 后，缸套就会出现穴蚀问题，甚至不到 1000h 就会发生穴蚀穿孔现象。表 3-36 列出了某船队常用的三种柴油机的相关数据及穴蚀速度(使用规定：若缸套的穴蚀深度超过壁厚的一半就应报废)。

表 3-36　某船队常用的三种柴油机的有关数据及穴蚀速度

项目	轻 12V180	重 12V180	重 12V180
最大转速/(r/min)	1850	1500	1500
功率/kW	120	1000	300
缸瓦厚度/mm	6	8	6
大修期/h	1000	2000	2400
穴蚀速度/(mm/100h)	2~4	3~5	3~5
缸瓦报废率(1000h)/%	40~60	80~100	70~80

表中数据表明，重负荷发动机在使用 1000h 后，80%的缸套已经报废，这导致很多柴油机在达到大修期之前就必须修理或更换，频繁的修理影响了正常的使用和运行。

柴油机气缸水套组件的穴蚀原因有很多，如冷却水温度、振动强度、冷却水流速、冷却水压力以及冷却水中的气体含量等，但最主要的原因还是气缸套的振动。

如图 3-29 所示，活塞在连杆作用下做往复运动，随其运动方向的不同，连杆摆动过程中会对缸套施加交变的侧压力。同时，为了保障气缸活塞组件的正常工作，活塞和活塞环在气缸内需起到密封和承压作用。由于热胀冷缩的关系，活塞与气缸存在一定的间隙，因此会出现活塞的横向摆动，从而对缸套产生撞击。几种力的综合作用使缸套发生振动。当缸套局部发生强烈振动时，振动能量的一部分通过固液相界面，以压力波的形式传播到缸套外部的冷却水中。

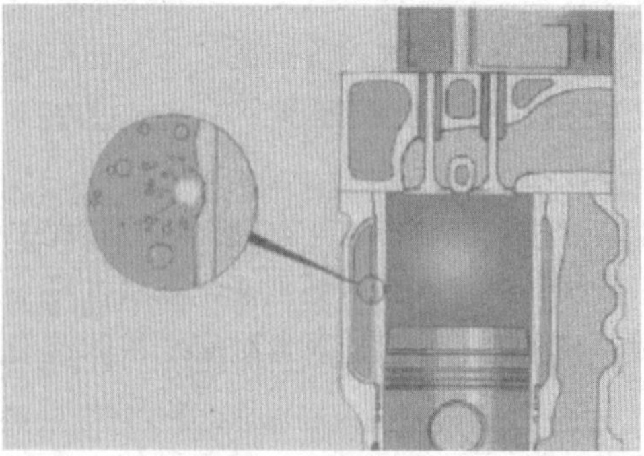

图 3-29　柴油机发动机冷却液穴蚀原理图

冷却水一般为非纯水，例如自来水、井水等，自身含有大量的微小杂质，这些杂质上依附着许多小气核。当压力波强度足够时，低压区附近的气核周围液体被汽化，导致液体的连续性遭到破坏，气核得以发展并生成气泡。随后，低压区转变为高压区，气泡在高压作用下蒸汽液化，最终溃灭。在气泡溃灭的过程中，伴随有微射流，且微射流的射速大，作用面积小，直接冲击在金属表面，容易造成机械剥落破坏。众多气核在交变的压力波的作用下，周而复始地产生气泡并溃灭，形成液体的空化现象，从而导致金属表面形成麻点，进而发展成凹坑。

绝对纯水具有很大的抗拉应力，但实际使用的水通常存在气核、灰尘和其他杂质，因此其抗拉强度较小。水中的弱点(如气核、灰尘、污染物等)使得水更易于空化；水中含气量越少，抗拉强度越高。试验表明，去尘的水或经过沸腾的水，液体表面张力对穴蚀有一定影响。表面张力较高的液体难以产生空化，且会减缓气泡的形成。在不考虑黏滞性、可压缩性和表面张力等因素影响的情况下，若已知空化溃灭/水头和气泡的起始尺寸，则空化溃灭或发育所产生的液体压力与液体的密度成正比。当液体具有可压缩性时，空化的形成将受到抑制。

穴蚀过程主要是机械力的作用，即使是惰性材料(如石英、玻璃、黄金、电木、不锈钢、钨、硬质合金等)在空化条件下也能遭到损坏。同样，即使液体不与材料发生电化学反应，材料也能被穴蚀破坏。然而，在存在电化学腐蚀的情况下，破坏会比单纯的机械作用更为严重。穴蚀加速了腐蚀过程，而腐蚀又加剧了穴蚀。即使每一次的空化的冲击不足以单独破坏材料表面，但冲击作用也可使金属表面的疲劳产物被剥离，露出新的基体，并增加了基体表面的粗糙度，从而增加了接触面积，进一步促进腐蚀。尽管每次的空化冲击可能不会导致材料的疲劳破坏，但电化学腐蚀可降低疲劳强度，加速材料的破坏。

柴油机缸套的穴蚀具有以下特征：穴蚀常发生在连杆摆动平面内，且多发生在侧推力较大的区域，常呈蜂窝状，集中在缸套的中下部。孔洞直径一般可达 1~5mm，深达 2~3mm。穴蚀还常发生在水套狭窄区域，与缸套的配合处也会出现较轻的穴蚀。特别是在缸套上、下止口，尤其是下止口与缸体肩脚的配合处(如缸体上安装密封圈的凸肩棱沿上)，也常见到穴蚀的情况，如图 3-30 所示。

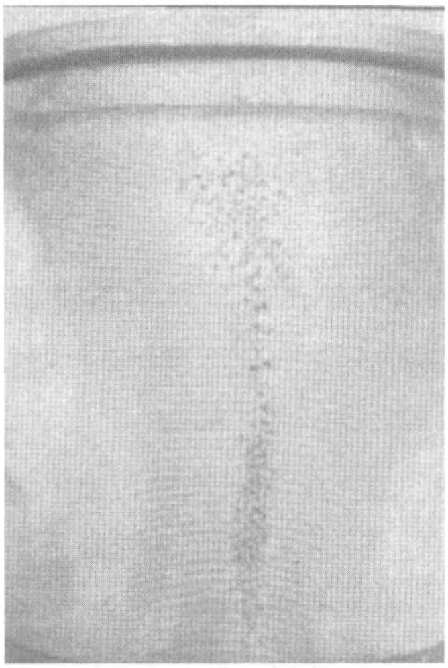

图 3-30　柴油机缸瓦穴蚀照片

穴蚀破坏常常会带来严重后果，如气缸套穴蚀穿孔，冷却液渗漏到曲柄箱中，若不能及时发现，将造成内燃机润滑系统的异常磨损，严重时出现拉缸、抱轴等故障。

作为有效抑制内燃机冷却系统穴蚀的措施之一，冷却水缓蚀剂的使用已引起越来越多的关注。作为冷却介质，冷却液不仅具有冷却作用，还能减缓腐蚀和穴蚀、阻垢、防沸以及抗冻等。然而，目前大多数发动机冷却液的标准和规范主要针对轻负荷发动机冷却液，无法满足重负荷发动机的抗穴蚀要求。

ASTM 将重负荷发动机定义为最大或接近最大额定工况下，长期工作于较高转速、输出功率和内部温度的发动机。这类发动机主要用于农业、采矿业、建筑、运输、越野汽车、大功率的固定电站、机车和船舶等。为解决这些发动机冷却系统的穴蚀问题，通常需要添加 SCAs，并在强制性附录中规定。SCAs 必须含有一定浓度的亚硝酸根和钼酸根离子，二者的最小浓度不得低于 600ppm，且两者之和应大于 1560ppm。ASTM 标准还提到，在制定抗穴蚀性能试验方法后，将不再规定化学组分的要求。

FVV 制定了内燃机冷却水添加剂适应性检验试验方法准则，并且德国 MTU 柴油机公司为其发动机冷却液制定了专门的标准，其中包括专用的穴蚀测试方法。

在国内市场上，不仅有欧洲的 MTU、PC、MWM 发动机，也有美国康明斯、日本大发等品牌的内燃机，以及其他进口船舶和工程车辆发动机。这些不同国家甚至同一国家不同型号的内燃机，通常会指定使用不同型号的缓蚀剂。我国新公布的国家标准 GB 29743 和石化标准 NB/SH/T 0521 都规定了重负荷发动机冷却液的化学组分，以确保对有限抑制重负荷发动机的穴蚀问题。

3.4.5.1 重负荷发动机冷却穴蚀评定方法

为了评定重负荷发动机冷却液的气穴腐蚀，已开发了很多试验方法，在后面章节中会有详细介绍。这里列出几个实验室常用的试验方法：

ASTM G32-06 对应于 GB/T 6383—2009《振动空蚀试验方法》；

ASTM D2809 对应于 SH/T 0087—1991《发动机冷却液铝泵气穴腐蚀特性试验法》；

ASTM D7583：《约翰迪尔冷却液气穴腐蚀试验法》；

FVV R530—2005：腐蚀及气穴腐蚀试验；

MTU 试验：MTU 专用气穴腐蚀测试方法。

3.4.5.2 影响穴蚀的因素

田洪祥按照 GB/T 6383 振动空穴试验法设计了磁致伸缩模拟穴蚀试验，用于研究重负荷发动机缸瓦穴蚀的影响因素。试验装置原理如图 3-31 所示。试验原理简单描述为：变幅杆顶端装有试件，将试件置于水溶液中，在试件上就产生了由振动导致的穴蚀。

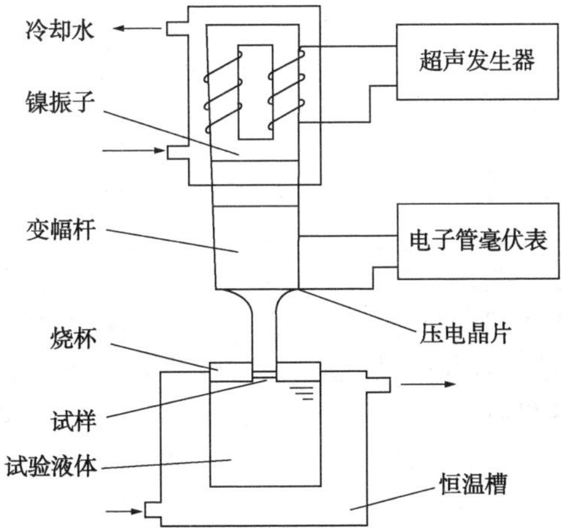

图 3-31　磁致伸缩模拟穴蚀试验装置原理图

操作方法：按原理图连接好仪器后，打开温控仪电源，给恒温池加热，确保恒温池内水温保持在(60±2)℃；将试件浸入试液 3mm；打开低频信号发生器、磁化电流、超声波发生器等的电源，预热仪器 15min 直到设备达到工作状态；调节信号发生器的频率，使振动系统达到谐振状态，然后调节超声发生器输出功率以控制试件的振幅。

试验材料：试件材料为硼铸铁，满足 GB HT200 标准，牌号：MBT250。化学成分：C 3.0%～3.3%；Si 1.7%～2.0%；Mn 0.6%～0.8%；P＜0.15%；S＜0.12%；B 0.03%～0.05%。

机械性能：抗拉强度 $Q_b \geqslant 250N/mm^2$；硬度值 HB 200～260(同一材料硬度值波动≤HB 30)。

试件的加工：试件经砂纸粗磨、细磨，再用 200 号水砂纸抛光，使试件表面光亮平滑；然后去污，用酒精清洗干净并吹干，置于干燥皿中冷却与干燥，备用。

3.4.5.3　冷却液温度对穴蚀的影响

从图 3-32 和图 3-33 可以看出，铸铁在蒸馏水中的失重量随温度变化的排序为：70℃＞60℃＞90℃＞80℃＞50℃＞40℃＞30℃＞20℃；而在腐蚀水中的失重量排序为：80℃＞50℃＞40℃≈70℃＞60℃≈30℃＞90℃＞20℃。无论在蒸馏水还是在腐蚀水中，随着时间的推移，腐蚀失重的速度会加快。特别是在蒸馏水中，低温下失重较慢，但是在腐蚀水中，即使温度很低，失重速度也明显加快。可见，对于重型发动机，如果不使用腐蚀抑制剂，仅用水作为冷却液，发动机的腐蚀和穴蚀会非常严重。

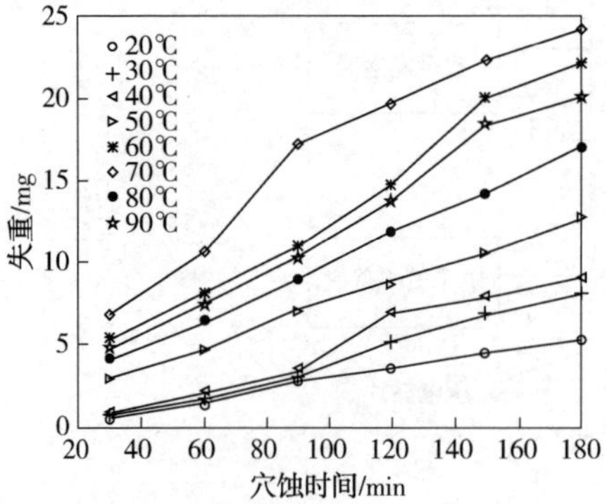

图 3-32　铸铁在蒸馏水中不同温度下随穴蚀时间的失重变化

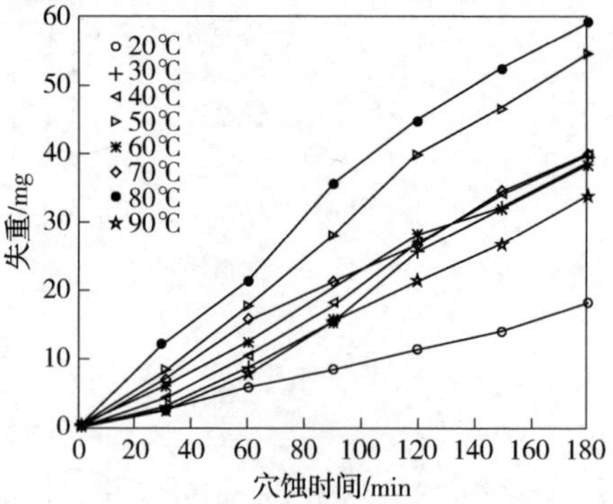

图 3-33　铸铁在腐蚀水中不同温度下随穴蚀时间的失重变化

3.4.5.4　pH 值的影响

从图 3-34 可以看出，随腐蚀水溶液 pH 值的升高，铸铁的腐蚀和穴蚀失重量逐渐减少，尤其当 pH 值达到 13 时，减缓穴蚀的效果显著。该现象可以归因于水溶液中电化学腐蚀反应的变化。溶液的 pH 值会影响阳极反应的类型和产物，从而影响腐蚀过程的速度。随着 pH 值升高，腐蚀反应的速度逐渐降低。

在 pH 值为 13 时，铸铁表面形成了钝化膜，这种氧化膜具有减缓腐蚀的作用。试验结果表明，这种氧化膜同样具有显著的减缓穴蚀的作用，进一步证明了较高 pH 值的腐蚀水对铸铁具有保护作用。通过调节 pH 值，不仅可以有效减缓腐蚀，还可以显著抑制穴蚀现象，尤其是在重负荷发动机冷却液中，应用此类腐蚀抑制策略可以有效延长发动机的使用寿命。

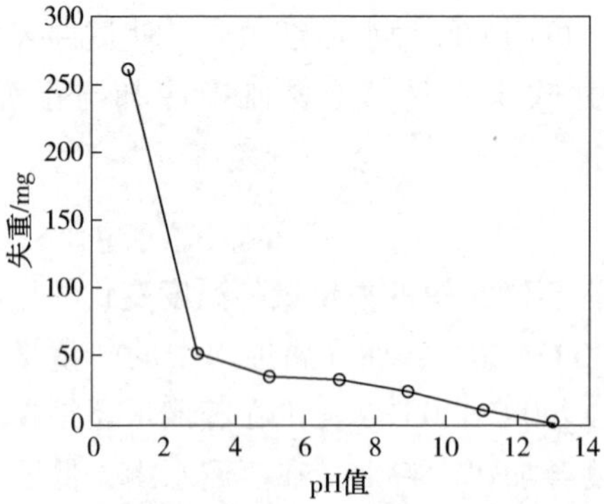

图 3-34　pH 值对穴蚀的影响

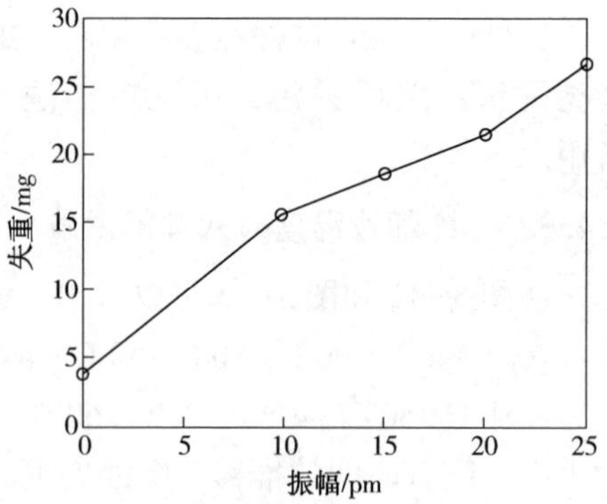

图 3-35　振幅对穴蚀的影响

3.4.5.5　振动幅度的影响

从图 3-35 中可以看出，随着机械破坏的增强，振动幅度的提高，铸铁试件所受到的微射流损伤也随之增加，铸铁试件失重也越来越多。

3.4.5.6 化学添加剂对穴蚀的影响

从表3-37和图3-36中可以看出，对于铸铁试件而言，在腐蚀水中，随着化学试剂含量的增加，有机羧酸盐比钼酸盐和亚硝酸盐在减缓穴蚀方面表现出更好的效果。

在这里，缓蚀率定义为：

$$缓蚀率=100\%\times(腐蚀水失重-化学添加剂失重)/腐蚀水失重$$

缓蚀率用于表征化学添加剂的腐蚀抑制能力。缓蚀率越高，说明添加剂在减少腐蚀和穴蚀方面效果越好。

表3-37 化学添加剂对穴蚀的影响

溶液	穴蚀失重/mg	缓蚀率/%	备注
腐蚀水	29.5	0	空白试验
$NaNO_2$(2g/L)	11.7	60.3	ASTM 6210—2003规定重负荷发动机冷却液中必须包含的穴蚀抑制剂
$NaNO_2$(4g/L)	10.2	65.4	
$NaNO_2$(8g/L)	9.4	68.1	
$NaNO_2$(16g/L)	8.9	69.8	
Na_2MoO_4(2g/L)	10.3	65.1	ASTM 6210—2003规定重负荷发动机冷却液中必须包含的穴蚀抑制剂
Na_2MoO_4(4g/L)	9.1	69.2	
Na_2MoO_4(8g/L)	8.7	70.4	
Na_2MoO_4(16g/L)	7.3	75.3	
$CH_3(CH_2)_5COOH$(2g/L)	22.1	25.1	$CH_3(CH_2)_5COOH$为典型的一元羟酸
$CH_3(CH_2)_5COOH$(4g/L)	10.3	65.1	
$CH_3(CH_2)_5COOH$(8g/L)	6.8	76.9	
$CH_3(CH_2)_5COOH$(16g/L)	4.0	86.4	
$HOOC(CH_2)_8COOH$(2g/L)	11.6	60.7	$HOOC(CH_2)_8COOH$为发动机冷却液常用缓蚀剂
$HOOC(CH_2)_8COOH$(4g/L)	7.1	74.9	
$HOOC(CH_2)_8COOH$(8g/L)	4.5	84.7	
$HOOC(CH_2)_8COOH$(16g/L)	1.9	93.6	
缓蚀剂A(10%)	2.6	91.2	国外某缓蚀剂
缓蚀剂B(10%)	2.5	91.5	国内某缓蚀剂

3.4.5.7 不同醇浓度的影响

乙二醇(EG)、丙二醇(PG)水溶液作为常年使用的冷却液，同样具有减少穴蚀的作用。从图3-37可以看出，不同浓度的EG和PG水溶液中试件的穴蚀情况有明显的改善效果。与腐蚀水相比，乙二醇和丙二醇水溶液的抗穴蚀性能较好。

无论是乙二醇还是丙二醇，随着二元醇浓度的提高，铸铁的失重量逐渐减小。并且，丙二醇水溶液相较于乙二醇水溶液，在相同浓度下的穴蚀失重量较小，表现出更好的抗穴蚀性能。Diaa M. Hosny 分析认为 50%浓度丙二醇比 50%浓度乙二醇更能减缓穴蚀，主要原因在于丙二醇具有较高的黏度，这有助于更有效地减少微射流损伤，从而增强其抗穴蚀能力。

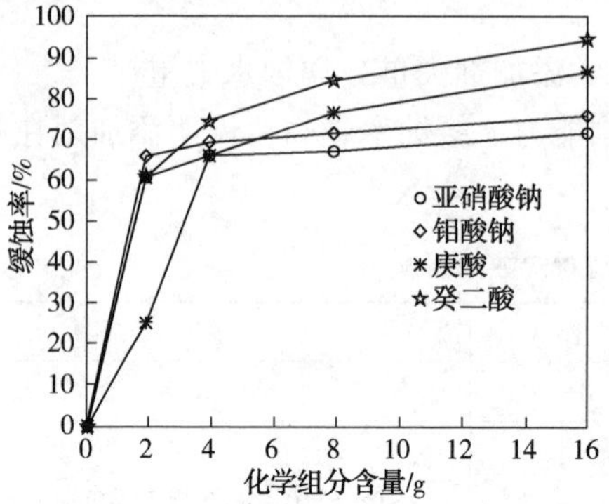

图 3-36　化学添加剂对穴蚀的影响

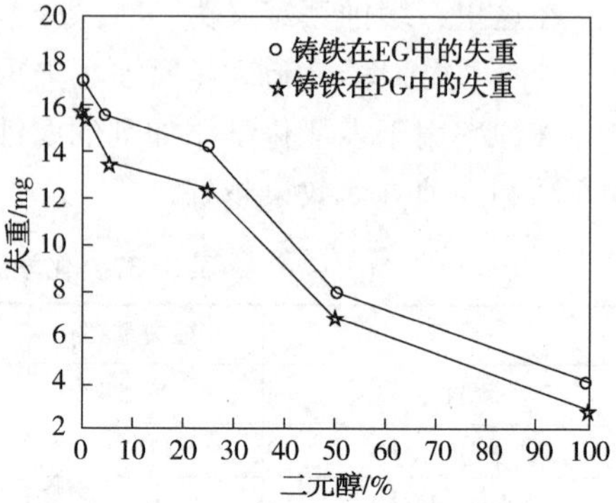

图 3-37　不同醇浓度对穴蚀的影响

3.4.5.8　其他因素影响

冷却液的特性，如表面张力、声速、黏度、蒸汽压、密度、压缩性、分子量等，都会影响冷却液在内燃机系统中发生穴蚀的倾向。蒸馏水、乙二醇和丙二醇的性质见表 3-38。

表 3-38　蒸馏水、乙二醇、丙二醇的性质比较

物性	蒸馏水	50%乙二醇	50%丙二醇	100%乙二醇	100%丙二醇
黏度/(mPa·s)	0.7	3.0	5.0	16.5	44.0
表面张力/[(N/cm)(dyn/cm)]	7.197×10^{-4} (71.97)	5.60×10^{-4} (56.0)	4.50×10^{-4} (45.0)	4.70×10^{-4} (47.0)	3.60×10^{-4} (36.0)
密度/(g/cm^3)	0.998	1.056	1.016	1.113	1.003
分子量	18	18.22	18.58	62.1	76.1
蒸汽压/kPa(mmHg)	3.07(23)	2.67(20)	2.93(22)	0.02(0.12)	0.03(0.22)
声速/(m/s)	1498	1578	1642	1658	1786
声阻抗/[g/(cm^2·s)]	1495	1666	1668	1845	1845

当表面张力变大或变小时，穴蚀强度均相对较小；当表面张力适中时，穴蚀最严重。表面张力越大，气核生长为气泡越难，然而气泡一旦长成，表面张力的

作用就迅速减少。一般来说，表面张力越大，气泡坍塌产生微射流的危害也越大，在坍塌阶段，高的表面张力导致气泡速度增加。以上表述解释了中间表面张力为何会加重穴蚀。表面张力越小，越易于产生气泡，但是坍塌时速度小。表面张力越大，坍塌时气泡速度越大，但是在起始阶段难以产生气泡。因此穴蚀强度与表面张力之间的曲线呈钟形。

黏度的影响为反转的钟形曲线，在不同功率水平上，中间黏度所对应的穴蚀强度较小。黏度的一般作用是在气泡生长和坍塌过程中产生摩擦和机械能的损失。增加黏度，可以减小气泡的最大尺寸，还可以降低气泡产生和坍塌的速度。气泡尺寸越小，坍塌时产生的破坏越大。

在冷却液中加入 SCAs 后，在铸铁表面会产生坚韧的膜，防止了微射流的冲击，从而有效减缓机件的失重，这主要是因为化学影响而非物理影响。

3.4.6 重负荷冷却液中缓蚀剂在使用中的消耗

重负荷发动机冷却液中各种缓蚀剂的消耗速度是不同的。如图 3-38 所示，巯基噻二唑类铜钝化剂和硅酸盐的消耗速度最快，在 500h 就消耗了 80%。因此，同时使用巯基噻二唑类和硅酸盐添加剂的冷却液，使用时间不能太长，一般需要在 5 万 km 或一年内更换。

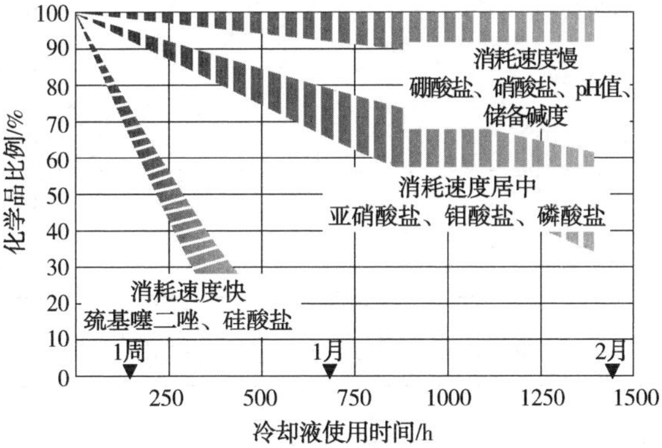

图 3-38　不同缓蚀剂在发动机冷却系统的消耗

亚硝酸盐、钼酸盐、磷酸盐的消耗速度中等，在 1500h 内消耗了 40% 以上。由于亚硝酸盐和磷酸盐类腐蚀抑制剂必须保持一定浓度才能保证有效的缓蚀效果。因此，对于重负荷发动机冷却液来说，在使用 1500h 后需要补充 SCAs，以确保足够的防穴蚀性能。

硼酸盐的消耗速度最慢。对于含铝合金的冷却系统，需要平衡硼酸盐与硅酸盐的浓度，以确保在硅酸盐消耗后，硼酸盐能够继续控制铝合金的腐蚀。

亚硝酸盐在发动机冷却液使用中会转化为硝酸盐和铵盐，因此硝酸盐的消耗速度较慢。使用 SCAs 的重负荷冷却液，pH 值和储备碱度会保持在合理的范围。这一点很重要，因为如果 pH 值变化较大，冷却系统中所有的金属腐蚀抑制效果都会下降。

3.4.7 重负荷发动机冷却液与 SCAs 补充化学添加剂配方示例

在重负荷发动机冷却液中使用 SCAs，主要是为了保持冷却液的气穴腐蚀保护性能，并减少传热表面的沉积物。重负荷发动机冷却液的配方举例见表 3-39~表 3-41。

表 3-39 重负荷发动机冷却液配方 %

组分	配方
乙二醇	46.70
水	50.83
甲基苯并三氮唑	0.10
硝酸钠	0.05
钼酸钠	0.05
偏硼酸钠	0.50
硅酸钠	0.10
亚硝酸钠	0.05
NaOH	0.12
苯甲酸钠	1.5

表 3-40 补充化学添加剂(SCAs)配方示例 1 %

组分	配方
去离子水或蒸馏水	75.49
50%NaOH 水溶液	5.15
硼砂	10
硅酸钠	3.5
亚硝酸钠	4
稳定剂	适量

表 3-41 补充化学添加剂(SCAs)配方示例 2 %

组分	配方
蒸馏水	37.6
$NaNO_3$	3.9
50%甲基苯并三氮唑钠盐	5.2
45%KOH	15.7
$Na_2B_4O_7 \cdot 5H_2O$	15.6
硅酸钠溶液	4.4
Dow Corning Q1-6083	0.52
其他助剂	3.66
$Na_2MoO_4 \cdot 2H_2O$	3.9
$NaNO_2$	9.52

图 3-39 展示了正确选用 SCAs 和满足 ASTM D4985 规格的发动机冷却液，以避免凝胶生成的方法。从图中可以看出，每行驶 15000mile，使用 1gal 的 SCAs，发动机冷却液的使用里程可以超过 20 万 mile。如果不加 SCAs，行驶 60000mile，冷却液的缓蚀剂浓度就会接近严重穴蚀的限值。而每行驶 15000mile，加入 2gal 的 SCAs，冷却液会在行驶 180000mile 后达到硅酸盐生成凝胶的限值。

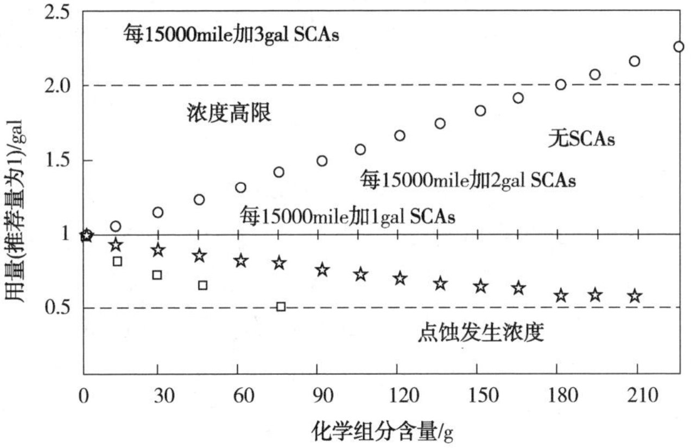

图 3-39 SCAs 用量与行驶里程图

因此，对于使用 SCAs 的重负荷发动机，应按照使用要求定期按比例或者根据试纸检测结果加入 SCAs，否则在行驶过程中，可能出现 SCAs 过浓导致硅凝胶的现象，或无法有效控制穴蚀。

3.4.8 重负荷发动机冷却系统其他问题

除穴蚀外，重负荷发动机冷却系统还常见以下问题。

3.4.8.1 硅酸盐析出

在使用含硅酸盐的重负荷冷却液时，硅酸盐稳定剂可以改善硅酸盐在冷却系统中的稳定性。然而，随着运行时间的延长，硅酸盐稳定剂消耗后，硅酸盐的聚合问题仍难以避免。使用SCAs的冷却液，情况更加复杂。因此，重负荷冷却液中的硅酸盐含量通常会受到限制，比如ASTM D4985就规定冷却液浓缩液中硅酸盐含量不能超过250ppm。

3.4.8.2 水泵泄漏

无机型重负荷冷却液的配方固体含量较高，加上养护不当、SCAs带入、使用硬水等问题，再叠加重负荷发动机冷却液的热负荷高和热应力大的问题，导致沉积物的形成。这些沉积物会磨损水泵密封面，使得水泵泄漏。在采用有机酸技术的配方后，沉积物明显减少，从而有效解决水泵泄漏的问题。

3.4.8.3 焊锡开花和腐蚀

重负荷发动机的换热器和油冷器承受着较大的压力、冲击和振动，使用高浓度的亚硝酸盐的冷却液会加剧焊锡的腐蚀。焊锡腐蚀分为两种形式：一种是形成一种铅含量低的蓬松沉淀，俗称“焊锡开花”，焊锡开花通常不会降低焊接点的强度，但会堵塞管路，冷却液流量减少，容易导致局部过热；另一种腐蚀形式是焊接点强度降低，接头松动，而可能引发泄漏。过量的亚硝酸盐或高甘油含量的配方会加剧焊锡腐蚀。

3.4.8.4 阻垢性能

使用硬水、冷却系统污染、冷却液腐蚀抑制剂分解等都会导致水垢形成，降低传热效率，从而引起局部过热和金属疲劳腐蚀等问题。研究表明，厚度为0.254~0.172cm的水垢会严重影响换热效率，使得缸盖和气缸壁的金属表面温度升高38~93℃。水垢容易在发动机高温区域形成，导致局部热点，从而加速冷却液的降解。阻垢和抗沉积物试验方法目前正在制定中。使用高质量水和良好平衡的抑制剂体系有助于有效阻垢。

3.4.8.5 防冲蚀性能

随着软金属(铝及合金、镁及合金、铜及合金、铅)在发动机和冷却系统的广泛使用，以及冷却液流速的增加，防冲蚀性能变得尤其重要。冲蚀现象发生在液体以极高流速破坏冷却液金属钝化膜或天然氧化保护层。对于软金属，流速应设定限值。不同金属的流速限值见表3-42，铝合金内的液体流速只有铁管的四分之一。液体流速越大，金属腐蚀越严重。除此之外，湍流、穴蚀、剥落、电位腐蚀、泥沙和金属粒子都会加剧冲蚀现象。

表 3-42　不同金属的冷却液流速限值

金属	流速限值/[m/s(ft/s)]
铁	10(33)
一般轻金属合金	5(15)
铝换热器管	2~3(7~9)

发动机冷却液中的化学组成对抗冲蚀性能有着显著影响。一项冲蚀研究表明，采用两种含有亚硝酸盐和钼酸盐的市售冷却液，通过铝合金油冷器的模拟试验，试验结果如图 3-40~图 3-42 所示。不同组成的 OAT 冷却液，其抗冲蚀性能存在差异。在抗冲蚀性能差的冷却液中，亚硝酸盐转化为胺类物质，使冷却液的 pH 值迅速上升，亚硝酸根离子含量急剧下降，从而破坏铝表面的腐蚀抑制层，形成铝酸盐而加速了金属的腐蚀。如图 3-40 所示，抗冲蚀能力差的 OAT1 冷却液中，铝的含量增加较快。

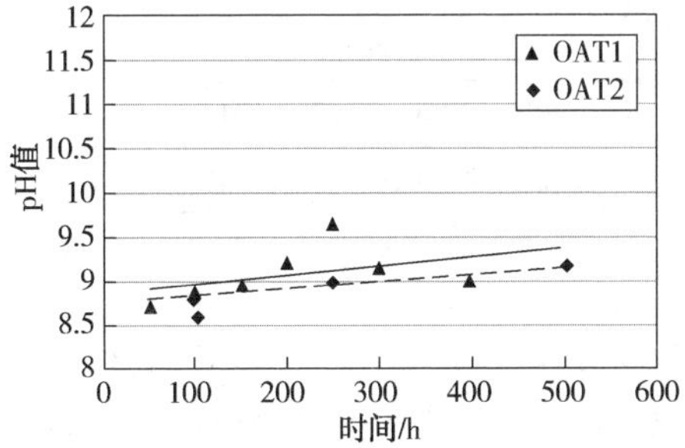

图 3-40　冷却液化学性质对抗冲蚀性能的影响——pH 值

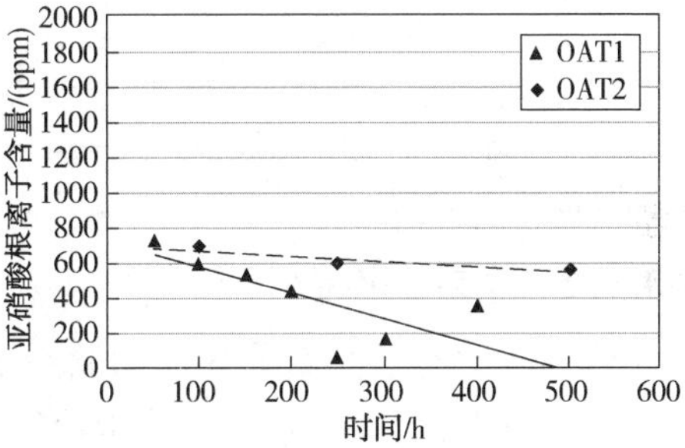

图 3-41　冷却液化学性质对抗冲蚀性能的影响——亚硝酸根转化

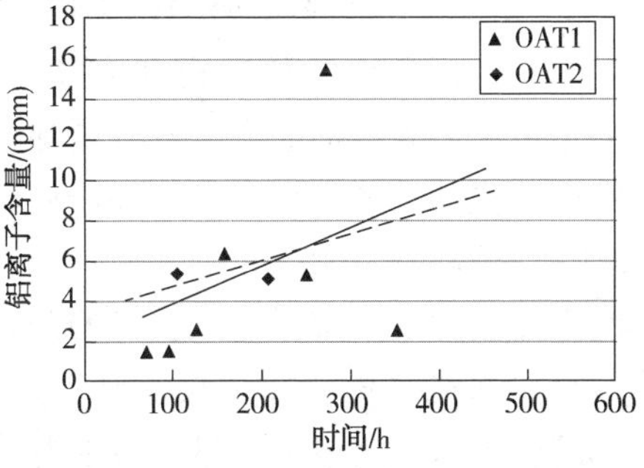

图 3-42　冷却液化学性质对抗冲蚀性能的影响——铝转化为可溶性铝酸根

3.4.9 重负荷发动机冷却系统的发展趋势

3.4.9.1 更多铝合金及轻金属合金的使用

燃油效率一直是发动机技术进步的核心议题之一。重负荷发动机的燃油效率不断提升，采用轻金属合金材质以减轻发动机质量是有效手段之一。公路卡车和客车发动机的缸盖和气缸座逐渐采用轻质材料，散热器和水箱的材质更多地使用铝合金，冷却液连接管也在减少铜合金的使用。此外，缸瓦的材质也发生了显著变化，以更好地满足发动机节能减排的要求。冷却系统各配件的材质可参考表 3-43。

表 3-43 发动机冷却系统各配件材质表

配件名称	材质
水泵	铸铁、铝合金、酚醛树脂、尼龙
油冷器	铝合金、铸铁、不锈钢
气缸座	铸铁、铝合金、VMQ、NBR、EPDM、CR
气缸盖	铝合金、镁合金、铸铁、黄铜
节温器	黄铜、铝合金、铸铁
散热器	铝合金、黄铜、焊锡
水管	SBR、NBR、EPDM、VMQ
后冷器	铝合金、红铜、镀层红铜

3.4.9.2 焊锡使用减少

焊锡腐蚀问题促使散热器的制造工艺和材质的显著变化。一方面减少焊接点，另一方面，考虑到环境保护的需求，焊锡中铅的含量受到了严格限制，锌焊料的使用变得更加普遍。

3.4.9.3 更高的传热效率和热稳定性

为了减少 NO_x 的排放，发动机气缸温度必须保持在合适的范围。这就要求冷却液具备较高的传热效率。对于增压中冷发动机和 EGR 发动机而言，冷却液的热负荷增加，而冷却液的总量未显著增加或完全没有增加。因此，冷却液的循环速度更高，并且对热稳定性和抗冲蚀能力也变得更加严格。

随着更高的 EGR 和双增压器的使用，热负荷进一步增加了 25%，这促使了具有更高热氧化稳定性的冷却液和不衰减添加剂技术的开发。颗粒捕捉器技术的使用增加了冷却液的热负荷，而尾气催化转化技术则会降低 EGR 的量，从而降低冷却液的热负荷。现代的电子水泵、风扇和电子节温器等设备可以更精确地调节冷却液的流量，尤其在启动热机和高温运行时，甚至在停车后，电子水泵也会继续保持冷却液流动，避免热浸。

3.4.9.4 长效、环保、新型冷却液的使用

长效、环保和新型冷却液的使用日益普及，减少了对 SCAs 的依赖，预计未来传统的无机冷却液将逐步被长寿命和终身寿命的有机型冷却液替代。开发具备高比热容、适应高流速条件并与橡胶件相容性更好的冷却液，成为冷却液技术发展的目标之一。1，2-丙二醇具有良好的环保性能，能够降解且毒性低，而1，3-丙二醇则具有更好的热氧化稳定性，预计丙二醇基冷却液的使用量将逐渐增加。

未来的冷却液将提供更强大的传热特性。目前的冷却液主要依赖水的浓度来保证传热效率，而纳米冷却液(约 5nm 分散在水中)则展现出更优的导热性能，能够实现更快的传热效率。此外，离子液体是一种新型的有机盐，熔点低于100℃，可用于化学制备、清洗、电镀和热传导，且能够在冷却液中部分或者全部替代二元醇，从而提高冷却液的传热性能。然而，要将纳米冷却液和离子液体冷却液应用于发动机中，还需要对发动机冷却系统的结构、配件和材质进行相应的改造。

第 4 章　新能源热管理系统冷却液

4.1　电池驱动车辆热管理系统冷却液

4.1.1　纯电动车的热管理挑战

当今世界，日益严重的能源危机和环境污染给汽车制造业带来了极大的挑战。为了应对这一挑战，各国政府和汽车企业高度重视新能源汽车的开发。尤其是纯电动汽车(Electric Vehicle，EV)，由于其在能量效率和减少排放方面的显著优势，越来越受到全球范围内的广泛关注。目前，各大主流汽车厂商及研究机构纷纷投入巨大财力和人力，支持纯电动汽车的产品开发。

电池、电机、电控是电动汽车发展的三大关键技术，其中电池技术的滞后一直制约着电动汽车的推广和发展。作为纯电动汽车的重要动力部件，电池的性能直接影响整车的动力性表现。目前，汽车动力电池主要有锂电池和镍氢电池两种。由于锂电池自放电率低、循环寿命长、比能量高等优点，逐渐成为电动汽车的首选动力蓄电池。然而，锂电池对温度变化较为敏感，且工作条件对温度要求较高，因此锂电池的热管理至关重要。在汽车行驶过程中，复杂的道路工况会导致电池在放电过程中产生大量的余热，而电池热管理(Battery Thermal Management，BTM)旨在研究如何及时有效地消除这些废热，以确保电池持续、健康地运行。

在纯电动车上，电池热管理系统、电机和电机驱动热管理系统、空调热管理系统这三大热管理系统曾一度是相互独立的。然而，在新一代纯电动环保型汽车中，主机厂已开始将这三大系统紧密关联，从整车热管理系统的角度进行设计开发。虽然目前上市的车型在热管理系统方案上有所不同，各有优劣，但其目的是减少对电池能量的需求，在确保续航里程的前提下，提升整车舒适性和可靠性。

4.1.1.1　空调系统热管理

汽车空调制冷系统主要由压缩机、冷凝器、膨胀阀、蒸发器、鼓风机等部件组成，常用的冷媒是 R134a。空调制冷原理及示意图如图 4-1 所示。加热系统则主要由 PTC 加热器、鼓风机、风道等组成。在通常情况下，空调系统制冷量约 5kW，采暖量约 6kW，占整个电动车能量的 10%左右。

汽油车通过皮带轮带动压缩机工作，而电动汽车则通过逆变电路控制电机，电机驱动电动压缩机进行制冷。汽油车的采暖功能依靠发动机冷却液在加热器芯中循环实现，而电动汽车则采用高压 PTC 加热技术。为了优化空调系统，电动汽车可通过 CFD(计算流体力学)进行流道和流场分析、温度线性试验、环境模拟试验以及温度场等试验方法来改进和完善。

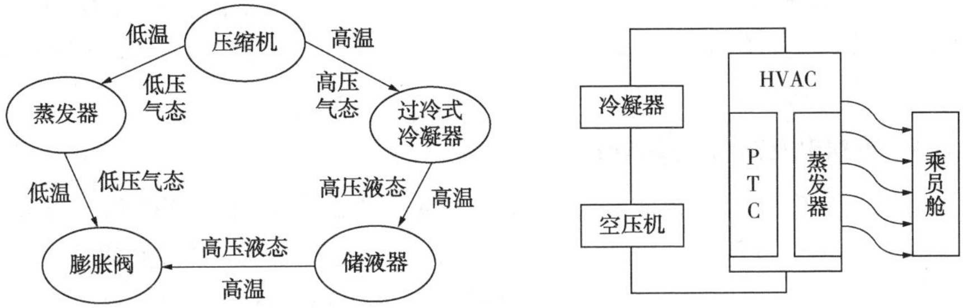

图 4-1　汽车空调热管理系统示意图

4.1.1.2　动力电池系统热管理

锂电池的热管理是确保电池性能和延长其使用寿命的关键因素。为了实现有效的热管理，需要监控电池的温度，并采用适当的冷却和加热技术以保持温度在最佳范围内。根据表 4-1 中提供的电池充放电过程中的温度参数可以看出，电池热量的来源主要包括反应热、极化引起的能力损失、电解液分解和自放电副反应引起的损失，以及电阻产生的焦耳热。针对这些热量来源，设计合适的热管理系统以确保电池在复杂的工况下仍能高效、安全的运行。

表 4-1　某款锂电池充放电的温度参数

动力电池系统	充电加热和冷却	-20~0℃需加热 ≥45℃需冷却
	放电冷却	≥38℃开启散热器 ≥45℃开启散热器(Chiller)或策略功率限制

其控制策略框图如图 4-2 所示。

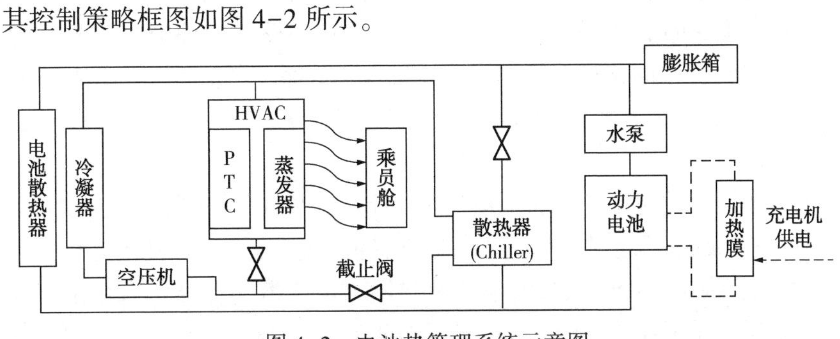

图 4-2　电池热管理系统示意图

从表 4-1 中可以看出，当电池温度在-20～0℃时，需要加热；当温度在 0～38℃时，无须加热或冷却；当温度在 38～45℃时，主要依靠电池散热器进行散热；当温度≥45℃时，则需要电池包配置另一散热器(Chiller)辅助散热，且由空调系统提供冷源。

Chiller 实质上是新能源汽车上专用的紧凑型冷却器装置，类似于空调系统中双蒸发器系统中的一个分支。在 Chiller 中，蒸发器被包裹在流经动力电池散热板的冷却液中，冷媒通过热交换将冷却液的热量带走，从而实现对电池的降温。

4.1.1.3 电机和驱动系统热管理

以小型 EV 电机和电机驱动器一体化为例，考虑到电机和电机驱动仅需考虑散热，其冷却系统通常采用水路串联方式。在这种方式下，冷却水首先流经电机驱动器，然后进入电机，最后返回冷却系统，形成水循环系统，如图 4-3 所示，综合几款 EV 电机和电机驱动控制系统，控制策略简述如下：

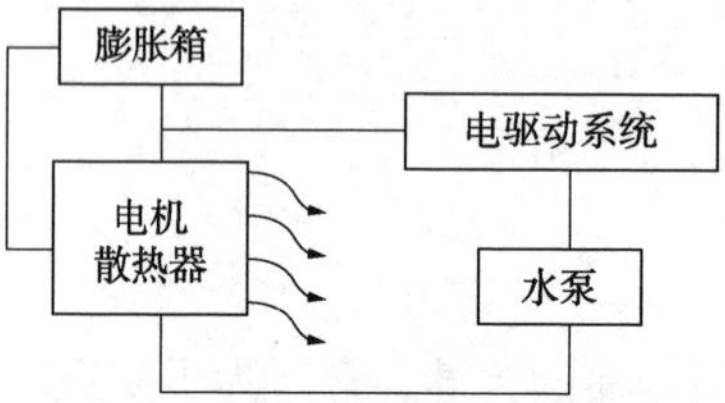

图 4-3　电机热管理系统图

① 当电机或电驱动控制器温度均小于 45℃时，水泵和散热器风扇都不工作。电驱动系统无须冷却，系统维持在常温下运行；

② 当电机或电驱动控制器的温度在 45℃以上但不超过 65℃时，系统启动水泵进行水冷却，散热器风扇保持关闭不工作；

③ 当电机或电驱动控制器温度超过 65℃时，系统同时启动水泵和散热器风扇。

4.1.1.4 热管理系统集成与系统管理

上述内容详细解析了电动汽车三大关键热管理系统：空调系统热管理、动力电池系统热管理、电机和驱动系统热管理的工作原理与控制策略。为进一步提高整车的能效与舒适性，热管理系统可以细分为：电池散热器冷却回路、空调制冷回路、空调和 Chiller 冷却电池回路、电驱动冷却回路、电池充电加热回路以及 PTC 加热回路，这些回路相互协调工作，确保不同系统的温度始终保持在最佳范围内。考虑三大热管理系统的布置和控制方式，整车热管理系统设计方案如图 4-4 所示。

首先，在通常情况下，空调系统正常工作时，冷凝器表面温度在 60～65℃，而电池和电机系统的温度控制范围则需要更低(电池：0～45℃，电机：不大于 65℃)。因此，为确保冷却效果，电池散热器与电机散热器通常采用上下布置方式，并且置于空调系统冷凝器的前方(即按整车坐标系下，X 轴正方向冷凝器前

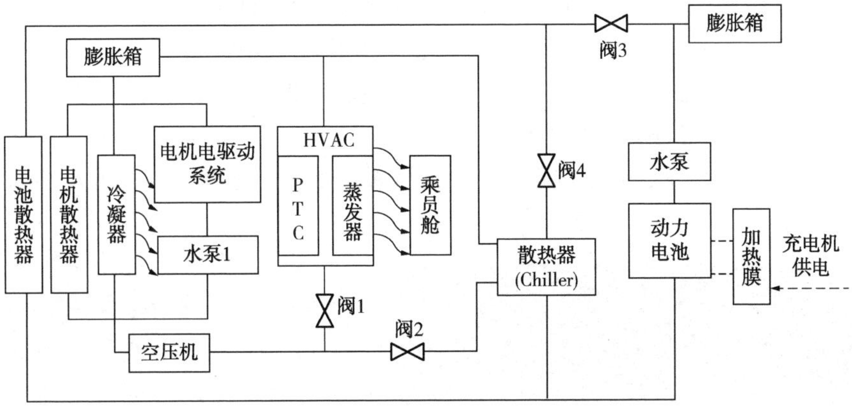

图 4-4　整车热管理系统设计方案

方)。这种布局能够最大化热量的分散与流通，同时根据各系统的能力需求，散热器和冷凝器的尺寸将通过计算和 CFD 仿真、温度场等试验来进一步优化和调整。

其次，制冷方面，在空调制冷模式下，乘员舱需要制冷时，阀 1 打开，其他阀关闭；若电池同时有制冷需求时，阀 2 打开，空调的两路制冷回路都开始工作，同时阀 3、阀 4 也开始工作，以满足电池的制冷需求；电机和电机驱动如果需要散热，则通过控制水泵 1 来启动冷却系统。

加热方面，动力电池加热方案普遍采用加热膜技术，电池组中各电池表面都会包裹加热膜。当电池温度在-20~0℃时，自动启动加热系统，以防电池温度过低而影响性能；乘员舱的加热则主要依赖高压 PTC 加热技术；除此之外，还在同步进行电池组与环境仓共用水暖 PTC 加热技术的试验，但此技术在高压安全、管路布置、水阀控制及系统匹配方面还需进一步完善。

为了提高车内环境舒适性，很多电动汽车采用了预加热和预降温控制技术。在充电过程中，空调系统通过充电机供电，而非电池组，从而避免消耗电池能量。这使空调系统能够在给整车充电后，定时启动来为车内环境预热或降温，将车内温度控制在大约 25℃，为乘员提供更舒适的车内环境，同时保证续航里程。

4.1.2　纯电动车热管理系统冷却液

4.1.2.1　特斯拉热管理系统冷却液

电动汽车的热管理系统效率在影响续航能力和使用里程起着至关重要的作用。以特斯拉 Model S 为例，其加速性能和续航表现得到了广泛的认可，成为电动汽车技术的标杆之一。特斯拉 Model S 的电池设计和冷却系统结合的特点使得这款车在高性能的同时，还能保证电池的温度处于安全且高效的工作范围内。特斯拉 Model S 配备的电池板由 16 个电池组串联在电池底板上，每组电池组由 444 节18650 锂电池单体组成，每 74 节电池并联以提高其能量储备。这样，整块电池组板由 7104 节锂电池单体组成，容量强大，满足了车辆的高能量需求。然而，这些锂电池在充、放电过程中会产生大量的热量，电池的工作温度会直接影响其性能和寿命。

图 4-5　特斯拉电池冷却系统

为了避免电池过热带来的风险和性能下降，特斯拉采用了一种创新的冷却方案：电池和冷却系统一体化设计。冷却管道密集地布置在电池组内部，通过冷却液的循环带走电池在蓄能和放电过程中产生的热量，见图 4-5。这种冷却系统的设计不仅能够保证电池在高负载下仍然能够稳定工作，还能有效防止过热对电池造成损伤，从而延长电池的使用寿命并确保续航。

由于特斯拉电动车的冷却液是为电池组直接做冷却，所以其密封要求比内燃机冷却系统更为严格。特斯拉电动车采用无水冷却液，以确保系统的高效性和安全性。

4.1.2.2　荣威 E50 高压电池与驱动电机冷却液

荣威 E50 纯电动汽车的冷却系统包括两个独立的系统：PEB/驱动电机冷却系统和电池冷却系统。驱动电机冷却系统在较低温度下，冷却液泵不工作，随着温度升高，冷却液泵开始启动。冷却液泵的工作温度不能超过 75℃，最佳工作温度应该低于 65℃。PEB BMS 控制电池冷却系统的电动水泵，在电池温度超过 32.5℃时启动，低于 27.5℃时关闭。BMS 发出发送要求电池冷却器膨胀阀关闭并启动水泵的信号。当电池冷却液温度为 20℃时，电池冷却液泵的电阻值约为 1.0MΩ。电池冷却液泵安装在车身底盘，而电机冷却液泵通常安装在前右纵梁上。膨胀水箱盖的额定压力为 140kPa。PEB/驱动电机冷却系统的冷却液温度 ECT 传感器安装在散热器右侧前部，负责控制电子风扇的运转，但不向仪表提供信号。PEB 计算冷却液温度并与冷却温度传感器信号进行比较，判断是否需要启动冷却风扇。电池冷却系统温度传感器安装在电池组内部，外部不可见，图 4-6。

电池冷却器(Chiller)安装在车身底盘中部，包括热交换器、带电磁阀的膨胀阀(TXV)、管路接口和支架。电池冷却器主要通过热交换将电池冷却液中的热量转移到制冷剂中。电池冷却器的膨胀阀由 ETC 控制，当接收到 BMS 的电磁阀开启信号时，膨胀阀打开并启动 EAC 系统。电池组的理想温度范围为 20~30℃，当冷却液温度超过 30℃时，ETC 会限制乘客舱的制冷量，当温度超过 48℃时，ETC 关闭乘客舱制冷功能，除霜模式除外。ETC 仅控制冷却液温度，BMS 负责控制冷却液与电池的热交换(控制冷却泵)。在快速充电时，网关模块会被唤醒电池冷却系统，系统进入正常工作状态。

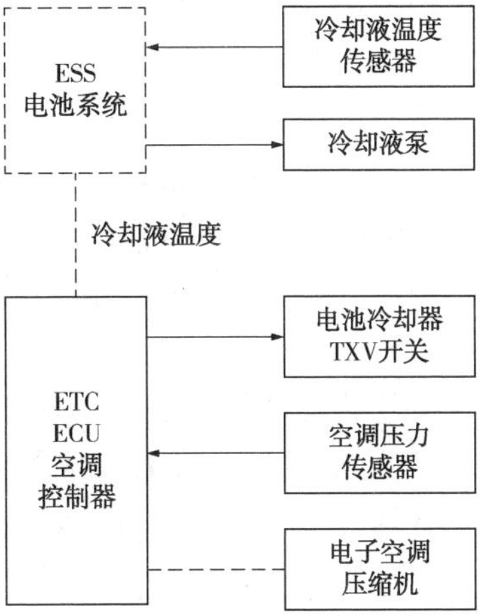

图 4-6　荣威电池和空调冷却系统

冷却风扇受 VCU 控制，风扇根据 PEB 冷却液温度和 EAC 状态来启停。当 EAC 开启或 PEB 冷却液温度高于 52℃时，冷却风扇启动。当风扇工作时，VCU 控制 PWM 模块调整风扇的转速，转速范围为 20%~90%，占空比的 8 个挡位。风扇停止工作条件是 PEB 冷却液温度低于 65℃(实测 47℃)且 EAC 关闭。如果点火开关关闭并且 EAC 关闭，而 PEB 冷却液温度仍高于 65℃，风扇将继续工作，环境温度低于 10℃时工作 30s，高于 10℃时工作 60s。

混合动力/电动车辆蓄电池组冷却系统由蓄电池散热器、12V 脉宽调制(PWM)散热器风扇、冷却液泵、制冷剂/冷却液热交换器、蓄电池安装冷/热板、电动空调压缩机电机控制模块、制冷剂压力和温度传感器、环境空气温度传感器以及冷却液流量控制阀等组成。该系统用于冷却高压混合动力/电动车辆蓄电池。系统还配备了高压加热器，必要时可加热冷却液。动力系统控制模块监测冷却液温度、蓄电池组温度、制冷剂温度和压力，根据需求调整冷却系统的工作状态。

混合动力/电动车辆蓄电池组的冷却液控制阀负责调节冷却液流量。控制阀具有一个输入端口和三个输出端口，分别连接散热器、旁通和冷却器。阀门根据需要将冷却液导入不同端口，从而实现最佳冷却效果。

荣威高压电池和驱动电机冷却液使用有机羧酸冷却液，按照 50∶50 的比例与水稀释使用。

4.1.2.3　雪佛兰赛欧 EV 混合动力冷却系统

1) 混合动力冷却系统

车辆配备了四个完全独立的冷却系统：混合动力/电动车辆电子装置冷却系统、蓄电池冷却系统、驾驶室加热器冷却系统和驱动电机冷却系统。每个系统分别用于冷却不同部件，以确保各项功能的正常运行。

2) 混合动力电子装置冷却系统

混合动力/电动车辆电子装置冷却系统主要用于冷却车载充电模块、14V 附件电源模块以及驱动电机发电机电源逆变器模块。系统由电子装置散热器、12V脉宽调制(PWM)散热器风扇和12V冷却液泵组成，冷却液通过驱动电机蓄电池充电器、14V附件电源模块和电源逆变器模块循环。动力系统控制模块启动电子装置冷却液泵并监控散热器中的温度传感器，以判定何时运行风扇。当车辆启动时和充电时，电子装置冷却液泵启动。电子散热器与变速器散热器组合为一个散热器总成，根据冷却液回路温度，冷却液泵和散热器冷却风扇在车辆停机后仍会保持运行。

电子装置冷却系统循环使用的冷却液是预混合的DEX-COOL冷却液，按50∶50的比例与去离子水混合使用。去离子水能有效隔离高电压并防止腐蚀，确保散热片的性能。冷却系统必须始终使用预混合冷却液，严禁使用自来水。阀门根据其电位计向动力系统控制模块提供位置反馈信号。在初次启动时，系统通过将移动阀门到止端并记录反馈信号，进行阀门的诊断读入，确保系统的正常运行。

3)蓄电池组冷却系统

冷却系统循环使用与电子装置冷却系统相同的预混合DEX-COOL冷却液(DEX-COOL与去离子水按50∶50比例混合)。此冷却液用于冷却和加热高压混合动力/电动车辆蓄电池，防止过热并确保电池在最佳温度下工作。去离子水能够有效隔离高电压并防止腐蚀，避免影响散热片的性能。系统始终应使用预混合冷却液，禁止使用自来水。

4) 乘客舱加热器系统

乘客舱加热器系统包括12V辅助加热器冷却液泵、高压冷却液加热器控制模块和加热器芯。加热器通过高压冷却液加热空气，提供温暖的空气流入乘客舱。暖风、通风与空调系统控制模块打开辅助加热器冷却液泵，并监控乘客舱的温度传感器和冷却液回路，以确定是否需要启动加热器控制模块。混合动力/电动车辆动力系统控制模块根据运行辅助加热器冷却液泵和加热器控制模块，以获得最佳加热效率。

乘客舱加热器冷却系统循环使用的冷却液是由DEX-COOL冷却液和去离子水按50∶50比例配制的混合液。

4.1.3 电子系统热管理系统冷却液

随着电子元器件的不断小型化和高频化，尤其是计算机CPU的集成化程度和频率不断提高，随之而来的散热问题也变得愈加突出。世界上第一台微处理器仅由2300根晶体管组成，而Intel公司的奔腾Ⅰ有300万根晶体管，奔腾Ⅲ核心的晶体管数目已达到950万根，最新的CORE系列晶体管数目更是突破5.8亿根。

然而，CPU 的发热量成为其发展的瓶颈。随着芯片进一步小型化和集成化，其单位面积的发热量大幅度增加，因此迫切需要更高效的散热技术解决这一问题。

为了有效带走电子元件产生的热量，许多不同类型的冷却方法应运而生。与传统的空气冷却相比，冷却液具有更高的导热系数，因此被广泛应用。冷却液可以是单相使用，也可以是两相使用。单相冷却系统包括水泵、换热器（如冷板或微小通道）、散热器（带风扇或带有循环冷却水的液-液换热器），其电子系统的热源与换热器直接接触。两相冷却则包括热管、热虹吸管、过冷沸腾、喷雾冷却和直接浸没冷却等方式系统。

目前，针对 CPU 散热的技术手段多种多样，如表 4-2 所示。传统的风冷技术已经达到了其极限，尤其是随着 CPU 集成技术的进步，风冷技术无法满足市场对散热效率的更高需求。虽然液体金属散热技术在理论上具有很大的发展潜力，但由于其高昂的价格和实际应用的散热效果并不完全理想，因此尚未大规模应用，并且相较于最先进的风冷散热器，其优势并不明显。

表 4-2　CPU 散热方式比较

散热方式	散热介质	原理	器件	优点	缺点
风冷散热	空气	空气流动带走热量	风扇	简单、方便、廉价	散热效果差，噪声大
液冷散热	水及其他几种液体	液体流动吸热并带走热量	液体循环系统	散热效果好、廉价	器件大，安装不方便
半导体散热	半导体	利用珀尔帖效应，通电的半导体一端发热，另一端吸热	一组串联的半导体	能够较精确地控制温度，无噪声	易凝结露水，工艺不成熟，价格高
化学制冷散热	干冰、液氮等超低温物质	利用物质的相变大量吸热	未见产品	散热效果好	价格昂贵，持续时间短

液体散热技术因其优异的流动性和导热性，成为目前各种台式计算机和大型工作站的首选散热方式，效果明显优于常规的风冷散热，见表 4-3。

表 4-3　液体散热技术比较

散热器件	原理	优点	缺点	应用前景
大器件的液体冷却循环技术	利用外接动力源使液体循环，达到吸热散热的目的	器件简单，技术成熟	器件大，大功率下有噪声	目前还能满足发展目标，但不满足长远发展要求

续表

散热器件	原理	优点	缺点	应用前景
热管技术	利用液体蒸发和毛细作用使蒸气循环，达到吸热散热目的	散热效果好，无噪声，可在很小的温差下传递大量的热能	技术要求高，价格高	高端笔记本中已有应用，能满足长远发展要求

4.1.3.1 常用液冷循环系统

通常的液体散热器系统如图 4-7 所示，由出水管、进水管和与芯片接触的蓄水槽组成。蓄水槽是散热系统的核心，其内部构造直接决定了散热效果。通常，蓄水槽内设有微槽通道，液体通过这些通道进行循环，从而带走芯片产生的热量。此外，液体循环需要外部动力源，因此系统中必须配备一个水泵，以给液体施加压力，使其能够流动并有效带走热量。

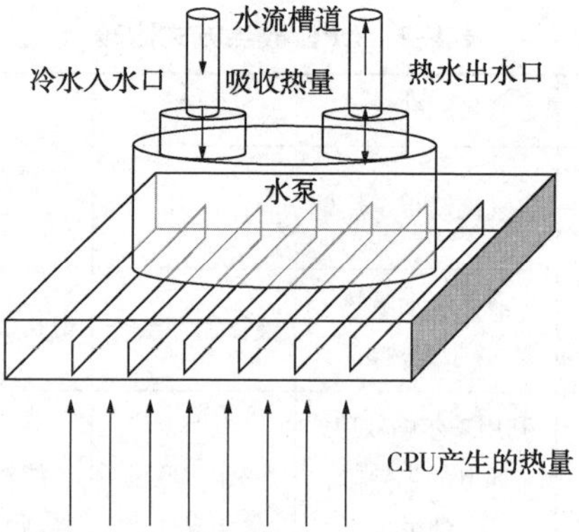

图 4-7 液体散热器系统

杨涛对多孔介质电渗泵的性能进行了深入研究，分析了其流量和压力特性，研究表明，电渗泵完全满足液体冷却系统的需求。电渗泵利用电渗作用，通过电解液的离子流动来驱动电解液向前流动，称为电渗流。这种电渗流不仅高效地利用液体中的离子进行能量转换，还能有效地实现外加动力、减小体积和便于安装等目标。由于电渗泵没有可动部件，因此其性能稳定且可靠，是微流体系统中理想的驱动泵。

4.1.3.2 雾化喷射冷却系统

雾化喷射冷却技术通过雾化喷管，借助高压气体(气助喷射)或液体本身的压力(压力喷射)，使液体雾化并强制喷射到发热物体表面，从而实现高效冷却。这种冷却方式依赖于大量雾化后的微小液滴的撞击蒸发过程，因此其换热机理十分复杂，涉及多个相互影响的因素，使得试验研究难度较大。简化示意图如图 4-8 所示。

雾化喷射冷却作为一种具有巨大潜力的高热流强制冷却技术，具有非常高的临界热流密度值(CHF)，能够提供强烈的换热效果且冷却均匀，广泛应用于对温度要求严格的领域，如微电子、激光技术、国防、航天技术等。液体喷射冷却是一种利用液体吸收热量并依靠液体良好的流动性带走热量的高传热率的散热手段，当液流喷射速度达到 47m/s 时，散热能力高达 1700W/cm^2。该技术已被应用于冶金等多种工业领域。

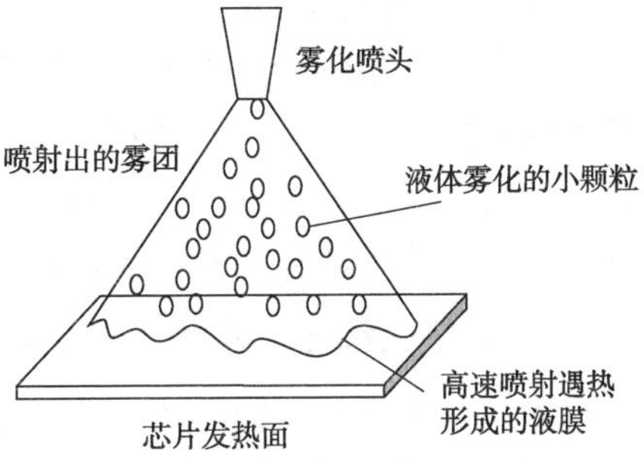

图 4-8　雾化喷射冷却的简化示意图

刘天军设计了一种基于叠堆式压电陶瓷驱动流体喷射冷却器，能够对芯片底层进行有效冷却。与压电薄膜相比，叠堆式压电陶瓷微位移器具有更高的位移分辨率、频响和承载力，能够提供非常理想的冷却效果，使电子元器件表面的温度降至所需水平，并具备快速冷却的能力，满足了电子元器件不断增加的发热功率对散热的需求。然而，对于电子元器件来说，冷却液需要具有惰性、绝缘性和优良的导热性能。同时，散热器也应具有完善的封装技术。尽管该技术在理论研究中展现了潜力，但由于理论分析尚不充分，且主要依靠试验模拟手段，尚未实现工业化生产。

4.1.3.3　热管冷却系统

热管是一种非常有效的传热元件，其基本工作原理较为简单，如图 4-9 所示。热管通过内部的液体蒸发和凝结过程，快速传递热量，因此在多种散热技术中得到广泛应用。

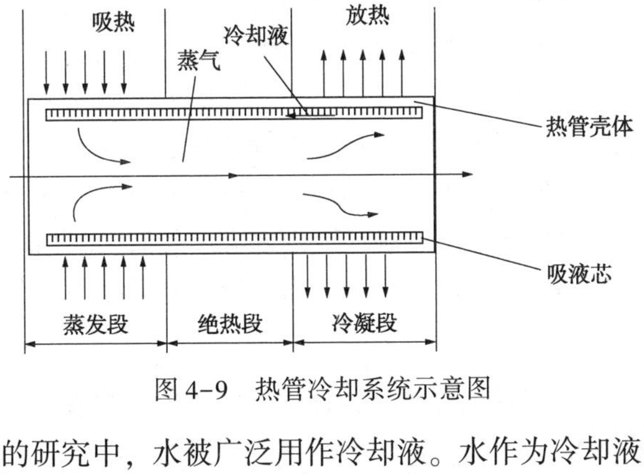

图 4-9　热管冷却系统示意图

在液冷散热的研究中，水被广泛用作冷却液。水作为冷却液的优势在于具有其非常高的比热容、优异的流动性和低成本，因而成为最常用的冷却液工质，适用于大多数常规散热需求。

虽然水是理想的冷却液材料，但若能在水中添加少量的乙二醇、丙三醇等黏度较大的液体，将进一步改善水的散热性能。这些添加剂能提高其比热容和导热系数，并且能够降低挥发性，从而优化水冷散热器的工作效率，使其散热效果更加显著，使水冷散热器的开发和应用价值得以提升。

4.1.3.4 电子系统冷却液的性能要求

电子系统对冷却液的性能有着一系列严格要求，这些要求往往会根据具体应用的不同而有所变化。以下是一些普遍适用于电子系统冷却液的要求：

① 良好的热性能：冷却液需要具备高导热性和比热容，低黏度和高蒸发潜热，这样可以有效地吸收并带走电子元件的热量；

② 低冰点和破坏临界点：在船运或者储存时，冷却液需要在-40℃或更低温度下仍能保持良好的性能，避免破坏冷却系统；

③ 常压沸点与沸程要求：单相冷却系统需要冷却液具有较高的常压沸点；而对于两相冷却系统，则需要冷却液具有较窄的沸程；

④ 良好的化学和热稳定性：为了确保电子系统的长期使用寿命，冷却液应具备良好的化学和热稳定性，防止在高温环境下发生分解或腐蚀；

⑤ 高闪点和自燃点：某些应用要求冷却液不可燃，因此，冷却液需要具有较高的闪点和自燃点，以确保安全；

⑥ 对结构材料无腐蚀性：冷却液需要对金属、聚合物和非金属材料无腐蚀性，以避免长期使用中出现材料腐蚀问题；

⑦ 环境友好性：冷却液应无毒，具备较低的生物危害，符合环保要求；

⑧ 经济性好。

理想的电子系统冷却液应该具备上述特点，确保其既不贵又无毒，具备良好的热性能和较长的使用寿命。此外，具备高闪点和自燃点，可以有效避免火灾隐患；而优良的热物理性能可以保证冷却效率，同时减少管道中的泵送损失。

特别是在直接接触电子元器件（如浸入冷却）或可能在维护或者使用过程中渗透或溅射到电子线路的情况下，冷却液的导电性能就变得尤为重要。在这些场合，可能需要使用介质冷却液，以确保电气安全。然而，如果冷却液渗漏的可能性极小，且不会接触到电子电路，便不必强求使用介质冷却液。

4.1.3.5 电子系统冷却液类型

如表 4-4 所示，按照各种冷却液的化学性质，把冷却液分为介质冷却液和非介质液体，详细介绍如下。

表 4-4　各种冷却液的化学性质

冷却液	冰点/℃	闪点/℃	黏度/[kg/(m·s)]	导热系数/[W/(m·K)]	比热容/[J/(kg·K)]	密度/(kg/m^3)
芳烃类(DEB)	<-80	57	0.001	0.14	1700	860
硅酸酯(库洛诺 25R)	<-50	>175	0.009	0.132	1750	900
脂肪族(PAO)	<-50	>175	0.009	0.137	2150	770
硅酮(Syltherm XLT)	<-110	46	0.0014	0.11	1600	850
氟碳化合物(FC-77)	<-100	无	0.0011	0.06	1100	1800
乙二醇/水 50∶50(体积)	37.8	无	0.0038	0.37	3285	1087
没食子酸丙酯/水 50∶50(体积)	-35	无	0.0064	0.36	3400	1062
甲醇/水 40∶60	-40	29	0.002	0.4	3560	935
乙醇/水 44∶56	32	27	0.003	0.38	3500	927
钾	-35	无	0.0022	0.53	3200	1250
甲酸盐/水 40∶60	-35	无	0.0022	0.53	3200	1250
Ga-In-Sn	-10	无	0.0022	39	365	6363

4.1.3.6　介质冷却液

芳烃类冷却液：芳香烃化合物，如二乙苯、二苄基甲苯、二芳基烷基、部分氢化三苯等被广泛用作冷却液。但是，芳烃类化合物并不完全无毒，其中一些液体(即烷基苯)有强烈的气味，可能会刺激操作人员。

硅酸酯类冷却液：硅酸酯类化学物质(如库洛诺 25R)曾被广泛用于空军和海军的机载雷达和导弹系统中，作为介质冷却液。然而，由于硅酸酯液体具有吸湿性，并且吸湿后可能形成易燃的醇和硅胶，这些流体可能引起灾难性的故障。因此，硅酸酯类冷却液已经被更加稳定的聚烯烃类或 PAO(聚烯烃)冷却液取代，以提高使用的可靠性和安全性。

脂肪族冷却液：脂肪族化合物，如石蜡型和异构烷烃型脂肪烃(包括矿物油)，常用于电子零件的直接冷却及变压器冷却。这类冷却液满足 FDA(美国食品与药物管理局)和 USDA(美国农业部)对于偶发接触食品的标准，因此它们在某些特定应用中被认为是安全的。此外，这些油基液体不会形成有害降解副产品，且大多数这类液体有不可辨别的气味，对皮肤接触或吞食无毒。近年来，中脂肪族PAO基础油逐渐取代了各硅酸酯流体，用于各种军用电子(和航空电子)冷却应用中，表现出更高的稳定性。

有机硅类冷却液：有机硅冷却液(如二甲基和甲基苯基聚硅氧烷，俗称硅油)是一种受欢迎的冷却液。它是一种合成高分子化合物，能够通过改变分子链长来调节其热物理性质(如冰点和黏度)。硅油可在-100℃的温度下使用，且能够承受最高400℃的温度。它在无氧的封闭系统中具有较长的使用寿命。此外，硅油几乎没有气味，且无毒，适用于工作环境较为严格的场所。然而，低表面张力使其易于泄漏，尽管它的润湿性能较好，因此在使用时需要注意密封性。硅油广泛应用于变压器等设备的冷却。

氟碳化合物冷却液：氟化物，如全氟化碳(如FC-72、FC-77)、氢氟醚(HFE)和全氟化碳醚(PFE)，具有独特的性能，适用于直接接触电子元件的冷却。这些液体的优点在于它们不可燃且无毒。某些含氟化合物具有零臭氧消耗潜能，符合环保要求。这些流体在低温下具有低冰点和低黏度。然而，这些流体通常价格昂贵，热性能相对较差，并且由于极低的表面张力，附件周围可能会产生泄漏。某些氟化物还具有潜在的温室效应，因此在选择时需要综合考虑其环境影响。

4.1.3.7 非介质液体

与介质冷却液相比，非介质冷却液具有优越的热性能，常用于电子冷却。非介质冷却液通常是以水为基础液。因此其具有较高的比热容和导热系数。以下是一些常见的非介质冷却液及其特点。

乙二醇：汽车发动机冷却中常用的防冻剂，在许多工业冷却应用中也有应用。乙二醇无色、无味，且能与水混合。它具有一定的腐蚀性，通常需要抑制剂来减少腐蚀的发生。乙二醇的一个重要缺点是它具有毒性，因此需要谨慎处理。乙二醇水溶液的水质要求较高，低氯离子和硫酸根离子浓度应低于25ppm，且应定期检查溶液的pH值并更换冷却液，特别是在抑制剂耗尽后。

丙二醇：作为冷却液在低腐蚀性方面表现出比乙二醇更为优越的性能，且被认为是无毒的。尽管丙二醇没有乙二醇那样的毒性，但其黏度较大，且成本较高，因此在一些应用中并不如乙二醇常用。

甲醇/水：这是一种低成本的防冻剂，广泛用于制冷服务和地源热泵等应用。由于甲醇在该温度范围内具有较高的传热率，它适用于低温环境(如-40℃)。然而，甲醇的毒性较强，比乙二醇更具危险性，因此只适用于户外。同时，甲醇作为易燃液体，也带来了潜在的火灾危险。

乙醇/水：乙醇/水混合液(常见的谷物发酵酒精溶液)是无毒的，因此在啤酒厂、酒厂、化工厂、食品工厂以及地源热泵等领域得到了广泛的应用。然而，作为易燃液体，它需要一定的预防措施来处理和储存。

氯化钙溶液：氯化钙水溶液作为循环冷却液广泛应用于食品工厂。与乙二醇水溶液相比，氯化钙溶液不易燃、无毒，而且在热效率方面比乙二醇更高。29%（按质量计）的氯化钙溶液能够达到-40℃的低冰点。然而，即使加入缓蚀剂，这种溶液依然具有很强的腐蚀性。

甲酸钾/乙酸盐溶液：甲酸钾和乙酸盐的水溶液不易燃、无毒，且腐蚀性较小，热效率也高于氯化钙溶液。这些溶液在食品、饮料、药品及化学应用中得到广泛使用，近年来也被研究用于微处理器的单相对流冷却。尽管其成本高于氯化钙溶液，但因其优越的热效率和低腐蚀性，越来越多的应用场合采用了这类冷却液。

液态金属：最近，Ga-In-Sn 合金（液态金属）被用于磁流体动力学（MFD）泵。液态金属具有非常高的热导率和高密度特性，能够有效地从微处理器中带走大量的热流。

4.1.3.8 液态金属

金属液体作为散热工质的应用最早出现在核反应堆的热传导系统中。2002年，刘静提出液态金属在 CPU 芯片散热方面的应用，这一创新思想引起了国内外学者和研究机构的广泛关注。液态金属散热的研究内容主要集中在降低其熔点、提高液体金属热传导性（如黏度、导热系数、比热容等），液态金属的驱动方式，开发新型液态金属，以及降低成本等方面。

2005 年，全球首家液体金属散热器公司 Danamics 成立，随后，2008 年推出了第一代液态金属散热器 LM-10，并且不断推出升级版。

液态金属通常由一些熔点极低的金属（如钠 Na、钾 K、镓 Ga、铟 In 等）形成的合金。这些金属在常温甚至零度以下仍保持液体形态，因此它们可以代替传统的水或其他常规冷却液。液态金属的优势在于其导热系数显著高于水等常规冷却液，同时其流动性能也优于水。液态金属的熔点低，可以降低到零度以下，使得其在更广泛的温度范围内适用，因此液态金属有很大的潜力。镓铟合金液态金属与水的热物性比较如表 4-5 所示。

表 4-5　镓铟合金液态金属与水的热物性比较

物质	密度/(g/cm^3)	比热容/[J/(g·K)]	黏度/(10^{-3}Pa·s)	导热系数/[W/(m·K)]	熔点/℃
水	1.00	4.18	1.00	0.60	0
镓铟合金液态金属	6.36	0.37	0.35	39	15.3

为进一步提升液态金属的导热性能，马坤全等基于纳米流体理论，提出以液态金属为基液，添加纳米颗粒配制成纳米流体。由于大多数固体材料的导热系数大于液体，因此由颗粒和流体组成的混合物导热系数将显著高于液体本身。同时，液态金属的高密度特性使得纳米流体中的颗粒含量可以更高且不易沉降，从而确保了系统的稳定性，并进一步增强了导热性能。因此，制备以液态金属为基液的纳米流体被认为是目前研制导热性能最强的冷却液的技术途径。

另外，液态金属还可通过电磁驱动的方式进行驱动，这种方式不依赖运动部件，具有可靠性高、低振动噪声、结构简单紧凑、功耗小、可控性强等优点。

虽然液态金属的优势非常突出，但缺点也很明显。首先，液态金属的价格高昂。尤其是以镓(Ga)、铟(In)为基础的液态金属，这些金属的价格极高。相比之下，尽管钠(Na)和钾(K)合金成本较低，但它们具有极大的危险性。以镓铟合金制成的液态金属散热器(如 LM-10)的价格是目前最好的风冷散热器的三倍以上，但散热效果并没有明显改善，这使得液态金属冷却器在市场上的竞争力较弱。

4.1.3.9 纳米流体

纳米流体的概念是通过在普通冷却液(水、乙醇等)中加入金属、金属氧化物或非金属的纳米液滴，制成较为稳定的悬浮液，从而显著增强其导热性。由于固体颗粒具有比液体高几个数量级的导热性能，因此添加固体纳米颗粒配制成的溶液，其导热系数要比普通的纯液体高出许多。表 4-6 是多种纳米材料与水的密度及导热系数的对比。

Yang 等研究了将纳米液滴添加到 FC-72(全氟化学品)中对其传热能力的增强效果，其中液滴直径约为 9.8nm，体积分数为 12%，测得的有效热导率增加了 52%。FC-72 常用于浸入式芯片散热，加入纳米液滴后，可以显著提高芯片的冷却效果。

表 4-6 不同纳米材料与水的密度及导热系数比较

材料	密度/(g/cm^3)	导热系数/[W/(m·K)]
二氧化钛	4.270	8.99
二氧化硅	2.640	10.46
三氧化二铝	3.965	36.48
铁	7.874	80.20
水	1.000	0.59

Eastman 等通过气相沉积法制备了几种纳米流体，包括 Cu-机油、CuO-水、

Al_2O_3-水等，研究发现纳米流体悬浮液中的颗粒具有较好的分散性和悬浮稳定性，其导热系数比其固相提高了40%~150%。另外，郭守柱等通过在液体中加入磁性纳米颗粒，在磁场的作用下可使液体导热系数提高300%。

然而，纳米流体在热力学上是一个不稳定的系统，悬浮的颗粒最终会因团聚而沉降，因此延长颗粒物的悬浮时间是一个重要的研究方向。杨雪飞通过对SiO_2纳米颗粒进行表面改性，形成"Si—O—Si"的稳定结构，从而制备出了悬浮稳定性极高的纳米流体，其稳定时间超过了1年。

尽管金属单质如铜和铝具有出色的导热性能，但在纳米级别时，它们可能带来安全隐患。因此，目前研究者更倾向于选择纳米氧化物(如纳米SiO_2、纳米CuO、纳米Al_2O_3)作为纳米颗粒的基材，因为这些材料不仅制备简便，而且相对安全。通常，纳米颗粒的直径在10~20nm时，能够获得最佳的系统稳定性和散热效果。

从成本和性能的角度来看，纳米流体相比液态金属具有显著的优势。纳米流体的导热性能远超水，而且价格比液态金属低很多。因此，纳米流体被认为是未来液体散热系统中冷却液材料的首选，未来的研究应集中在提高纳米流体的系统稳定性和导热性能方面。

4.2 氢燃料电池车的热管理系统冷却液

4.2.1 氢燃料电池汽车

4.2.1.1 燃料电池汽车的定义

燃料电池汽车是指以氢气、甲醇等燃料为基础，通过化学反应产生电流，利用电机驱动的车辆。其工作原理是，燃料电池中的氢气与氧气发生化学反应，产生电能，这些电能进一步驱动电动机，实现车辆的行驶。燃料电池汽车具有零排放、高效率和低噪声等优点，被认为是未来清洁能源汽车的重要发展方向之一。

燃料电池的核心部件是燃料电池堆，它通过阳极和阴极间的氧化还原反应，将化学能转化为电能。与常规的电池不同，燃料电池在工作时需要持续不断地供应燃料和氧化剂，只要提供持续的燃料，燃料电池便会源源不断地产生电能。因此，燃料电池电动汽车实质上是电动汽车的一种，除电能来源不同外，车身、动力传动系统、控制系统等方面与传统电动汽车基本相同。

4.2.1.2 氢燃料电池汽车的结构

氢燃料电池汽车的产品结构主要由以下几个核心组件构成(见图4-10)。

① 氢燃料电池堆栈：这是氢燃料电池汽车的"心脏"，负责将氢气与氧气的化学反应，将化学能转化为电能，提供动力。

② 燃料电池升压器：用于提升燃料电池产生的电压，确保电能的有效利用。

③ 供氢系统：包括氢气储存和输送设备，确保氢气能够稳定供应给燃料电池。

④ 动力蓄电池组：作为辅助电源，存储和释放电能，在加速、制动及能量回收时提供额外支持。

⑤ 驱动电动机：将燃料电池提供的电能转化为机械能，驱动车辆前进。

⑥ 动力控制单元：负责协调和管理各个系统的工作，确保各部件的协同工作，提高系统的效率和安全性，见图 4-11。

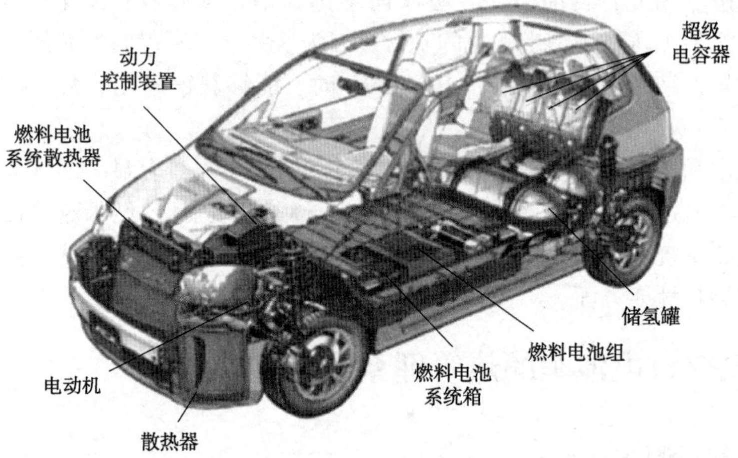

图 4-10　氢燃料电池车的结构

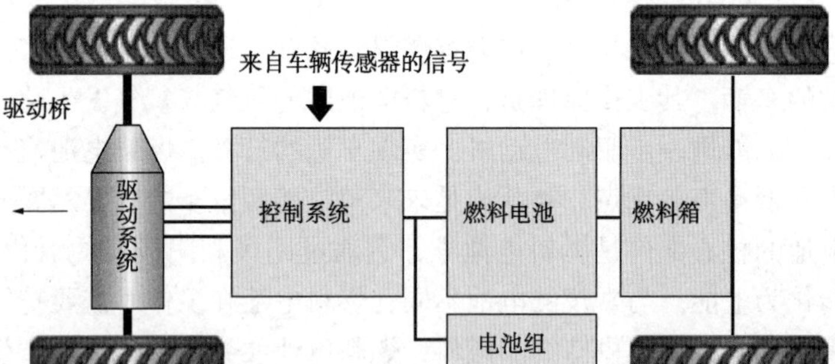

图 4-11　氢燃料电池的控制系统

4.2.1.3　氢燃料电池汽车的工作原理

氢燃料电池汽车的工作原理如图 4-12 所示。氢气通过高压储气瓶被输送到电堆，空气中的氧气和氢气在电堆中的催化剂的作用下发生电化学反应，产生电能。此电能被直接转换成直流电。电堆产生的低电压直流电通过 DCF(电压提升部件)升压后，再输送到车辆的PDU(高压配电盒)，用于提供驱动电机所需的高压电能。在PDU中，电能被分配到车辆的各个系统，特别是驱动电机。驱动电机将电能转化为机械能，推动汽车前行。BMS(电池管理系统)负责储存多余的电能，确保电池的高效充放电及保护其安全运行。高压电能通过DCDC/DCAC逆变器进行降压处理，转化为低压直流/交流电，供给整车的低压电气系统，如空调、灯光和娱乐系统等。

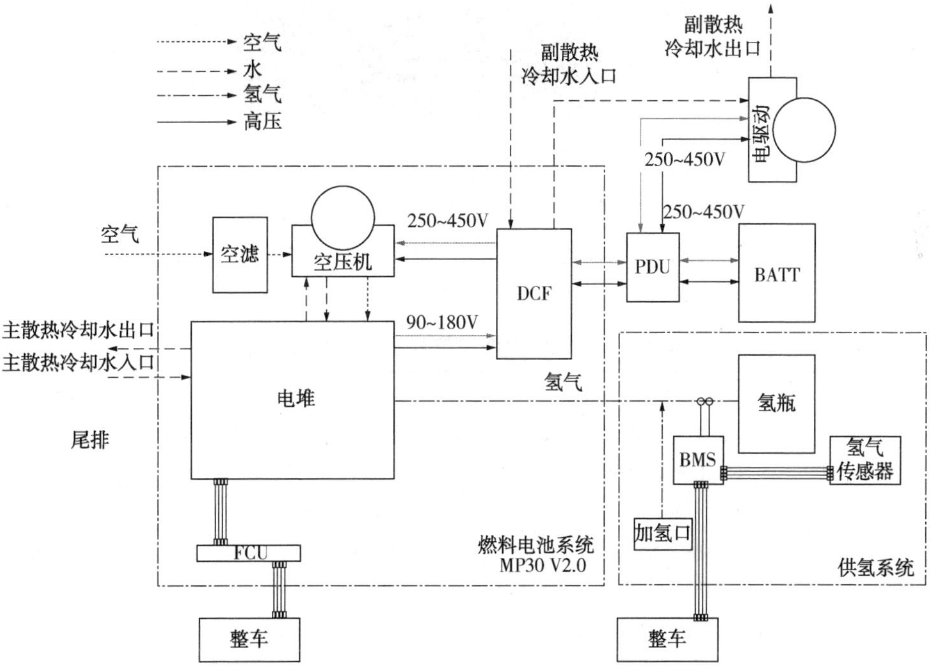

图4-12　氢燃料电池汽车工作原理图

4.2.2　氢燃料电池

氢燃料电池并非通过直接燃烧燃料而产生动力，而是利用电化学将燃料的化学能转化为电能。换言之，燃料电池车相当于是自带电化学发电机的电动车。燃料电池理论上可在接近100%的热效率下运行，具有很高的经济性。目前，实际运行中的各种燃料电池，由于技术问题以及整个装置系统的能量损失较大，现有燃料电池系统总的转换效率多在45%~60%，如果能有效利用系统的排热，整体热效率可以达到80%以上。

4.2.2.1　氢燃料电池系统

氢燃料电池系统如图4-13所示。氢气和氧气在燃料电池堆栈里相结合的化学反应，氢气与氧气在催化剂的作用下进行电化学反应，从而实现电荷转移并产生电流。在这个过程中，氢气与氧气反应后生成水，这一副产物不但清洁，而且不会对环境造成污染，这也是氢燃料电池汽车被认为更加环保的一个重要原因。

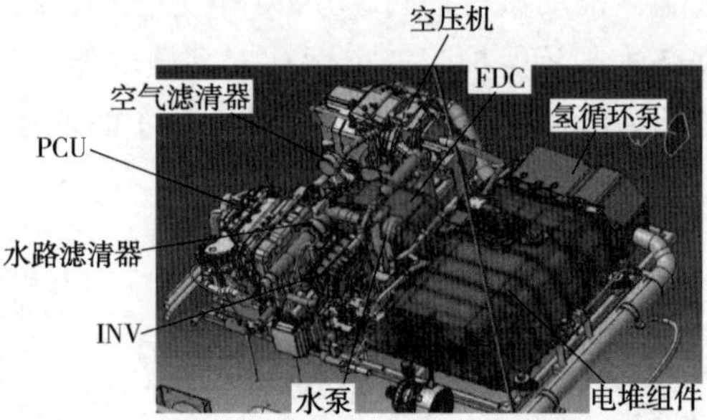

图 4-13　氢燃料电池系统

氢燃料电池直接将氢气和氧气的化学能转化为电能，具有极高的效率和清洁性。因此，氢燃料电池车与现有能源车型相比，具有几个显著的性能优势，如表 4-7 所示。

表 4-7　氢燃料电池车与其他车型性能对比

性能	氢燃料电池车	纯电动汽车	燃油车
安全性	氢燃料电池的还原剂和氧化剂分部放置，且气的自燃温度是 150℃，安全性较高	锂电池的还原剂和氧化剂存储于同一装置，中间仅一层隔膜，受挤压可能会产生爆炸	存在自燃与爆炸的风险
补能效率	加氢可控制在 15min 以内，部分产品可 3min 内完成	快充一般需要 0.5h，慢充时间在 1.5h 以上	5min 内完成加注
续航里程	燃料电池能量密度高（>500W · h/kg），同等质量下续航里程长，可达到 500km 以上	电池能量密度低（约 170W · h/kg），续航里程有限，一般在 400km 左右	一般在 500km 左右
低温问题	-30℃时仍可启动	低温下启动困难，续航里程缩短	低温可正常启动
能量效率	45%～60%	40%，长期静置电能下降	20%～30%
回收问题	燃料电池铂用量低，全生命周期几乎无污染	锂电池衰减后回收成本高，且伴随污染	回收产业链较成熟
排放问题	几乎无污染，理论上只排放水	运行过程中无排放，但发电端可能涉及污染物排放	会排放 CO_x、NO_x、SO_x 等有害物

4.2.2.2　氢燃料电池的原理

氢燃料电池基本原理是电解水的逆反应，将氢气和氧气分别供给阴阳两极进行化学反应，产生电能具体的反应过程如下：

阳极反应：

$$2H_2+2O^{2-} \longrightarrow 2H_2O+4e^-$$

在阳极，氢气(H_2)与电解质中的氧离子(O^{2-})反应，生成水并释放电子。

阴极反应：

$$O_2+4e^- \longrightarrow 2O^{2-}$$

在阴极，氧气(O_2)接受电子形成氧离子(O^{2-})。

整体电池反应：

$$2H_2+O_2 \longrightarrow 2H_2O$$

总体反应是氢气与氧气结合生成水，释放电能。

氢燃料电池通过这种电化学反应生成电流，氢气从阳极通过电解质扩散，并与氧气反应后，释放的电子通过外部电路(负载)流向阴极，最终驱动电动机来推动车辆前行。氢能的使用不仅可以提供清洁的电能，还具备节能、环保、低碳、高效等优势，因此氢燃料电池车具有较大市场前景。

4.2.2.3 氢燃料电池类型

使用的电解质类型不同，氢燃料电池的类型也不同，且每种类型在工作温度、效率、应用领域等方面有所不同。以下是一些主要的燃料电池类型：

① 质子交换膜燃料电池(PEMFC)：使用固体聚合物作为电解质。工作温度通常在80℃以下。适用于移动应用，如汽车、便携式电源和备用电源。

② 碱性燃料电池(AFC)：使用碱性溶液(如氢氧化钾)作为电解质；工作温度在60~250℃；早期主要用于航天领域，因为其效率高且启动快。

③ 磷酸燃料电池(PAFC)：使用液态磷酸作为电解质；工作温度在150~200℃；适用于固定电源和一些中型到大型应用。

④ 熔融碳酸盐燃料电池(MCFC)：使用熔融的碳酸盐类作为电解质；工作温度在600~700℃；适用于大型固定电源和一些工业应用。

⑤ 固体氧化物燃料电池(SOFC)：使用固体氧化物陶瓷材料作为电解质；工作温度在600~1000℃；适用于固定电源、远程发电和一些特殊工业应用。

⑥ 直接甲醇燃料电池(DMFC)：直接使用甲醇作为燃料；工作温度通常在80℃以下；适用于便携式电源和小型移动设备。

每种类型的燃料电池都有其独特的优势和局限性，燃料电池类型的选择取决于应用的需求、成本、效率和环境条件等因素。随着技术的进步，燃料电池的性能和成本效益正在不断提高，使其在各种应用领域中更具竞争力。从实际应用情况观察，质子交换膜以其功率密度大、质量轻、体积小、寿命长、工艺成熟、低温下可快速启动等突出优点，被认为是车用燃料电池的理想技术方案，也是当前应用广泛且较为成熟的技术路径，近年来其市场份额稳定在75%以上。

4.2.3 质子交换膜燃料电池

质子交换膜燃料电池(PEMFC)因低温启动快、能量密度高、高效清洁、工作温度低等优点，特别适合用于未来汽车的核心动力源。其适宜的工作温度通常为70~80℃，温度过高可能会加速质子交换膜和催化剂衰减，而温度过低则会降低催化剂活性，增加阻抗。

在燃料电池发动机的正常工作过程中，热量来源主要有：欧姆电阻的产热、反应产生的水蒸气冷凝放热和电化学反应的熵变。其中，约5%的废热能通过空气尾气带出电堆，其余约95%的热量依赖于由冷却液带走。因此，冷却系统的性能直接影响燃料电池的性能和寿命。质子交换膜燃料电池基本结构如图4-14所示。

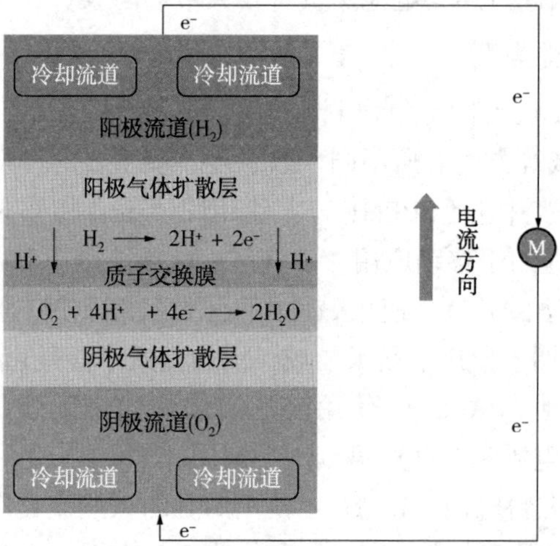

图4-14　质子交换膜燃料电池结构示意图

质子交换膜燃料电池常用的冷却方式有空气冷却、液体冷却、相变冷却、被动冷却等，根据电堆功率、技术指标和经济性选择冷却方式。

空气冷却主要用于小功率电堆(小于5kW)散热，其优点是结构简单、成本低，但存在冷却效果受环境温度和湿度影响大，且散热效果不均匀等缺点。

液体冷却是目前行业内燃料电池散热的首选方式。通过热管理策略的优化，能够有效控制电堆进出温度的均匀性。常用的冷却液体包括去离子水、纳米流体和低电导率冷却液等。液体冷却系统需要增加散热器和水泵，可能会增加一些寄生功率，同时要求对双极板流道进行优化设计。

相变冷却通过利用冷却剂相变潜热，提高散热能力，并减少冷却剂流量，简化系统布局，无须使用冷却泵等组件。但需要选择合适的冷却剂、设计独立的冷却流道，会增加系统复杂度且提高成本。

被动冷却也称散热器冷却，通过高导热材料或热管进行冷却。该方法可以降低冷却系统的复杂性，降低冷却泵等部件带来的寄生功率，但散热量相对较小，且要求材料具有高导热系数，因此目前还在试验阶段。

质子交换膜燃料电池适宜的工作温度(70~80℃)和环境的温差(40℃)较小，且电堆本身的辐射和自由对流换热较小，故电堆的冷却方式极其重要。目前行业内还是以液体冷却为主，其设计相对简单、成本较低、散热效果好，能够通过PID 控制算法(比例-积分-微分)、神经网络算法或经过遗传算法优化后的模糊控制方法等，实现对电堆温度的精确控制，确保电堆出入口温度稳定在设定范围内。液体冷却不仅能够有效控制电堆的温度，还能够集成冷却系统和控制模块，降低冷却系统的复杂性，减少对复杂组件的依赖，同时保证系统的高效运行。因此，液体冷却在燃料电池汽车中得到了广泛应用，为目前最为成熟且常见的冷却方式。

4.2.4　氢燃料电池冷却液

氢燃料电池汽车相比于纯电动汽车，系统结构更为复杂，主要由于燃料电池的工作特性。燃料电池需要在潮湿的环境中进行电化学反应，因此在电堆中参与反应的氢气和氧气必须保持一定的湿度。与此同时，冷却液直接流经电堆的双极板，这些双极板具有较高的电导率，因此冷却液的绝缘电阻要求必须远高于纯电动汽车。GB 18384—2020《电动汽车安全要求》第 5 部分中规定了电动汽车的绝缘电阻标准：在最大工作电压下，直流电路绝缘电阻不得小于 100Ω/V，而交流电路的绝缘电阻不得低于 500Ω/V。通过确保这些绝缘电阻标准，能够有效避免人员触电，并确保整车在高压环境下的安全性，避免发生电气故障或危险。

4.2.4.1　氢燃料电池冷却液电导率要求

氢燃料电池电堆的绝缘电阻模型如图 4-15 所示，其中 R_1、R_2、R_3、R_4分别表示阳极侧对地、阴极对地、冷却液对地、冷却液对地的绝缘电阻。冷却液的电导率直接决定了 R_1和 R_3、R_2和 R_4并联后的电阻值大小，进而决定整个氢燃料电池系统的绝缘性

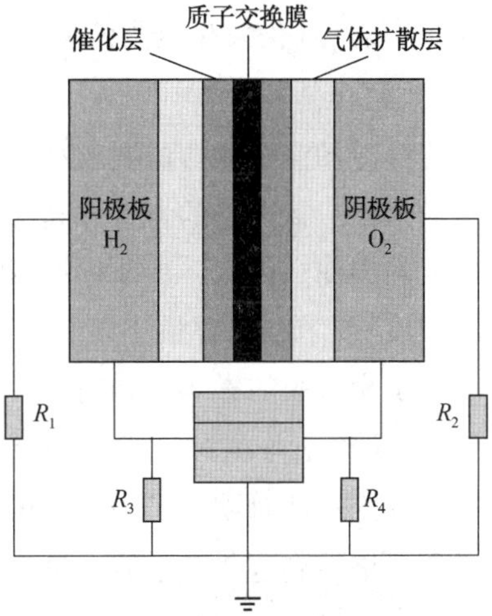

图 4-15　电堆绝缘电阻模型示意图

能。因此，降低冷却液的电导率，尤其是在冷却液对地的绝缘电阻方面，显得尤为重要。

为了提高绝缘电阻，氢燃料电池系统一般采用去离子水，并可以配合使用去离子器来进一步降低系统冷却液的电导率，从而提高整车的绝缘性能，确保整车安全性能。研究表明，传统机动车冷却液电导率极高(>5000μS/cm)，而在氢燃料电池冷却系统中，若冷却液的电导率过高(>5μS/cm)，会导致启动时无法通过高压绝缘检测，无法接通高压系统并启动。因此，行业内通常要求燃料电池使用的冷却液电导率小于5μS/cm。

氢燃料电池冷却液通常是由防冻剂、非离子型缓蚀剂等原料复配而成，专门用于质子交换膜燃料电池冷却系统。防冻剂一般分为乙二醇型防冻剂、丙二醇型防冻剂等，其中乙二醇型防冻剂在市面上最为常见。根据需要，冷却液分为浓缩液和稀释液，稀释液的冰点数值通常为-35℃和-45℃，某些厂商还根据应用要求提供-40℃的类型。

4.2.4.2 氢燃料电池冷却液其他关键指标

以下为氢燃料电池冷却液的关键指标及其参数要求。

1) pH值

pH值是氢燃料电池冷却液性能的重要参数。与传统冷却液类似，氢燃料电池冷却液同样需要维持一个稳定的pH值环境(通常为5~8)。布拜图(E电位-pH图)在腐蚀控制研究中十分重要，能够帮助理解不同金属材质的腐蚀特性。为确保冷却液长时间维持在该pH范围，通常需要在冷却液配方中加入缓释剂，以防止体系中的pH值发生剧烈波动。

2) 氯含量

传统冷却液对氯含量要求小于60mg/kg，但氢燃料电池冷却液对氯含量的控制更为严格。氯离子的含量过高会加速金属材料的腐蚀，并对质子交换膜造成不可修复的损伤。因此，行业标准NB/SH/T 0521—2010《乙二醇型和丙二醇型发动机冷却液》要求，氯含量小于25mg/kg。通过第三方测试和评估，高浓度的氯离子对质子交换膜的影响明确指出，氯含量应小于1mg/kg。

3) 铁离子与硫酸根离子含量

传统冷却液对铁离子和硫酸根离子的含量没有明确要求，但氢燃料电池冷却液必须严格控制这些离子的含量。过高的铁离子和硫酸根离子含量会增加冷却液的电导率，导致无法调配出低电导率的氢燃料电池用冷却液，且会对质子交换膜造成损害。因此，铁离子和硫酸根离子的含量要求也应小于1mg/kg。

4）颗粒尺寸

氢燃料电池工作时产生大量热，冷却液通过双极板的冷却流道散热，石墨双极板冷却流道尺寸在0.4~1mm，金属双极板冷却流道更狭小。冷却液中颗粒尺寸过大时，可能导致流道阻塞，造成质子交换膜脱水“烧堆”，从而影响燃料电池的正常工作。为确保冷却系统流畅且有效散热，颗粒尺寸必须严格控制，通常要求颗粒尺寸小于100μm。行业经验建议，燃料电池冷却系统会加装3~4处颗粒过滤器(粗滤)，防止大颗粒进入双极板并损坏电堆性能。此外，电堆入口应加装细滤，确保流入双极板的液体颗粒小于100μm。

4.2.4.3 氢燃料电池冷却液测试方法及标准

氢燃料电池冷却液的出厂检测项目一般包括外观、颜色、气味、冰点、沸点、密度、pH值、电导率、氯离子含量。这些指标确保燃料电池冷却液在各种工况下具备稳定性、安全性和高效散热性能。根据T/CAS 548—2021氢燃料电池冷却液团体标准和DB37/T 4100—2020山东省地方标准的技术要求，以下是-35℃和-45℃氢燃料电池冷却液的通用要求和测试方法，详见表4-8。

表4-8 氢燃料电池冷却液标准及检测方法

项目	技术要求			测试方法
	浓缩液	稀释液		
		-35℃	-45℃	
外观	无沉淀及悬浮物、清亮透明液体			目测
颜色	一般为无色，可根据各厂家要求确定			目测
气味	无刺激性气味			嗅味
冰点/℃	≤-36.4 (50%体积稀释液)	≤-35.0	≤-45.0	SH/T 0090
沸点/℃	≥1080 (50%体积稀释液)	≥107.5	≥108.5	SH/T 0089
密度(20℃)/(g/cm^3)	1.108~1.144	≥1.060	≥1.070	SH/T 0068
pH值	5~8 (50%体积稀释液)	5~8	5~8	SH/T 0069
电导率(25℃)/(μS/cm)	≤2			GB/T 6682
氯离子含量/(mg/kg)	≤1			SH/T 0621

4.2.5 乙二醇对冰点的影响

乙二醇通常与超纯水以特定比例混合，以优化冷却液的传热性能。相比于纯乙二醇，去离子水具有较低的黏度和较高的比热值，因此低浓度乙二醇水溶液通常能提供更优异的传热性能。然而，在低温环境下，为了确保防冻保护，必须选择更高浓度的乙二醇水溶液，以防止冷却液结冰影响系统运行。

要确定系统所需的乙二醇浓度，首先需要明确冷却液可能暴露的最低温度环境，并选择冰点比该温度至少低 10℃ 的乙二醇水溶液。表 4-9 展示了不同浓度乙二醇水溶液对冷却液冰点及密度的影响。

表 4-9　不同浓度乙二醇水溶液对冷却液冰点及密度的影响

乙二醇浓度/%(体积)	乙二醇浓度/%(质量)	冻结点/℃	爆点/℃	沸点/℃	乙二醇相对密度(22℃)
0	0	0.0	0.0	100.0	1.000
5	5.6	-1.7	-2.7	100.6	1.008
10	11.2	-3.3	-4.9	101.1	1.020
15	16.6	-5.5	-8.6	101.7	1.026
20	22.0	-8.5	-13.2	102.2	1.033
21	23.0	-8.9	-14.3	102.8	1.035
22	24.1	-10.0	-15.4	102.8	1.036
23	25.2	-10.5	-16.5	103.3	1.037
24	26.2	-11.7	-17.6	103.3	1.039
25	27.3	-12.2	-18.8	103.3	1.040
26	28.4	-12.8	-20.1	103.9	1.041
27	29.4	-13.3	-21.4	103.9	1.042
28	30.5	-14.4	-22.7	104.4	1.044
29	31.5	-15.0	-24.0	104.4	1.045
30	32.6	-15.6	-25.4	104.4	1.047
31	33.6	-16.1	-26.8	104.4	1.048
32	34.7	-17.2	-28.9	104.4	1.049
33	35.7	-17.8	-31.7	105.0	1.050
34	36.7	-18.9	-36.1	105.0	1.052
35	37.7	-19.4	-42.8	105.0	1.053
36	38.8	-20.6	-51.1	105.0	1.054
37	39.8	-21.7	-51.1	105.6	1.056
38	40.8	-22.8	-51.1	105.6	1.057
39	41.9	-23.9	-51.1	105.6	1.058
40	42.9	-25.0	-51.1	106.1	1.060
41	43.9	-26.1	-51.1	106.1	1.061

续表

乙二醇浓度/%(体积)	乙二醇浓度/%(质量)	冻结点/℃	爆点/℃	沸点/℃	乙二醇相对密度(22℃)
42	44.9	-27.2	-51.1	106.7	1.062
43	46.0	-28.3	-51.1	106.7	1.064
44	47.0	-29.4	-51.1	106.7	1.065
45	48.0	-31.1	-51.1	106.7	1.066
46	49.0	-32.2	-51.1	106.7	1.068
47	50.0	-33.9	-51.1	107.2	1.069
48	51.0	-35.0	-51.1	107.2	1.070
49	52.0	-36.1	-51.1	107.2	1.072
50	53.0	-37.8	-51.1	107.8	1.073
51	54.0	-38.9	-51.1	107.8	1.074
52	55.0	-41.1	-51.1	108.3	1.076
53	56.0	-42.2	-51.1	108.3	1.077
54	57.0	-43.9	-51.1	108.9	1.078
55	57.9	-45.6	-51.1	108.9	1.081
56	58.9	-46.7	-51.1	109.4	1.082
57	59.9	-47.8	-51.1	110.0	1.083
58	60.9	-48.9	-51.1	110.0	1.084
59	61.9	<-51.1	-51.1	110.6	1.085
60	62.8	<-51.1	-51.1	111.1	1.086
65	67.9	<-51.1	-51.1	113.9	1.093
70	72.4	<-51.1	-51.1	117.8	1.100
75	77.2	<-51.1	-51.1	121.7	1.106
80	81.8	-46.7	—	128.3	1.110
90	91.0	-28.9	—	143.3	1.118
100	100	-16.7	—	158.3	1.127

4.2.6 不同品牌冷却剂参数

4.2.6.1 巴斯夫冷却剂 Glysantin® FC G 20-00/50 参数

巴斯夫冷却剂 Glysantin® FC G 20-00/50 的参数如表 4-10 所示，电导率趋势如图 4-16 所示。

表 4-10 巴斯夫冷却剂 Glysantin® FC G 20-00/50 参数

化学性质	乙二醇和抑制剂
外观	透明无色液体
密度(20℃)/(g/cm³)	1.065
黏度/(m²/s)	7.55(0℃)
	3.52(20℃)
	1.98(40℃)
	1.29(60℃)
	0.91(80℃)
pH 值	6
折射率	1.383
沸点/℃	108
闪点/℃	无
爆点/℃	-41
冰点/℃	-36
电导率(无温度补偿)/(μS/cm)	1.3(25℃)
	2.4(50℃)
	5.2(88℃)

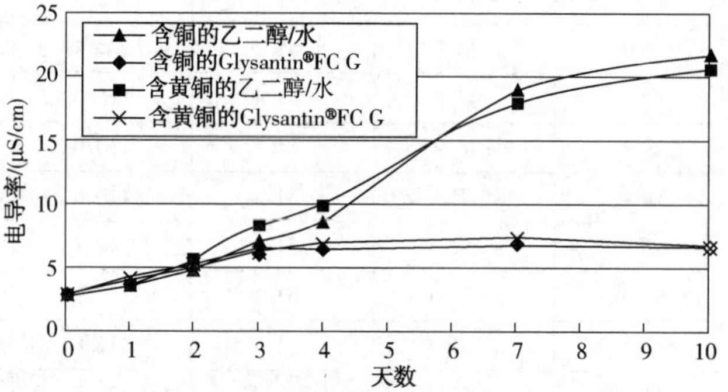

图 4-16 巴斯夫添加抑制剂与不添加抑制剂的乙二醇/水混合物的电导率趋势的对比

4.2.6.2 戴纳林 EG-LC 冷却剂参数

戴纳林 EG-LC 冷却剂参数如表 4-11 所示，氢燃料电池冷却液电导率随时间的变化见图 4-17。

表 4-11 戴纳林 EG-LC 冷却剂参数

性质	乙二醇/水/缓蚀剂
颜色	透明或有色
气味	一点或无

性质	乙二醇/水/缓蚀剂
pH 值	6.5~8.0
多余含碱量/mL	≥0.1
运行范围/℃	-50~121
燃点/℃	无

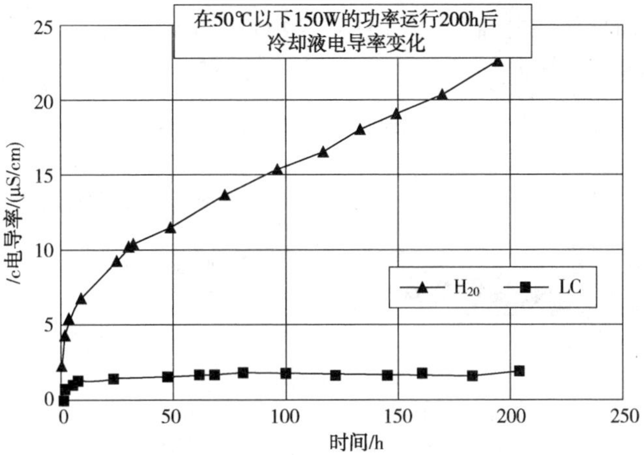

图 4-17　燃料电池冷却液电导率随时间的变化

如图 4-18 所示，戴纳林 EG-LC 冷却剂的导电性明显低于普通乙二醇水冷却剂。

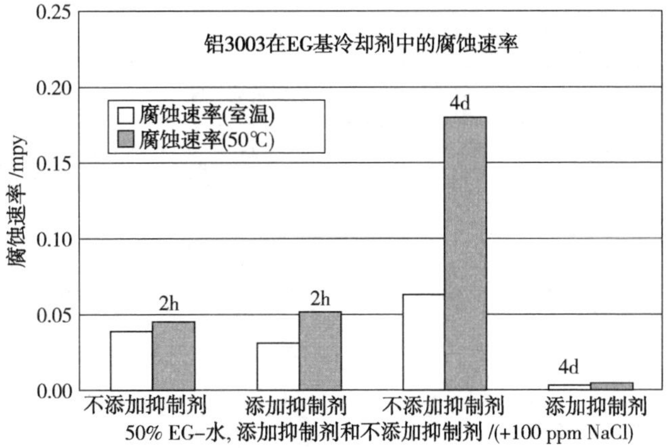

图 4-18　EG-LC 冷却剂添加抑制剂和

不添加抑制剂时不同温度的腐蚀速率

如图 4-18 所示，无论是否添加抑制剂，冷却剂的腐蚀速率均随温度升高而增加。在较短的浸没时间(2h)内，两种体系的腐蚀速率相似，这是因为即使在抑制剂存在的情况下，保护层的形成仍未完全。然而，当冷却液长期暴露于流体中(4d)后，未添加抑制剂的冷却液由于点蚀作用，腐蚀速率显著上升，而添加抑制剂的冷却液则表现出明显的腐蚀效果。其原因在于，铝表面逐步形成了一层稳定的抑制保护层，从而阻止了进一步的腐蚀。

4.2.6.3 豪邦冷却剂参数

豪邦冷却剂与传统燃油车冷却液的参数对比如表 4-12 所示，电导率随时间变化趋势如图 4-19 所示。

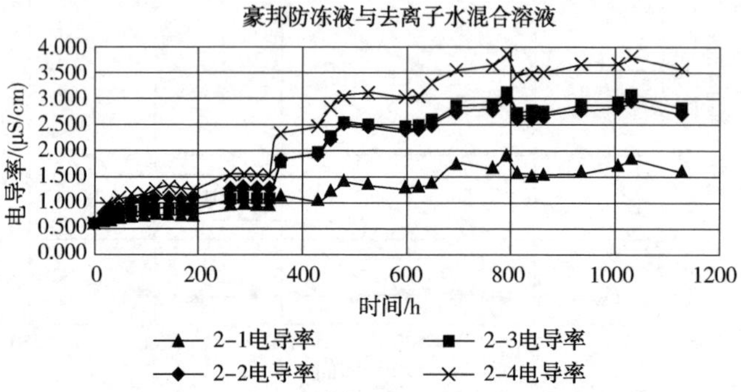

图 4-19　豪邦冷却剂电导率随时间变化折线图

表 4-12　豪邦冷却剂与传统燃油车冷却液的参数对比

测试项目	测试结果	
	豪邦公司	传统燃油车冷却液
颜色	无色透明	透明或有醒目颜色
气味	无刺激性气味	无刺激性异味
密度/(kg/cm^3)(20℃)	1.065	1.06
pH 值	7~8	7.5~11
沸点/℃	110	107.5
冰点/℃	-35	≤-35
电导率初值/(μS/cm)	0.16	—
电导率 8h 后循环值/(μS/cm)	0.18	—
黏度/(mPa·s)	4.25	—

续表

测试项目		测试结果	
		豪邦公司	传统燃油车冷却液
玻璃器皿腐蚀试片变化值/(mg/片)	不锈钢(316L)	0.3	-10~10
	铸铝	0.7	-30~30
	PPS	0.4	—
	蓝色硅胶管	46.1	—
	卡箍	-4.1	—
	密封件	-2.4	—
	机加石墨板	1.9	—
	膨胀石墨板	-0.3	—

4.2.6.4 龙蟠冷却剂参数

龙蟠冷却剂参数如表 4-13 所示。

表 4-13 龙蟠冷却剂参数

试验项目	单位	龙蟠冷却液
外观	—	清澈液体
冰点	℃	-35
沸点	℃	110
电导率	μS/cm	0.27
pH 值	—	6.23
氯含量	mg/kg	<1.0
铁含量	mg/kg	<0.1
不溶物	mg/kg	1.8
颗粒尺寸	μm	39

4.2.6.5 胜牌 ZEREX FC G20 冷却剂参数

胜牌 ZEREX FC G20 冷却剂参数如表 4-14 所示，电导率趋势如图 4-20 所示。

表 4-14 胜牌 ZEREX FC G20 冷却剂参数

特点	技术要求	典型的	ASTM 方法
氯化物/ppm	25(max)	<10	D3634
硅含量/ppm	110~150	130	
相对密度	1.067~1.073	1.070	D1122

续表

特点	技术要求	典型的	ASTM 方法
冰点/℉/℃	-34/-36	-34/-36	D1177
沸点/℉/℃	226/107	226/107	D1120
灰分/%	5(max)	2	D1119
pH 值	5~6	5.5	D1287
电导率(25℃)/(μS/cm)	5(max)	2	D1121
水质量百分比/%	47~52	50	D1123
颜色	清澈	清澈	
对非金属的影响	无不良影响	无不良影响	
爆点/℃	-41	-41	D97
黏度/(mm^2/s)	0℃	7.55	D445
	20℃	3.52	
	40℃	1.98	
	60℃	1.29	
	80℃	0.97	
电导率(无温度补偿)/(μS/cm)	25℃	1.3	D1125
	50℃	2.4	
	88℃	5.2	

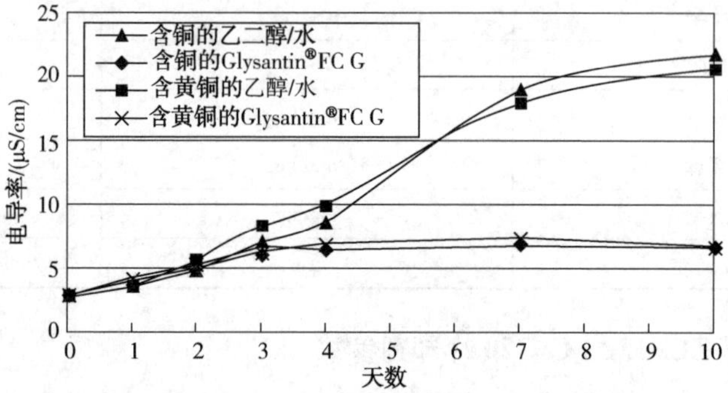

图 4-20　胜牌添加抑制剂与不添加抑制剂的乙二醇/水混合物的电导率趋势的对比

4.2.7　氢燃料电池冷却系统用去离子器

PEMFC 电堆内部的水热特性会直接影响电堆的工作特性，而电堆的工作温度对水热特性至关重要，因此温度对电堆的稳定性、安全性和高效性起着决定性作用。其中，温度变化对冷却液的绝缘值性能影响显著。随着温度升高，冷却液中各种离子、原子、分子的活性增强，加速了离子的迁移，从而提高了电导率并降低了绝缘性能。如图 4-21 所示，当温度升高至 80℃时，电导率接近 5μS/cm，已接近行业规定的上限值。因此，为了确保氢燃料电池系统的绝缘性能，需在冷却系统中增加去离子器，使得冷却液体长期维持在低电导率范围内。

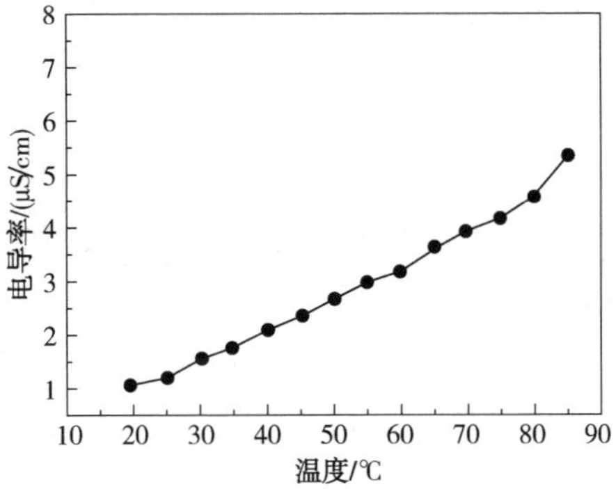

图 4-21　低电导率冷却液在不同温度下的电导率变化曲线

氢燃料电池用去离子器基本结构如图 4-22 所示，其核心材料为阴阳离子树脂，按功能基团可分为强酸性阳离子树脂、弱酸性阳离子树脂、强碱性阴离子树脂和弱碱性阴离子树脂。根据不同用途，树脂可细分为电子级(ER)、食品级(FR)和核级(NR)，颗粒尺寸通常在 0.3~1.5mm。图 4-23 展示了去离子器内部的阴阳离子树脂实物。

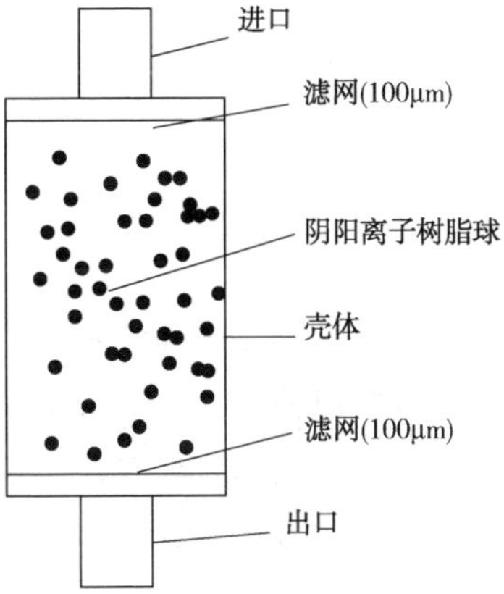

图 4-22　去离子器基本结构

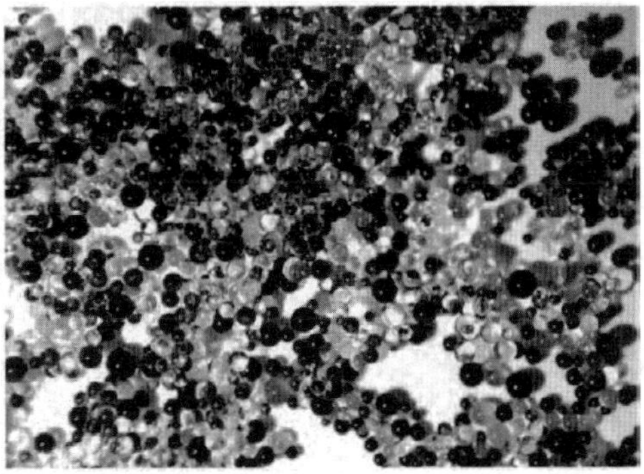

图 4-23　去离子器内部阴阳离子树脂实物图

去离子器的工作原理如图 4-24 所示，以 NaCl 溶液为例，阳离子交换树脂可吸附溶液中的 Na^+阳离子并释放 H^+，而阴离子交换树脂则吸附 Cl^-并释放 OH^-。这一过程受流量、温度、压力、接触面积等因素影响。

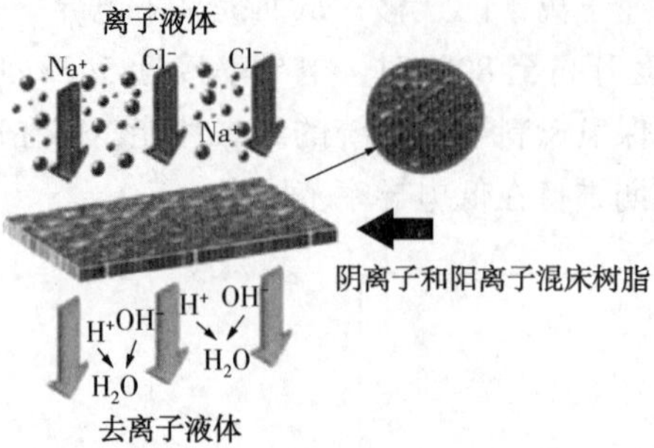

图 4-24 阴阳离子树脂吸附原理示意图

4.2.8 氢燃料电池冷却液的重要性与挑战

氢燃料电池冷却液在氢燃料电池发动机的热管理中发挥着关键作用，其主要任务是通过氢燃料电池电堆冷却流道，将电堆产生的热量带到散热器进行散热。对于氢燃料电池发动机而言，合理的热管理对于电堆的性能、寿命及运行安全至关重要。冷却液作为冷却系统的热传导介质，需具备高比热容以带走更多热量，同时具备低冰点以防止冷却液在低温下的结冰问题。

尽管在氢燃料电池电堆中，阴阳极反应气体流道和冷却液流道是相互独立的。但在实际应用中，由于如双极板裂纹、歧管或中冷器破裂、电堆密封结构失效等故障，冷却液有可能泄漏至燃料电池电堆反应区域，污染膜电极和双极板，最终导致氢燃料电池的输出性能下降甚至失效。乙二醇基冷却液进入燃料电池反应区后，会对电池的关键部件造成以下影响：

催化剂失活：乙二醇会与催化剂中 Pt 活性位点发生反应，降低催化剂的反应活性；

膜电极损伤：乙二醇会吸附在催化层碳载体和气体扩散层上，或与质子交换膜和催化层中的全氟磺酸聚合物（Nafion）反应，影响膜电极的质子传导性和水气传输能力；

亲疏水性变化：乙二醇可能影响膜电极和双极板的亲疏水性，进一步降低氢燃料电池的整体稳定性。

4.2.9 氢燃料电池冷却液的重要性与挑战

在氢燃料电池技术的发展过程中，冷却液的选择至关重要，因为它不仅影响系统的散热性能和运行效率，还可能对氢燃料电池本身造成损害。目前，市场上主流冷却液仍以醇类冷却液（如乙二醇+去离子水）为主，并添加抑制剂和缓蚀剂等。冷却液的密度、沸点、冰点、电导率、黏度和热交换能力等关键参数是评估其适用性的重要因素。

在国内氢燃料电池产业的早期阶段，多数企业依赖进口高端冷却液，如德国 BASF（巴斯夫）和美国 DYNALENE（戴娜林），其价格普遍高于 100 元/kg。然而，随着国内市场的扩大，部分本土企业开始尝试生产冷却液，仍沿用醇基配方，有效降低了采购成本，降幅超过 50%，大幅提升了市场竞争力。

4.2.10 氢燃料电池冷却液的重要性与挑战

尽管醇基冷却液在短期内解决了应用问题，但其长期影响和安全隐患依然突出，主要表现为：

氧化酸化问题：乙二醇在使用过程中不断氧化酸化，加速金属离子的析出，使冷却液电导率超标，影响燃料电池的绝缘性能。

对氢燃料电池电堆的危害：乙二醇进入膜电极、催化剂或气体扩散层后，会破坏催化剂活性，影响质子交换膜的功能，甚至导致电堆不可逆损坏。

毒性问题：乙二醇具有一定的毒性（LD_{50}约 1.6g/kg），对动物和人体健康存在潜在威胁，不符合绿色能源的发展方向。

尽管存在上述问题，醇类冷却液在短期内解决了应用问题，是目前行业内的主流方案，但从长远角度来看，其对燃料电池的潜在影响并未得到根本解决。因此，开发非醇类的冷却液成为一个必要的研究方向，以期找到更环保、更稳定、对燃料电池系统无腐蚀性、低电导率的冷却液解决方案，从而推动氢燃料电池技术的持续发展。

4.3 太阳能光伏电池热管理系统冷却液

聚光光伏（Concentrated Photovoltaic，CPV）发电技术通过聚光系统，将太阳光集中至光伏电池表面，使其在高光强环境工作，从而提高电池的发电效率，并降低单位发电成本。相比传统光伏技术，CPV 系统能够在相同的太阳能电池面积下输出更多的电能，因此具有广阔的应用前景。

根据欧洲联合研究中心（Joint Research Centre，JRC）的预测，到 2030 年，可再生能源在全球能源结构中占比达 30%以上，太阳能光伏发电在全球总电力供应的占比将达到 10%以上；2040 年，可再生能源比例将超过 50%，太阳能光伏发电将占全球总电力 20%以上；到 21 世纪末，可再生能源在能源结构中的占比将达到 80%以上，其中太阳能发电占比达到 60%以上。这一趋势表明，太阳能光伏发电将在全球能源结构中占据战略核心地位，如图 4-25 所示。

但在目前的聚光发电技术中，除部分光能转换为电能外，相当比例的光能被转化为热能，导致电池温度升高，这种热累积效应会降低电池输出效率，缩短电池寿命，影响系统稳定性。因此，在聚光光伏发电中，对电池冷却技术的研究是聚光光伏发电领域的重要的课题。

4.3.1 温度对太阳能电池效率的影响

太阳能电池可以在-65～125℃的温度范围内正常工作，在低温环境下性能保

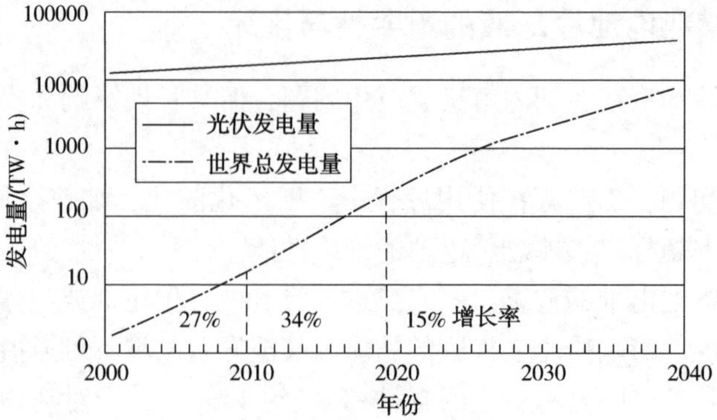

图 4-25　光伏发电量占比图

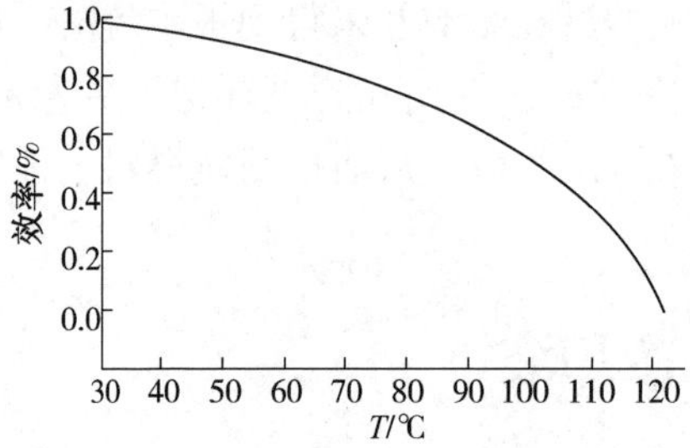

图 4-26　电池效率随温度的变化关系

持良好。然而，在恒定光强条件下，其输出功率随温度升高呈线性递减趋势，同时使用寿命也会缩短。当温度超过 90℃，效率下降趋势加剧，呈非线性变化，性能急剧衰减。当工作温度达到 200℃，电池只能维持 30min 的运行时间，随后性能严重退化甚至失效。电池效率随温度的变化关系如图 4-26 所示。因此，为确保最佳性能，太阳能电池的额定工作温度设定为 25℃。

4.3.2　太阳能电池的常用冷却方法

4.3.2.1　空气冷却方式

通过空气的自然或强制对流带走太阳电池背面的热量，从而实现降温目的。采用自然对流冷却时，可使用铜、铝等高导热材料作为电池背板，并安装肋片，以增强自然对流换热效果。而强制对流换热则在组件背面被制成通风流道，并在流道的入口(或进出口)安装风机，以增强空气流动。然而，风机的使用会额外消耗部分电能。通常，空气冷却的换热性能取决于空气流速和流道的长度高度等，优化这些因素可实现最佳的换热效果。Araki 等通过试验研究了 500 倍日照聚光条件下单个太阳能电池的自然对流冷却情况，研究结果表明，电池与铝板之间良好的热接触是保持低温的关键因素。

4.3.2.2　水冷却方式

水冷却方式可分为自然循环冷却和强制循环冷却。系统设计的关键在于确保太阳能电池与换热器表面良好的热传导和电绝缘。典型的水冷却系统由换热器、水箱及若干连接阀门组成，换热器的结构通常有管板式、流道式和水箱底座式等。

① 管板式结构是基于传统的平板太阳能集热板，能有效解决工质渗漏及电池绝缘问题；

② 流道式结构类似于空气流道散热，换热工质与电池接触面积大，换热效果佳，但可能存在工质渗漏和电池绝缘问题；

③ 水箱底座式结构是将太阳能电池直接粘接到斜面水箱上，水箱既是工质容器也是系统底座。

Solar Systems 公司报道了一种用于抛物型聚光式光伏发电系统的水冷却系统，电池的背面设置了平行的水流窄通道。试验结果表明，在 340 倍的聚光条件下，当水流量为 0.56kg/(m^2 · s)，泵功率为 86W 时，太阳能电池的平均温度维持在 38.52℃，电池效率可达 24.0%。如果进一步回收冷却水中的热量，系统的综合能量利用率可超过 70%。表 4-15 详细列举了空气冷却与水在不同对流条件下的系统热阻对比。

表 4-15　空气冷却和水在自然对流或强制对流冷却时系统热阻的比较

冷却方式	换热面积/m^2	质量流量/[kg/(m^2 · s)]	热阻/(m^2 · K/W)
空气自然对流(肋片)	0.152	—	1.1×10^{-2}
空气强制对流	0.152	0.395	2.6×10^{-3}
水自然循环	0.152	3.03	4.3×10^{-4}
水自然循环	0.115	0.348	1.3×10^{-3}
水强制循环	3.60×10^{-3}	3.51	2.3×10^{-4}
空气自然对流	—	—	2.0
水自然循环(层流)	—	—	2.6×10^{-3}
水强制循环(湍流)	—	—	2.7×10^{-4}

4.3.2.3　热管冷却技术

在聚光型光伏发电系统中，利用菲涅耳透镜或者抛物面反射镜来聚光时，由于阳光不能均匀地投射在电池表面，导致电阻不均匀，从而影响电池效率。James 和 Williams 研究发现，在 1000 倍日照的聚光条件下，照射度的不均匀可导致 4%以上的效率损失。

热管是一种高效传热元件，具备优良的均温性能，非常适用于聚光条件下的太阳能电池冷却。热管冷却的方式是将蒸发端紧贴太阳能电池的背面，而冷凝段则暴露在空气中，通过自然对流换热散热。此外，安装翅片可增大散热面积，进一步提高冷凝段的换热效果。

考虑到冷却元件的工作温度一般要求在 20~100℃，热管设计可采用 R-11 或 R-22 或水作为工作液体。当水作为工作液体且温度不超过 140℃时，热管的散热热流可达到 250~1000kW/m²。Akbarzadeh 和 Wadowski 研究了一种带扁平状铜热管蒸发端的热管冷却系统，实验表明，太阳能电池垂直粘贴扁平的铜热管蒸发端后，即便在 20 倍聚光率的条件下，采用热管冷却的电池温度也不会超过 46℃；若不使用热管冷却，电池温度则会上升至 84℃以上。

4.3.2.4 微通道冷却技术

微通道冷却器体积小，可以直接对毫米级甚至微米级的热源进行冷却，但其温度梯度较大，压力损失较高，因此泵或风机功耗较大。微通道冷却系统的设计关键是保证太阳电池与换热器表面良好的热传导和电绝缘。Vincenzi 等在太阳电池的生产过程中，直接在电池背面刻蚀微通道，以增强冷却效果。测试结果表明，在 120 倍的日照聚光强度下，微通道冷却系统的热阻为 0.4cm²·K/W。未来的研究工作重点是优化微通道结构，例如使用歧管式微通道或相变微通道以提升冷却效率。

4.3.2.5 液体射流冲击冷却技术

液体射流冲击冷却技术可实现极低的热阻(通常只有 0.01~0.1cm²·K/W)，目前已广泛用于金属热处理、内燃机、燃气涡轮冷却及高功率电子设备温控。该技术在太阳能电池冷却中同样具有应用潜力，可采用喷嘴阵列形式实施。然而，在实际运行中，一个喷嘴流可能会干扰相邻喷嘴的射流，影响整体换热效率。液体射流冲击冷却的换热特性受多个参数影响，包括喷嘴到冷却表面的距离、喷嘴形状及倾斜角度、普朗特数(Pr)和雷诺数(Re)等。

Royne 等在试验研究基础上，提出了一种用于聚光条件下太阳能电池矩阵的射流冲击冷却模型，并针对冷却系统的参数进行了优化设计，以提高换热效率并降低功耗。

4.4 储能系统冷却液

储能系统，尤其是锂电池储能系统，随着技术的发展和应用场景的多样化，对其热管理的要求越来越高。为了保障储能设备的安全性、稳定性和性能，必须采取有效的冷却措施，避免过热或过冷影响储能系统的效率和寿命。冷却液作为热管理系统的关键组成部分，其性能和类型直接影响储能系统的工作效果。

4.4.1 储能系统概述

储能系统主要用于存储电能，并在需要时释放，广泛应用于电动汽车(EV)、可再生能源存储(如风能、太阳能)和电网调节等领域。其核心组件包括电池、电池管理系统(BMS)、逆变器等。在高功率密度、高能量密度的储能系统中，由于内部热量产生较为显著，因此需要有效的热管理方案以确保系统在最佳温度范围内运行。储能系统通常由电池单体(Cell)、电池模块(Module)和电池组(Pack)组成，BMS 则负责管理电池的充放电、温度等状态，确保电池的安全性和高效运行。

4.4.2 储能系统的热管理挑战

储能系统的热管理面临着一系列挑战，主要包括：

① 高功率密度和高能量密度。随着储能设备能量密度和功率密度的增加，电池单体或模块在工作过程中会产生大量热量，导致温度过高，可能影响电池的使用寿命和性能。

② 温度均匀性要求。储能系统内的多个电池单体在不同的工作环境下可能存在温度差异，温差过大可能导致局部过热或性能不稳定，因此需要确保整个系统的温度均匀。

③ 环境因素。储能系统常常处于极端环境下，如高温、低温或湿度较大等。这些外部因素会对冷却液的性能产生影响，需要选择适合的冷却液以适应各种环境。

④ 系统可靠性与安全性。在储能系统的使用过程中，过热会影响电池的安全性，甚至引发火灾等事故。因此，温度控制必须非常精准，并且冷却液需要具备足够的热稳定性和抗氧化性。

4.4.3 储能系统的常用冷却方法

储能系统的冷却方法主要有两种常见类型：冷板式冷却和浸没式冷却。冷板式冷却通过冷却板与电池模块或电池单体直接接触，利用冷却液在冷却板内部流动来吸收热量，从而降低电池温度。这种方法具有较高的热传导效率，能够保证电池模块表面温度均匀，特别适合高功率密度的储能系统，广泛应用于电动汽车和高功率储能系统中，尤其是在空间较为紧凑的环境下。相比之下，浸没式冷却则是将电池单体或模块完全浸泡在冷却液中，通过冷却液直接接触电池表面来吸收热量，冷却液通常具有较高的热传导性能。该方法的热管理效率较高，能够实现均匀的温度控制，且冷却液的液体状态有助于减小冷却系统的体积和重量，常用于大规模储能系统和高能量密度电池组，尤其适合高功率电池组的应用。

4.4.4 储能系统冷却液的基本要求

储能系统冷却液需满足以下基本要求：

① 热传导性能好：冷却液需要具有优异的热传导性能，以保证热量迅速从电池传导到冷却系统，并被迅速带走。

② 温度稳定性：冷却液必须在较广的温度范围内保持稳定的物理化学性质，以应对储能系统在不同环境下的工作需求。

③ 抗氧化性与化学稳定性：储能系统在长时间运行过程中，冷却液需抵抗氧化和老化，保持其有效的冷却性能和化学稳定性。

④ 低电导率：为了避免电池与冷却液之间发生电化学反应，冷却液的电导率应尽可能低。

⑤ 环境友好性：储能冷却液应具有较低的毒性和较高的生物降解性，符合环保要求，避免对环境造成污染。

⑥ 安全性：冷却液应无毒、无腐蚀性，并且在高温、高压环境下不会发生燃烧或爆炸。

4.4.5 储能系统冷却液的类型

储能系统冷却液的类型根据其组成和用途可分为以下几种。

① 水基冷却液，其主要由水构成，具有较高的热传导性，成本较低，常添加防冻剂和腐蚀抑制剂，广泛应用于低温和中等温度范围的储能系统。

② 油基冷却液，其以油为基础，具有良好的热传导性能和较高的稳定性，且不易挥发，适用于要求较高温度或较长使用寿命的储能系统。

③ 无水冷却液，其采用特种有机化合物或氟化物，不含水分，具有更好的化学稳定性和低电导性，适合高电压储能系统，以避免电化学反应。

第 5 章　热管理系统冷却液的生产、储运、使用与运维

5.1　发动机冷却液与新能源热管理系统冷却液的生产与储运

发动机冷却液由水、防冻剂及多种添加剂组成，其中防冻剂主要包括乙二醇、丙二醇、甘油、二甲基亚砜。本章将介绍水-二元醇型冷却液的生产过程管理、质量控制、设备要求以及产品的储存与运输等内容。

5.1.1　原材料的质量要求

发动机冷却液的生产涉及多种原材料，而每种材料的生产工艺、产地及运输储存条件都会影响其质量。为了确保产品质量的稳定性，必须制定严格的原材料质量标准，以保证最终冷却液的性能和可靠性。

5.1.1.1　水

自然界中水是最常见的原料，但由于水源、储存、输送等环节的影响，其水质可能会发生较大变化，而冷却液系统的腐蚀以及冷却液的稳定性受水质影响最为显著。中国国家标准体系虽涵盖地下水、饮用天然矿泉水、地表水、安全饮用水和纯净水等标准，但尚未针对冷却液生产管理制定专门的水质标准。

相对而言，蒸馏水是通过气化再冷凝获得，其纯度(如电导率)通常不及高纯度的去离子水，而工业应用中更多采用高纯度的去离子水。GB 29743.1—2022 规定，配制腐蚀试验用水的水质应符合 GB/T 6682—2008《分析实验室用水规格和试验方法》三级水的要求，具体质量标准见表 5-1。

表 5-1　GB/T 6682 三级水质量规格

项目	指标
pH 值范围(25℃)	5.0~7.5
电导率/(mS/m)	≤0.5
可氧化物含量(以 O 计)/(mg/L)	≤0.4
蒸发残渣含量[(105±2)℃]/(mg/L)	≤2.0

去离子水是指通过去除水中离子杂质后得到的纯水。国际标准化组织制定的标准 ISO/TC 147 对去离子水的定义为："通过离子交换方法完全或部分去除水中的离子物质。"目前，去离子水的制备主要采用反渗透(RO)技术。尽管离子交换树脂能有效去除阴阳离子，但水中仍可能含有溶解性有机物，这些有机物可能污染离子交换柱并降低其功效。此外，去离子水在存放过程中容易滋生细菌。在半导体行业，去离子水被称为"超纯水"或"18 兆欧水"。

电导率低于 0.5mS/m 是一个严格的指标。工业上，去离子水通常通过离子交换、反渗透(RO)、电去离子(EDI)等单一或组合工艺制取，并以电导率标准衡量其纯度。电导率反映溶液传导电流的能力，数值越小，导电性越弱。电导率是电阻率的倒数，单位通常为 μS/cm(0.1mS/m)，而电阻率的单位为 MΩ·cm。两者可相互换算。

从自来水到去离子水的处理流程通常包括以下步骤：

① 通过石英砂过滤去除较大颗粒杂质；

② 采用反渗透膜进行高压过滤；

③ 通过紫外线杀菌以去除水中的微生物；

④ 假如电阻率未达到要求，可进行二次离子交换，最高电阻率可达到 18MΩ·cm。

去离子水与其他水的区别在于：

① 蒸馏水：通过蒸馏和冷凝获得重复蒸馏可提高纯度，如重蒸水(二次蒸馏)、三蒸水(三次蒸馏)。特定应用场景下，可在蒸馏前添加试剂，如制备低耗氧量的水时加入高锰酸钾与酸。尽管多级蒸馏可提高纯度，但成本相对比较高。

② 去离子水：通过阳离子和阴离子交换树脂处理，去除水中离子杂质，最终得到高纯水。广泛应用于工业生产和实验室，能有效提高产品质量和试验精度。

③ 高纯水：化学纯度极高，主要应用于生物、化学化工、冶金、宇航、电力等领域。其杂质含量极低，所以应用最普遍的还是电子工业。

④ 超纯水：水的电阻率大于 18MΩ·cm，应用于半导体、制药等对水质要求极高的行业。

去离子水的一般工艺和质量水平：

① 离子交换法(一级复床)：原水→原水加压泵→多介质过滤器→活性炭过滤器→精密过滤器→阳树脂过滤床→阴树脂过滤床→用水点。

当原水电导率≥40mS/m 时，产品水稳定电导率≤2mS/m；

当原水电导率在 20~40mS/m 时，产品水稳定电导率≤1mS/m。

② 一级反渗透(RO)法：原水→原水加压泵→多介质过滤器→活性炭过滤器→软水器→精密过滤器→一级反渗透→用水点。

当原水电导率≥40mS/m 时，产品水稳定电导率≤2mS/m；

当原水电导率≥20~40mS/m 时，产品水稳定电导率≤1mS/m。

③ 两级反渗透(双级 RO)法：原水→原水加压泵→多介质过滤器→活性炭过滤器→软水器→精密过滤器→一级反渗透→pH 调节→中间水箱→第二级反渗透(反渗透膜表面带正电荷)→纯化水箱→纯水泵→微孔过滤器→用水点。

当原水电导率≤20~40mS/m 时，产品水稳定电导率≤0.2mS/m。

④ 二级 EDI 法(电去离子)：原水→原水加压泵→多介质过滤器→活性炭过滤器→软水器→精密过滤器→一级反渗透→中间水箱→中间水泵→二级 EDI→微孔过滤器→用水点。

当进水电导率在 0.6~1.2mS/m 时，产品水稳定电导率≤0.01mS/m；

当进水电导率在 1.2~2.0mS/m 时，产品水稳定电导率≤0.02mS/m。

美国 ASTM D3306、ASTM D6210 及 SAE J814 对生产 50%预混冷却液的水质要求：

总硬度：<20；

固溶物：无；

氯化物：<25ppm；

硫酸盐：<50ppm；

pH 值：5.5~8.5；

钠离子：<50ppm；

可氧化物浓度：<0.4mg/L。

多数冷却液生产厂设备有限，主要采用水电导仪进行检测。建议使用带自动温度补偿的电导仪，以提高测量准确度。目前，水质电导值与离子浓度对应关系研究较少，企业可参照 GB/T 6683 三级水标准，将水质电导率设定为不大于 5μS/cm(0.5mS/m)。

5.1.1.2 乙二醇

市场上的乙二醇主要由石化企业生产，通常为聚酯级产品。近年来，煤制乙二醇在发动机冷却液中的应用逐渐增加，同时部分冷却液生产企业也采用化纤厂回收的乙二醇。中国执行的工业乙二醇质量标准为 GB/T 4649—2018，根据标准，乙二醇分为聚酯级和工业级，两者的技术指标见表 5-2。

表 5-2　两种等级乙二醇的技术指标

项目	聚酯级	工业级
外观	无色、透明、无机械杂质	无色、透明、无机械杂质
乙二醇含量/%	≥99.9	≥99.0
色度(铂-钴)/号 加热前 加盐酸加热后	 ≤5 ≤20	10
密度(20℃)/(g/cm^3)	1.1128~1.1138	1.1125~1.1140
沸程(0℃, 0.10133MPa)/℃ 初馏点 干点	 ≥196.0 ≥199.0	 ≥195.0 ≥200.0
水分/%	≤0.08	≤0.20
酸度(以乙酸计)/(mgKOH/kg)	≤10	≤30
铁含量/(mg/kg)	≤0.10	≤5.0
灰分/%	≤10	≤20
二乙二醇含量/%	≤0.1	≤0.8
醛含量(以甲醛计)/(mg/kg)	≤8.0	—
紫外透光率/% 220nm 250nm 275nm 350nm	 ≥75 报告值 ≥92 ≥95	—
氯离子含量/(mg/kg)	≤0.5	—

煤制乙二醇的质量已基本达到聚酯级水平，但其稳定性仍有待提升。在发动机冷却液的应用中，无论是聚酯级和工业级的煤制乙二醇，均可满足要求。然而，回收乙二醇由于含有较多杂质，且大多未达到工业级标准，在使用过程中易引发腐蚀、泡沫、变色、气味等问题。

美国 ASTM E1177-20 对于发动机冷却液中使用的新产和回收乙二醇质量做了规定，见表 5-3。

表 5-3　ASTM E1177-20 发动机冷却液用乙二醇质量指标

项目	新产乙二醇	回收乙二醇
外观	清澈、无悬浮物	清澈、无悬浮物
乙二醇/%	≥94.5	≥94.5
色度(铂-钴)/号	<25	<100
密度(20℃)/(kg/m^3)	1113~1116	1113~1116

续表

项目	新产乙二醇	回收乙二醇
pH 值	6.5~9.0	6.5~9.0
水分/%	≤0.5	≤2
酸度(以乙酸计)/(mgKOH/kg)	≤0.01	≤0.01
其余醇/%	≤5	≤5
硝酸盐、亚硝酸盐、磷酸盐/(mg/kg)	≤10	≤100
二元醇/%	≥99.5	≥98
硅/(mg/kg)	≤10	≤10
氯/(mg/kg)	≤5	≤25
硫酸盐/(mg/kg)	≤10	≤100
硼/(mg/kg)	≤10	≤50
铁/(mg/kg)	≤1.0	≤1.0
铝钙铜铁镁铅锌总含量/(mg/kg)	≤5.0	≤5.0

ASTM E1177 标准中，无论新产还是回收的乙二醇，其质量要求均未达到中国 GB 4649 标准一等品的水平。此外，ASTM E1177 标准特别针对乙二醇中的离子含量作出了明确限制，而这一点在中国标准中尚无相关要求。两个标准在具体质量要求方面的差别尚缺乏详细的对比数据。

鉴于冷却液浓缩液对于腐蚀性离子(如氯离子、硫酸根离子)含量有严格要求，因此，在原材料进厂检测指标中，除满足 GB 4649 规定的项目外，额外增加对硫酸根离子和氯离子的含量的检测是必要的。

5.1.1.3 丙二醇

中国目前仅有食品添加剂丙二醇的国家标准 GB 29216—2012《食品安全国家标准食品添加剂 丙二醇》，该标准涵盖的指标项目较少，具体内容见表 5-4。

表 5-4 食品添加剂丙二醇质量标准

项目	优等品
外观	无色透明，无机械杂质和沉淀
丙二醇/%	≥99.5
密度(20℃)/(kg/m³)	1035~1037
沸程(0℃，0.101MPa)/℃ 初馏点 终馏点	 ≥185 ≥189

续表

项目	优等品
水分/%	≤0.20
酸度	通过
铅/(mg/kg)	≤1
烧灼残渣/%	≤0.007

国内用于发动机冷却液的丙二醇主要通过环氧丙烷水解法生产，出厂标准分为医药级和工业级等，但尚无统一的质量规范。

美国 ASTM E1177 标准规定了用于发动机冷却液的新产和回收丙二醇的质量标准，相关技术要求见表 5-5。

表 5-5　用于发动机冷却液的新产和回收丙二醇的质量标准

项目	新产丙二醇	回收丙二醇
外观	清澈、无悬浮物	清澈、无悬浮物
丙二醇/%	≥98.5	≥98.5
色度(铂-钴)/号	<25	<100
密度(20℃)/(kg/m^3)	1037.5~1039.0	1037.5~1039.0
pH 值	6.5~9.0	6.5~9.0
水分/%	≤0.5	≤0.5
酸度(以乙酸计)/(mgKOH/kg)	≤0.01	≤0.01
二丙二醇/%	≤1.0	≤1.0
其余醇/%	≤0.2	≤0.2
硝酸盐、亚硝酸盐、磷酸盐/(mg/kg)	≤10	≤50
二元醇/%	≥99.5	≥99.5
硅/(mg/kg)	≤10	≤10
氯/(mg/kg)	≤5	≤25
硫酸盐/(mg/kg)	≤10	≤100
硼/(mg/kg)	≤10	≤50
铁/(mg/kg)	≤1.0	≤1.0
铝钙铜铁镁铅锌总含量/(mg/kg)	≤5.0	≤5.0

目前，市场上的丙二醇型冷却液因成本较高，应用仍较少，但其作为一种环保型冷却液，正在逐步推广，已有越来越多的冷却液生产厂家开始关注和研发丙二醇型产品。鉴于国内尚无相关工业标准，建议参考 ASTM E1177 标准。

5.1.1.4 甘油

甘油在发动机冷却液中的应用日益广泛，其低毒性和环保特性，使其成为冷却液配方的优选成分之一。随着生物柴油产量的增加，副产物甘油的用途受到越来越多的关注。

在美国，ASTM D3306 标准明确规定了Ⅴ、Ⅵ类含有甘油的乙二醇基冷却液，而意大利及其他欧洲国家，也在相关标准中定义了含甘油的冷却液配方。然而，ASTM D3306 标准并未对冷却液中的甘油含量设定具体要求，仅对冷却液浓缩液的密度规定不得超过 1160kg/m^3。

根据 ASTM D7640 标准，适用于发动机冷却液的甘油质量标准见表 5-6。

表 5-6　ASTM D7640-16 发动机冷却液用甘油标准

项目	甘油
丙三醇/%	≥99.5
甲醇/%	<0.1
密度(25℃)/(kg/m^3)	≥1261
pH 值(50%溶液)	6~8
水分/%	≤0.5
脂肪酸和酯，50g 样品消耗的 0.5mol/L 的 NaOH 的体积/mL	≤1.0
灰分/%	≤0.01
硝酸盐、亚硝酸盐、磷酸盐/ppm	≤10
硅/ppm	≤10
氯离子/ppm	≤5
硫酸盐/ppm	≤10
硼/ppm	≤10
铁/ppm	≤2
铝钙铜镁铁铅锌总质量/ppm	≤5

5.1.1.5 亚硝酸钠

新国标 GB 29743 和石化行标 NB/SH/T 0521 都对重负荷冷却液的化学成分做出了明确要求，其中亚硝酸钠和钼酸钠是重要的缓蚀剂。在现行国家标准体系中，工业亚硝酸钠的国家标准为 GB 2367—2016，该标准根据不同的质量标准，将产品分为优等品、一等品和合格品三个等级，其具体指标见表 5-7。

目前，在 ASTM D6210 标准中，并未规定用于发动机冷却液的亚硝酸钠标准，因此，在选用工业亚硝酸钠时，应根据最终产品冷却液的质量标准来确定。

表 5-7　工业亚硝酸钠的质量标准

项目	优等品	一等品	合格品
亚硝酸钠($NaNO_2$)(以干基计)/%	≥99.0	≥98.5	≥98.0
硝酸钠(以干基计)/%	≤0.8	≤1.3	—
氯化物(以 NaCl 计)(以干基计)/%	≤0.10	≤0.17	—
水不溶物(以干基计)/%	≤0.05	≤0.06	≤0.10
水分/%	≤1.4	≤2.0	≤2.5
松散度(以不结块物计)/%	≥85	—	—

根据亚硝酸钠标准，优等品的氯化物含量为 0.1%，一等品为 0.17%，而合格品则没有限制。由于发动机冷却液成品对氯离子含量要求低于 25ppm(NB/SH/T 标准)，因此必须选用优等品或一等品的亚硝酸钠来调制冷却液。

5.1.1.6　功能添加剂

生产发动机冷却液涉及多种添加剂，因此需与供应商明确质量标准，并严格执行入厂质量检验和接收流程。不同添加剂的质量控制项目各异，需要的检测设备很多。对于中小型企业，配备完整的检测设备较为困难。因此，很多中小型企业倾向于采用复合添加剂，以确保产品质量的稳定。

目前，全球提供发动机冷却液复合剂的企业较少，主要包括意大利的 Tecnofluid，德国的 BASF，美国的 Dober 和比利时的 Arteco。其中，BASF 和 Arteco 是全球主要的发动机冷却液供应商，而 Tecnofluid 则是复合剂的主要供应商之一。

汽车 OEM 厂商对冷却液的要求正逐步从非环保向低毒、环保、长效发展，同时配方也从无机向有机发展。因此，在选用发动机冷却液复合剂时，应优先考虑无胺、低磷或者无磷、耐硬水的低毒环保配方。此外，随着铝、镁等轻金属合金在发动机中的使用比例增加，所选配方应保证调和后的冷却液 pH 值维持在 7.5~9.5。为确保冷却液的长效使用寿命，OEM 规格要求无机盐 IAT 配方冷却液的储备碱度需大于 10，而 OAT 配方冷却液储备碱度需大于 5。

在使用复合剂调制冷却液时，需特别注意复合剂的质量指标，包括外观、密度、调和产品的 pH 值、RA 等关键参数。在接收货物时，应对复合剂进行复检，并确保检测结果与供应商提供的质量检验报告单(COA)一致。

5.1.2　冷却液的生产

在使用单剂生产冷却液时，需建立严格的操作规范。不同添加剂的溶解要求不同，对工人的个人防护要求也有所不同。冷却液调配完成后，需保证足够的沉降时间，以保证冷却液在灌装后的长期储存稳定性。此外，在冷却液灌装前，必须经过 1μm 滤布过滤，以去除微小颗粒。冷却液中的颗粒在发动机冷却系统中高速循环时，可能会加剧发动机冲蚀，影响系统运行寿命。

冷却液的生产设备尽量选用不锈钢或塑胶材质，以提高耐腐蚀性。由于冷却液具有较强的清洗能力，若使用普通材质的设备，液体覆盖部分的防锈能力较强，但无液体覆盖的区域则易受腐蚀。

此外，设备需每年定期检修，进行除锈、除尘等维护工作

5.1.2.1　冷却液的质量检验

根据 GB 29743.1—2022 标准，发动机冷却液的出厂检验包括以下内容：

批次检验：外观、颜色、气味、冰点、沸点、pH 值、密度、储备碱度和泡沫倾向等项目。

出厂周期检验：在批次检验项目的基础上，增加灰分、氯含量、硫酸盐含量、对汽车有机涂料的影响、水分、玻璃器皿腐蚀及铸铝合金传热腐蚀等项目。

除满足产品出厂检验要求外，还要做好产品取样与留样工作。通常，冷却液的留样保存期为 2 年，以备需要时进行产品质量的复查。

5.1.2.2　标志与包装

按照 GB 29743.1—2022 标准，发动机冷却液的标志和包装需包含以下信息：

① 产品名称：明确标识冷却液的具体名称；

② 防冻剂成分：标注所使用的防冻剂成分（如乙二醇、丙二醇、甘油等）；

③ 产品分类及冰点：注明冷却液的类别（如普通型、长效型等）及其最低冰点；

④ 浓缩液产品使用方法：针对浓缩型产品，提供正确的稀释比例和使用说明；

⑤ 重负荷发动机冷却液所满足的特殊要求：如果适用于重负荷发动机，应注明符合的相关技术规范或标准；

⑥ 生产日期或批号；

⑦ 生产企业名称及地址等。

5.1.2.3　冷却液的储存与运输

发动机冷却液的储存条件要求：通风、阴凉、避免阳光直晒。重负荷冷却液，亚硝酸盐含量较低，不属于有毒产品，可按普通商品进行运输和储存。

在适宜的储存条件下，冷却液的有效期可以达到 5 年以上。但是，根据精细化工类产品的使用要求，对于储存超过 2 年的产品，需每年进行一次质量检测，包括外观检查及出厂批次检验项目。

5.1.2.4 发动机冷却液的回收和循环使用

乙二醇基和丙二醇基冷却液排放后，会污染地下水资源。因此，为了提高资源利用效率，欧洲、美国、日本等国家和地区已建立完善的发动机冷却液回收系统。在美国，超过50%的废冷却液被回收，并经过加工处理后重新用于冷却液生产。市场上销售的发动机冷却液通常会标注回收冷却液的含量，一般在5%~10%。

美国制定了专门的冷却液回收与再生标准，ASTM D6471-10《再生二元醇制成的发动机冷却液预稀释液(体积浓度不小于50%)在汽车和轻负荷发动机循环使用标准》和ASTM D6472-10《再生二元醇制成的发动机冷却液浓缩液在汽车和轻负荷发动机循环使用标准》。这两个标准给出了采用合成的用后冷却液评估回收的冷却液再生工艺的程序，以及由此工艺再生得到的冷却液的理化性能和使用性能。

ASTM D6471 和 ASTM D6472 两个标准明确规定再生二元醇冷却液的来源，不允许使用医疗垃圾、釜底残液、机场和机翼除冰剂和聚酯产品废料。

由再生二元醇制成的发动机冷却液浓缩液和预稀释液的理化性能参照 ASTM D3306 规定，使用性能比 ASTM D3306 多了 ASTM D6208 铝及合金电化学点蚀电位测定，要求不低于-0.40V。并根据 ASTM D2847 进行通过 50000 km 的行车耐久试验。

5.2 发动机冷却液的选择、使用及维护

5.2.1 发动机冷却液的颜色

为了方便检修时快速判断发动机冷却液的渗漏点，通常会在冷却液中加入荧光色。此外，各大冷却液生产厂商基于品牌区分和市场营销的考虑，也会在产品中添加特定色素，以形成独特的产品特征。

部分汽车 OEM 厂商在公司规范中对发动机冷却液的颜色给出了明确规定，以便区分不同类型的冷却液。例如：通用 GM 1825M 和 GM 1899M 规定颜色为绿色，克莱斯勒 MS 7170(传统型冷却液)规定颜色为绿色，MS 9769(OAT 冷却液)规范规定为橙黄色。详细的冷却液颜色规定见表 5-8。

表 5-8 市场上常见冷却液的颜色

品名	传统 NAP-free	传统 /SCAs/磷酸盐	HTC	OAT 2-异辛酸	其他 OAT
Texaco and Shell	绿	—	—	—	—
Prestone	黄	—	—	—	—
Honda	—	—	—	—	深绿
VW G11	—	蓝	—	—	—

续表

品名	传统 NAP-free	传统 /SCAs/磷酸盐	HTC	OAT 2-异辛酸	其他 OAT
VW G12	—	—	—	—	紫罗兰
GM Prestone Dex-Cool	—	—	—	橘黄	—
Toyota	—	—	紫罗兰	—	—
Mercedes G-05	—	—	黄	—	—
Chrysler ≥2001	—	—	红	—	—
Ford G-05 ≥2002	—	—	黄	—	—
BMW	—	—	蓝	—	—
Zerex G-05	—	—	黄	—	—
PEAK LongLife	—	—	—	—	琥珀色
卡车/柴油机冷却液					
Zerex，Shell… Truck ELC	—	—	红	—	—
Fleetgard Fleetcool	—	紫罗兰	紫罗兰	—	紫罗兰

发动机冷却液颜色本身并不代表质量的优劣，而主要用于区分不同类型的配方，以确保正确使用和补充。不同 OEM 的规范下，颜色代表不同类型的发动机冷却液。例如，在同一汽车品牌体系内，Conventional(传统型)、OAT(有机酸技术)、HTC(高性能)和 Universal(通用型)的冷却液颜色各异，以方便客户正确选用。

5.2.2 SAE J814 发动机冷却液的使用与维护标准

美国汽车工程师协会制定的 SAE J814 标准对发动机冷却液的使用与维护做出了详细的要求。

5.2.2.1 标准范围

① 定义了满足内燃机使用要求的发动机冷却液应具备的基本性能：必须提供足够的防腐蚀性能、降低冰点、提高沸点。

② 标准给定的指标只是基本要求，实验室得出的数据也不具有决定性，只有在车辆上通过系列性能试验，才能最终选择合适的冷却液。

③ 本标准的主体规定了车辆冷却系统的养护原则，以确保冷却液的在整个使用周期内性能稳定，而对于重负荷发动机冷却液具有更高的性能，相关养护细

则详见标准附录。

④ 本标准不涵盖发动机冷却系统的各个配件(如水泵、散热器、节温器等)的具体养护要求，相关规范见 SAE HS40。

5.2.2.2 冷却液类型

1) 水

水最易得且成本低廉，导热效果好，常被用于内燃机冷却液。

(1) 水的主要缺点：

① 冰点高；

② 沸点低；

③ 对某些金属材料(如铝、铜)有腐蚀性；

④ 杂质含量高，常含有氯离子、硫酸根离子、碳酸氢根离子，加速冷却系统的腐蚀；

⑤ 容易结垢，水中钙、镁离子在高温区域形成水垢，阻止导热；

⑥ 补充硬水，会加剧水垢形成，进一步阻塞换热器。

(2) 可以用作冷却液的水类型：

① 干净的饮用水；

② 低氯离子、低硫酸根离子、低硬度的水；

③ 软化水、去离子水、蒸馏水。

(3) 水结冰对冷却系统的影响。水在结冰时体积膨胀 9%，如果冷却液结冰，将对 冷却系统管路、散热器、缸体 造成 严重损坏，甚至导致系统失效。

(4) 水或者水加腐蚀抑制剂，通常不推荐作为冷却液。

冷却液用水的性质要求见表 5-9。

表 5-9 冷却液用水的性质要求

性质	要求
总固溶物/ppm	≤340
硬度/ppm	≤170
氯离子(以 NaCl 计)/ppm	≤40
硫酸根离子(以 Na_2SO_4 计)/ppm	≤100
pH 值	5.0~9.0

2) 浓缩液

美国汽车工程师协会(SAE)对发动机冷却液提出的一系列基本性能要求为：

① 保护冷却系统防止腐蚀；

② 优良的热传导性能；

③ 兼容性好，对冷却系统非金属材料影响小；

④ 热稳定性好，在高温工况下不易分解或产生沉积物；

⑤ 低冰点，在冬季低温环境下仍能保持液态；

⑥ 高沸点，适应高温工况；

⑦ 无异味；

⑧ 对汽车涂料无影响；

⑨ 低温流动性佳，在低温环境下保持适宜的黏度；

⑩ 较低的膨胀系数；

⑪ 长期有效，至少一年有效；

⑫ 能够快速检测出浓度；

⑬ 低毒性；

⑭ 低泡沫；

⑮ 不易燃；

⑯ 蒸发损失小。

3）预稀释液

预稀释液是指冷却液生产厂预先按照标准浓度稀释后，直接供应市场的冷却液，用户可直接使用，无须额外调配。工厂用于稀释冷却液的水满足严格的质量标准，见表 5-10。

表 5-10　预稀释液的稀释用水满足规格

性质	要求	ASTM 试验方法
氯离子/ppm	25(最大)	D5827、D512、D4327
硫酸根/ppm	50(最大)	D5827、D516、D4327
硬度(以 $CaCO_3$ 计)/(mg/L)	20(最大)	D6130、D1126
pH 值	5.5~8.5	D1287、D1293
铁/ppm	0.1(最大)	D6130、E394

美国市场上预稀释液标签要求标识：

① 明确标识为预稀释液；

② 说明开瓶即用，无须额外加水；

③ 提示最终冷却系统中冷却液的冰点由系统内残留液与新加入的冷却液混合后的比例决定。

4）现场用浓缩液调配的冷却液

在现场使用浓缩液调配冷却液时，需要执行以下步骤：

① 在添加冷却液之前，必须对冷却系统进行检查，并进行必要的养护。

② 现场调配的冷却液应由浓缩液和水按比例混合，或者(体积比例不低于

50%)预稀释液。

③ 若现场使用浓缩液进行配制，没有车厂提供的详细指导，应确保所使用的水质符合表 5-11 所列要求。咨询当地自来水公司或者水务部门了解水质情况，或将水样送至相关检测中心检测。

④ 现场调配冷却液时，浓缩液的体积比例应该在 40%~70%，不同浓度对应的冷却液冰点和沸点参数见表 5-12。

表 5-11　现场调配浓缩液用水的要求

性质	要求	ASTM 试验方法
总固溶物/ppm	340(最大)	D1888
总硬度/ppm	170(最大)	D6130、D1126
氯离子/ppm	40(最大)	D5827、D512、D4327
硫酸根离子/ppm	100(最大)	D5827、D516、D4327
pH 值	5.5~9.0	D1287、D1293

表 5-12　浓缩液稀释后的冰点和沸点

体积浓度/%	乙二醇基冰点/℃	乙二醇基沸点/℃	丙二醇基冰点/℃	丙二醇基沸点/℃
40	-24	106	-21	104
50	-37	108	-33	106
60	-52	111	-49	109
70	-64	114	-61	112

5.2.2.3　冷却液的传热性能

表 5-13 列出了乙二醇基和丙二醇基冷却液在 99℃时的黏度和传热性能。

表 5-13　99℃的传热性能

防冻液/%(体积)	乙二醇基冷却液黏度/(mPa·s)	比热容/[J/(kg·K)][Btu/(lb·℉)]	导热系数/[W/(m·K)][Btu/(ft·h·℉)]	丙二醇基冷却液黏度/(mPa·s)	比热容/[J/(kg·K)][Btu/(lb·℉)]	导热系数/[W/(m·K)][Btu/(ft·h·℉)]
0	0.29	4.23(1.01)	0.67(0.39)	0.29	1.90(1.10)	0.67(0.39)
40	0.59	3.77(0.90)	0.45(0.26)	0.62	1.64(0.95)	0.45(0.26)
60	0.81	3.47(0.83)	0.36(0.21)	0.95	0.88	0.33(0.19)

从数据可以看到，随着冷却液浓度增加，会出现黏度增加、比热容下降、导热性能下降。因此，冷却液的浓度并非越高越好。过高的浓度不仅会增加流动阻力，还会降低冷却液的散热能力，可能导致发动机温度升高，长期处于高温状态的发动机寿命将受到影响。

5.2.2.4 冷却系统压力和压力下的冷却液沸点

散热器盖是发动机冷却系统中一个容易被忽略的重要部件，其工作原理类似于家用压力锅，通过增加系统压力来提高冷却液效率和沸点，使冷却系统在更高温度下仍能正常运行。汽车运行时，冷却液温度升高，导致水箱内压力增加，当压力超过一定值时，散热器盖上的压力阀门打开，部分冷却液被挤入储液罐（膨胀罐）。当发动机停止运转、冷却液温度下降后，系统压力下降，形成负压，散热器盖的回流阀打开，将储液罐内的冷却液吸回散热器。

现代发动机的冷却系统多采用压力系统，压力范围通常在4~20psi。市场上的一些发动机冷却液标称超高沸点，但是实际测定结果与普通冷却液相近。这是因为它们的沸点标定参考了SAE J814标准。表5-14展示了不同压力条件下冷却液的沸点变化。例如，使用62N压力盖时，50%（体积）的乙二醇基发动机冷却液的预稀释液沸点可达128.3℃。

表5-14 不同压力条件下冷却液的沸点

体积/%	沸点（常温）/℃（℉）	沸点（62N压力盖）/℃（℉）
乙二醇		
40	105.5（222）	126.1（259）
50	107.8（226）	128.3（263）
60	111.1（232）	131.1（268）
70	114.4（238）	134.4（274）
丙二醇		
40	103.9（219）	123.3（254）
50	105.5（222）	125.0（257）
60	107.2（225）	127.2（261）
70	110.0（230）	130.0（266）

1）沸点与浓度推荐

① 发动机装车冷却液一般推荐使用50%浓度，可适应不同地区的全天候使

用需求；

② 二元醇-水冷却液的沸点越高，越适合于高温区域和高海拔地区；

③ 二元醇-水冷却液适合于节温器在82℃或更高温度打开的发动机；

④ 轿车或轻型卡车的二元醇-水冷却液推荐浓度为50%~70%，以提供足够的防腐蚀保护并维持较高的沸点；

⑤ 重负荷发动机冷却液推荐浓度为40%~60%；

⑥ 冷却液浓度高于70%时，乙二醇-水混合冷却液的冰点反而升高，黏度增加，导热能力下降；

⑦ 对于使用SCAs(补充化学添加剂)的冷却液，当浓度超过60%时，可能会出现腐蚀抑制剂沉淀析出。

2) 其他类型的冷却液的使用

① 预稀释液，使用去离子水预先稀释的冷却液，无须现场稀释，使用方便；

② 乙醇、甲醇基冷却液，已经废止，禁止使用；

③ 乙二醇-水-乙二醇醚混合液，适用于极端低温环境(冰点低过-68℃)；

④ 乙二醇醚加腐蚀抑制剂，尤其是乙二醇二甲醚，可以用于重负荷车辆，但是大多数重负荷发动机OEM不推荐使用，因其可能影响氟橡胶密封件，且降冰点效果也不如乙二醇；

⑤ 不同类型的冷却液严禁混用；

⑥ 严格遵照发动机OEM的推荐要求选用冷却液。

5.2.2.5 冷却液性质

① 灰分：指冷却液燃烧后的残留物，质量通常低于5%。灰分主要由腐蚀抑制剂带来，但不能直接反映腐蚀抑制剂的浓度和质量。

② 沸点：指冷却液在标准大气压下沸腾时的温度，对于高温度环境、高热负荷条件和高节温器设定温度的发动机，高沸点冷却液尤为重要，以防止过热。

③ 储备碱度：反映冷却液中碱性腐蚀抑制剂的缓冲能力，但不同配方的冷却液，其储备碱度范围不同。储备碱度和pH值不能单独作为冷却液有效性判定腐蚀抑制剂质量和性能的指标，但可用于评估新旧冷却液的相似性。

④ 相对密度：指一种液体与蒸馏水在某个温度下的密度比，常用于测定冷却液稀释程度，进而推算其冰点。乙二醇在20℃时相对密度为1.115，但受腐蚀抑制剂和杂醇含量影响会有所变化。丙二醇的相对密度与水接近，因此不推荐通过相对密度法来测定其冰点。

⑤ 冰点：指无过冷条件下，冷却液首次结晶时的温度，或在过冷条件下结晶形成后迅速升温到的最高温度。现场测定冰点的方法包括分光光度计法、比重

计法和试纸法，仅在需高精度时使用低温冰阱法。乙二醇冷却液若含有较多二乙二醇或丙二醇，会导致比重法测定冰点失准。

⑥ pH 值：表征溶液的酸碱性，通常用于质量控制，但不适合作为冷却液寿命评估指标。冷却液 pH 值低于 7 或接近中性时，应立即更换。日本冷却液标准规定，pH 值不低于 6.5，否则必须更换。

⑦ 泡沫倾向：指冷却液在标准条件下通气后泡沫体积和泡沫消散时间。泡沫会导致冷却液通过溢流管损失，并降低换热性能。泡沫量和消散时间的结合评估决定冷却液的泡沫性能。

⑧ 有机涂料的影响：发动机冷却液不能对车辆有机涂料产生不良影响，以免在装配和维修过程中溅出损坏涂层。

⑨ 颜色：所有冷却液均需具有明显的颜色标识，以便识别。冷却液存在有多种颜色，ASTM D3306 和 ASTM D4985 推荐冷却液颜色为绿色和蓝绿色，大众规定 OAT 型冷却液配方为荧光红色或紫罗兰色。

⑩ 对非金属材料的影响：冷却液不可加速密封垫、软管、金属垫片涂层等非金属材料的老化。很多供应商和 OEM 均采用模拟腐蚀试验及发动机台架试验来评估冷却液对非金属材料的兼容性。

⑪ 储存稳定性：浓缩冷却液的储存稳定性不能通过短期加速试验完全验证。包装冷却液在正常条件下应能稳定储存 2 年以上。

5.2.2.6 冷却液的维护

发动机冷却液的性能发挥取决于其正确使用，包括按周期及时更换、保持适当液位、确保冷却液的洁净度并维持系统的密闭性。

1）发动机冷却液的体积

保持发动机内冷却液液位在制造商要求范围内至关重要。现代发动机的溢水箱通常有冷却液水位标尺，标识为“热”(HOT)和“冷”(COLD)，或者“全热”(FULL HOT)和“全冷”(FULL COLD)，表明冷却液的液位受温度变化影响。定期检查冷却液是否在标尺范围内，重负荷车辆，多数没有溢水箱，需按厂商指导检查。

即使发动机冷却液充足，发动机仍可能过热。此时，应等待系统完全冷却后再检查并排出冷却系统内的空气，以确保换热效率。

发动机冷却液的泄漏，主要由以下原因造成：

① 过量装液、驻车沸腾和冷却液过热。过量装液是指冷却液在冷车状态下液位超过标准，行驶过程中温度升高，导致冷却液膨胀，从溢水箱或换热器流失。

驻车沸腾，发动机在高速或者重载运行后停车，冷却液停止流动，余热导致温度超过沸点，引发冷却液沸腾。

使用沸点低于推荐值的冷却液稀释液，可能导致过热。发动机冷却液过热时，建议把变速箱放到空挡，提高怠速，关闭空调，增加风扇风量，加快冷却液循环，降低温度。可能还会出现节温器故障、换热器压力盖故障、风扇皮带松动、散热器堵塞、冷却液沉积结垢等故障。

② 冷却液渗漏。由于连接件松动、腐蚀、密封圈老化等可能导致冷却液泄漏。易发生泄漏的位置包括：软管接头、缸盖和节温器、换热器和加热器、水泵等的密封圈。发现冷却液渗漏，首先要确定渗漏点和渗漏量，再堵漏。轻微泄漏需要拧紧接口的卡子或者螺栓。微量渗漏，可以使用冷却系统堵漏剂(不推荐长期使用)。过多堵漏剂可能会导致换热器堵塞，影响散热性能。

③ 冷却液中漏入汽车尾气、空气，导致泡沫严重增多。透过管接头和水泵密封面，空气会侵入冷却液，如果气缸垫片破损或缸体铸件裂缝，汽车尾气会从燃烧室和冷却夹套侵入冷却液。侵入冷却系统的气体会夹带在冷却液中形成气泡，冷却液中含有抗泡剂，但在使用中，抗泡剂会不断消耗，引起冷却系统中泡沫增多，不能消失。

冷却系统夹带气量多时，发生泡沫过多，热膨胀量大，导致冷却液从水箱压力盖冒出。同时，传热效果变差，引起发动机过热。

汽车尾气呈酸性的，会加速腐蚀抑制剂消耗，影响冷却液稳定性。一旦发现尾气侵入冷却系统，要马上维修发动机。

2）冷却液的浓度

所有水冷发动机都需使用乙二醇-水冷却液，不能单用水。大多数轿车、重负荷车辆初装冷却液为50%乙二醇浓度的预稀释液，适用于各种气候条件。当乙二醇在水溶液浓度大于68%后，冰点反而上升，不适合极寒地区。在高海拔区域或重负荷发动机可以使用乙二醇浓度大于70%的冷却液，提高沸点，但需注意添加剂可能沉淀。更换冷却液时，必须检查冷却液的浓度。

一旦发动机冷却系统出现冰冻，不可直接启动车辆，应先进行正确的热车程序，待冷却液恢复流动后再启动。冻结后的冷却液会形成胶冻，堵塞换热器，严重时可能导致燃烧室缸盖破裂。

3）冷却液的更换

严格遵照车厂和发动机冷却液制造商要求的更换周期，定期更换冷却液。原因在于，冷却液会发生化学反应导致冷却液老化，污染物累积，腐蚀抑制添加剂消耗，SCAs 重负荷冷却液固溶物含量会过高，影响换热。

4）冷却液的选用

选择满足 ASTM、SAE 和 OEM 规格要求的冷却液，不同类型的冷却液不能混用，避免化学反应导致性能下降。

5）延长冷却液使用寿命以及冷却液的回收

尽量选用长寿命型或者终身寿命型冷却液，避免频繁更换，降低排放污染。对于重负荷车辆，可以使用 SCAs 延长冷却液寿命。

近年来，许多冷却液制造商开始在产品中加入回收乙二醇，以提高资源利用率，同时确保产品性能稳定。

6）冷却系统的清洗

正常情况下，冷却系统是不需要化学清洗的。只有在冷却系统中发现锈迹、沉淀物或发动机过热时，才需要根据冷却系统的状况和金属材质选用适当类型的清洗剂进行清洗。

老式冷却系统(黄铜、铜、铁零件)，可以使用冲洗液冲去油污，酸性或螯合型清洗剂除掉锈垢。现代铝合金冷却系统，只能使用对铝安全的清洗剂，不可用酸性或强碱性清洗剂。

残留的清洗剂必须彻底冲洗，否则会腐蚀冷却系统，消耗冷却液添加剂，缩短冷却液的使用寿命。

换热器堵塞不能化学清洗的，必须维修或者更换。

5.2.3 重负荷发动机冷却液的使用指导

重负荷发动机冷却液的使用应注意以下事项：

① 遵循发动机或车辆厂商的建议选择适用的冷却液；

② 按照发动机或者车辆厂商指导，定期排空并冲洗冷却系统；

③ 使用满足标准要求的稀释水；

④ 采用精密可靠的设备(分光光度计)测量浓缩液浓度，以确保防冻能力；

⑤ 使用 SCAs 供应商推荐的试纸测试冷却液中添加剂的浓度；

⑥ 预混合冷却液与水后，应测量两个阶段的冰点，确保均匀混合；

⑦ 按推荐比例补充已调和的冷却液；

⑧ 要按建议的 SCAs 补加浓度和时间间隔添加，以防腐蚀、沉积、水泵损害和缸套点蚀；

⑨ 定期检查存储的冷却液，确保无化学品分层和沉淀析出；

⑩ 禁止直接添加乙二醇基和丙二醇基浓缩液；

⑪ 禁止直接补加纯水；

⑫ 冷却液浓缩液浓度不应超过 60%，否则冰点会升高，影响性能；

⑬ 避免过量使用 SCAs 和浓缩液，以防换热器、暖风器堵塞及水泵、增压器冷却器损坏；

⑭ 禁止使用回收的废旧冷却液；

⑮ 选用全配方冷却液，首次添加无须预加 SCAs；

⑯ 禁止使用油溶性添加剂；

⑰ 禁止使用甲醇类、甲氧基丙醇类和乙醇类低沸点发动机冷却液；

⑱ 禁止使用堵漏添加剂，以免堵塞冷却液过滤器。

5.2.4 OAT 冷却液的使用指导

OAT 冷却液的使用应注意以下事项：

① OAT 冷却液的使用和维护相对简单，适用于重负荷发动机，无须使用 SCAs 缓释型过滤器。

② OAT 冷却液禁止与传统无机盐冷却液混用。尽管混用不一定会直接导致腐蚀，但会破坏 OAT 冷却液的长效性能，只能达到传统无机盐冷却液的使用寿命。

③ 确保冷却系统彻底清洗后再更换为 OAT 冷却液，以防止残留传统冷却液影响性能。

④ 维护过程中，仅补充相同类型的 OAT 冷却液，避免使用不兼容的添加剂或其他类型冷却液。

5.2.5 丙二醇基冷却液的使用指导

丙二醇基冷却液的使用应注意以下事项：

① 使用方式：丙二醇基冷却液的浓缩液和预稀释液的使用方法与乙二醇基冷却液相同。

② 标识提醒：如果发动机使用了丙二醇基冷却液，应在发动机上作出明确标识，以提醒维护人员正确选择补充液体。

③ 避免混用：尽量不要与乙二醇基冷却液混用，以免影响冰点的准确判定。

④ 混用条件：如果不得不混用丙二醇基冷却液和乙二醇基冷却液，应确保两者的缓蚀剂类型一致，以避免腐蚀风险。若缓蚀剂类型不同，应缩短冷却液的更换周期，并按照短寿命缓蚀剂的维护要求进行更换。

⑤ 浓度测量：丙二醇基冷却液的密度与水相近，使用北美常见的液体比重计可能会导致测量数据偏高，从而误判冷却液浓度过高(如 80/20 比例)，可能影响发动机正常运行。因此，应使用丙二醇基冷却液专用的液体比重计，或采用分光光度计法、试纸检测法进行浓度测定(具体参考表 5-15)。

⑥ 定期检查：建议定期检测冷却液的冰点、pH 值、电导率等关键指标，确

保冷却系统维持最佳性能，并遵循制造商的维护周期。

表 5-15　推荐的冷却液浓度(冰点)检测方法

方法	二元醇类型		
	乙二醇	丙二醇	混合二元醇
分光光度计	可以	可以①	可以②
比重计	可以③	可以④	不可以
试纸	可以	可以	可以

注：①分光光度计须具有丙二醇冰点标尺或是丙二醇和乙二醇冰点双标尺；

②对于乙二醇和丙二醇的混合二元醇冷却液的冰点，可以读出的丙二醇冰点和乙二醇冰点的平均值估算，误差±4℃；

③比重计法一般用于乙二醇基冷却液；

④比重计用于丙二醇基冷却液时要按丙二醇重新校准。

5.2.6　发动机冷却液的使用过程维护项目

发动机冷却液在使用过程中应注意以下事项：

① 定期检查冷却液浓度(冰点)，检测方法参见表 5-15。

② 监测冷却液位和状态，按照发动机厂商或汽车厂的建议更换周期来更换冷却液；

③ 定期进行压力试漏测试，尤其是在冷却系统冷却时，及时发现并修复泄漏点；

④ 定期测试压力水箱盖和换热器接嘴管；

⑤ 定期检查软管和接头；

⑥ 如果系统出现过冷或者过热，更换满足厂家要求的节温器。

参 考 文 献

[1] Nöst M, Doppler C, Klell M, et al. Comprehensive Energy Management - Safe Adaptation, Predictive Control and Thermal Management. Thermal management of pem fuel cells in electric vehicles [J], 2018: 93-112.

[2] Kandlikar S G, Lu Z. Thermal management issues in a pemfc stack - A brief review of current status [J]. Applied Thermal Engineering, 2009, 29(7): 1276-1280.

[3] Mohamed W a N W, Talib S F A, Zakaria I A, et al. Effect of dynamic load on the temperature profiles and cooling response time of a proton exchange membrane fuel cell [J]. Journal of the Energy Institute, 2018, 91(3): 349-357.

[4] Wang Y, Gao Q, Zhang T, et al. Advances in integrated vehicle thermal management and numerical simulation [J]. Energies, 2017, 10(10): 1636.

[5] Kim B M, Yoo S J. Approximation - based adaptive control of constrained uncertain thermal management systems with nonlinear coolant circuit dynamics of pemfcs [J]. IEEE access, 2020, 8: 83483-83494.

[6] 杨桥．燃料电池汽车整车热管理系统仿真及控制策略研究[D]．重庆：重庆大学，2023.

[7] 张承龙．基于相变材料与液冷的复合式动力电池热管理研究[D]．长沙：中南大学，2023.

[8] Mehrabi-Kermani M, Houshfar E, Ashjaee M. A novel hybrid thermal management for Li-ion batteries using phase change materials embedded in copper foams combined with forced-air convection [J]. International Journal of Thermal Sciences, 2019, 141: 47-61.

[9] 赵东方，耿立波，杜雪岭．与电动汽车兼容的发动机冷却液的研制[J]．合成润滑材料，2022，49（2）：1-5.

[10] 田鑫．混动汽车热管理液冷系统仿真及优化研究[D]．淄博：山东理工大学，2022.

[11] 饶平平，夏小艳．基于人工智能的电动汽车热管理系统设计优化研究[J]．汽车测试报告，2024（21）：17-19.

[12] 闫琦，尹贻斌．纯电动汽车电池热管理系统研究[J]．汽车测试报告，2024（18）：155-157.

[13] 凌子夜．基于膨胀石墨基复合相变材料的动力电池热管理系统性能研究[D]．广州：华南理工大学，2016.

[14] 查云飞，侯乃仁，马芳武，等．动力电池液体热管理研究综述[J]．汽车文摘，2020（11）：1-8.

[15] Singh L K, Mishra G, Sharma A K, et al. A numerical study on thermal management of a lithium-ion battery module via forced-convective air cooling [J]. International Journal of Refrigeration, 2021, 131: 218-234.

[16] Mario Vila Millan, Stephen Samuel. Anofluids and thermal management strategy for automotive application [C]. SAE Paper, 2015-01-1753, 2015.

[17] 张凯蛟，林菁，张春辉，等．丙二醇作为发动机冷却液基液的探讨[J]．石油商技，2002

(03)：22-26.
[18] 胡天姝，曹宇，黄祖朋，等．插电式混合动力汽车热管理系统研究[J]．现代工业经济和信息化，2020，10（10）：84-86.
[19] 骆清国，尹洪涛，刘红彬，等．不同冷却液对柴油机性能的影响研究[J]．内燃机，2016（3）：17-20.
[20] 宋世远，徐景辉，杜鹏飞，等．冷却液使用性能评定方法与 NB /SH/T 0521 标准不相适应的几个问题[J]．山东化工，2015，44(5)：105-107.
[21] Roberto Ghini，万书晓．有机酸技术在重负荷发动机冷却液中的应用[J]．润滑油，2011，26(4)：20-25.
[22] 周建军，冷观俊，李建华，等．我国发动机冷却液的现状与发展趋势[J]．石油商技，2001(1)：1-3.
[23] 刘疆，骆周全．无水冷却液在发动机上的应用[J]．柴油机设计与制造，2005(4)：32-38.
[24] 王双田．新型汽车发动机冷却液研究[D]．北京：北京化工大学，2013.
[25] 陈今茂，易如娟，冷观俊．有机酸型重负荷发动机冷却液的研制及性能评价[J]．石油商技，2012，30(5)：55-58.
[26] 石育佳，王秀峰，王彦青，等．CPU 液体冷却器件及冷却液材料研究进展[J]．材料导报 A：综述篇，2012，26(11)：56-60.
[27] 徐晓明，赵又群．不同工况下电动汽车冷板液冷系统散热性能试验研究[J]．汽车工程，2014，36(9)：1057-1062.
[28] 刘厚淋，张岩，何联格．电动汽车热管理系统冷却方式优化研究[J]．汽车实用技术，2024，49(14)：1-8.
[29] 董进喜，杨明明，赵亮．电子设备液冷散热的冷却液热学性能分析[J]．电子科技，2013，26(4)：106-109.
[30] 翁政军，杨洪海．应用于聚光型太阳能电池的几种冷却技术能源技术[J]．能源技术，2008，29(1)，6-18.
[31] 崔婷婷．汽车发动机冷却液劣化特征指标研究[D]．哈尔滨：东北林业大学，2011.
[32] 汪宇．全有机型车用发动机冷却液缓蚀剂配方的研究[D]．武汉：华中科技大学，2007.
[33] 唐俊杰．汽车发动机冷却液组成与性能的关系[J]．石油商技，2009，27(1)：36-40.
[34] 包华辉，朱天一，孙旭日．硅酸盐型汽车冷却液的研制[J]．润滑油，2009，24(3)：32-36.
[35] GB 2367—2006，工业亚硝酸钠[S].
[36] 中国专利：一种提高发动机冷却液稳定性的方法，ZL200410009364. 2.
[37] Hudgens R，Hercamp R，Francis J，et al. An Evaluation of Glycerin（Glycerol）as a Heavy Duty Engine Antifreeze/Coolant Base [J]. SAE Technical Paper，2007-01-4000，2007.
[38] Varma M，Danapalan P，A Novel approach to plug-in hybrid electric vehicle coolant system modeling [J]. SAE Technical Paper 2018-01-1189，2018.
[39] Kong D，Peng R，Ping P，et al. A novel battery thermal management system coupling with PCM

and optimized controllable liquid cooling for different ambient temperatures [J] . Energy Conversion and Management, 2020, 204: 112280.

[40] Wei Y, Agelin- Chaab M. Development and experimental analysis of a hybrid cooling concept for electric vehicle battery packs[J]. The Journal of Energy Storage, 2019, 25: 100906.

[41] Liu H, Chika E, Zhao J. Investigation into the effectiveness of nanofluids on the mini-channel thermal management for high power lithium ion battery[J]. Applied Thermal Engineering, 2018, 142: 511-523.

[42] 金远，韩甜，韩鑫，等．锂离子电池热管理综述[J]. 储能科学与技术，2019，8(S1)：23-30.

[43] Han J, Park J, Yu S. Control strategy of cooling system for the optimization of parasitic power of automotive fuel cell system [J]. International Journal of Hydrogen Energy, 2015, 40(39): 13549-13557.

[44] Kim B M, Yoo S J. Approximation-Based Adaptive Control of Constrained Uncertain Thermal Management Systems with Nonlinear Coolant Circuit Dynamics of Pemfcs [J]. IEEE access, 2020, 8: 83483-83494.

[45] Luo M, Zhang J, Zhang C, et al. Cold Start Investigation of Fuel Cell Vehicles with Coolant Preheating Strategy [J]. Applied Thermal Engineering, 2022, 201: 117816.

[46] Saygili Y, Eroglu I, Kincal S. Model Based Temperature Controller Development for Water Cooled Pem Fuel Cell Systems [J]. International Journal of Hydrogen Energy, 2015, 40(1): 615-622.

[47] Yang X H, Tan S C, Liu J. Thermal Management of Li-Ion Battery with Liquid Metal [J]. Energy Conversion and Management, 2016, 117: 577-585.